校企合作经济管理精品教材
互联网 + 教育改革新理念教材

Excel 在财务中的应用

(office2016)

主　编　张　军　李亚军　李　玥

副主编　薛　宇　代希丹　陈智英
朱晓阁　刘泽芃　王海红
许苏瑾　钟畏丹　胡志华
陈晓娟　杨博伟　刘嘉伟
何佳良

中国商业出版社

图书在版编目（CIP）数据

Excel 在财务中的应用 / 张军，李亚军，李玥主编．
北京 ：中国商业出版社，2024．8．-- ISBN 978-7-5208-3072-0

Ⅰ．F275-39

中国国家版本馆 CIP 数据核字第 2024XV5478 号

责任编辑：黄世嘉

中国商业出版社出版发行
（www.zgsycb.com 100053 北京广安门内报国寺1号）
总编室：010-63180647 编辑室：010-63033100
发行部：010-83120835/8286
新华书店经销
北京宝莲鸿图科技有限公司印刷
*
787毫米×1092毫米 16开 16印张 338千字
2024年8月第1版 2024年8月第1次印刷
定价：49.80元
* * * *
（如有印装质量问题可更换）

前言 PREFACE

在现代企业管理中，财务管理的作用越来越被重视，它不仅关系到企业的生存发展，还直接影响企业的竞争力和市场地位。随着信息技术的快速发展，电子表格软件在财务管理中的应用已经成为提高工作效率、优化决策过程的重要工具。在众多电子表格软件中，Microsoft Excel 因其功能强大、操作灵活、普及率高而成为最为广泛使用的财务分析和管理工具之一。首先，Excel 软件提供了丰富的功能，可以进行复杂的计算、数据分析、图表生成及宏编程等，这些功能在财务分析和预算编制中发挥着至关重要的作用。财务人员借助 Excel 可以快速准确地进行日常财务数据的录入、处理和分析，极大地提高了工作效率和准确性。例如，利用 Excel 中的函数和公式，可以轻松计算财务比率、现金流量、预算对比等关键数据，而这些数据是评估企业经营状况和财务健康的基础。其次，Excel 的数据可视化工具，如图表和条件格式等，能够直观地展示数据趋势和分析结果，帮助财务分析师和管理者快速把握财务状况，进行战略决策。例如，通过动态仪表板展示销售数据、收入成本等信息，管理层可以即时了解企业的财务表现，及时调整经营策略。最后，Excel 的宏和 VBA 编程功能让复杂的财务模型构建和自动化处理成为可能。财务专业人员可以通过编写宏来自动化常规任务，如月末报表的生成、财务数据的整理以及复杂的算法运算。这不仅减轻了财务人员的日常工作负担，也提高了数据处理的准确性和可靠性。

随着企业对财务数据分析和决策支持需求的增加，Excel 也在不断进化，集成更多先进的数据处理和分析工具，这些工具能够处理大量数据，支持复杂的数据模型和分析，使 Excel 的应用领域更加广泛和深入。本书的目标是为学习财务管理的学生和在职财务人员提供一个系统的 Excel 应用训练。通过本书的学习，读者将掌握利用 Excel 进行财务数据录入、处理、分析以及报告制作的技能。全书内容从基础的 Excel 操作技巧讲起，逐步深入到复杂的财务分析技术和财务模型构建，最后介绍如何利用 Excel 进行高级数据分析和决策支持。

本书内容安排如下：

1. Excel 基础知识

Excel 作为微软公司推出的一款电子表格软件，其强大的功能为财务管理提供了极大的便利。在学习 Excel 的高级应用之前，需要先掌握其基础知识，如单元格的引用、数据的录入与格式化、工作表的创建与管理等。这些基础知识是构建复杂财务模型和分析数据的基石，也是后续学习 Excel 在财务管理中深入应用的前提。

2. Excel 常见函数的应用

Excel 内置了大量的函数，这些函数能够帮助我们快速处理和分析数据。在财务管理中，一些常见的函数如 SUM、AVERAGE、IF 等被频繁使用。此外，针对财务数据的特殊性，Excel 还提供了一系列财务函数，如 PMT、FV、PV 等，用于计算贷款的支付额、未来值和现值等。熟练掌握这些函数，能够大大提升财务工作效率和准确性。

3. Excel 的数据管理与分析

在财务管理中，经常需要处理大量的数据，如销售数据、成本数据等。Excel 提供了强大的数据管理和分析工具，如数据验证、排序、筛选、数据透视表等，这些功能可以帮助企业快速整理和分析数据，发现数据中的规律和趋势，从而为企业的决策提供有力的数据支持。

4. Excel 的图形与图表

Excel 不仅提供了丰富的数据处理和分析功能，还支持多种图形和图表的绘制。通过这些图形和图表，可以直观地展示财务数据，发现数据之间的关系和趋势。在财务报告中，图形和图表的应用能够使报告更加生动、易于理解，提高报告的可读性和说服力。

5. Excel 在财务单据中的应用

财务单据是企业日常经营活动中不可或缺的一部分，如采购单、销售单、报销单等。Excel 可以帮助我们快速、准确地制作这些单据，提高工作效率。同时，通过 Excel 的公式和函数功能，还可以实现单据的自动化处理和数据校验，减少人为错误和疏漏。

6. Excel 在会计账簿中的应用

会计账簿是企业财务管理的重要组成部分，记录了企业的所有经济业务。Excel 可以帮助我们建立电子化的会计账簿，实现数据的快速录入、查询和分析。通过 Excel 的筛选和排序功能，可以轻松地找到特定的经济业务记录；通过数据透视表功能，可以从不同的角度对会计数据进行汇总和分析；通过图形和图表功能，可以直观地展示会计数据的分布和趋势。

7. Excel 在财务报表中的应用

财务报表是企业财务状况和经营成果的反映，包括资产负债表、利润表、现金流量表等。Excel 在财务报表的编制和分析中发挥着重要的作用。通过 Excel 的公式和函数功能，可以快速计算出各项财务指标；通过图形和图表功能，可以直观地展示财务报表中的数据；通过数据透视表功能，可以从不同的角度对财务报表进行汇总和分析。

8. Excel 在固定资产管理中的应用

固定资产管理是企业财务管理中的重要环节之一。Excel 可以帮助我们建立固定资产清单，记录每项固定资产的详细信息（如资产编号、资产名称、购置日期、原值、折旧方法等）。通过 Excel 的公式和函数功能，可以实现固定资产折旧的自动计算和调整；通过数据筛选和排序功能，可以方便地查询和管理特定的固定资产；通过图形和图表功能，可以直观地展示固定资产的分布和使用情况。

9.Excel 在工资管理中的应用

工资管理是企业人力资源管理的重要组成部分。Excel 可以帮助我们建立员工工资表，记录每位员工的基本信息（如姓名、职位、薪资等级等）和工资明细（如基本工资、奖金、扣款等）。通过 Excel 的公式和函数功能，我们可以实现工资的自动计算和发放；通过数据筛选和排序功能，我们可以方便地查询和管理特定员工的工资信息；通过图形和图表功能，我们可以直观地展示员工工资的分布和趋势。

本书由张军、李亚军、李玥担任主编；薛宇、代希丹、陈智英、朱晓阁、刘泽芃、王海红、许苏瑾、钟畏丹、胡志华、陈晓娟、杨博伟、刘嘉伟、何佳良担任副主编。具体编写分工如下：张军负责编写第三章、第四章；李亚军负责编写第一章、第二章；李玥负责编写第五章；第六章、第七章由薛宇、代希丹、陈智英、朱晓阁、刘泽芃、王海红、许苏瑾共同编写；第八章、第九章由钟畏丹、胡志华、陈晓娟、杨博伟、刘嘉伟、何佳良共同编写。全书由张军总纂并统稿。

本书将围绕以上九个方面展开详细介绍和实践操作指导，旨在帮助学习者全面、深入地掌握 Excel 在财务管理中的应用技巧和方法。通过学习本教材，学习者将能够更加高效、准确地处理和分析财务数据，为企业的决策提供有力的支持。同时，本书也注重实践性和可操作性，通过大量的实例演示和操作指导，帮助读者快速上手并应用于实际工作中。希望本书能够成为高校学生、在职财务管理人员的得力助手，共同推动企业财务管理水平的提升和发展。

作 者

2024 年 3 月

目录 CONTENTS

第1章　Excel基础知识

1.1　了解 Excel

Excel 是 Microsoft Office System 中的电子表格程序。您可以使用 Excel 创建工作簿（电子表格集合）并设置工作簿格式，以便分析数据和做出更明智的业务决策。特别是，您可以使用 Excel 跟踪数据，生成数据分析模型，编写公式以对数据进行计算，以多种方式透视数据，并以各种具有专业外观的图表来显示数据。Excel 的一般用途如下。

会计专用，您可以在众多财务会计表（如现金流量表、收入表或损益表）中使用 Excel 强大的计算功能。

预算，无论您的需求是与个人还是公司相关，您都可以在 Excel 中创建任何类型的预算，例如，市场预算计划、活动预算或退休预算。

账单和销售，Excel 还可以用于管理账单和销售数据，您可以轻松创建所需表单，例如，销售发票、装箱单或采购订单。

报表，您可以在 Excel 中创建各种可以反映数据分析或汇总数据的报表，例如，用于评估项目绩效、显示计划结果与实际结果之间的差异的报表或可用于预测数据的报表。

计划，Excel 是用于创建专业计划或有用计划程序（如每周课程计划、市场研究计划、年底税收计划，或者安排每周膳食、聚会或假期的计划）的理想工具。

1.1.1　如何启动Excel

使用 Excel 时，需要先启动应用程序，启动 Excel 主要有以下 3 种方法。

1. 开始菜单

在桌面左下角，找到“所有应用” 单击 Microsoft Excel 2016 图标，如图 1-1 所示。执行操作后，即可启动 Excel 2016 软件。

图 1-1　开始菜单启动

2. 快捷方式图标

在桌面上双击 Excel 图标，如图 1-2 所示，即可快速启动 Excel 2016 程序。

图 1-2　桌面快捷方式启动

3. 打开文件方式

选择 Excel 文件并双击，在启动 Excel 的同时，将打开相应的 Excel 工作簿相关文件，如图 1-3 所示。

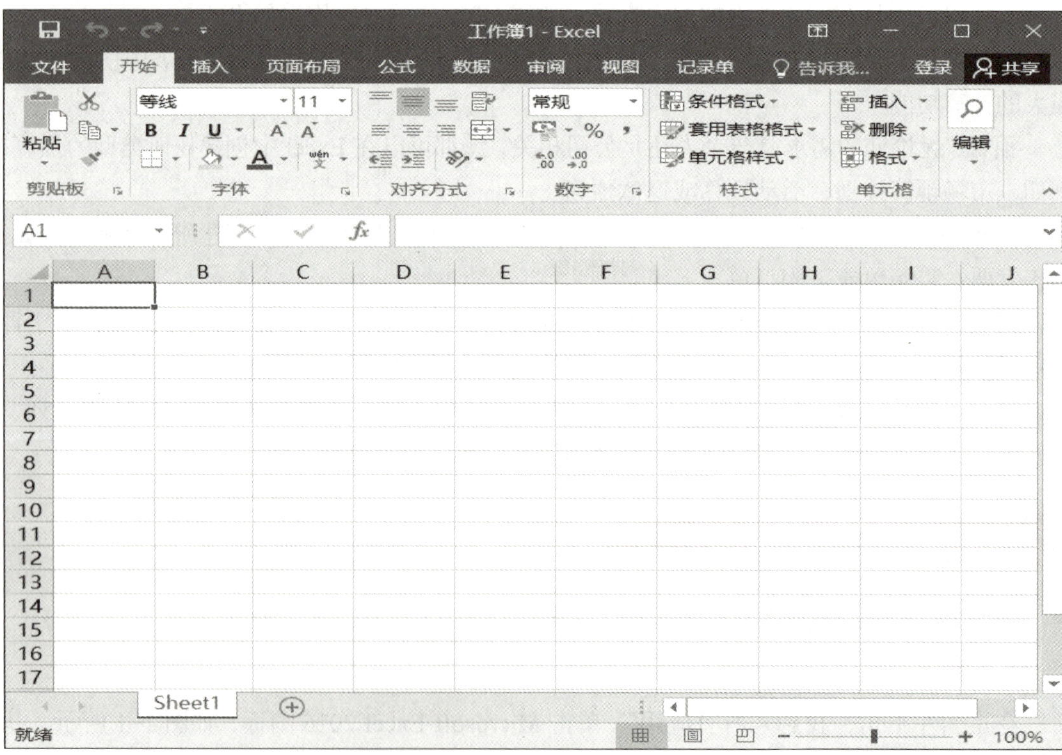

图 1-3　打开 Excel 文件启动 Excel 程序

如果不使用 Excel 时，需要退出该程序。用户可单击程序窗口右上角（即标题栏右侧）的“关闭”按钮退出程序，也可双击窗口左上角的程序图标或按“Alt+F4”组合键退出。

1.1.2　认识Excel界面

Excel 2016 的界面如图 1–4 所示。

1. 快速访问工具栏：该工具栏位于工作界面的左上角，包含一组用户使用频率较高的工具，如“保存”、“撤销”和“恢复”。用户可单击“快速访问工具栏”右侧的倒三角按钮，在展开的列表中选择要在其中显示或隐藏的工具按钮。

2. 功能区：位于标题栏的下方，是一个由 8 个选项卡组成的区域。Excel 将用于处理数据的所有命令组织在不同的选项卡中。单击不同的选项卡标签，可切换功能区中显示的工具命令。在每一个选项卡中，命令又被分类放置在不同的组中。组的右下角通常都会有一个对话框启动器按钮，用于打开与该组命令相关的对话框，以便用户对要进行的操作做更进一步的设置。

3. 编辑栏：编辑栏主要用于输入和修改活动单元格中的数据。当在工作表的某个单元格中输入数据时，编辑栏会同步显示输入的内容。

4. 工作表编辑区：用于显示或编辑工作表中的数据。

5. 工作表标签：位于工作簿窗口的左下角，默认名称为 Sheet1，Sheet2，Sheet3，...，单击不同的工作表标签可在工作表间进行切换。

6. 显示比例。

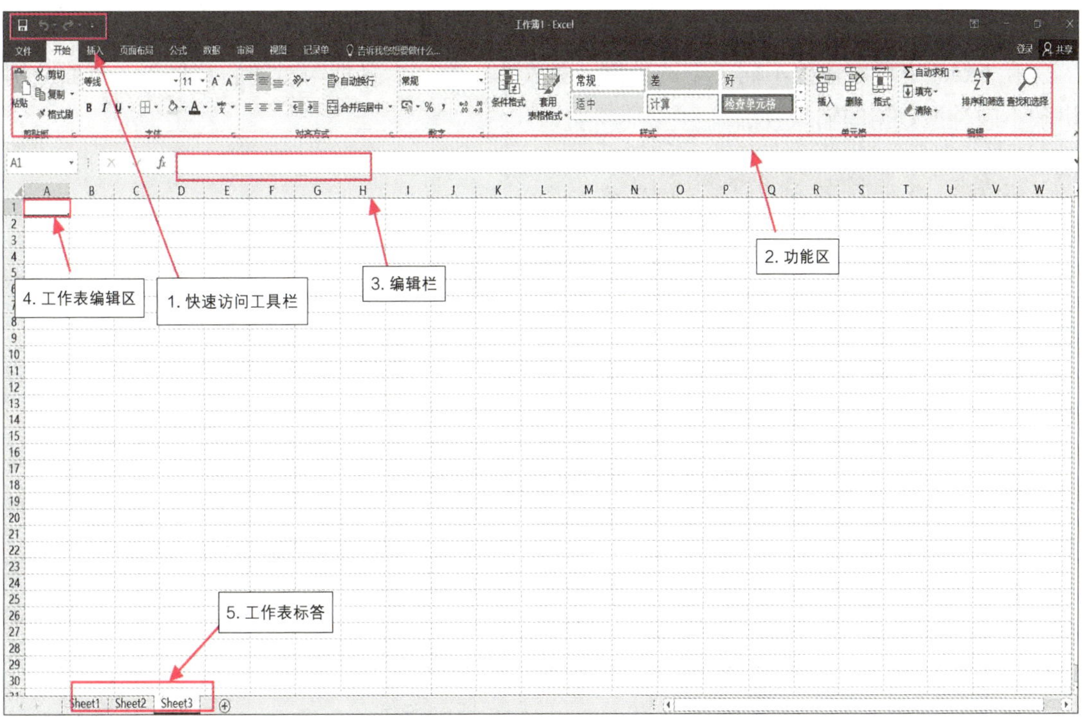

图 1–4　Excel 2016 界面

1.1.3 Excel的工作簿、工作表和单元格

在 Excel 中，用户接触最多的就是工作簿、工作表和单元格，工作簿就像我们日常生活中的账本，而账本中的每一页账表就是工作表，账表中的一格就是单元格，工作表中包含了数以百万计的单元格。

在 Excel 中生成的文件就叫作工作簿，Excel 的文件扩展名是 .xlsx。也就是说，一个 Excel 文件就是一个工作簿。

工作表是显示在工作簿窗口中由行和列构成的表格。它主要由单元格、行号、列标和工作表标签等组成。行号显示在工作簿窗口的左侧，依次用数字 1，2，…，1048576 表示；列标显示在工作簿窗口的上方，依次用字母 A，B，…，XFD 表示。默认情况下，一个工作簿包含 3 个工作表，用户可以根据需要添加或删除工作表。

单元格是 Excel 工作簿的最小组成单位，所有的数据都存储在单元格中。工作表编辑区中每一个长方形的小格就是一个单元格，每一个单元格都可用其所在的行号和列标标识，如 A1 单元格表示位于第 A 列第 1 行的单元格。

1.2 Excel 表格输入

在 Excel 中可以输入不同类型的数据，如文本、数字、日期与时间、符号等，下面分别讲解不同类型数据的输入方法。

1.2.1 文本型数据的输入

文本是 Excel 表格中的重要数据，文本用来说明并解释表格中的其他数据。在单元格中输入文本的方法主要有以下 3 种。

1. 选择单元格输入：单击需输入文本的单元格，然后切换到相应的输入法，输入文本后按“Enter”键或单击其他单元格即可。

2. 双击单元格输入：双击需输入文本的单元格，将文本插入点定位到其中，然后在所需的位置输入相应的文本，完成后按“Enter”键或单击其他单元格即可。此方法适用于编辑单元格中的某个数据。

3. 在编辑栏中输入：选择需输入文本的单元格，将文本插入点定位到其中，然后在所需的位置输入相应的文本，完成后按“Enter”键或单击其他单元格即可。此方法适用于输入或编辑较长的文本。

在单元格中输入文本的效果如图 1-5 所示。

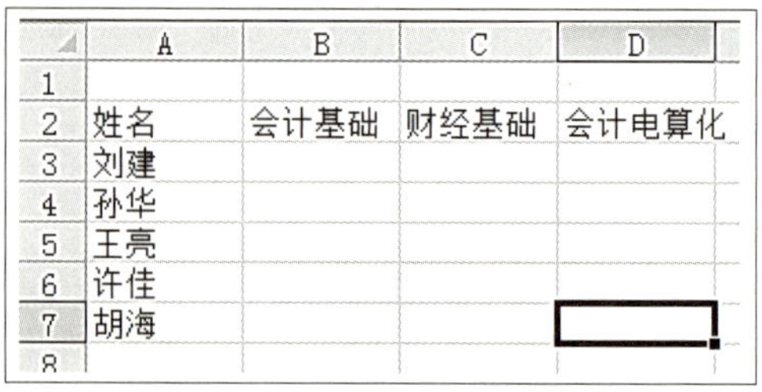

	A	B	C	D
1				
2	姓名	会计基础	财经基础	会计电算化
3	刘建			
4	孙华			
5	王亮			
6	许佳			
7	胡海			
8				

图 1-5 文本型的数据输入

1.2.2　数据型数据的输入

数字是 Excel 表格中的重要数据，数字用来直观地描述表格中各类数据的具体数值，如序列编号、产品价格、销售数量等，在单元格中输入数字的方法主要有以下 3 种。

❊ 选择单元格输入：单击需输入数字的单元格，然后切换到相应的输入法，输入数字后按“Enter”键或单击其他单元格即可。

❊ 双击单元格输入：双击需输入数字的单元格，将文本插入点定位到其中，然后在所需的位置输入相应的数字，完成后按“Enter”键或单击其他单元格即可。此方法适用于编辑单元格中的某个数据。

❊ 在编辑栏中输入：选择需输入数字的单元格，将文本插入点定位到其中，然后所需的位置输入相应的数字，完成后按“Enter”键或单击其他单元格即可。此方法适用于输入或编辑较长的数据。

在单元格中输入数字的效果，如图 1–6 所示。

	A	B	C	D
1				
2	姓名	会计基础	财经基础	会计电算化
3	刘建	87	81	67
4	孙华	71	75	88
5	王亮	69	79	85
6	许佳	77	84	85
7	胡海	94	87	80

图 1–6　数据型的数据输入

1.2.3　日期型数据的输入

在单元格中可以除输入文本和数字外，还可以输入日期与时间，输入的日期格式为“2023–9–10”，时间格式为“0:00”，输入日期与时间的方法主要有以下两种。

❊ 输入指定的日期与时间：在工作表中选择需输入指定日期与时间的单元格，然后输入形如“2023–9–10”或“2023/9/10”的日期格式，或形如“0:00”的时间格式，完成后按“Enter”键，系统将自动显示为默认格式。

❊ 输入系统的当前日期与时间：在工作表中选择需输入当前日期与时间的单元格，按“Crtl+；”组合键系统将自动输入当前日期，按“Crtl+Shift+；”组合键系统将自动输入当前时间，完成后按“Enter”键完成输入。

1.2.4　数据序列的输入

使用 Excel 提供的快速填充数据功能，可以在表格中快速并准确地输入一些相同或有规律的数据，这样不仅提高了工作效率，而且降低了出错率，快速填充数据的方法有以下几种。

※ 用鼠标左键拖动控制柄填充：选择单元格或单元格区域后，将鼠标光标移至该选区的控制柄上，当鼠标光标变为“+”形状时，按住鼠标左键不放进行拖动，在拖动经过的单元格区域中将快速填充数据，如图 1-7 所示。

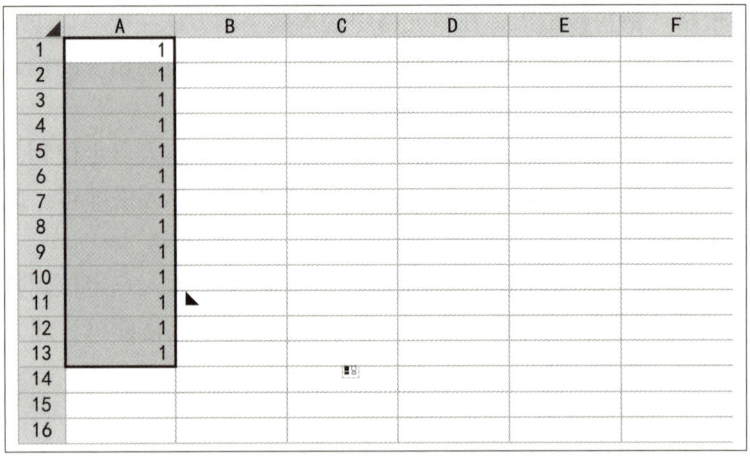

图 1-7　使用鼠标左键拖动控制柄填充

※ 用鼠标右键拖动控制柄填充：选择单元格或单元格区域后，将鼠标光标移至该选区的控制柄上，当鼠标光标变为“+”形状时，按住鼠标右键不放进行拖动，释放鼠标右键，在弹出的快捷菜单中选择相应的命令可填充相同或有规律的数据，如图 1-8 所示。

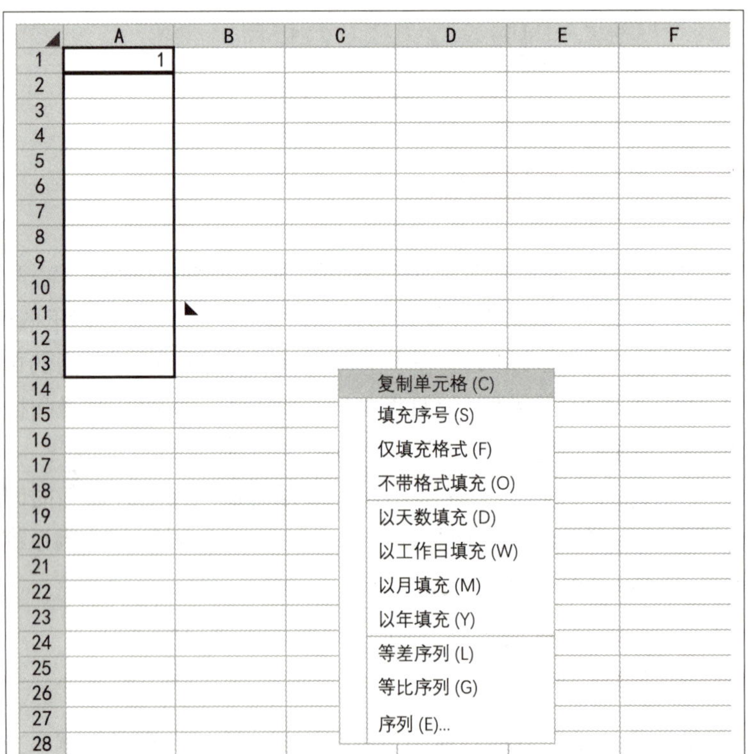

图 1-8　使用鼠标右键拖动控制柄填充

用“序列”对话框填充数据：选择起始单元格，在“开始”选项卡“编辑”组中单击“填充”按钮，在打开的下拉列表中选择“序列”选项，在打开的“序列”对话框的“序列产生在”栏中设置填充数据的行或列，在“类型”栏中设置序列之间的差值，在“终止值”文本框中设置填充序列的数量。

1.2.5 公式的输入

输入公式的方法与输入数据类似，可在单元格中输入，也可在编辑栏中输入。只是输入公式前需先在单元格中输入等号（=），然后输入公式表达式，完成后按“Ctrl+Enter”组合键或单击编辑栏上的“✓”按钮，退出公式编辑状态，并计算公式结果，如图 1–9 所示。

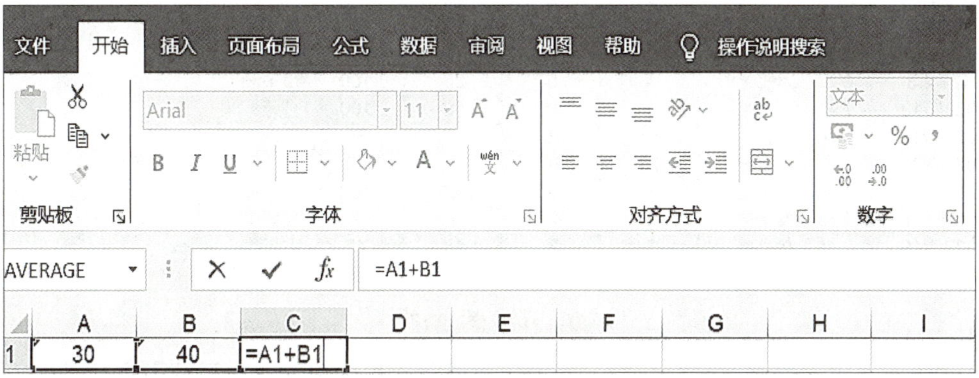

图 1–9 公式的输入

1.3 Excel 表格的编辑

1.3.1 修改和删除数据

在单元格中输入数据后，难免会出现数据输入值错误或发生变化等情况，此时可以删除不需要的数据，并将其修改为所需的数据。

1. 删除数据

当不需要 Excel 表格中的数据时，可以删除单元格中的数据，而保留单元格，删除数据的方法有以下两种。

- 直接按“Delete”键快速清除所选单元格区域中的数据。
- 在“开始”选项卡“编辑”组中单击“清除”按钮，在打开的下拉列表中选择“全部清除”选项即可清除单元格的所有内容和格式；选择“清除格式”则可只清除单元格中的数据格式；选择“清除内容”选项可只清除单元格中的内容；选择清除“批注”选项可清除单元格中添加的批注；选择“清除超链接”选项可清除单元格中创建的超链接。

2. 修改数据

在 Excel 表格中修改数据的方法与输入文本的方法基本相同，其方法有以下两种。

（1）选择单元格修改全部数据：选择需要修改数据的单元格，在其中重新输入修改后的数据，完成后按“Enter”键即可，结果如图 1-10 所示。

	A	B	C	D	E	F	G	H	I
1					材料领用单				
2	领用日期	部门名称	材料名称	请领数量	实发数量	单价	金额	领料人签名	备注
3	2023/1/5	销售部	签字笔	100	100	1	100	张涛	
4	2023/1/10	销售部	资料册	500	300	2	600	张涛	资料册数量有限
5	2023/1/18	总经办	订书机	2	2	25	50	王思聪	
6	2023/1/25	财务部	铅笔	10	10	0.4	4	孙福	
7	2023/1/29	财务部	账簿	10	10	10	100	孙福	
8	2023/2/3	企划部	水彩笔	5	5	20	100	崔子涵	
9	2023/2/12	人事部	复印纸	2	2	50	100	易蓉	
10	2023/2/18	生产部	笔记本	10	10	6	60	梁斌	
11	2023/2/24	总经办	签字笔	10	10	1	10	黄英	
12	2023/3/6	企划部	办公桌椅	5	3	150	450	崔子涵	桌椅有破损需更换
13	2023/3/9	人事部	签字笔	2	2	1	2	赵紫宁	
14	2023/3/16	总经办	传真纸	3	3	15	45	王思聪	
15	2023/3/22	人事部	信纸	10	10	1.5	15	易蓉	

图 1-10　修改数据

（2）双击单元格修改部分数据：双击需要修改数据的单元格，在其中拖动鼠标选择需修改的部分数据，然后重新输入所需的数据，完成后按“Enter”键。

（3）在编辑栏中修改数据：选择需要修改数据的单元格，将文本插入点定位到编辑栏中，然后选择需修改的数据并输入正确的数据，完成后按“Enter”键，如图 1-11 所示。

B4　fx　销售部

	A	B	C	D	E	F	G	H	I
1					材料领用单				
2	领用日期	部门名称	材料名称	请领数量	实发数量	单价	金额	领料人签名	备注
3	2023/1/5	销售部	签字笔	100	100	1	100	张涛	
4	2023/1/10	销售部	资料册	500	300	2	600	张涛	资料册数量有限
5	2023/1/18	总经办	订书机	2	2	25	50	王思聪	
6	2023/1/25	财务部	铅笔	10	10	0.4	4	孙福	
7	2023/1/29	财务部	账簿	10	10	10	100	孙福	
8	2023/2/3	企划部	水彩笔	5	5	20	100	崔子涵	
9	2023/2/12	人事部	复印纸	2	2	50	100	易蓉	
10	2023/2/18	生产部	笔记本	10	10	6	60	梁斌	
11	2023/2/24	总经办	签字笔	10	10	1	10	黄英	
12	2023/3/6	企划部	办公桌椅	5	3	150	450	崔子涵	桌椅有破损需更换
13	2023/3/9	人事部	签字笔	2	2	1	2	赵紫宁	
14	2023/3/16	总经办	传真纸	3	3	15	45	王思聪	
15	2023/3/22	人事部	信纸	10	10	1.5	15	易蓉	

图 1-11　修改数据确定

1.3.2　复制与移动数据

当需要调整单元格之间相应数据的位置，或在其他单元格中编辑相同的数据时，可利用 Excel 的移动与复制功能快速修改数据，避免重复输入，以减少工作量。

1. 移动数据

移动数据是指将原位置的数据粘贴到新位置，同时删除原位置的数据。移动数据的方法有 3 种。

（1）选择要移动数据的单元格，在“开始”选项卡“剪贴板”组中单击“剪切”按钮，然后选择目标单元格，单击“粘贴”按钮即可。

（2）将鼠标光标移动到所选单元格的边框上，当鼠标光标变为“+”形状时，按住鼠标左键不放拖动目标单元格后释放鼠标也可移动数据。

（3）选择要移动的数据单元格，按“Ctrl+X”组合键，然后选择目标单元格，按“Ctrl+V”组合键也可移动数据。

2. 复制数据

复制数据是指将原位置的数据粘贴到新位置，同时保留原位置的数据，复制数据与移动数据的方法相似，主要有以下 3 种。

（1）选择要复制的单元格，在“开始”选项卡“剪贴板”组中单击“复制”按钮，然后选择目标单元格，单击“粘贴”按钮即可直接粘贴复制的数据。若单击“粘贴”按钮下方的小箭头，在打开的下拉列表中选择相应的选项，可将复制的数据根据需要进行粘贴，如“粘贴”“粘贴数值”“其他粘贴选项”等，如图 1–12 所示。

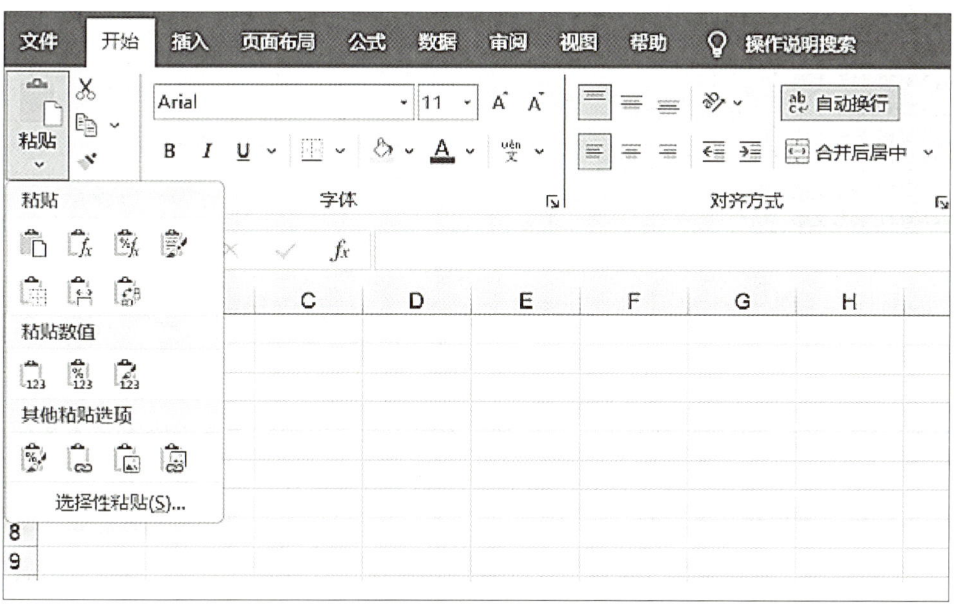

图 1–12　复制单元格

（2）将鼠标光标移动到所选单元格的边框上，按住“Ctrl”键，当鼠标光标变成光标形状时，按住鼠标左键不放拖至目标单元格后释放鼠标也可以复制数据。

（3）选择要复制的单元格，按“Ctrl+C”组合键，然后选择目标单元格，按“Ctrl+V”组合键也可以复制数据。

1.3.3 查找和替换数据

在数据较多的 Excel 表格中手动查找与替换数据不仅浪费时间，且容易出错，此时可以借助 Excel 的查找和替换功能快速完成。

1. 查找数据

在查阅或编辑表格数据时，利用 Excel 的“查找”功能可以快速找到所有符合条件的数据，操作如下。

（1）在“开始”选项卡“编辑”组中单击“查找和替换”按钮，在打开的下拉列表中选择“查找”选项，如图 1–13 所示。

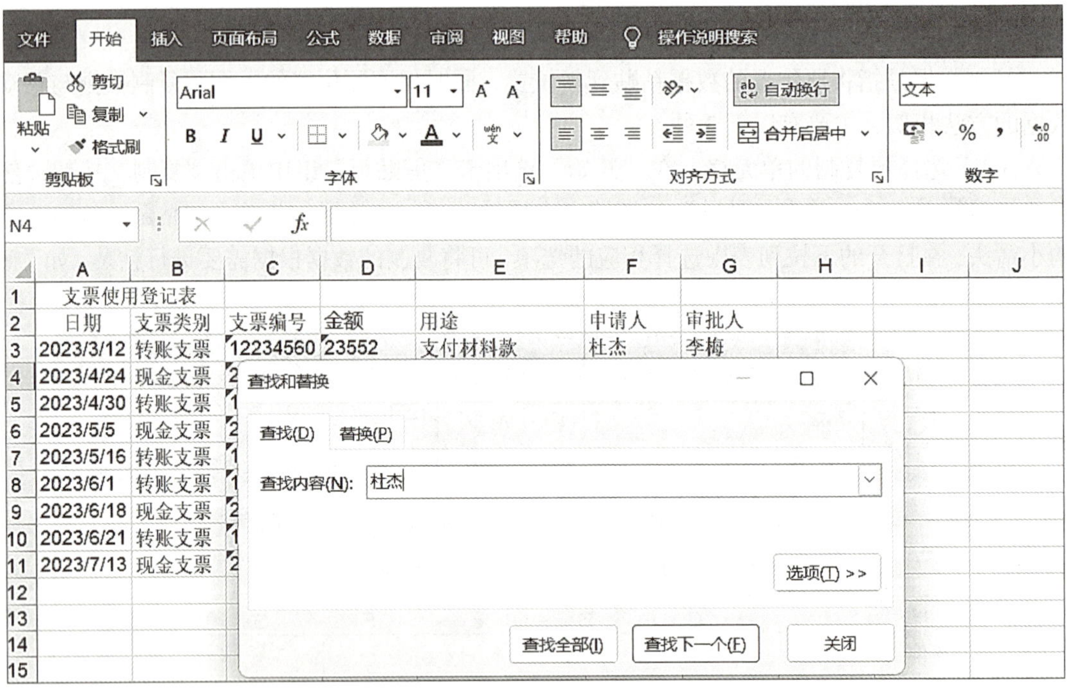

图 1–13 查找和替换

（2）在打开的“查找和替换”对话框的“查找内容”下拉列表框中输入要查找的内容，单击“查找下一个”按钮，在工作表中将以所选单元格位置开始查找第一个符合条件的数据所在的单元格，且选择该单元格。

（3）若单击“查找全部”按钮，在“查找和替换”对话框的下方区域将显示所有符合条件数据的具体信息，完成后单击“关闭”按钮关闭对话框。

2. 替换数据

如果需要修改工作表中查找到的所有数据，可利用 Excel 的“替换”功能。

（1）在“开始”选项卡“编辑”组中单击“查找和替换”按钮，在打开的下拉列表中选择“替换”菜单或查找数据后直接在“查找和替换”对话框中单击“替换”选项卡。

（2）在打开的“查找和替换”对话框的“替换”选项卡的“查找内容”下拉列表框中输入要查找的内容，在“替换为”下拉列表框中输入要替换的内容，单击“替换”按钮，可替换选择的第一个符合条件的单元格数据；单击“全部替换”按钮可替换所有符合条件的单元格数据，且在打开的提示对话框中将提示替换的数量，然后单击“确定”按钮，如图 1-14，图 1-15 所示。

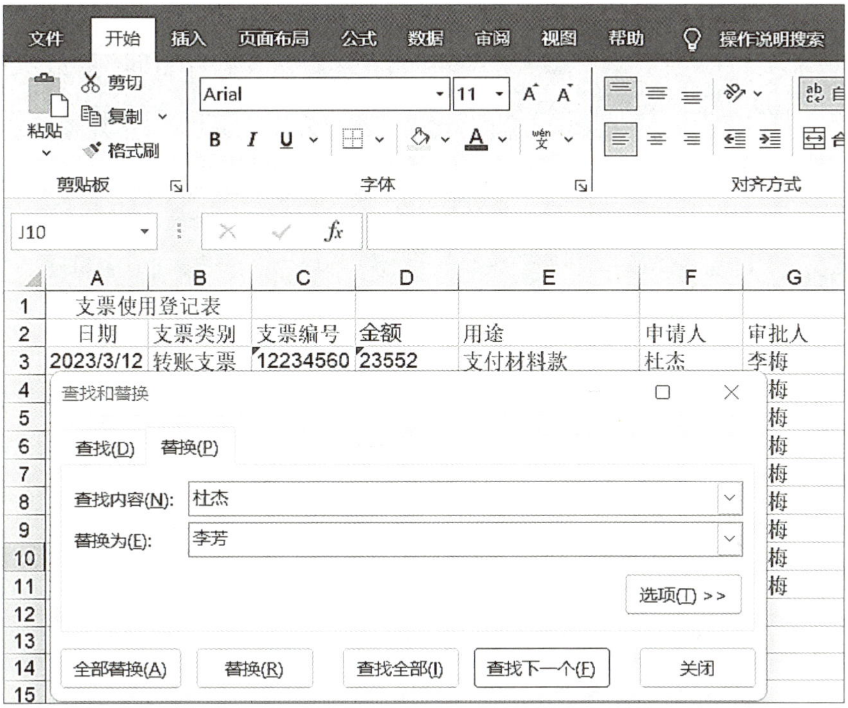

图 1-14　查找和替换

（3）返回“查找和替换”对话框单击“关闭”按钮完成替换操作，如图 1-14 所示。

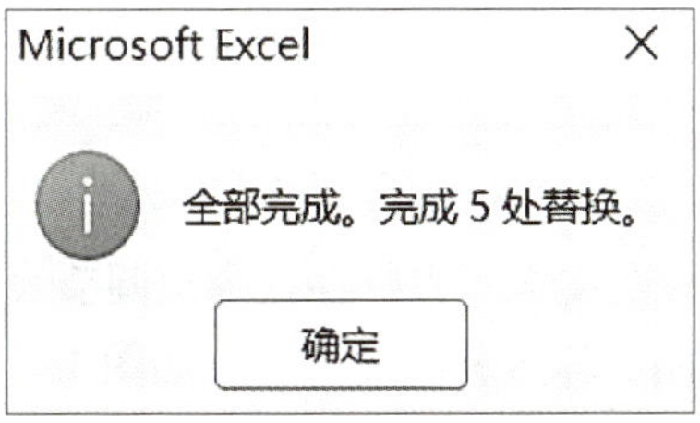

图 1-15　完成查找和替换

1.4 能力训练

1.4.1 创建银行存款余额调节表

本能力训练将创建“银行存款余额调节表”工作簿，在其中输入相应的数据，然后执行修改、清除、复制、移动等编辑操作，完成后保存并退出工作簿。

1. 在桌面左下角单击“开始”按钮，选择“所有应用”，选 Excel 2016 菜单命令启动 Excel 2016，并新建相应的 Excel 工作簿，如图 1-16 所示。

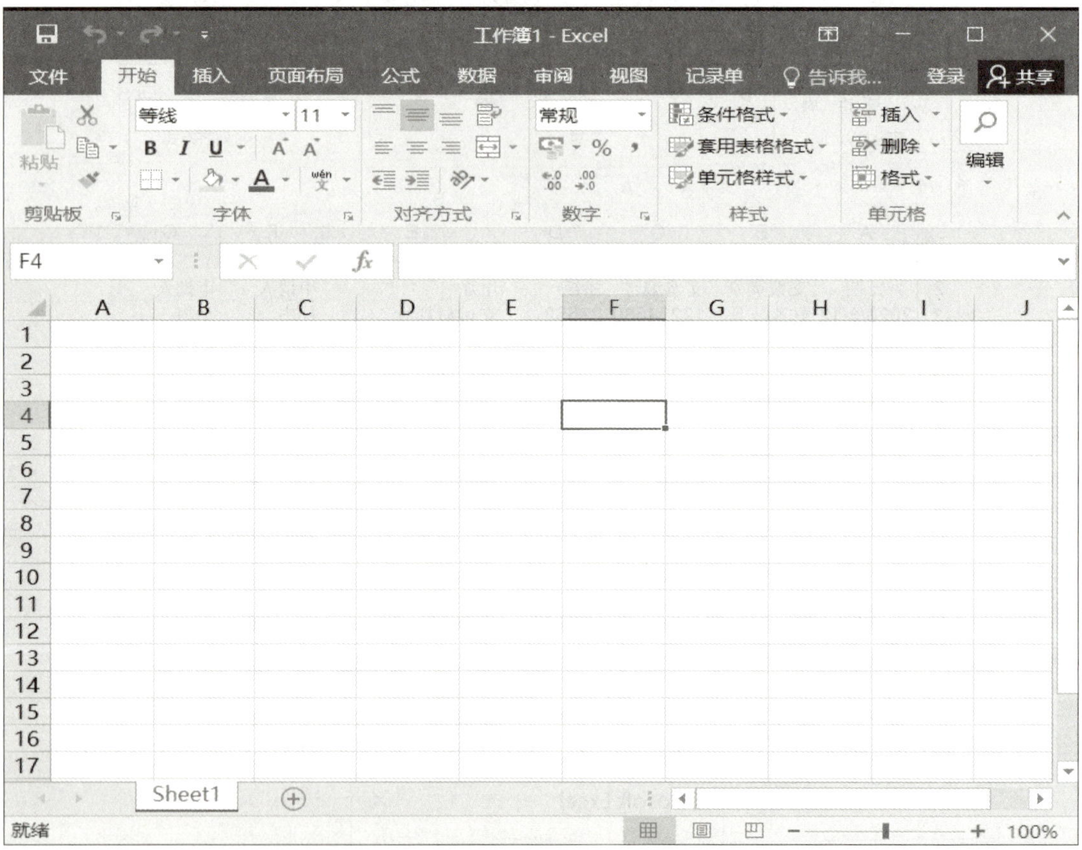

图 1-16 新建文档

2. 选择 A1 单元格，输入标题文本“银行存款余额调节表”，然后按“Enter”键，用相同的方法依此选择相应的单元格，输入相应的内容，如图 1-17 所示。

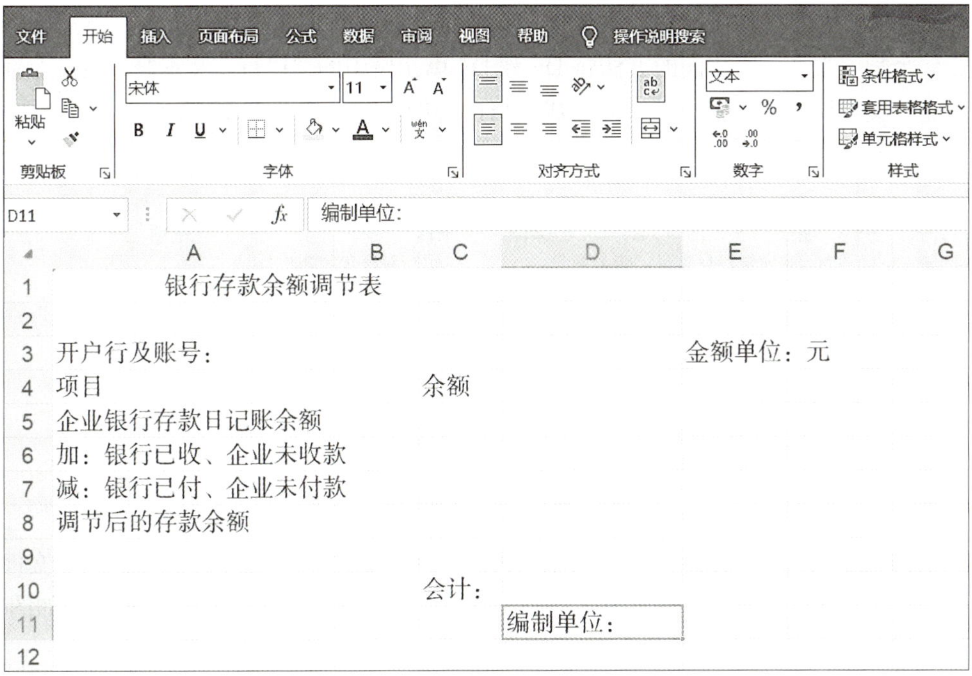

图 1-17　选择单元格和输入内容

3. 选择 A4:C8+ 单元格区域，将鼠标光标移动到所选区域的边框上，单击鼠标右键选择复制，将所选单元格区域中的数据粘贴到相应 D4，F8 区域单元格中，如图 1-18 所示。

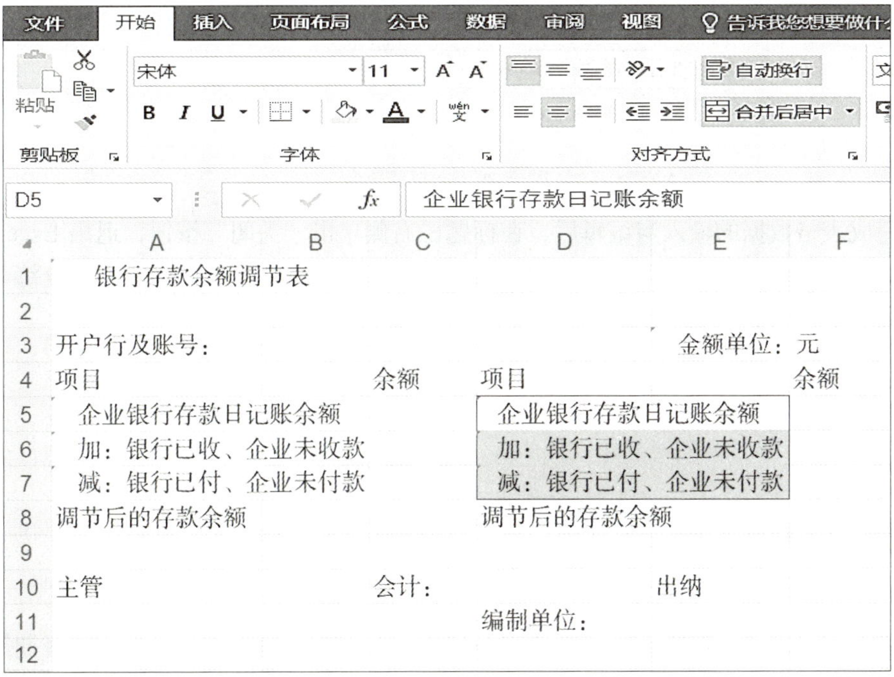

图 1-18　复制单元格数据

4. 选择 D5 单元格，在编辑栏中选择“企业银行存款日记账余额”文本，然后输入“银行对账单余额”文本，用相同的方法将 D6 和 D7 单元格中的“银行”文本修改为“企业”，将“企业”文本修改为“银行”，并完成表格内容的填写，如图 1–19 所示。

	A	B	C	D	E	F
2						
3	开户行及账号：					金额单位：元
4	项目		余额	项目		余额
5	企业银行存款日记账余额			银行对账单余额		
6	加：银行已收、企业未收款			加：企业已收、银行未收款		
7	减：银行已付、企业未付款			减：企业已付、银行未付款		
8	调节后的存款余额			调节后的存款余额		
9						
10	主管		会计：		出纳	
11				编制单位：		
12						

图 1–19　修改数据并完成表格填写

5. 返回工作表，打开“另存为”对话框左侧的列表框依此选择保存路径，在“文件名”下拉列表框中输入文件名称“银行存款余额调节表”，完成后单击“保存”按钮，如图 1–20 所示。

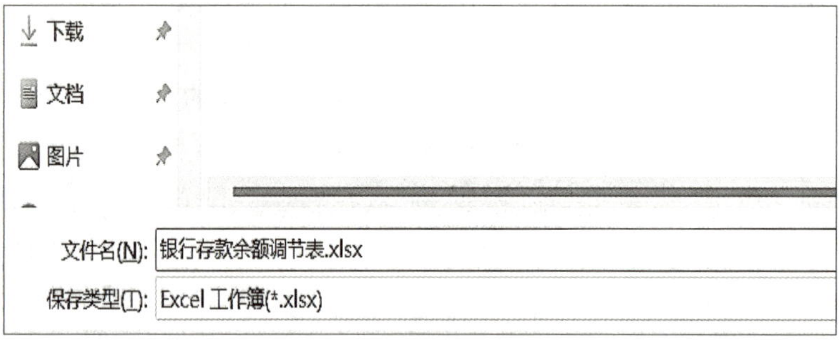

图 1–20　文档另存为

6. 完成表格数据的输入与编辑后，在标题栏右侧单击“关闭”按钮，退出 Excel。

课堂训练：分别制作支票使用登记表和采购明细表，结合本章知识进行综合练习，熟练掌握 Excel 数据的输入与编辑方法。

1.4.2　制作支票使用登记表

1. 练习目标

本练习的目标是制作支票使用登记表，并在其中输入不同类型的数据。

2. 操作思路

完成本练习需要在创建的“支票使用登记表”工作簿中输入文本、数字、日期等数据，操作如下。

（1）启动 Excel，将新建的工作簿以“支票使用登记表”为名进行保存。

（2）选择 A1 单元格，输入标题文本“支票使用登记表”，然后按“Enter”键，选择 A2 单元格，输入文本“日期”，然后按“Tab”键，使用相同的方法依此在 A2:G2 单元格中输入相应的数据。

（3）选择 A3 单元格，输入日期“2023-3-12”，然后按“Enter”键，系统将自动调整列宽使其完整显示输入的日期，完成后使用相同的方法在其他单元格中输入相应的文本和数据。

（4）单击“保存”按钮保存工作簿所做的修改，完成后在功能选项卡右侧单击“关闭”按钮关闭工作簿。

第2章　Excel常见函数的应用

2.1　常见统计函数

2.1.1　AVERAGE [AVERAGEA] 计算算术平均值

函数定义：AVERAGE 返回参数的平均值（算术平均值），AVERAGEA 不仅数字，而且文本和逻辑值也计算在内。

使用格式：AVERAGE（number1，number2，...）；AVERAGEA（value1，value2,⋯）。

格式简义：AVERAGE（单元格或单元格区域）；AVERAGEA（同）。

参数定义：Number 为需要计算平均值的 1 到 30 个单元格、单元格区域或数值。

注意事项：1. 参数可以是数字，或者是包含数字的名称、数组或引用。

2.AVERAGE 如果数组或引用参数包含文本、逻辑值或空白单元格，则这些值将被忽略；但包含零值的单元格将计算在内，AVERAGEA 包含文本的数组或参数作为 0 计算，空文本：（""）也作为 0 计算；如包含 FRUE 参数作为 1 计算，FALSE 作为 0 计算，但含有错误值不能计算。

AVERAGE 函数使用举例如图 2-1 所示。

	B	C	D	E
11				
12	数据	对左列说明	结果	公式显示
13	TRUE	逻辑值	#DIV/0!	=AVERAGE(B13:B24)（计算区域中包括错误值,将不能直接被运算）
14	FALSE	逻辑值	19.20	{=AVERAGE(IF(ISERROR(B13:B24),"",B13:B24))}(进行消错处理)
15		空白	9.60	{=AVERAGEA(IF(ISERROR(B13:B24),"",B13:B24)}(进行消错)
16	#DIV/0!	错误值	24.00	=AVERAGE(B17:B20,B22:B24)(计算区域中含有文本型则值为文本性)
17	0	数字	24.00	=AVERAGE(B13:B15,B17:B24)(剔去错误值)
18	88	数字	24.00	=AVERAGEA(B17:B18,B20,B23)（全部为数值型）
19	88	文本性数字	12.00	=AVERAGEA(B15,B17:B24)(剔除逻辑值.错误值，计算数字.文本.空)
20	-9	数字	19.20	=AVERAGEA(B17:B20,B23)(全部是数字型，含文本型数字88)
21	欧阳疯	文本	16.00	=AVERAGEA(B15,B17:B20,B23:B24)(计算数字.空.不包括文本)
22	ABC	字母	19.20	=AVERAGEA(B15,B17:B20,B23)(计算数值.真空.未计算假空)
23	17	公式		
24		=""		

图 2-1　AVERAGE 函数使用举例

2.1.2　COUNT计算单元格个数[非空单元格个数]

函数定义：COUNT 返回包含数字以及包含参数列表中的数字的单元格的个数。利用函数 COUNT 可以计算单元格区域或数字数组中数字字段的输入项个数。

使用格式：COUNT（value1，value2，...）。

格式简义：COUNT（目标单元格 1，目标单元格 2，...）。

参数定义：Value 为包含或引用各种类型数据的参数（1 到 30 个），但只有数字类型的数据才被计算；counta 参数值可以是任何类型，可以包括空字符（""），但不包括空白单元格，如果参数是数组或单元格引用，则数组或引用中的空白单元格将被忽略。

要　　点：如果参数是一个数组或引用，那么只统计数组或引用中的数字；数组或引用中的空白单元格、逻辑值、文字或错误值都将被忽略。如果要统计逻辑值、文字或错误值，需使用 COUNTA 函数。

注意事项：函数 COUNT 在计数时，将把数字、日期或以文本代表的数字计算在内；但是错误值或其他无法转换成数字的文字将被忽略。

函数 COUNT 使用举例如图 2–2 和图 2–3 所示。

	A	B	C	D	E	F	G	H
39	例1	各种类型数据统计的比较						
40		数据	B列数据说明					
41		TRUE	逻辑值	3	=COUNT(B41:B51)(count结果)			
42		FALSE	逻辑值	说明:空白单元格、逻辑值、文字或错误值都不计算在内				
43			空白					
44		#DIV/0!	错误值					
45		40850	日期	10	=COUNTA(B41:B51)(counta结果)			
46		88	数字	说明：除空白单元格不计算在内，其他全部计算在内				
47		88	文本性数字					
48		中国人民	文本					
49		ABC	字母					
50		3	公式					
51			=""					

图 2–2　COUNT 函数使用举例 1

	A	B	C	D	E	F	G	H
52								
53	例2	计算考核成绩表的参考人数						
54		姓名	语文	数学				
55		赵一	86	92	4	=COUNT(C55:C59)(语文考试人数)		
56		钱二	92	95	4	=COUNTA(D55:D59)(数学考试人数)		
57		孙三	缺考					
58		李四	83	86				
59		吴六	78	80	注:80为文本数据			

图 2–3　COUNT 函数使用举例 2

2.1.3 COUNTIF 计算满足条件的单元格个数

函数定义：用来对搜索指定条件的单元格（参数）的计数，即只求和被满足条件的单元格计数。

使用格式：COUNTIF（range，criteria）。

格式简义：COUNTIF（要找的内容所在的区域，要找的内容）。

参数定义：range 为需要计算其中满足条件的单元格数目的单元格区域（范围），criteria 为确定哪些单元格将被计算在内的条件，其形式可以为数字、表达式或文本。

注意事项：指定的条件必须用″″（双引号括起来），如″>=100″″男″等，但当指定条件为引用单元格时无须双引号括住。

COUNTIF 函数使用举例如图 2–4 所示。

	A	B	C	D	E	F	G	H
118	例3	COUNTIF函数使用举例						
119		数量	单价	营业额	1	=COUNTIF(C120:C128,139)		
120		7	188	1316	2	=COUNTIF(B120:D128,″<0″)		
121		3	139	417	23	=COUNTIF(B121:D128,″<>0″)		
122		2	k186	B122*C122	15	=COUNTIF(B120:D128,″>=5″)		

图 2–4　COUNTIF 函数使用举例

2.1.4 SUMIF 根据条件求和

函数定义：用来对搜索指定条件的单元格（参数）的所有数字（“值”）求和，即只求和被满足条件的单元格。

使用格式：SUMIF（range，criteria，sum_ range）。

格式简义：SUMIF（要找的内容所在的区域，要找的内容，与要找的内容所在的区域对应的数值区域）。

参数定义：range 为用于条件判断的单元格区域。指定作为搜索对象的单元格区域，criteria 为确定哪些单元格将被相加求和的条件，其形式可以为数字、表达式、文本或通配符，sum_range 是需要求和的实际单元格。

注意事项：指定的条件必须用″″括起来，如″ > = 100″″男″等，但当指定条件为引用单元格时无须双引号括住。

SUMIF 函数使用举例如图 2–5 所示。

	A	B	C	D	E	F	G
639		品名	件	单价	营业额	59	=SUMIF(B640:B646,"*A产品*",C640:C646)
640		A产品	25	139	3475		(所有种类含有A产品的销售/件)
641		B产品BBB	6	35	210	5	=SUMIF(B640:B646,"A产品???",C640:C646)
642		C产品	2	186	372		(A产品(后缀名三个字)销售/件)
643		A产品CCC	5	99	495	73	=SUMIF(C640:C646,">=5",C640:C646)
644		A产品	11	358	3938		(销售大于等于5件的销售合计/件)
645		A产品DD	18	68	1224	A产品	{=SUMIF($B$640:$E$646,F645,$E$640:$E$646)}
646		C产品	8	29	232	7413	(可以设置产品系列查询)
647							

图 2-5　SUMIF 函数使用举例

2.1.5　PERCENTILE 计算“比率”对应位置上的数值

函数定义：返回区域中数值的第 k 个百分点的值，可以使用此函数来建立接受阈值。

使用格式：PERCENTILE（array，k）。

格式简义：PERCENTILE（查找的区域，“比率”对应位置上的数值）。

参数定义：array 为定义相对位置的数组或数据区域。

k 为 0 到 1 的百分点值，包含 0 和 1。如果为 0 即为最小值，如果为 1 即为最大值。

注意事项：1. 如果 array 为空或其数据点超过 8 191 个，函数 PERCENTILE 返回错误值 #NUM!。

2. 如果 k 为非数字型，函数 PERCENTILE 返回错误值 #VALUE!，如果 k<0 或 k>1，函数 PERCENTILE 返回错误值 #NUM!，如果 k 不是 1/（n－1）的倍数，函数 PERCENTILE 使用插值法来确定第 k 个百分点的值。

PERCENTILE 函数使用举例如图 2-6 所示。

	A	B	C	D	E
440					
441		姓名	考分		
442		赵一	56	78.5	=PERCENTILE(C442:C447,0.9)(进入第90个百分点的成绩)
443		钱二	72	85	=PERCENTILE(C442:C447,1)(第1名)
444		孙三	71	56	=PERCENTILE(C442:C447,0)(倒数第 1 名)
445		李四	68	62	=PERCENTILE(C10:C17,0.1)(进入低分的10%的成绩)
446		周五	70	70.5	=PERCENTILE(C442:C447,0.5)(进入第50百分点的成绩)
447		吴六	85		

图 2-6　PERCENTILE 函数使用举例

2.2 查找与引用函数

2.2.1 VLOOKUP 指定条件在指定区域值方向查找

函数定义：在表格或数值数组的首列查找指定的数值，并由此返回表格或数组当前行中指定列处的数值。当比较值位于数据表首列时，可以使用函数 VLOOKUP 代替函数 HLOOKUP。

使用格式：VLOOKUP（lookup_value，table_array，col_index_num，range_lookup）。

格式简义：VLOOKUP（要查找的内容，搜索的区域，从查找区域首列开始到要找的内容的列数，指定是近似匹配还是精确匹配查找方式）。

参数定义：lookup_value 为需要在数组第一列中查找的数值。lookup_value 可以为数值、引用或文本字符串。

table_array 为需要在其中查找数据的数据表。可以使用对区域或区域名称的引用。

col_index_num 为 table_array 中待返回的匹配值的列序号。

col_index_num 为 1 时，返回 table_array 第 1 列中的数值。

col_index_num 为 2，返回 table_array 第 2 列中的数值，依此类推。如果 col_index_num 小于 1，函数 VLOOKUP 返回错误值 #VALUE!；如果 col_index_num 大于 table_array 的列数，函数 VLOOKUP 返回错误值 #REF!

range_lookup 为一逻辑值，指明函数 VLOOKUP 返回时是精确匹配还是近似匹配。如果为 TRUE（可用 1 代替）或省略，则返回近似匹配值。也就是说，如果找不到精确匹配值，则返回小于 lookup_value 的最大数值；如果 range_value 为 FALSE（可用 0 代替），函数 VLOOKUP 将返回精确匹配值。如果找不到，则返回错误值 #N/A。精确查找适用于文本，也适用于数值；但对数值查找时必须注意格式一致，否则会出错。

要　　点：1. 如果 range_lookup 为 TRUE，则 table_array 的第一列中的数值必须按升序排列。否则函数 VLOOKUP 不能返回正确数值；2. 如果 range_lookup 为 FALSE，table_array 不必进行排序。

注意事项：1.table_array 的第一列中的数值可以为文本、数字或逻辑值，文本不区分大小写。

2. 如果函数 VLOOKUP 找不到 lookup_value，且 range_lookup 为 TRUE，则使用小于等于 lookup_value 的最大值；如果 lookup_value 小于 table_array 第一列中的最小数值，函数 VLOOKUP 返回错误值 #N/A；如果函数 VLOOKUP 找不到 lookup_value 且 range_lookup 为 FALSE，函数 VLOOKUP 返回错误值 #N/A。若有多个符合条件的情况，VLOOKUP 返回的是第一个满足条件的值，LOOKUP 返回的是最后一个满足条件的值。

VLOOKUP 函数使用举例如图 2-7 所示。

	A	B	C	D	E	F	G	H	I
556		品名	数量	营业额	(1)查找左表品名的数量				
557		A产品	139	2363	品名	B产品			
558		B产品	35	595	数量	35	=VLOOKUP(F557,B557:C561,2,0)		
559		C产品	186	3162	(2)反向查找（根据营业额查找品名）				
560		D产品	99	1683	数量	品名	=VLOOKUP(E561,		
561		E产品	358	6086	3162	C产品	IF({1,0},D557:D561,B557:B561),2,0)		

图 2-7 VLOOKUP 函数使用举例

2.2.2 MATCH 搜索值的相对位置

函数定义：返回在指定方式下与指定数值匹配的数组中元素的相应位置。如果需要找出匹配元素的位置而不是匹配元素本身，则应该使用 MATCH 函数而不是 LOOKUP 函数。

使用格式：MATCH（lookup_value，lookup_array，match_type）。

格式简义：MATCH（查找条件，查找区域，查找方式）。

参数定义：lookup_value 为需要在 look_array 中查找的数值，可以为数值（数字、文本或逻辑值）或对数字、文本或逻辑值的单元格引用。

lookup_array 可能包含所要查找的数值的连续单元格区域，lookup_array 应为数组或数组引用。

match_type 为数字 -1，0 或 1，match-type 指明 Microsoft Excel 如何在 lookup_array 中查找 lookup_value。

要　　点：函数 MATCH 返回 lookup_array 中目标值的位置，而不是数值本身。

注意事项：1. 如果 match_type 为 1，函数 MATCH 查找小于或等于 lookup_value 的最大数值。lookup_array 必须按升序排列：...，-2，-1，0，1，2.，...，A-Z、FALSE，TRUE。

2. 如果 match_type 为 0，函数 MATCH 查找等于 lookup_value 的第一个数值。lookup_array 可以按任何顺序排列。

3. 如果 match_type 为 -1，函数 MATCH 查找大于或等于 lookup_value 的最小数值，lookup_array 必须按降序排列：TRUE，FALSE。

MATCH 函数使用举例如图 2-8 所示。

	A	B	C	D	E	F	G	H
390		根据姓名查找其位置						
391		姓名	性别	对应位置	条件	位置	公式显示	
392		赵一	女	1	孙三	3	=MATCH(E392,B392:B397,0)	
393		钱二	男	2				
394		孙三	男	3				
395		李四	女	4				
396		周五	女	5				
397		吴六	女	6				

图 2-8　MATCH 函数使用举例

2.2.3 INDEX 查找行和列交叉位置的值

函数定义：（数组形式）返回列表或数组中的元素值，此元素由行序号和列序号的索引值给定。

（单元格引用方式）返回行和列交叉位置的单元格引用，返回指定的行与列交叉处的单元格引用，数组形式通常返回数值或数值数组；引用形式通常返回引用，如果引用由不连续的选定区域组成，可以选择某一连续区域。

使用格式：数组形式 INDEX（array，row_num，column_num）。

引用形式 INDEX（reference，row_num，column_num，area_num）。

格式简义：数组形式 INDEX（单元格区域或数组常量，行序号，列序号）。

引用形式 INDEX（对一个或多个单元格区域的引用，行序号，列序号，选择引用中的一个区域）。

参数定义：array　为单元格区域或数组常量，如果数组只包含一行或一列，则相对应的参数 row_num 或 column_num 为可选。如果数组有多行和多列，但只使用 row_num 或 column_num，函数 INDEX 返回数组中的整行或整列，且返回值也为数组。

reference 为 对一个或多个单元格区域的引用，如果为引用输入一个不连续的区域，必须用括号括起来；如果引用中的每个区域只包含一行或一列，则相应参数 row_num 或 column_num 分别为可选项。如对于单行的引用，可以使用函数 INDEX（reference，column_num）。

row_num　为某行的行序号，函数从该行返回数值；如果省略 row_num，则必须有 column_num。

column_num　为某列的列序号，函数从该列返回数值。如果省略 column_num，则必须有 row_num。

area_num 为选择引用中的一个区域，并返回该区域中 row_num 和 column_num 的交叉区域，选中或输入的第一个区域序号为 1，第二个区域序号为 2，依此类推。如果省略 area_num，函数 INDEX 使用区域 1。

要　　点：1. INDEX 函数有两种语法形式：数组和引用。数组形式通常返回数值或数值数组，引用形式通常返回引用。当函数 INDEX 的第一个参数为数组常数时，使用数组形式。

2. 此处的行序号参数（row_num）和列序号参数（column_num）是相对于所引用的单元格区域而言的，不是 Excel 工作表中的行或列序号。

注意事项：1. 如果同时使用 row_num 和 column_num，函数 INDEX 返回 row_num 和 column_num 交叉处的单元格的数值；在通过 reference 和 area_num 选择了特定的区域后，row_num 和 column_num 将进一步选择指定的单元格：row_num1 为区域的首行，column_num1 为区域的首列，依此类推。函数 INDEX 返回的引用即为 row_num 和 column_num 的交叉区域。row_num、column_num 和 area_num 必须指向 reference 中的单元格；否则，函数 INDEX 返回错误值 #REF。

2. 如果将 row_num 或 column_num 设置为 0，函数 INDEX 则分别返回整个列或行的数组数值。若要使用以数组形式返回的值，请将 INDEX 函数以数组公式形式输入，对于行以水平单元格区域的形式输入，对于列以垂直单元格区域的形式输入；若要输入数组公式，请按“Ctrl+Shift+Enter”组合键。

3.row_num 和 column_num 必须指向 array 中的某一单元格；否则，函数 INDEX 返回错误值 #REF!

INDEX 函数使用举例如图 2–9 所示。

	A	B	C	D	E
180		业务员	不重复业务员	标注	不重复人员名单:
181		何不求	何不求	重复	{=INDEX($B$181:$B$194,
182		许锡文	许锡文	不重复	MATCH(0,COUNTIF($C$180:C180,$B$181:$B$194),0))&""}
183		何不求	朱英杰	重复	标注重复与不重复:
184		朱英杰	刘召	重复	=IF(COUNTIF($B$181:$B$194,$B$181:$B$194)>1,
185		何不求	刘招	重复	重复,"不重复")
186		刘召	吴小冰	不重复	统计不重复人员数量:
187		刘招	梁俊浩	重复	9
188		刘招	蒋进才	重复	{=SUM(1/COUNTIF($B$181:$B$194,$B$181:$B$194))}
189		吴小冰	于震威	重复	9
190		梁俊浩		不重复	=SUMPRODUCT(1/COUNTIF($B$181:$B$194,$B$181:$B$194))
191		蒋进才		不重复	
192		朱英杰		重复	
193		于震威		不重复	
194		吴小冰		重复	

图 2–9　INDEX 函数使用举例

2.2.4 ROW [ROWS] 查找第几行 [计算多少行]

函数定义：ROW 查找在第几行；ROWS 计算多少行。

使用格式：ROW（reference）；ROWS（array）。

格式简义：ROW（目标单元格）；ROWS（单元格或一个单元格区域）。

参数定义：reference 为需要得到其行号的单元格或单元格区域，array 为需要得到其行数的数组、数组公式或对单元格区域的引用。

注意事项：如果省略 reference，则假定是对函数 ROW 所在单元格的引用；如果 reference 为一个单元格区域，并且函数 ROW 作为垂直数组输入，则函数 ROW 将 reference 的行号以垂直数组的形式返回。但 reference 不能引用多个区域。

ROW 函数使用举例如图 2-10 所示。

	A	B	C	D	E	F	G	H	I
508		姓名	性别	row	rows				
509		赵一	女	509	5	row公式：			
510		钱二	男	510	5	=ROW(B509:B513)(结果始终是公式所在单元格的行号)			
511		孙三	男	511	5				
512		李四	女	512	5	rows公式：			
513		周五	女	513	5	=ROWS(B509:B513)(结果是从起始行到结束行共有几行)			

图 2-10 ROW 函数使用举例

2.2.5 COLUMN [COLUMNS] 引用的列标 [列数]

函数定义：COLUMN 返回给定引用的列标，COLUMNS 返回给定数组或引用的列数。

使用格式：COLUMN（reference）；COLUMNS（reference）。

格式简义：COLUMN（目标单元格）；COLUMNS（单元格或一个单元格区域）。

参数定义：reference 指定单元格引用或单元格区域的引用。当指定了单元格区域的引用时，位于左上角的单元格的列序号构成返回值。

注意事项：1. 如果 reference 为一个单元格区域，并且函数 COLUMN 作为水平数组输入，则函数 COLUMN 将 reference 中的列标以水平数组的形式返回。

2. 如果 reference 为一个单元格区域，并且函数 COLUMNS 作为水平数组输入，则函数 COLUMNS 将 reference 中的列标以水平数组的形式返回。

3. reference 不能引用多个区域。

COLUMN 函数使用举例如图 2-11 所示。

	A	B	C	D	E	F	G	H	I
51		A	E	I	2	=COLUMN(B51)(计算出在第几列开始(B列))			
52		B	F	J	3	=COLUMN(C51:D51)(计算出在第几列开始(C列))			
53		C	G	K	5	=COLUMN()(计算公式所在的列(E列))			
54		D	语文	数学	1	=COLUMNS(B51:B55)(计算只有1列)			
55		M	N	O	3	=COLUMNS(B51:D55)(计算出3列)			

图 2-11 COLUMN 函数使用举例

2.3　常见财务函数

2.3.1　EFFECT计算贷款或分期储蓄的利率

函数定义：利用给定的名义年利率和每年的复利期数，计算有效的年利率。

使用格式：EFFECT（nominal_rate，npery）。

格式简义：EFFECT（名义利率，每年的复利期数）。

参数定义：nominal_rate 为名义利率。

npery 为每年的复利期数。

注意事项：1. 如果该函数不可用，并返回错误值 #NAME?，请安装并加载“分析工具库”加载宏，npery 将被截尾取整。

2. 如果任一参数为非数值型，函数 EFFECT 返回错误值 #VALUE!；如果 nominal_rate ≤ 0 或 npery<1，函数 EFFECT 返回错误值 #NUM!

EFFECT 函数使用举例如图 2-12 所示。

E2　=EFFECT(A2,C2)

	A	B	C	D	E	F	G
1	名义利率（nomial_rate）		复利计算期数(npery)		实际年利率		
2	0.02		2		0.0201		

图 2-12　EFFECT 函数使用举例

2.3.2　FV 计算将来的价格

函数定义：基于固定利率及等额分期付款方式，返回某项投资的未来值。

使用格式：FV（rate，nper，pmt，pv，type）。

格式简义：FV（利率，付款期总数，各期所应支付的金额，现值，指定各期的付款时间是在期初还是期末）。

参数定义：rate 为各期利率。

nper 为总投资期，即该项投资的付款期总数。

pmt 为各期所应支付的金额，其数值在整个年金期间保持不变。通常 pmt 包括本金和利息，但不包括其他费用及税款，如果忽略 pmt，则必须包括 pv 参数。

pv 为现值，即从该项投资开始计算时已经入账的款项，或一系列未来付款的当前值的累积和，也称为本金。如果省略 pv，则假设其值为零，并且必须包括 pmt 参数。

type 为数字 0 或 1，用以指定各期的付款时间是在期初还是期末。如果省略 type，则假设其值为零。

要　　点：有关函数 FV 中各参数以及年金函数的详细信息，请参阅函数 PV。

应确认所指定的 rate 和 nper 单位的一致性。例如，同样是四年期年利率为 12% 的贷款，如果按月支付，rate 应为 12%÷12，nper 应为 4×12；如果按年支付，rate 应为 12%，nper 为 4。

注意事项：在所有参数中，支出的款项，如银行存款，表示为负数；收入的款项，如股息收入，表示为正数。

FV 函数使用举例如图 2-13 所示。

	A	B	C	D	E	F
126		计算储蓄或投资的到期额				
127		利率	期间(年)	每月存入额	付款类型	结果　公式显示
128		0.02	5	-15,000	1	947,286.52=FV(B128/12,C128*12,D128,0.1)
129						
130		现在每年年初存入1000元，10年后到期能收回多少钱（银行利率为5%）				
131		Rate	Nper	Pmt	结果	公式显示
132		0.05	10	1000	13,206.79	=FV(B132,C132,-D132,,1)

图 2-13　FV 函数使用举例

2.3.3　NPER 计算贷款的偿还时间和分期储蓄的存款时间

函数定义：基于固定利率及等额分期付款方式，返回某项投资的总期数。

使用格式：NPER（rate，pmt，pv，fv，type）。

格式简义：NPER（各期利率，各期所应支付的金额，现值，未来值，指定各期付款时间是在期初还是期末）。

参数定义：rate 为各期利率，是一固定值。

pmt 为各期所应支付的金额，其数值在整个年金期间保持不变。通常，pmt 包括本金和利息，但不包括其他的费用及税款。

pv 为现值，即从该项投资开始计算时已经入账的款项，或一系列未来付款的当前值的累积和，也称为本金。

fv 为未来值，或在最后一次付款后希望得到的现金余额。如果省略 fv，则假设其值为零（如一笔贷款的未来值即为零）。

type 为数字 0 或 1，用以指定各期的付款时间是在期初还是期末，0 或省略，为期末付款，1 为期初付款。

NPER 函数使用举例如图 2-14 所示。

	A	B	C	D	E	F
195		每月支付30,000元偿还金，年利率为5%，贷款额1,000,000元，付清这笔贷款需多少时间				
196		利率	每月偿还额	借入额	期间	结果
197		5%	-30,000.00	1,000,000.00	35.96	35.96
198		=NPER (B197/12,C197,D197,0,0) 结果为35.96个月偿还				

图 2-14　NPER 函数使用举例

2.3.4　NPV 投资的净现值 [现金流的净现值]

函数定义：NPV 通过使用贴现率以及一系列未来支出（负值）和收入（正值），返回一项投资的净现值。

使用格式：NPV（rate，value1，value2，...）。

格式简义：NPV（某一期间的贴现率，支出及收入）。

参数定义：Rate NPV 为某一期间的贴现率，是一个固定值。

Value NPV 为 1 到 29 个参数，代表支出及收入。

Dates 为现金流支付相对应的支付日期表，第一个支付日期代表支付表的开始。其他日期应迟于该日期，但可按任何顺序排列。

要　　点：1. value1，value2，... 在时间上必须具有相等间隔，并且都发生在期末。

2. NPV 使用 value1，value2，…的顺序来解释现金流的顺序，所以务必保证支出和收入的数额按正确的顺序输入。

3. 如果参数为数值、空白单元格、逻辑值或数字的文本表达式，则都会计算在内；如果参数是错误值或不能转化为数值的文本，则被忽略。

4. 如果参数是一个数组或引用，则只计算其中的数字、数组或引用中的空白单元格、逻辑值、文字及错误值将被忽略。

注意事项：1. 函数 NPV 假定投资开始于 value1 现金流所在日期的前一期，并结束于最后一笔现金流的当期， 函数 NPV 依据未来的现金流来进行计算。如果第一笔现金流发生在第一个周期的期初，则第一笔现金必须添加到函数 NPV 的结果中，而不应包含在 values 参数中。

2. Microsoft Excel 可将日期存储为可用于计算的序列号，默认情况下，1900 年 1 月 1 日的序列号是 1，而 2008 年 1 月 1 日的序列号是 39448，这是因为它距 1900 年 1 月 1 日有 39448 天。 Microsoft Excel for the Macintosh 使用另外一个默认日期系统。

3.Dates 中的数值将被截尾取整，如果任一参数为非数值型，函数 XNPV 返回错误值 #VALUE！；如果 Dates 中的任一数值不是合法日期，函数 XNPV 返回错误值 VALUE；如果 Dates 中的任一数值先于开始日期，函数 XNPV 返回错误值 #NUM!；如果 Values 和 Dates 所含数值的数目不同，函数 XNPV 返回错误值 #NUM!。

NPV 函数使用举例如图 2-15—图 2-17 所示。

	A	B	C
229		计算定期现金流量的投资净现值	
230		数据	说明（结果）
231		0.08	年贴现率。可表示整个投资的通货膨胀率或利率。
232		-40,000	初期投资
233		8,000	第 1 年的收益 =NPV(B231,B233:B237)+B232（投资净现值 1）
234		9,200	第 2 年的收益 =NPV(B231,B233:B237,-9000)+B232　（投资净现值 2）
235		10,000	第 3 年的收益 =NPV(B231,B232:B237)(投资净现值 3)
236		12,000	第 4 年的收益
237		14,500	第 5 年的收益
238		1,922.06	该投资的净现值 1（开始投资的 40,000 并不包含在数值参数中）
239		-3749.47	该投资的净现值 2（包括第六年中 9,000 的赔付，开始投资的 -40,000 不包含在数值参数中）
240		1,779.69	该投资的净现值 3（将开始投资的 10,000 作为数值参数中的一个）

图 2-15　NPV 函数使用举例 1

	A	B	C	D
242		投资25万元,第二年开始逐年回收的现金流量为5.5万元,9.5万元,14万元,18.5万元.		
243		计算在贴现率为12%的净收益现值		
244		Rate	0.12	
245		NCF0=	-250,000.00	92,060.64
246		NCF1=	55,000.00	=NPV(12%,55,000,95,000,140,000,185,000)-250,000 (直接使用函数)
247		NCF2=	95,000.00	92,060.64
248		NCF3=	140,000.00	=NPV(C244,C246:C249)+C245 (引用单元格)
249		NCF4=	185,000.00	

图 2-16　NPV 函数使用举例 2

	A	B	C	D	E	F	H
251		投资决策评价方案					
252		期　间	A方案	B方案	C方案	A方案净现值	1,669.42
253			现金净流量	现金净流量	现金净流量	B方案净现值	1,557.48
254		0	-20,000.00	-9,000.00	-12,000.00	C方案净现值	-560.48
255		1	11,800.00	1,200.00	4,600.00		
256		2	13,240.00	6,000.00	4,600.00	A方案内含报酬率	16.05%
257		3		6,000.00	4,600.00	B方案内含报酬率	17.87%
258		贴现率	0.1			C方案内含报酬率	7.33%
259		NPV(C258,C255:C256)+C254 (A方案净现值)					
260		IRR(C254:C256)(A方案内含报酬率)					

图 2-17　NPV 函数使用举例 3

2.3.5　PMT [PPMT]　每期付款额 [期间内本金偿还额]

函数定义：PMT 返回贷款的每期付款额，PPMT 返回投资在某一给定期间内的本金偿还额。

使用格式：PMT（rate，nper，pv，fv，type），PPMT（rate，per，nper，pv，fv，type）。

格式简义：PMT（贷款利率，该项贷款的付款总数，本金，未来值，指定各期的付款时间是在期初还是期末）。

PPMT（各期利率，其本金数额的期数，总投资期，现值，未来值，指定付款时间是在期初还是期末）。

参数定义：Rate PMT 为贷款利率，Rate PPMT 为各期利率。

nper 为该项贷款的付款总数。

per 为用于计算其本金数额的期数，必须介于 1 到 nper。

pv 现值，即从该项投资开始计算时已经入账的款项，或一系列未来付款的当前值的累积和，也称为本金。

fv 为未来值，或在最后一次付款后希望得到的现金余额，如果省略 fv，则假设其值为零，也就是一笔贷款的未来值为零。

type 为数字 0 或 1，用以指定各期的付款时间是在期初还是期末，0 或省略为期末付款；1 为期初付款。

注意事项：1. 返回的支付款项包括本金和利息，但不包括税款、保留支付或某些与贷款有关的费用。

2. 应确认所指定的 rate 和 nper 单位的一致性。例如，同样是 4 年期年利率为 12% 的贷款，如果按月支付，rate 应为 12% ÷ 12，nper 应为 4 × 12；如果按年支付，rate 应为 12%，nper 为 4。

PMT 函数使用举例如图 2-18 和图 2-19 所示。

	A	B	C	D	E	F	G	H
280		年利率为6%，18年后最终得到50000，每月应存的数额						
281		年利率	付款期数	现值	结果			
282		0.06	18	50,000	-129.08=PMT(B282/12,C282*12,0,D282)			

图 2-18　PMT 函数使用举例 1

284	向银行贷款200000元购买商品房，期限10年，利率8%，每月应付多少钱				
285	Rate	Nper	PV	结果	
286	0.08	10	200,000	-2,426.55	=PMT(B286/12,C286*12,D286)(月末还款)
287	0.08	10	200,000	-2410.48	=PMT(8%/12,10*12,200000,,1)(月初还款)
288					
289	年利率	贷款期限	贷款额	结果	
290	10%	2	2,000	-75.62	
291	8%	10	200,000	-27,598.05	
292	=PPMT(B290/12,1,C290*12,D290)(贷款第一个月的本金支付(-75.62))				
293	=PPMT(B291,C291,10,D291)　(在此条件下贷款最后一年的本金支付(-27,598.05))				

图 2-19　PMT 函数使用举例 2

2.3.6 PV 计算投资的现值

函数定义：返回投资的现值，现值为一系列未来付款的当前值的累积和。例如，借入方的借入款即为贷出方贷款的现值。

使用格式：PV（rate，nper，pmt，fv，type）。

格式简义：PV（各期利率，总投资，各期所应支付的金额，未来值，指定各期付款时间是在期初还是期末）。

参数定义：rate 为各期利率，例如，如果按 10% 的年利率借入一笔贷款来购买汽车，并按月偿还贷款，则月利率为 10% ÷ 12（0.83%），可在公式中输入 10% ÷ 12 ×（0.83%）或 0.0083 作为 rate 的值。

nper 为总投资（或贷款）期，该项投资（或贷款）的付款期总数。例如，对于一笔 4 年期按月偿还的汽车贷款，共有 4 × 12（48）个偿款期数，可以在公式中输入 48 作为 nper 的值。

pmt 为各期所应支付的金额，其数值在整个年金期间保持不变。通常 pmt 包括本金和利息，但不包括其他费用及税款。如 $10，000 的年利率为 12% 的四年期汽车贷款的月偿还额为 $263.33， 可以在公式中输入 -263.33 作为 pmt 的值。如果忽略 pmt，则必须包含 fv 参数。

fv 为未来值，或在最后一次支付后希望得到的现金余额，若省略 fv，则假设其值为零（一笔贷款的未来值即为零）。例如，如果需要在 18 年后支付 $50，000，则 $50，000 就是未来值。可根据保守估计的利率来决定每月的存款额。如果忽略 fv，则必须包含 pmt 参数。

type 为数字 0 或 1，用以指定各期的付款时间是在期初还是期末。

PV 函数使用举例如图 2-20 所示。

	A	B	C	D	E	F	G	H	I
311		计算可借入金额							
312		利率	期间(年)	每月底支付	可借入额	公式显示			
313		8.00%	5	2,000	-98,636.87	=PV(B313/12,C313*12,D313,,0)(年金的现值)			
314									
315		3年后想得到10000元，那么现在应一次存入多少钱(银行利率为12%)							
316		Rate	Nper	FV	结果				
317		12.00%	3	10,000	-7,117.80	=PV(B317,C317,,D317)			
318									
319		假定将来的五年内每年偿还1000元，贴现率4.5%，现在需一次存入多少钱							
320		Rate	Nper	Pmt	结果				
321		4.50%	5	1000	-4,389.98	=PV(B321,C321,D321)			

图 2-20　PV 函数使用举例

2.3.7　RATE　计算年金的各期利率

函数定义：计算贷款或分期储蓄的利率。

使用格式：RATE（nper，pmt，pv，fv，type，guess）。

格式简义：RATE（总投资期，各期付款额，现值，未来值，指定各期付款时间是在期初还是期末，预期利率）。

参数定义：nper 为总投资期，即该项投资的付款期总数。

pmt 为各期付款额，其数值在整个投资期内保持不变。通常 pmt 包括本金和利息，但不包括其他费用或税金。如果忽略了 pmt，则必须包含 fv 参数。

pv 为现值，即从该项投资开始计算时已经入账的款项，或一系列未来付款当前值的累积和，也称为本金。

fv 为未来值，或在最后一次付款后希望得到的现金余额。如果省略 fv，则假设其值为零（如一笔贷款的未来值即为零）。

type 为数字 0 或 1，用以指定各期的付款时间是在期初还是期末，为 0 或省略时，则为期末付款；为 1 时，则为期初付款。

guess 为预期利率。

要　　点：函数 RATE 通过迭代法计算得出，并且可能无解或有多个解。如果在进行 20 次迭代计算后，函数 RATE 的相邻两次结果没有收敛于 0.0000001，函数 RATE 将返回错误值 #NUM!。

注意事项：应确认所指定的 guess 和 nper 单位的一致性，对于年利率为 12% 的 4 年期贷款，如果按月支付，guess 为 12% ÷ 12，nper 为 4 × 12；如果按年支付，guess 为 12%，nper 为 4。

RATE 函数使用举例如图 2-21 所示。

	A	B	C	D	E
341		计算贷款利率			
342		期间(年)	每月偿还额	借入额	月利率　公式显示
343		4	-200	8, 000	0. 77%=RATE(B343*12, C343, D343)

图 2-21　RATE 函数使用举例

2.3.8　DDB 计算折旧值（双倍余额递减法）

函数定义：用双倍余额递减法计算一笔资产在给定期间内的折旧值。

使用格式：DDB（cost，salvage，life，period，factor）。

格式简义：DDB（资产原值，折旧期末的价值，折旧期限，计算折旧值的期间，余额递减速率）。

参数定义：cost 为资产原值。

salvage 为资产在折旧期末的价值（也称为资产残值）。

life 为折旧期限（有时也称作资产的使用寿命）。

period 为需要计算折旧值的期间，period 必须使用与 life 相同的单位。

factor 为余额递减速率，如果 factor 被省略，则假设为 2（双倍余额递减法）。

要　　点：这五个参数都必须为正数。

注意事项：双倍余额递减法以加速的比率计算折旧，折旧在第一阶段是最高的，在后继阶段中会减少。

DDB 使用下面的公式计算一个阶段的折旧值：

1.（资产原值 – 资产残值 – 前面阶段的折旧总值）×（余额递减速率 ÷ 生命周期）

2. 如果不想使用双倍余额递减法，更改余额递减速率

3. 当折旧大于余额递减计算值时，如果希望转换到直线余额递减法，请使用 VDB 函数。

DDB 函数使用举例如图 2–22 所示。

	A	B	C	D	E	F
89						
90		数据说明	数据	计算结果公式		
91		资产原值	2,400	1.32 =DDB(C91,C92,C93*365,C94,C95)(第1天折旧)		
92		资产残值	300	40.00 =DDB(C91,C92,C93*12,C94,C95)(第1个月折旧)		
93		使用寿命	10	480.00 =DDB(C91,C92,C93,C94,C95)(第1年折旧)		
94		折旧期间	1	306.00 =DDB(C91,C92,C93,2,1.5)(第2年折旧1.5递减率)		
95		余额递减	2	22.12 =DDB(C91,C92,C93,10,C95)(第10年折旧)		

图 2–22　DDB 函数使用举例

2.3.9 SLN 计算折旧值（直线折旧法）

函数定义：用直线折旧法计算折旧费。返回某项资产在一个期间中的线性折旧值。

使用格式：SLN（cost，salvage，life）。

格式简义：SLN（资产原值，资产残值，折旧期限）。

参数定义：cost 为资产原值。

salvage 为资产在折旧期末的价值（也称为资产残值）。

life 为折旧期限（有时也称作资产的使用寿命）。

SLN 函数使用举例如图 2–23 所示。

	A	B	C	D	E	F	G
351							
352		资产原值	残余价格	折旧年数	折旧费	公式显示	
353		30,000	3,000	4	6,750.00=SLN(B353,C353,D353)		

图 2–23　SLN 函数使用举例

2.3.10 SYD 计算折旧值（年限总和法）

函数定义：返回某项资产按年限总和折旧法计算的指定期间的折旧值。

使用格式：SYD（cost，salvage，life，per）。

格式简义：SYD（资产原值，资产残值，折旧期限，期间）。

参数定义：cost 为资产原值。

salvage 为资产在折旧期末的价值（也称为资产残值）。

life 为折旧期限（有时也称作资产的使用寿命）。

per 为期间，其单位与 life 相同。

SYD 函数使用举例如图 2-24 所示。

	A	B	C	D	E	F	G
363		资产原值	资产残值	使用寿命	折旧费		
364		30000.00	7500.00	10.00	4,090.91=SYD(B364,C364,D364,1)		

图 2-24 SYD 函数使用举例

2.3.11 VDB 计算折旧值（双倍余额递减法）

函数定义：返回指定的任何期间内（包括部分期间）的资产折旧值，函数 VDB 代表可变余额递减法。

使用格式：VDB（cost，salvage，life，start_period，end_period，factor，no_switch）。

格式简义：VDB（资产原值，折旧期末的价值，折旧期限，起始期间，截止期间，余额递减速率，逻辑值）。

参数定义：cost 为资产原值。

salvage 为资产在折旧期末的价值（也称为资产残值）。

life 为折旧期限（有时也称作资产的使用寿命）。

start_period 为进行折旧计算的起始期间，start_period 必须与 life 的单位相同。

end_period 为进行折旧计算的截止期间，end_period 必须与 life 的单位相同。

factor 为余额递减速率（折旧因子），如果省略参数 factor，则函数假设 factor 为 2（双倍余额递减法），如果不想使用双倍余额递减法，可改变参数 factor 的值。

no_switch 为一逻辑值，指定当折旧值大于余额递减计算值时，是否转用直线折旧法。

注意事项：1. 若 no_switch 为 TRUE，即使折旧值大于余额递减计算值，Microsoft Excel 也不转用直线折旧法。

2. 若 no_switch 为 FALSE 或被忽略，且折旧值大于余额递减计算值时，Excel 将转用线性折旧法。

3. 除 no_switch 外的所有参数必须为正数。

VDB 函数使用举例如图 2-25 所示。

	A	B	C	D	E
380					
381		资产原值	2400	1.32	=VDB(C381,C382,C383*365,0,1)(第1天的折旧值)
382		资产残值	300	40.00	=VDB(C381,C382,C383*12,0,1)(第1个月的折旧值)
383		使用寿命	10	480.00	=VDB(C381,C382,C383,0,1)(第1年的折旧值)
384		起始期间	6	396.31	=VDB(C381,C382,C383*12,6,18)(第6个月与第18个月之间的折旧值)
385		截止期间	18	311.80	=VDB(C381,C382,C383*12,6,18,1.5)(用折旧因子1.5代替双倍余额法)
386		递减速率	1.5	315.00	=VDB(C381,C382,C383,0.0.875,1.5)(第1个财政年的折旧值)

图 2-25 VDB 函数使用举例

2.3.12 XNPV 现金流的净现值

函数定义：返回一组现金流的净现值，这些现金流不一定定期发生。

使用格式：XNPV（rate，value，dates）。

格式简义：XNPV（贴现率，值的范围，日期范围）。

参数定义：rate 为应用于现金流的贴现率。

values 为 dates 中的支付时间相对应的一系列现金流转。首期支付是可选的，并与投资开始时的成本或支付有关。如果第一个值为成本或支付，则其必须是一个负数。所有后续支付基于的是 365 天 / 年贴现，数值系列必须至少包含一个正数和一个负数。

dates 为现金流支付相对应的支付日期表，第一个支付日期代表支付表的开始，其他日期应迟于该日期，但可按任何顺序排列。

注意事项：1. 如果该函数不可用，并返回错误值 #NAME，请安装并加载“分析工具库”加载宏。Microsoft Excel 可将日期存储为可用于计算的序列号。默认情况下，1900 年 1 月 1 日的序列号是 1，而 2008 年 1 月 1 日的序列号是 39448，这是因为它距 1900 年 1 月 1 日有 39448 天。

2. Microsoft Excel for the Macintosh 使用另外一个默认日期系统。dates 中的数值将被截尾取整，如果任一参数为非数值型，函数 XNPV 返回错误值 #VALUE！；如果 dates 中的任一数值不是合法日期，函数 XNPV 返回错误值 #VALUE；如果 dates 中的任一数值先于开始日期，函数 XNPV 返回错误值 #NUM!；如果 values 和 dates 所含数值的数目不同，函数 XNPV 返回错误值 #NUM!。

XNPV 函数使用举例如图 2–26 所示。

	A	B	C	D	E	F
398						
399		贴现率	年度/收益			投资净现值公式显示
400		10%	期初投资	-1, 000, 000	2011/4/1	262302. 95=XNPV(B400,D400:D404,E400:E404)
401			1	200, 000	2011/8/31	
402			2	250, 000	2011/10/30	
403			3	400, 000	2011/12/1	
404			4	500, 000	2012/2/29	

图 2–26 XNPV 函数使用举例

第3章 Excel的数据管理与分析

案例导读

A 公司 2023 年 6 月部分销售人员奖金统计表如下表所示。

A 公司 2023 年 6 月部分销售人员奖金统计表

省 份	城 市	员工编号	姓 名	销售业绩	出勤情况	奖金金额
四川	成都	32001	李小阳	33，000.00	一般	3，040.00
陕西	西安	32009	白雪	32，000.00	一般	2，960.00
广东	广州	32151	张豆豆	56，000.00	良好	5，280.00
山西	太原	32456	高秀秀	26，800.00	一般	2，544.00
甘肃	兰州	32987	钱华	28，300.00	一般	2，664.00
海南	海口	32766	李凡	24，500.00	一般	2，360.00
山东	青岛	32008	刘霞	45，300.00	良好	4，424.00
江苏	苏州	32005	夏建国	35，600.00	一般	3，248.00
四川	乐山	32412	刘璐璐	26，100.00	一般	2，488.00
广东	深圳	32124	刘思佳	48，900.00	良好	4，712.00
甘肃	兰州	32564	孔天星	26，000.00	一般	2，480.00
山东	济南	32010	陈媛	21，000.00	差	1，680.00
福建	福州	32056	钟嘉信	27，000.00	一般	2，560.00
江苏	南京	32078	王广财	33，000.00	一般	3，040.00
广西	南宁	32213	丁燕	28，000.00	一般	2，640.00
广东	佛山	32129	马小燕	49，700.00	良好	4，776.00
广东	中山	32447	李丽丽	45，800.00	良好	4，464.00
湖北	武汉	32880	陈娜	39，800.00	一般	3，584.00
湖南	长沙	32901	林芳芳	36，700.00	一般	3，336.00

如果你作为 A 公司的会计人员，你应该如何快速地对 6 月的销售数据进行快速的处理分析呢？

3.1 数据验证

3.1.1 数据验证的设置

3.1.1.1 制作下拉列表

对于类似性别、学历这类有确定答案并且有规律的文本数据，在录入时，如果采用手动输入的方式难免烦琐，如果能制作出下拉列表，就能减少手工输入所带来的工作量，提高工作效率。

【例 3-1】统计员工性别，设置下拉表使得有“男”“女”两个选项，那么填写的任务会简单很多，具体操作如下。

1. 选取单元格区域 C2：C5（也可以选取一个单元格，等设置完毕后，对其他所需单元格进行数据验证复制），如图 3-1 所示。

	A	B	C	D	E	F
1	员工编号	姓名	性别	年龄	学历	联系电话
2	32001	李小阳				
3	32009	白雪				
4	32151	张豆豆				
5	32456	高秀秀				

图 3-1　员工名单

2. 单击“数据→数据验证”选择“数据验证”，如图 3-2 所示。

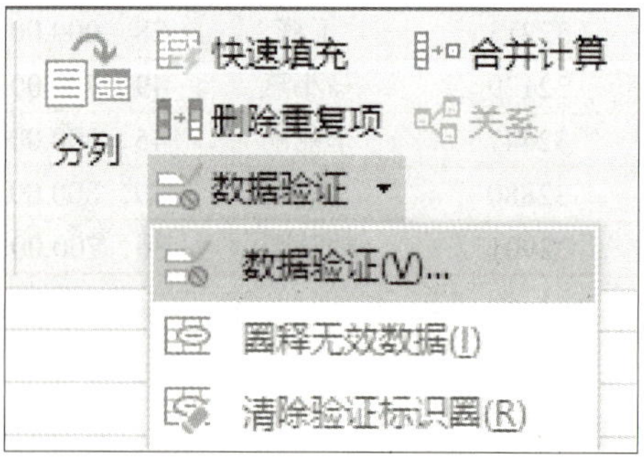

图 3-2　数据验证选择

3. 在弹出的对话框中选择“设置→允许→序列”，如图 3-3 所示。

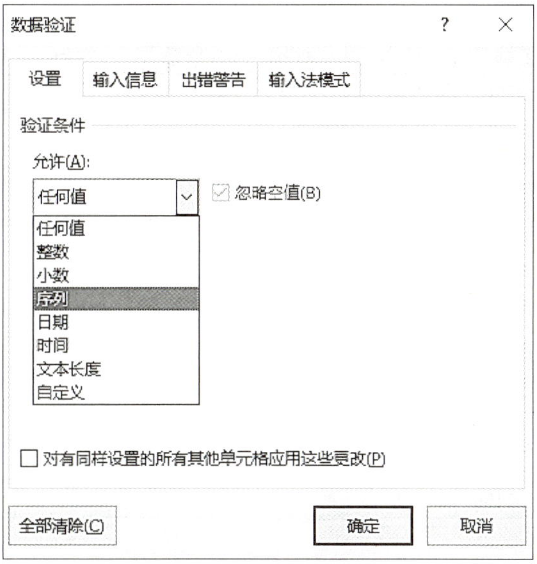

图 3-3　序列选择

4. 在“来源”文本框中输入“男，女”单击“确定”按钮，如图 3-4 所示。

注意：输入的内容选项之间在半角状态下，输入逗号，“男，女”；在全角状态下，输入逗号，在生成的下拉列表中不能以选项显示。

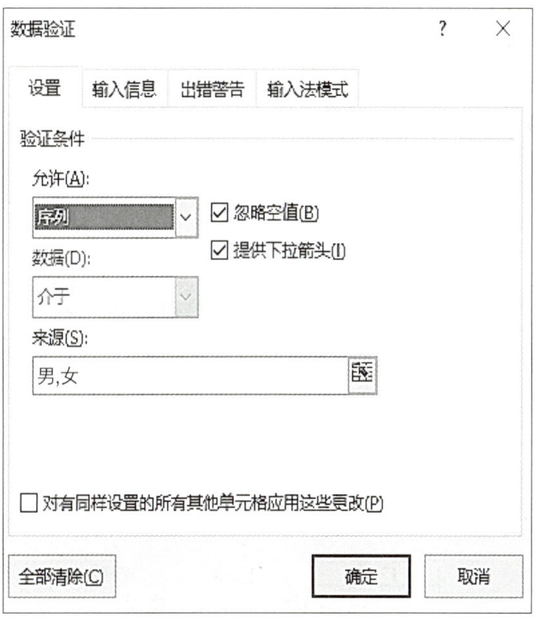

图 3-4　性别选择设置

5. 此时在 C2 单元格右侧就会有一个下三角按钮，单击该按钮展开下拉列表，选择“男”选项，如图 3-5 所示，C2 单元格就会被输入文本。可见对于文本较多并且有规律的数据这是一种非常实用的功能，同样，C5 可选“女”，如图 3-6 所示。

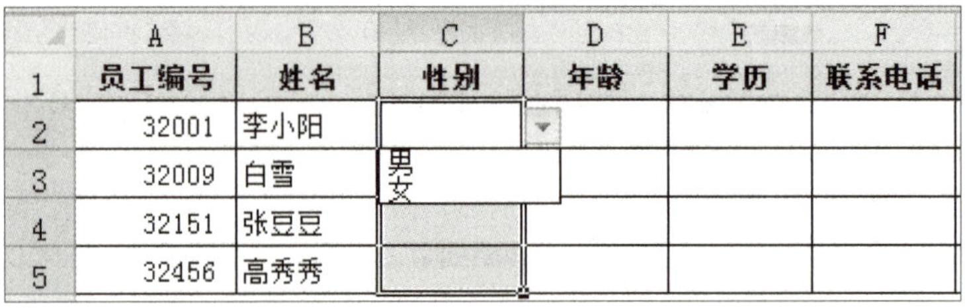

	A	B	C	D	E	F
1	员工编号	姓名	性别	年龄	学历	联系电话
2	32001	李小阳				
3	32009	白雪	男 女			
4	32151	张豆豆				
5	32456	高秀秀				

图 3-5　性别下拉选项选择“男”

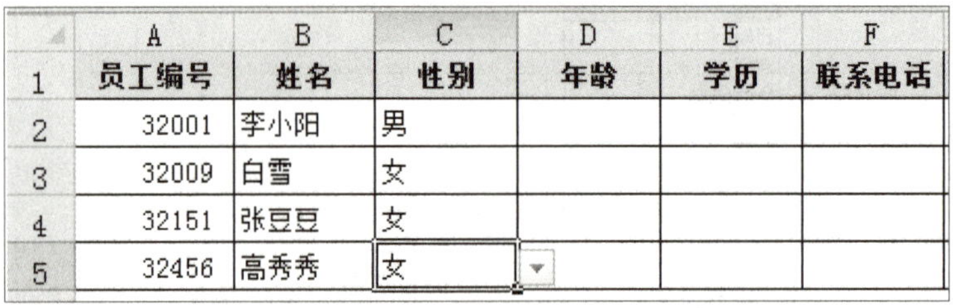

	A	B	C	D	E	F
1	员工编号	姓名	性别	年龄	学历	联系电话
2	32001	李小阳	男			
3	32009	白雪	女			
4	32151	张豆豆	女			
5	32456	高秀秀	女			

图 3-6　性别下拉选项选择“女”

3.1.1.2 创建关联列表

有时在处理几组数据时，数据组与数据组的时间有时会有联系。我们希望输入一组数据后，另一组数据也会跟着改变，创建关联列表即解决了这个问题。

【例 3-2】我们将省份和城市对应起来，选择任何一个省份之后，另一列表中就会对应该省份内的城市。具体操作如下。

1. 选取数据区域：A1:C1，在名称框输入“province”，按“Enter”键完成定义，如图 3-7 所示。

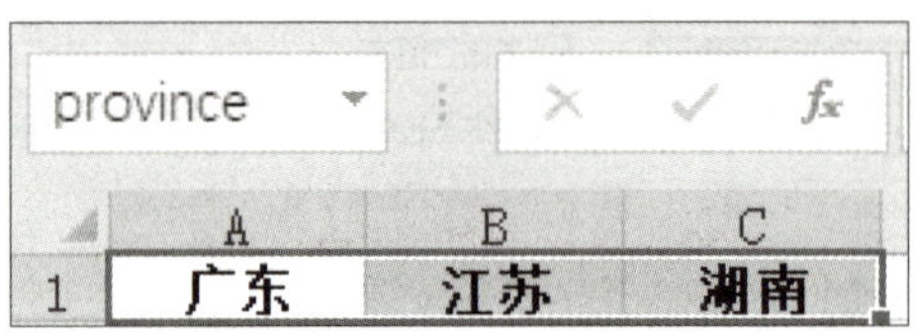

	A	B	C
1	广东	江苏	湖南

图 3-7　定义数据区域

2. 选取数据区域：A2:A8，在名称框输入“广东”，按“Enter”键完成定义，如图 3-8 所示。

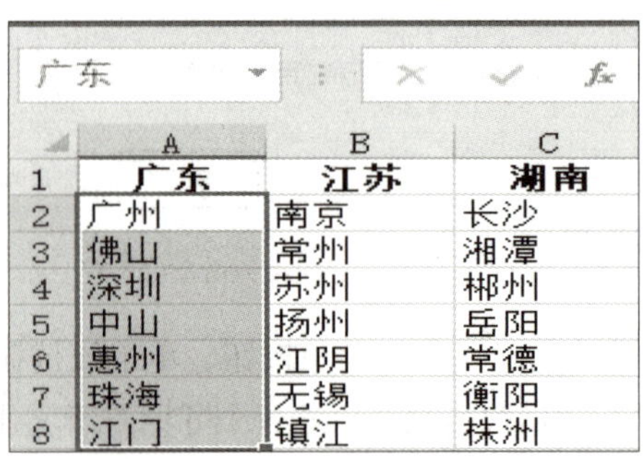

	A	B	C
1	广东	江苏	湖南
2	广州	南京	长沙
3	佛山	常州	湘潭
4	深圳	苏州	郴州
5	中山	扬州	岳阳
6	惠州	江阴	常德
7	珠海	无锡	衡阳
8	江门	镇江	株洲

图 3-8　选取数据区域输入“广东”

3. 同样，分别选取数据区域：B2:B8 和数据区域：C2:C8，并且分别在名称框输入“江苏”“湖南”，完成剩余两列数值的定义，如图 3-9 所示。

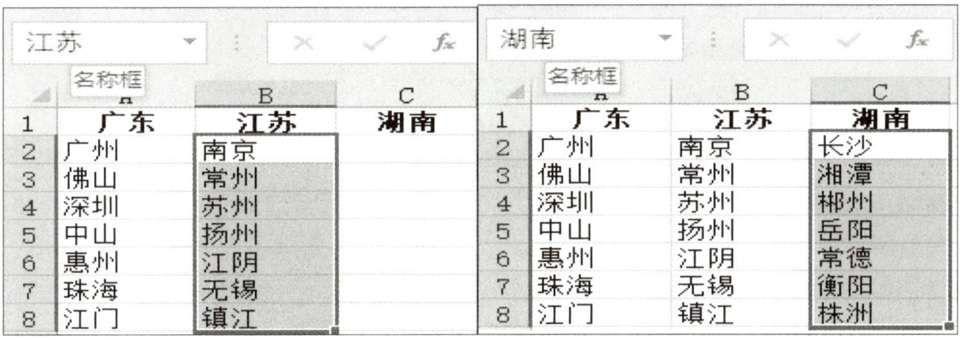

图 3-9　选取数据区域输入“江苏”“湖南”

4. 在需要操作的表格中，选取数据区域 F2:F8，单击“数据→数据验证”，如图 3-10 所示。

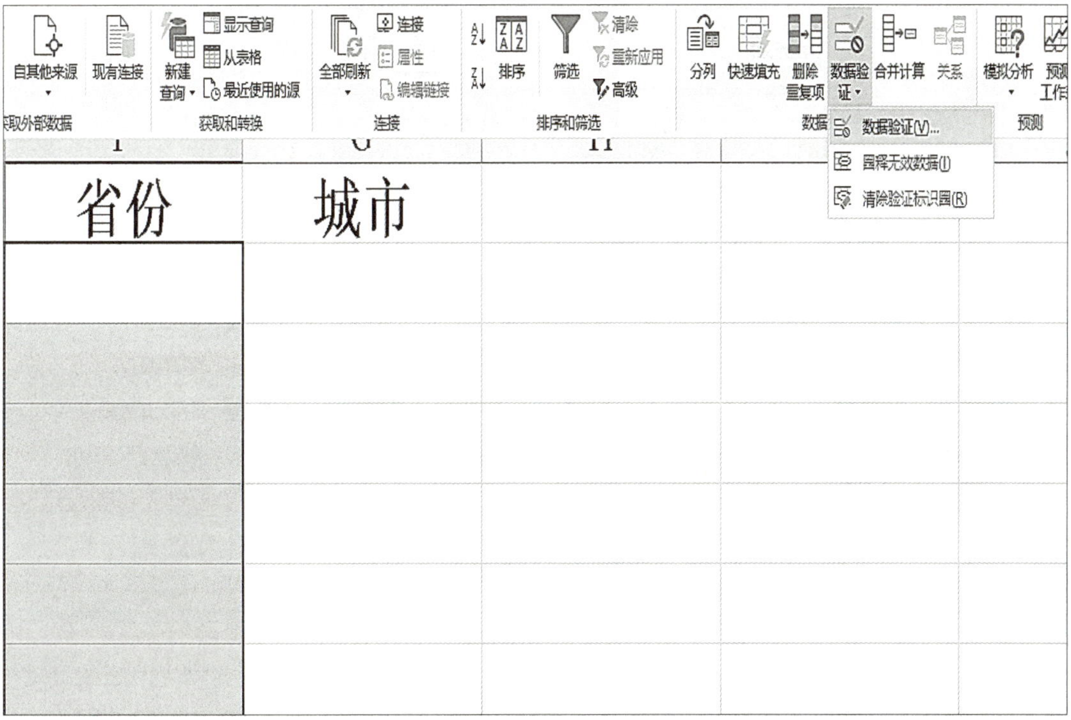

图 3-10　数据验证

5. 在弹出的对话框中，在“设置”选项卡里“允许”条件中选择“序列”，“来源”文本框中输入“=province”，单击“确定”按钮，如图 3-11 所示。

图 3–11　选择序列并输入来源

6. 选取数据区域 G2:G8，再次单击“数据→数据验证”，如图 3–12 所示。

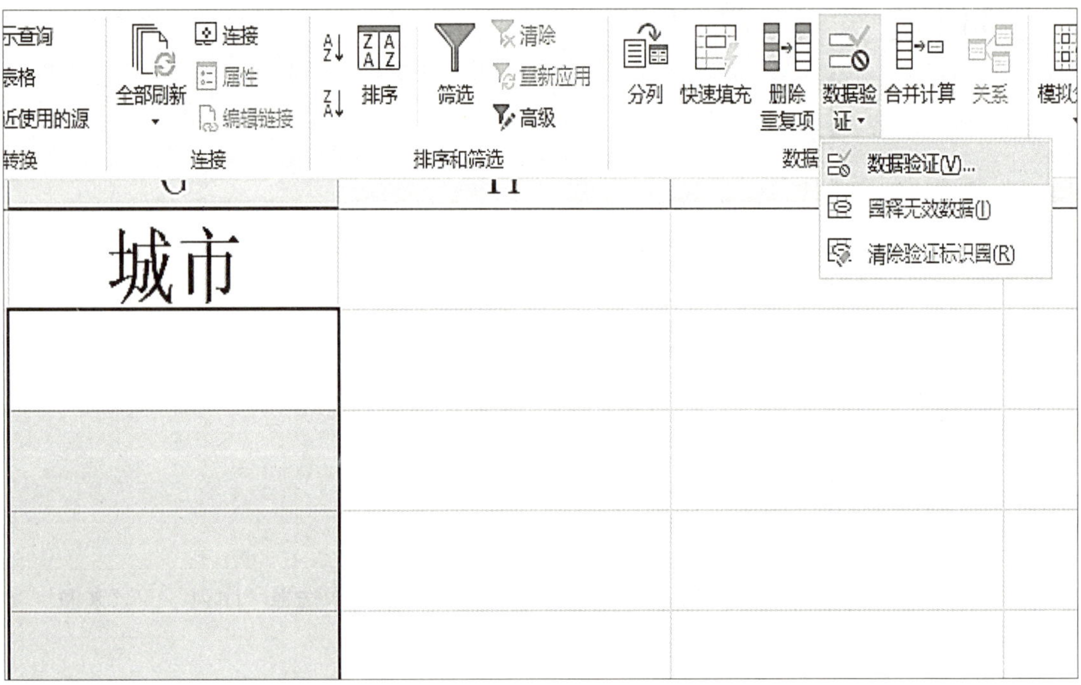

图 3–12　数据验证

7. 在“设置”选项卡里“允许”条件中选择“序列”，“来源”文本框中输入“=INDIRECT（$F2）”，单击“确定”按钮，如图 3–13 所示。

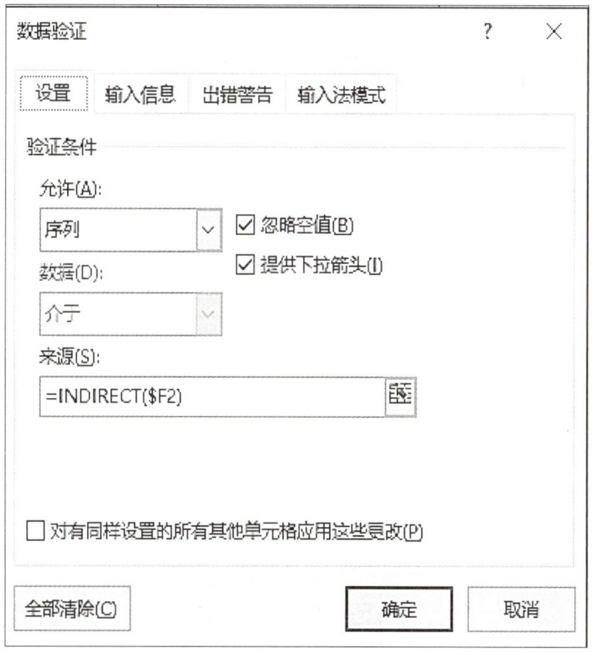

图 3-13　选择序列并输入来源

8. 此时，查看表格，需要填写的省份和城市就对应起来了，如图 3-14 所示。

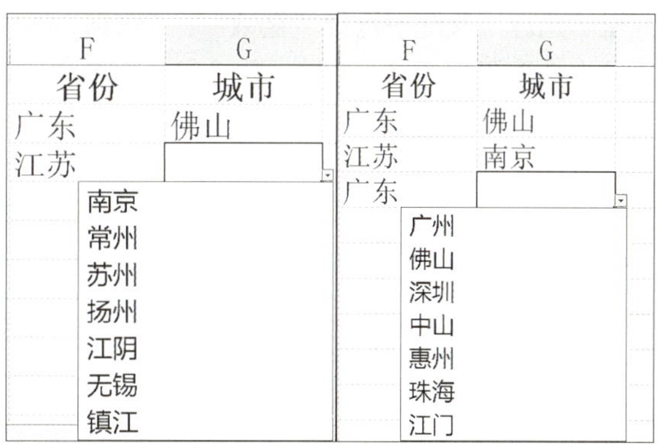

图 3-14　查看表格

3.1.1.3 圈释无效数据

数据验证功能中的“圈释无效数据”功能，可以将表格数据清单中不符合有效性条件的数据圈释出来，在财务中的事后控制环节可以使用。

【例 3-3】假设有一张成绩单，现在要找出成绩小于 60 分的情况。操作如下。

1. 选取数据区域 C2:C10，如图 3-15 所示。

	A	B	C	D
1	学号	姓名	成绩	排名
2	101	李小阳	98	
3	102	白雪	23	
4	103	张豆豆	62	
5	104	高秀秀	72	
6	105	钱华	88	
7	106	李凡	50	
8	107	刘霞	48	
9	108	夏建国	77	
10	109	刘璐璐	67	

图 3-15　选取数据区域

2. 单击“数据→数据验证”，如图 3-16 所示。

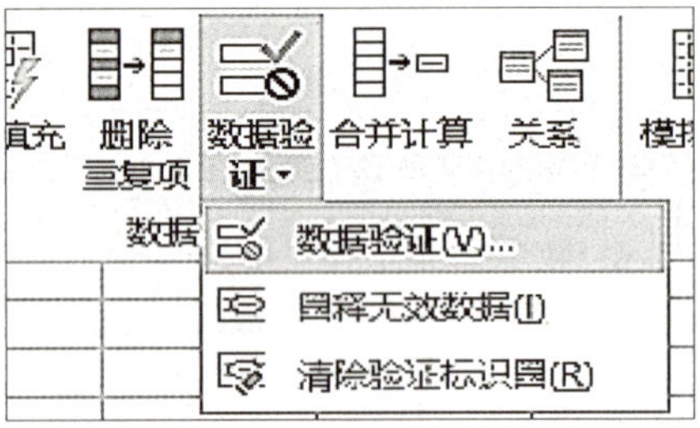

图 3-16　数据验证

3. 在“设置”选项卡里“允许”条件中选择“整数”，“数据”的范围选择“介于”；“最小值”设置为“60”，“最大值”设置为“100”，设置完毕后单击“确定”按钮，如图 3-17 所示。

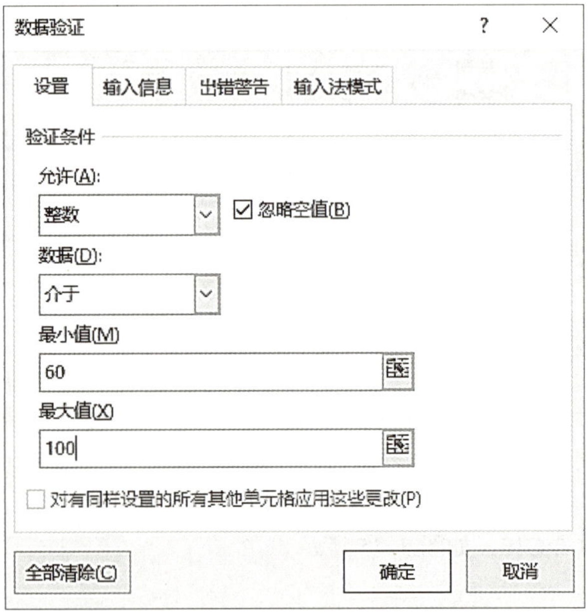

图 3-17　设置整数范围

4. 再次单击“数据→数据验证”，此次选择“圈释无效数据”选项，如图 3–18 所示。

5. 筛选结果，如图 3–19 所示。

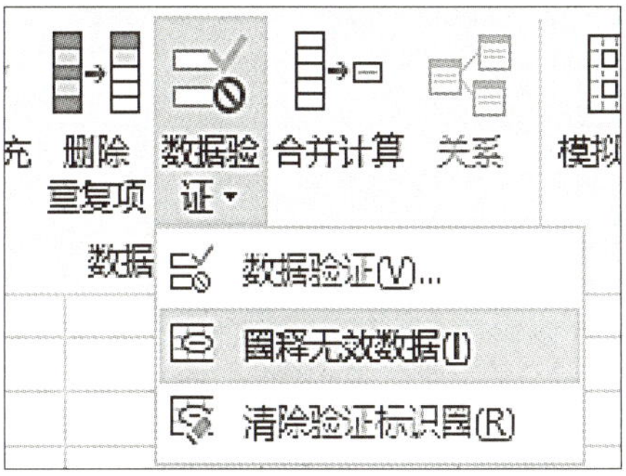

图 3–18　圈释无效数据

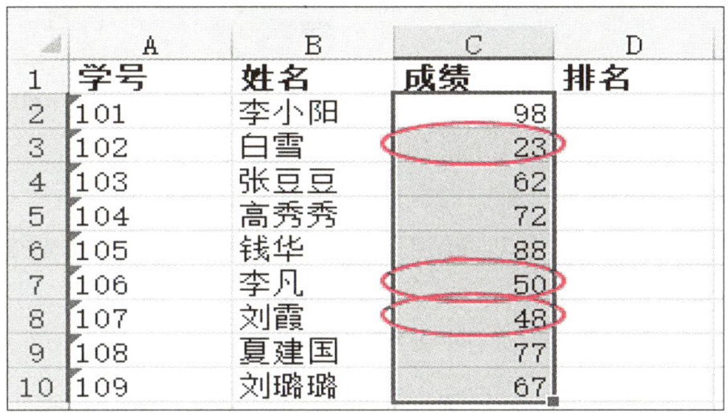

图 3–19　筛选结果

3.1.1.4 限制输入的内容

数据验证功能还可以针对所输入的内容进行限制。比如限制输入的内容必须是整数或小数，限制输入的内容只能是日期，限制输入的内容的文本长度。如果输入的内容不满足设置的条件，则弹出出错报告。

【例 3–4】我们以固定电话号码为例，假设固定电话号码为 8 位数，利用数据验证功能，对输入内容的文本长度进行限制。操作如下。

1. 选取数据区域 C2:C5，如图 3–20 所示。

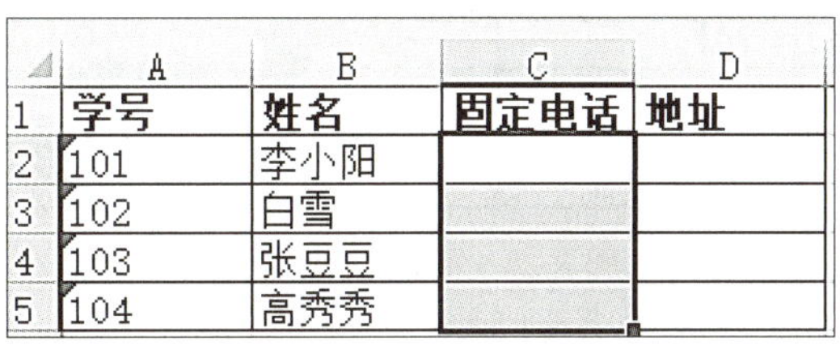

图 3-20　选取数据区域

2. 单击“数据→数据验证”，如图 3–21 所示。

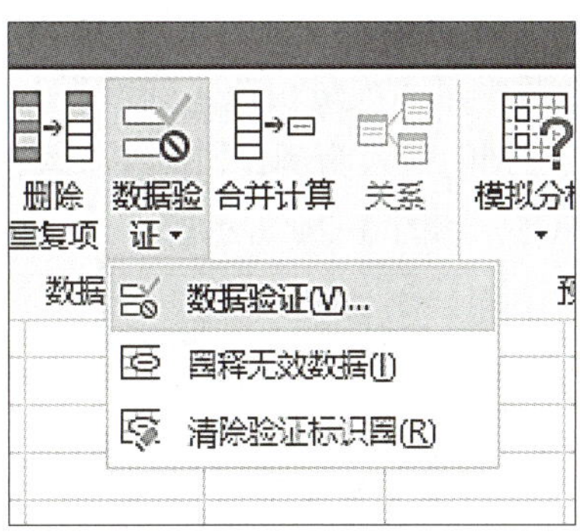

图 3-21　数据验证

3. 在“设置”选项卡里“允许”条件中选择“文本长度”，“数据”的范围选择“等于”，“长度”设置为“8”，设置完毕后单击“确定”按钮，如图 3-22 所示。

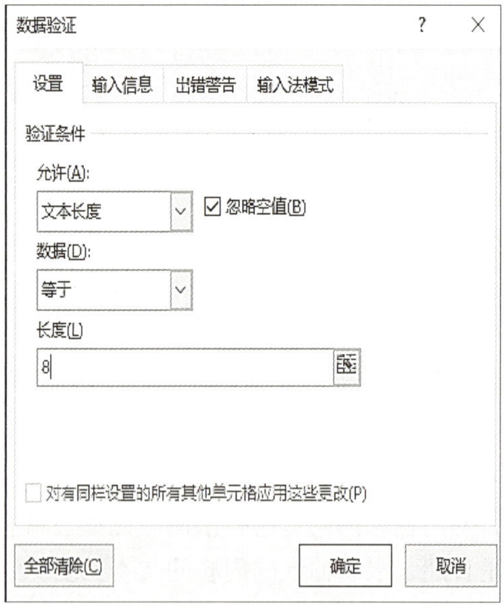

图 3-22　输入文本长度

4. 如果输入的内容不满足所设置的条件，则会弹出以下提示内容，如图 3-23 所示。

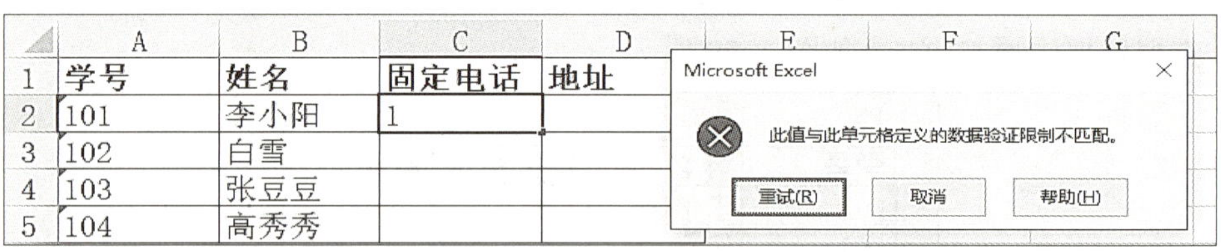

图 3-23　不满足条件显示

3.1.2　设置提示信息

数据在输入之前，数据验证功能可以对单元格内数据的内容进行提示，这样可以提高数据录入人员的准确率，帮助数据录入人员快速正确填写表格。

【例 3-5】仍然以员工性别的录入为例，如何在录入性别数据之前得到提示。操作如下。

1. 选取单元格区域 C2:C5，如图 3-24 所示。

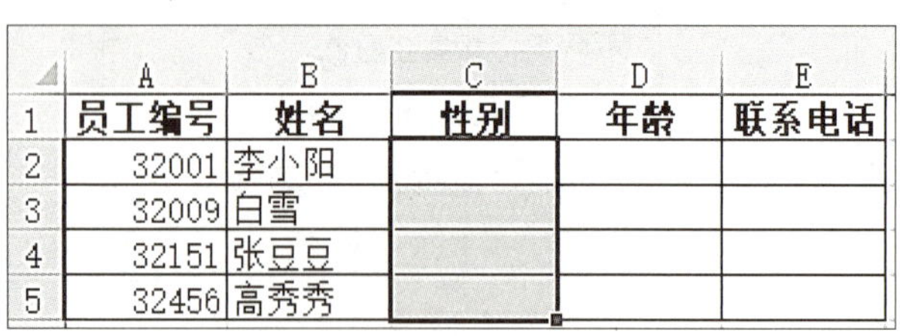

图 3-24　选取单元格区域

2. 单击“数据→数据验证”，如图 3-25 所示。

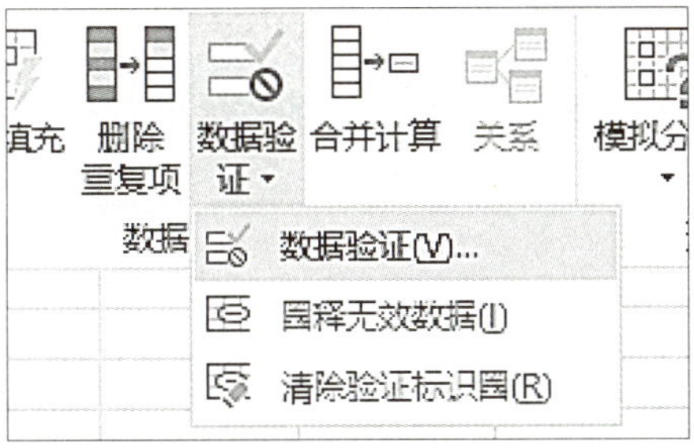

图 3-25　数据验证

3. 在“输入信息”选项卡里，“标题”文本框中输入“性别”，“输入信息”为“1 女 0 男”，设置完毕后单击“确定”按钮，如图 3-26 所示。

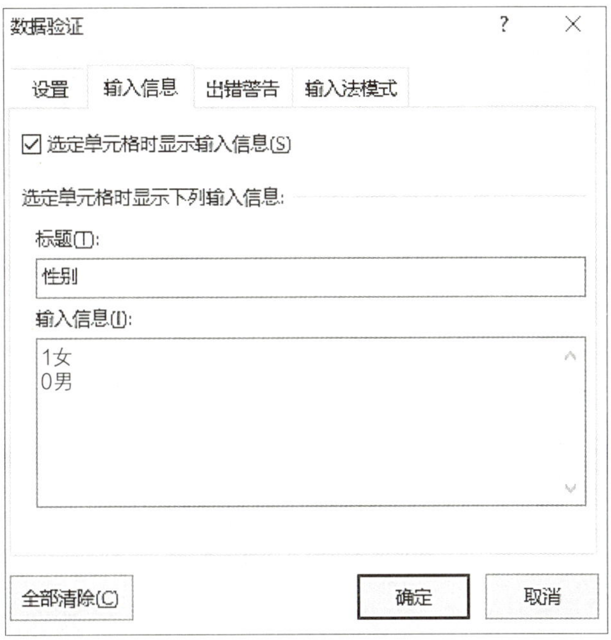

图 3-26　输入“性别”选项

4. 选中设置信息的任何一个单元格，单元格旁都会显示提示信息。效果如图 3-27 所示。

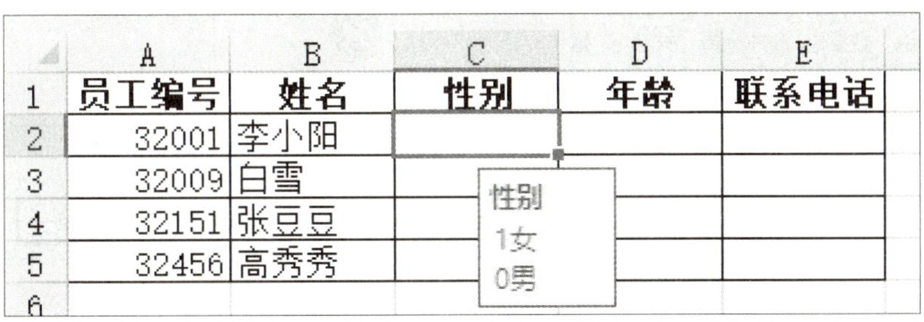

图 3-27　输入性别信息

3.1.3 设置出错警告

设置出错警告是数据验证功能中，当用户输入无效数据后显示的信息。包括停止信息、警告信息和信息消息。

3.1.3.1 停止信息

【例 3-6】以某公司产品销售量为例，公司要求产品销售量必须填写整数销售量，不得出现小数或其他格式的数据。设置停止信息操作如下。

1. 选取数据区域：E2:E5，如图 3-28 所示。

	A	B	C	D	E
1	省份	城市	产品	单价	销售量
2	广东	广州	电吹风		
3	广东	深圳	剃须刀		
4	广东	佛山	电风扇		
5	广东	佛山	电吹风		

图 3-28　选取数据区域

2. 单击“数据→数据验证”，如图 3-29 所示。

3. 在“出错警告”选项卡里，“样式”中选择“停止”，“标题”文本框中输入“无效销售量”，“错误信息”文本框中输入“请输入整数销售量！”，设置完毕后单击“确定”按钮，如图 3-30 所示。

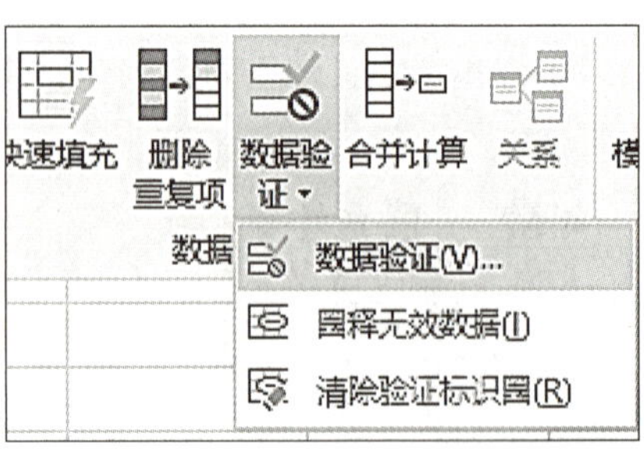

图 3-29　数据验证

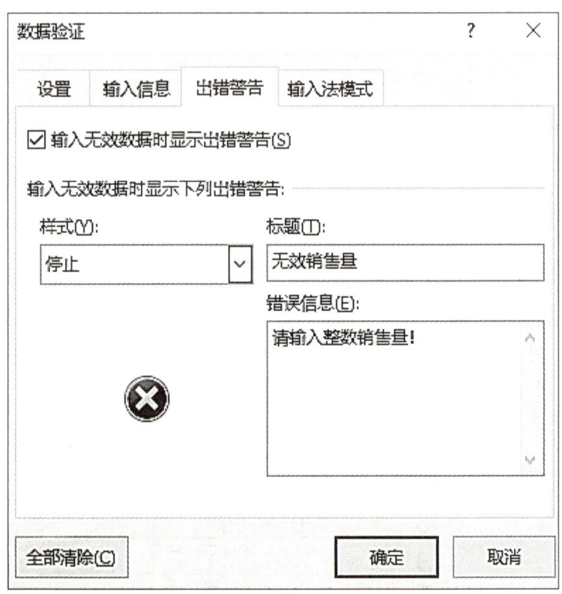

图 3-30　出错警告设置

4. 如果输入数据错误，会自动弹出“无效销售量”对话框，如图 3-31 所示。

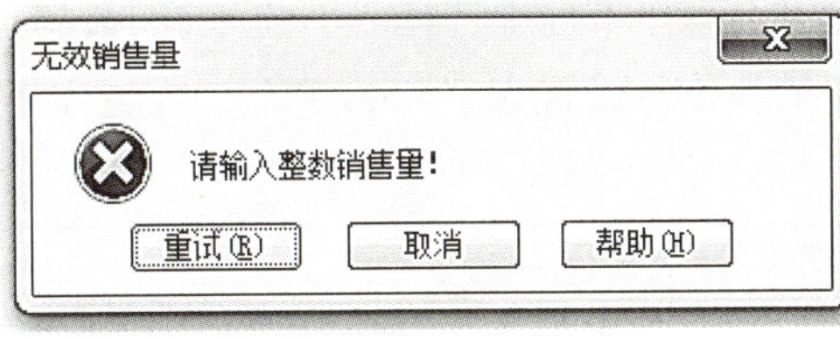

图 3-31　输入数据错误信息

5. 单击“取消”按钮，单元格内的内容会自动删除。单击“重试”按钮后，单元格内的数据可以重新输入，如果再次输入错误，会再次弹出错误提示的对话框。直到录入正确的数据后，错误提示对话框将不再显示，如图 3-32 所示。

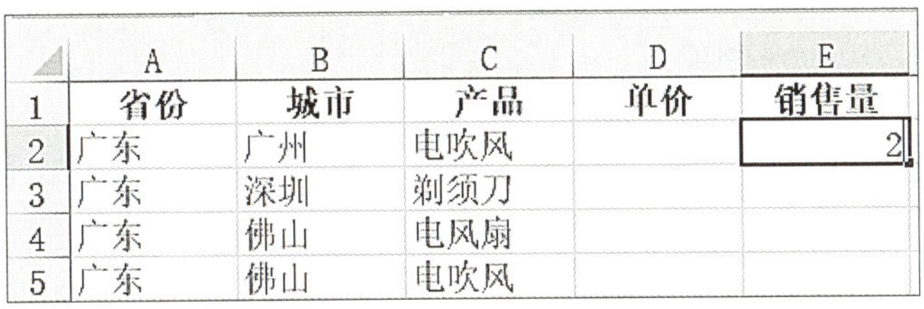

图 3-32　录入正确性检验

3.1.3.2 警告信息

警告信息功能不同于停止信息功能，警告信息功能不会中断无效数据的输入。它可以让用户进行“是”“否”“取消”三种选择，让信息的录入具有一定的灵活性。

【例 3-7】以某公司材料的采购单价为例，材料采购单价在超出预算时会有警告信息，提示数据录入者数据的准确性。操作如下。

1. 选取单元格 B2，如图 3-33 所示。

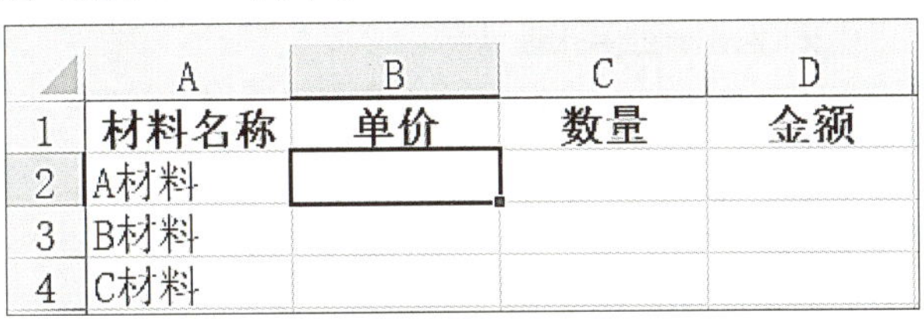

图 3-33　单元格选取

2. 单击“数据→数据验证”，如图 3-34 所示。

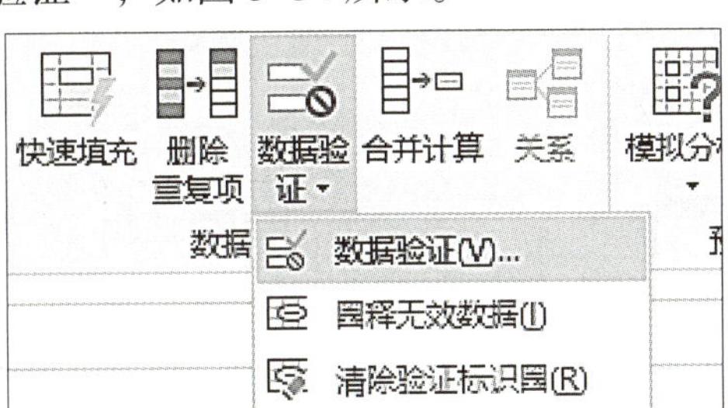

图 3-34　数据验证

3. 在“设置”选项卡里“允许”条件中选择“小数”，“数据”的范围选择“介于”“最小值”设置为“0.00”，“最大值”设置为“5000.00”，设置完毕后单击“确定”按钮，如图 3–35 所示。

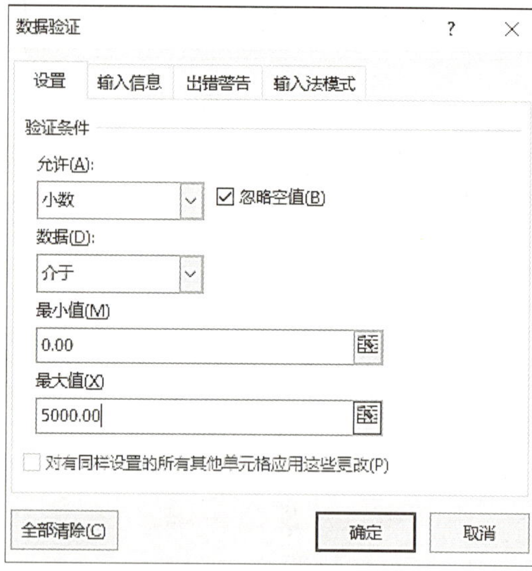

图 3–35　设置数据范围

4. 在“出错警告”选项卡里，“样式”中选择“警告”，“标题”文本框中输入“超出预算”，“错误信息”文本框中输入“A 材料单价请控制在 5000 以内”，设置完毕后单击“确定”按钮，如图 3–36 所示。

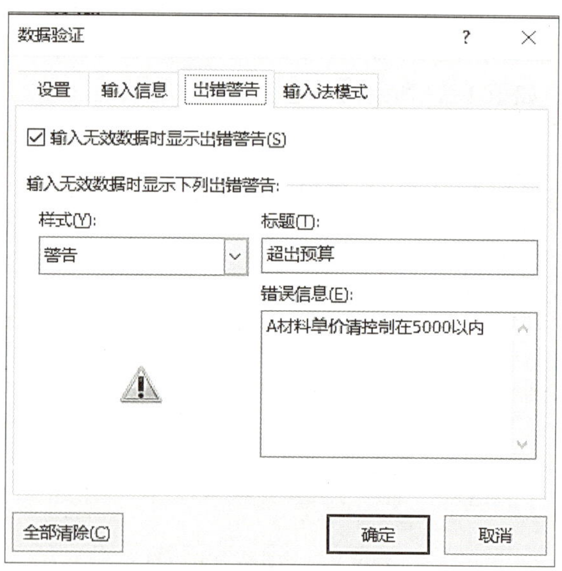

图 3–36　出错警告设置

5. 若所录入的数据超出了 5000 元的预算值，则会弹出“超出预算”出错警告，如图 3–37 所示。

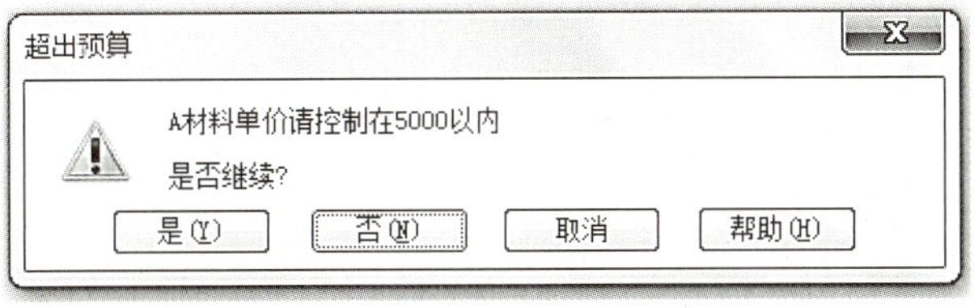

图 3-37　出错警告

6. 如果用户确实要录入大于 5000 元的单价数据，则单击“是”按钮，该数据会被录入表格，数据输入自动转到下一个单元格，如图 3-38 所示。

	A	B	C	D
1	材料名称	单价	数量	金额
2	A材料	5500		
3	B材料			
4	C材料			

图 3-38　数据录入

3.1.3.3 信息消息

信息消息与警告消息类似。

再次以【例 3-7】数据为例，操作如下。

1. 选取单元格 B2，如图 3-39 所示。

	A	B	C	D
1	材料名称	单价	数量	金额
2	A材料			
3	B材料			
4	C材料			

图 3-39　单元格选取

2. 单击“数据→数据验证”，如图 3-40 所示。

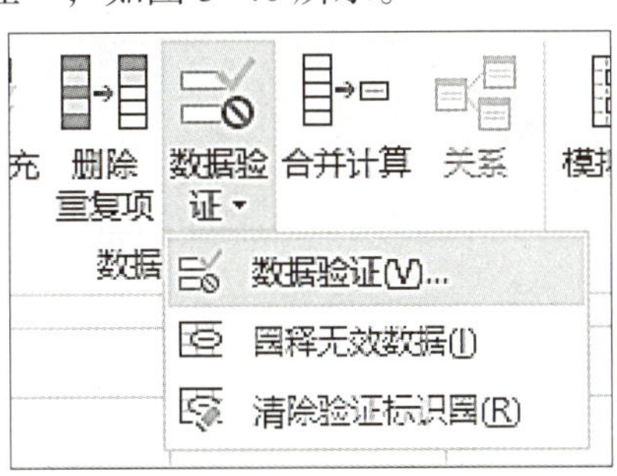

图 3-40　数据验证

3. 在“设置”选项卡里“允许”条件中选择“小数”，“数据”的范围选择“介于”，“最小值”设置为“0.00”，“最大值”设置为“5000.00”，设置完毕后单击“确定”按钮，如图 3-41 所示。

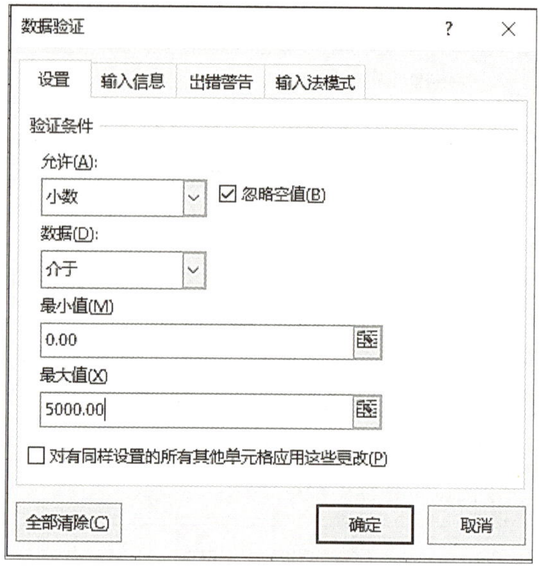

图 3-41　数据范围设置

4. 在“出错警告”选项卡里，“样式”中选择“信息”，“标题”文本框中输入“超出预算”，“错误信息”文本框中输入“A 材料单价请控制在 5000 以内”，设置完毕后单击“确定”按钮，如图 3-42 所示。

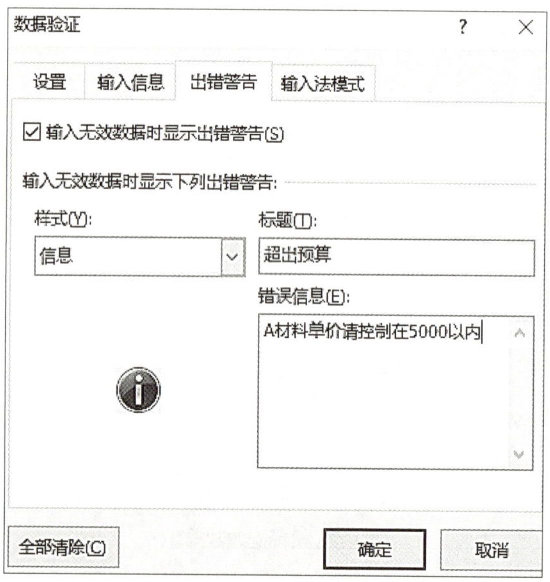

图 3-42　出错警告设置

5. 若所录入的数据超出了 5000 元的预算值，则会弹出“超出预算”出错警告，如图 3-43 所示。

6. 如果用户单价数据输入错误，则单击“取消”按钮，该数据会删除，用户可重新录入数据，如图 3-44 所示。

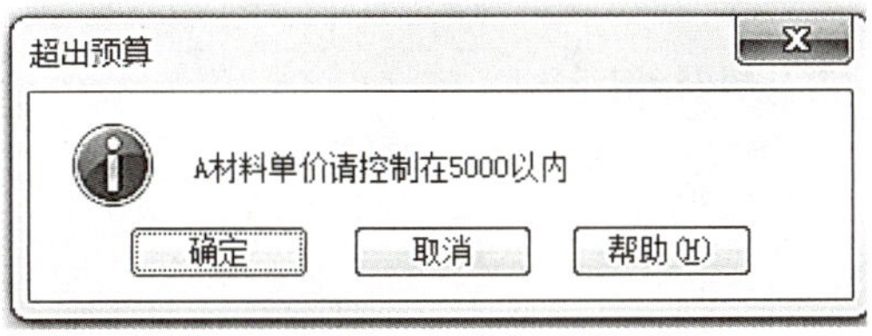

图 3-43　出错警告

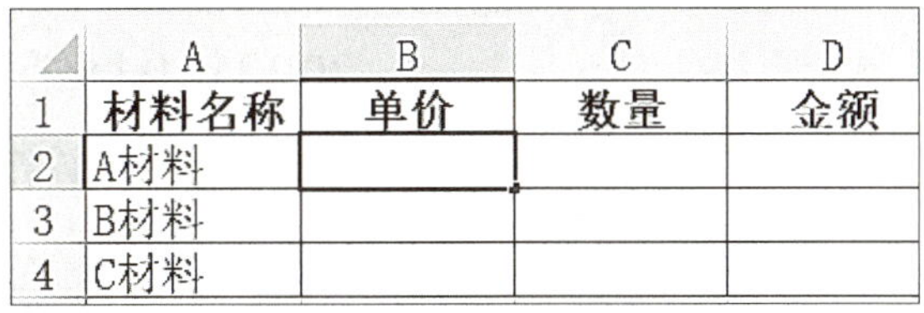

图 3-44　数据录入

3.2　数据排序

排序时将数据列表中记录的某字段名的数据值或条件按升序或降序进行排列。用来排序的字段名或条件称为关键词。数据排序时，Excel 遵循以下原则。

① 如果按某一列进行排序，那么在该列有完全相同项的行将保持它们的原始次序。

② 在排序中有空白单元格的行会被放置在排序的数据列表最后。

③ 隐藏行不会被移动，除非它们是分级显示的一部分。

④ 排序选项，在最后一次排序后便会被保存下来，直到修改它们或修改选定区域或列标记为止。

⑤ 如果按多列关键词进行排序，主要列中有完全相同项的行会根据指定的第二列作排序，第二列中有完全相同项的行会根据指定的第三列作排序。

3.2.1　简单排序

如果对数据的排序要求比较简单，只是按一个关键词进行排序，用“数据”工具栏中的“升序”和“降序”按钮即可进行操作，如图 3-45 所示。

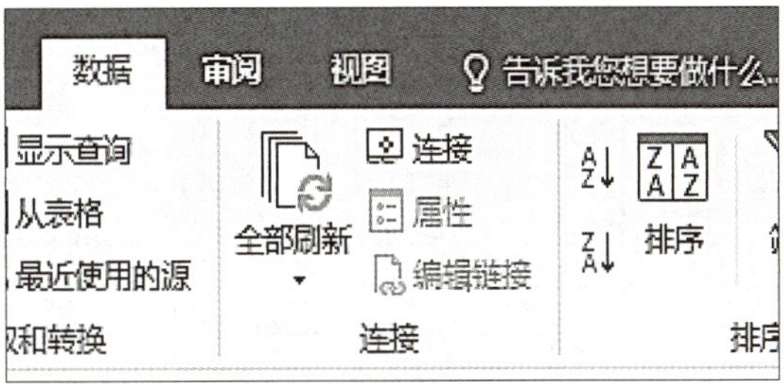

图 3-45　数据排序功能

【例 3-8】某公司 2023 年 9 月销售情况明细表如图 3-46 所示，请按照销售额进行降序排列，从而显示销售额从高到低的业绩情况。

	A	B	C	D	E	F	G
1	2023年9月销售情况明细表						
2	日期	省份	城市	产品	单价	销售量	销售额
3	2023/9/1	广东	佛山	电吹风	98.00	4	392.00
4	2023/9/1	广东	广州	电吹风	98.00	2	196.00
5	2023/9/1	广东	佛山	电风扇	105.00	1	105.00
6	2023/9/1	广东	深圳	剃须刀	188.00	5	940.00
7	2023/9/2	广东	佛山	电风扇	105.00	6	630.00
8	2023/9/2	广东	广州	剃须刀	188.00	5	940.00
9	2023/9/3	广东	佛山	电吹风	98.00	3	294.00
10	2023/9/3	广东	广州	电吹风	98.00	2	196.00
11	2023/9/3	广东	佛山	电风扇	105.00	6	630.00
12	2023/9/3	广东	深圳	剃须刀	188.00	1	188.00
13	2023/9/4	广东	广州	剃须刀	188.00	4	752.00
14	2023/9/5	广东	佛山	电风扇	105.00	2	210.00
15	2023/9/5	广东	佛山	剃须刀	188.00	5	940.00
16	2023/9/5	广东	深圳	剃须刀	188.00	2	376.00
17	2023/9/6	广东	广州	剃须刀	188.00	11	2068.00

图 3-46　销售情况明细表

具体操作如下。

1. 选中标题“销售额”所在单元格 G2，如图 3-47 所示。

	A	B	C	D	E	F	G
1	2023年9月销售情况明细表						
2	日期	省份	城市	产品	单价	销售量	销售额
3	2023/9/1	广东	佛山	电吹风	98.00	4	392.00
4	2023/9/1	广东	广州	电吹风	98.00	2	196.00
5	2023/9/1	广东	佛山	电风扇	105.00	1	105.00
6	2023/9/1	广东	深圳	剃须刀	188.00	5	940.00
7	2023/9/2	广东	佛山	电风扇	105.00	6	630.00
8	2023/9/2	广东	广州	剃须刀	188.00	5	940.00
9	2023/9/3	广东	佛山	电吹风	98.00	3	294.00
10	2023/9/3	广东	广州	电吹风	98.00	2	196.00
11	2023/9/3	广东	佛山	电风扇	105.00	6	630.00
12	2023/9/3	广东	深圳	剃须刀	188.00	1	188.00
13	2023/9/4	广东	广州	剃须刀	188.00	4	752.00
14	2023/9/5	广东	佛山	电风扇	105.00	2	210.00
15	2023/9/5	广东	佛山	剃须刀	188.00	5	940.00
16	2023/9/5	广东	深圳	剃须刀	188.00	2	376.00
17	2023/9/6	广东	广州	剃须刀	188.00	11	2068.00

图 3-47　选中标题单元格

2. 单击“数据→降序”按钮 A Z↓，即可完成操作，操作结果如图 3-48 所示。

	A	B	C	D	E	F	G
1	2023年9月销售情况明细表						
2	日期	省份	城市	产品	单价	销售量	销售额
3	2023/9/6	广东	广州	剃须刀	188.00	11	2068.00
4	2023/9/1	广东	深圳	剃须刀	188.00	5	940.00
5	2023/9/2	广东	广州	剃须刀	188.00	5	940.00
6	2023/9/5	广东	佛山	剃须刀	188.00	5	940.00
7	2023/9/4	广东	广州	剃须刀	188.00	4	752.00
8	2023/9/2	广东	佛山	电风扇	105.00	6	630.00
9	2023/9/3	广东	佛山	电风扇	105.00	6	630.00
10	2023/9/1	广东	佛山	电吹风	98.00	4	392.00
11	2023/9/5	广东	深圳	剃须刀	188.00	2	376.00
12	2023/9/3	广东	佛山	电吹风	98.00	3	294.00
13	2023/9/5	广东	佛山	电风扇	105.00	2	210.00
14	2023/9/1	广东	广州	电吹风	98.00	2	196.00
15	2023/9/3	广东	广州	电吹风	98.00	2	196.00
16	2023/9/3	广东	深圳	剃须刀	188.00	1	188.00
17	2023/9/1	广东	佛山	电风扇	105.00	1	105.00

图 3–48　数据降序

3.2.2　多关键字排序

多关键字排序，就是按照排序条件依次排序。当第一个条件排序完成后，再按第二个条件进行排序，依次进行下去，这种属于条件排序。多关键字排序时要用到“数据→排序”功能。

沿用【例 3–8】数据，请首先按照产品单价从低到高排列，再按照 9 月的销售量从高到低排列。

具体步骤如下。

1. 选定数据区域：A3:G17，如图 3–49 所示。

	A	B	C	D	E	F	G
1	2023年9月销售情况明细表						
2	日期	省份	城市	产品	单价	销售量	销售额
3	2023/9/1	广东	佛山	电吹风	98.00	4	392.00
4	2023/9/1	广东	广州	电吹风	98.00	2	196.00
5	2023/9/1	广东	佛山	电风扇	105.00	1	105.00
6	2023/9/1	广东	深圳	剃须刀	188.00	5	940.00
7	2023/9/2	广东	佛山	电风扇	105.00	6	630.00
8	2023/9/2	广东	广州	剃须刀	188.00	5	940.00
9	2023/9/3	广东	佛山	电吹风	98.00	3	294.00
10	2023/9/3	广东	广州	电吹风	98.00	2	196.00
11	2023/9/3	广东	佛山	电风扇	105.00	6	630.00
12	2023/9/3	广东	深圳	剃须刀	188.00	1	188.00
13	2023/9/4	广东	广州	剃须刀	188.00	4	752.00
14	2023/9/5	广东	佛山	电风扇	105.00	2	210.00
15	2023/9/5	广东	佛山	剃须刀	188.00	5	940.00
16	2023/9/5	广东	深圳	剃须刀	188.00	2	376.00
17	2023/9/6	广东	广州	剃须刀	188.00	11	2068.00

图 3–49　选中所需数据区域

2. 单击“数据”菜单，打开排序命令，将弹出“排序”对话框，如图 3-50 和图 3-51 所示。

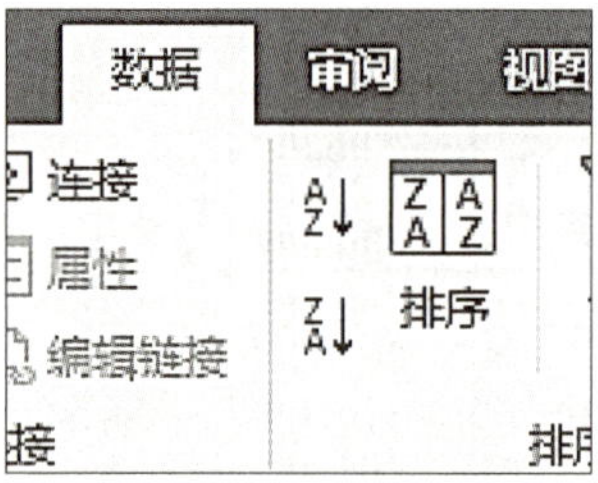

图 3-50　排序功能项

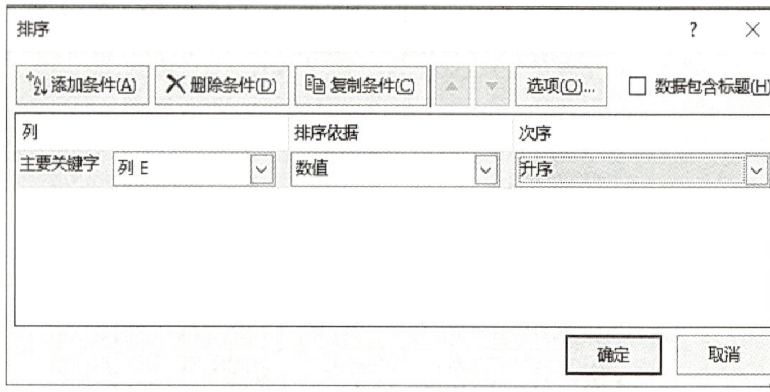

图 3-51　数据升序排列

3. 在“排序”对话框中，单击“主要关键字”框中下拉三角按钮，选择“列 E”，同样，在“排序依据”的下拉列表中选择“数值”，在“次序的下拉列表”中选择“升序”。

单击“添加条件”按钮，弹出“次要关键字”框，选择“列 G”“数值”“降序”。

单击“确定”按钮，如图 3-52 所示。

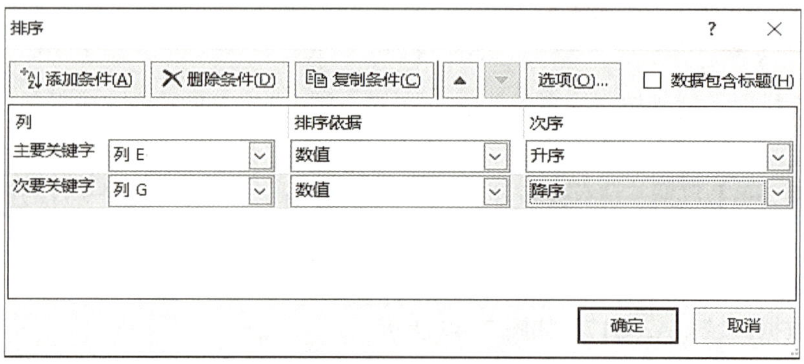

图 3-52　数据降序排列

4. 排序结果如图 3-53 所示。

	A	B	C	D	E	F	G
1	2023年9月销售情况明细表						
2	日期	省份	城市	产品	单价	销售量	销售额
3	2023/9/1	广东	佛山	电吹风	98.00	4	392.00
4	2023/9/3	广东	佛山	电吹风	98.00	3	294.00
5	2023/9/1	广东	广州	电吹风	98.00	2	196.00
6	2023/9/3	广东	广州	电吹风	98.00	2	196.00
7	2023/9/2	广东	佛山	电风扇	105.00	6	630.00
8	2023/9/3	广东	佛山	电风扇	105.00	6	630.00
9	2023/9/5	广东	佛山	电风扇	105.00	2	210.00
10	2023/9/1	广东	佛山	电风扇	105.00	1	105.00
11	2023/9/6	广东	广州	剃须刀	188.00	11	2068.00
12	2023/9/1	广东	深圳	剃须刀	188.00	5	940.00
13	2023/9/2	广东	广州	剃须刀	188.00	5	940.00
14	2023/9/5	广东	佛山	剃须刀	188.00	5	940.00
15	2023/9/4	广东	广州	剃须刀	188.00	4	752.00
16	2023/9/5	广东	深圳	剃须刀	188.00	2	376.00
17	2023/9/3	广东	深圳	剃须刀	188.00	1	188.00

图 3-53　数据表排序结果

3.2.3　随机排序

Excel 数据的随机排列在工作中也会遇到，我们对数据进行随机排列是通过引入一个辅助列，再调用 rand 随机函数和自动填充功能产生一组随机数据，然后再排序。

沿用【例 3–8】数据，针对销售额进行随机排序。

具体操作如下。

1. 在旁边假如设置一列作为辅助数列“列 H”，如图 3–54 所示。

	A	B	C	D	E	F	G	H
1	2023年9月销售情况明细表							
2	日期	省份	城市	产品	单价	销售量	销售额	辅助项
3	2023/9/1	广东	佛山	电吹风	98.00	4	392.00	
4	2023/9/1	广东	广州	电吹风	98.00	2	196.00	
5	2023/9/1	广东	佛山	电风扇	105.00	1	105.00	
6	2023/9/1	广东	深圳	剃须刀	188.00	5	940.00	
7	2023/9/2	广东	佛山	电风扇	105.00	6	630.00	
8	2023/9/2	广东	广州	剃须刀	188.00	5	940.00	
9	2023/9/3	广东	佛山	电吹风	98.00	3	294.00	
10	2023/9/3	广东	广州	电吹风	98.00	2	196.00	
11	2023/9/3	广东	佛山	电风扇	105.00	6	630.00	
12	2023/9/3	广东	深圳	剃须刀	188.00	1	188.00	
13	2023/9/4	广东	广州	剃须刀	188.00	4	752.00	
14	2023/9/5	广东	佛山	电风扇	105.00	2	210.00	
15	2023/9/5	广东	佛山	剃须刀	188.00	5	940.00	
16	2023/9/5	广东	深圳	剃须刀	188.00	2	376.00	
17	2023/9/6	广东	广州	剃须刀	188.00	11	2068.00	

图 3–54　设置辅助数列

2. 在辅助数列引用随机函数 rand ，在单元格 H3 中输入“=rand( )”后按“Enter”键确认即可产生一个随机数据，如图 3–55 所示。

	A	B	C	D	E	F	G	H
1	2023年9月销售情况明细表							
2	日期	省份	城市	产品	单价	销售量	销售额	辅助项
3	2023/9/1	广东	佛山	电吹风	98.00	4	392.00	0.457626
4	2023/9/1	广东	广州	电吹风	98.00	2	196.00	
5	2023/9/1	广东	佛山	电风扇	105.00	1	105.00	
6	2023/9/1	广东	深圳	剃须刀	188.00	5	940.00	
7	2023/9/2	广东	佛山	电风扇	105.00	6	630.00	
8	2023/9/2	广东	广州	剃须刀	188.00	5	940.00	
9	2023/9/3	广东	佛山	电吹风	98.00	3	294.00	
10	2023/9/3	广东	广州	电吹风	98.00	2	196.00	
11	2023/9/3	广东	佛山	电风扇	105.00	6	630.00	
12	2023/9/3	广东	深圳	剃须刀	188.00	1	188.00	
13	2023/9/4	广东	广州	剃须刀	188.00	4	752.00	
14	2023/9/5	广东	佛山	电风扇	105.00	2	210.00	
15	2023/9/5	广东	佛山	剃须刀	188.00	5	940.00	
16	2023/9/5	广东	深圳	剃须刀	188.00	2	376.00	
17	2023/9/6	广东	广州	剃须刀	188.00	11	2068.00	

图 3–55　引用随机函数

3. 运用自动填充功能产生一列随机数据，如图 3-56 所示。

	A	B	C	D	E	F	G	H
1	2023年9月销售情况明细表							
2	日期	省份	城市	产品	单价	销售量	销售额	辅助项
3	2023/9/1	广东	佛山	电吹风	98.00	4	392.00	0.834954
4	2023/9/1	广东	广州	电吹风	98.00	2	196.00	0.195873
5	2023/9/1	广东	佛山	电风扇	105.00	1	105.00	0.140873
6	2023/9/1	广东	深圳	剃须刀	188.00	5	940.00	0.672705
7	2023/9/2	广东	佛山	电风扇	105.00	6	630.00	0.724453
8	2023/9/2	广东	广州	剃须刀	188.00	5	940.00	0.055908
9	2023/9/3	广东	佛山	电吹风	98.00	3	294.00	0.709242
10	2023/9/3	广东	广州	电吹风	98.00	2	196.00	0.968166
11	2023/9/3	广东	佛山	电风扇	105.00	6	630.00	0.984672
12	2023/9/3	广东	深圳	剃须刀	188.00	1	188.00	0.775044
13	2023/9/4	广东	广州	剃须刀	188.00	4	752.00	0.23168
14	2023/9/5	广东	佛山	电风扇	105.00	2	210.00	0.900555
15	2023/9/5	广东	佛山	剃须刀	188.00	5	940.00	0.004597
16	2023/9/5	广东	深圳	剃须刀	188.00	2	376.00	0.078492
17	2023/9/6	广东	广州	剃须刀	188.00	11	2068.00	0.862414

图 3-56　生成随机数列

4. 选定辅助列 H3:H17，如图 3-57 所示。

	A	B	C	D	E	F	G	H
1	2023年9月销售情况明细表							
2	日期	省份	城市	产品	单价	销售量	销售额	辅助项
3	2023/9/1	广东	佛山	电吹风	98.00	4	392.00	0.834954
4	2023/9/1	广东	广州	电吹风	98.00	2	196.00	0.195873
5	2023/9/1	广东	佛山	电风扇	105.00	1	105.00	0.140873
6	2023/9/1	广东	深圳	剃须刀	188.00	5	940.00	0.672705
7	2023/9/2	广东	佛山	电风扇	105.00	6	630.00	0.724453
8	2023/9/2	广东	广州	剃须刀	188.00	5	940.00	0.055908
9	2023/9/3	广东	佛山	电吹风	98.00	3	294.00	0.709242
10	2023/9/3	广东	广州	电吹风	98.00	2	196.00	0.968166
11	2023/9/3	广东	佛山	电风扇	105.00	6	630.00	0.984672
12	2023/9/3	广东	深圳	剃须刀	188.00	1	188.00	0.775044
13	2023/9/4	广东	广州	剃须刀	188.00	4	752.00	0.23168
14	2023/9/5	广东	佛山	电风扇	105.00	2	210.00	0.900555
15	2023/9/5	广东	佛山	剃须刀	188.00	5	940.00	0.004597
16	2023/9/5	广东	深圳	剃须刀	188.00	2	376.00	0.078492
17	2023/9/6	广东	广州	剃须刀	188.00	11	2068.00	0.862414

图 3-57　选定辅助列

5. 单击“数据”→“排序”，在弹出的“排序提醒”提示框中选择“扩展选定区域”选项，由于是随机数列，可按照需求选择升序或降序，如图 3-58 所示。

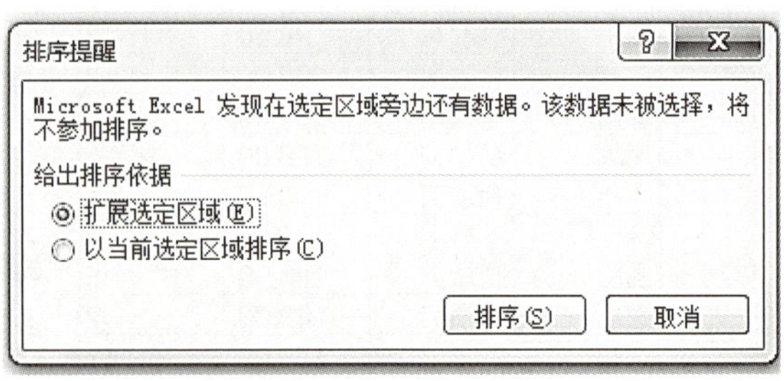

图 3-58　扩展选定区域

6. 排序结束后，删除辅助列，如图 3-59 所示。

	A	B	C	D	E	F	G
1	2023年9月销售情况明细表						
2	日期	省份	城市	产品	单价	销售量	销售额
3	2023/9/5	广东	佛山	剃须刀	188.00	5	940.00
4	2023/9/2	广东	广州	剃须刀	188.00	5	940.00
5	2023/9/5	广东	深圳	剃须刀	188.00	2	376.00
6	2023/9/1	广东	佛山	电风扇	105.00	1	105.00
7	2023/9/1	广东	广州	电吹风	98.00	2	196.00
8	2023/9/4	广东	广州	剃须刀	188.00	4	752.00
9	2023/9/1	广东	深圳	剃须刀	188.00	5	940.00
10	2023/9/3	广东	佛山	电吹风	98.00	3	294.00
11	2023/9/2	广东	佛山	电风扇	105.00	6	630.00
12	2023/9/3	广东	深圳	剃须刀	188.00	1	188.00
13	2023/9/1	广东	佛山	电吹风	98.00	4	392.00
14	2023/9/6	广东	广州	剃须刀	188.00	11	2068.00
15	2023/9/5	广东	佛山	电风扇	105.00	2	210.00
16	2023/9/3	广东	广州	电吹风	98.00	2	196.00
17	2023/9/3	广东	佛山	电风扇	105.00	6	630.00

图 3-59　完成排序并删除辅助列

3.3　查询与筛选数据

查询与筛选功能能够帮助用户在大量的数据中，迅速找到所需要的数据。

查询的快捷方式：“Ctrl+F”

筛选的快捷方式：“Ctrl+Shift+L”

为了提高 Excel 的应用能力和数据处理速度，使用快捷方式进行数据的处理是非常高效实用的方法。

【例 3-9】A 公司 2023 年 9 月销售情况明细表如图 3-60 所示。

	B	C	D	E	F	G	H
1	2023年9月销售情况明细表						
2	日期	省份	城市	产品	单价	销售量	销售额
3	2023/9/1	广东	佛山	电吹风	98.00	4	392.00
4	2023/9/1	广东	广州	电吹风	98.00	2	196.00
5	2023/9/1	广东	佛山	电风扇	105.00	1	105.00
6	2023/9/1	广东	深圳	剃须刀	188.00	5	940.00
7	2023/9/2	广东	佛山	电风扇	105.00	6	630.00
8	2023/9/2	广东	广州	剃须刀	188.00	5	940.00
9	2023/9/3	广东	佛山	电吹风	98.00	3	294.00
10	2023/9/3	广东	广州	电吹风	98.00	2	196.00
11	2023/9/3	广东	佛山	电风扇	105.00	6	630.00
12	2023/9/3	广东	深圳	剃须刀	188.00	1	188.00
13	2023/9/4	广东	广州	剃须刀	188.00	4	752.00
14	2023/9/5	广东	佛山	电风扇	105.00	2	210.00
15	2023/9/5	广东	佛山	剃须刀	188.00	5	940.00
16	2023/9/5	广东	深圳	剃须刀	188.00	2	376.00
17	2023/9/6	广东	广州	剃须刀	188.00	11	2068.00
18	2023/9/6	广东	深圳	电风扇	105.00	8	840.00
19	2023/9/7	广东	广州	电吹风	98.00	6	588.00
20	2023/9/8	广东	佛山	电风扇	105.00	6	630.00
21	2023/9/8	广东	深圳	剃须刀	188.00	3	564.00

图 3-60　销售情况明细表

3.3.1 自动筛选

自动筛选适用于简单条件，通常是在一个数据清单的一个列中，查找相同的值。

利用【例 3–9】的数据，我们筛选出“城市”为“广州”的销量信息。

1. 选择要进行筛选的表头数据，单击“数据→排序和筛选”中的“筛选”按钮（或使用快捷方式），如图 3–61 所示。完成表格中表头的各个字段后侧显示出倒三角形按钮，如图 3–62 所示。

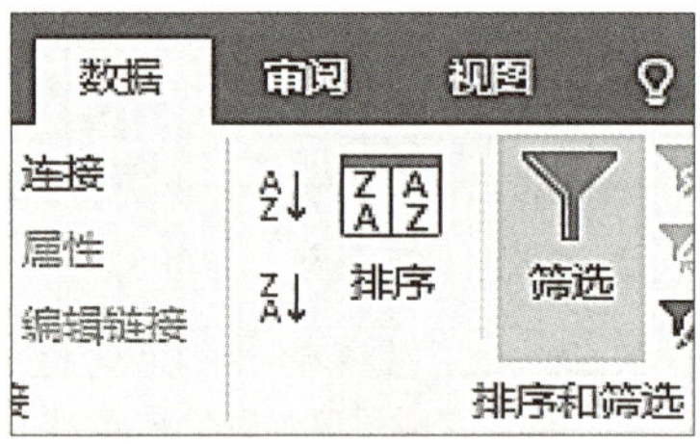

图 3–61　选择筛选功能

	A	B	C	D	E	F	G	H
1		2023年9月销售情况明细表						
2		日期	省份	城市	产品	单价	销售量	销售额
3		2023/9/1	广东	佛山	电吹风	98.00	4	392.00
4		2023/9/1	广东	广州	电吹风	98.00	2	196.00
5		2023/9/1	广东	佛山	电风扇	105.00	1	105.00
6		2023/9/1	广东	深圳	剃须刀	188.00	5	940.00
7		2023/9/2	广东	佛山	电风扇	105.00	6	630.00
8		2023/9/2	广东	广州	剃须刀	188.00	5	940.00
9		2023/9/3	广东	佛山	电吹风	98.00	3	294.00

图 3–62　进行条件筛选

2. 单击“城市”旁边的三角形按钮，在打开的下拉列表中选择“广州”，即可在工作表中显示“广州”的销售量信息，如图 3–63 所示。（如果要取消筛选，只需要再次单击“筛选”按钮或再次使用快捷方式即可），如图 3–64 所示。

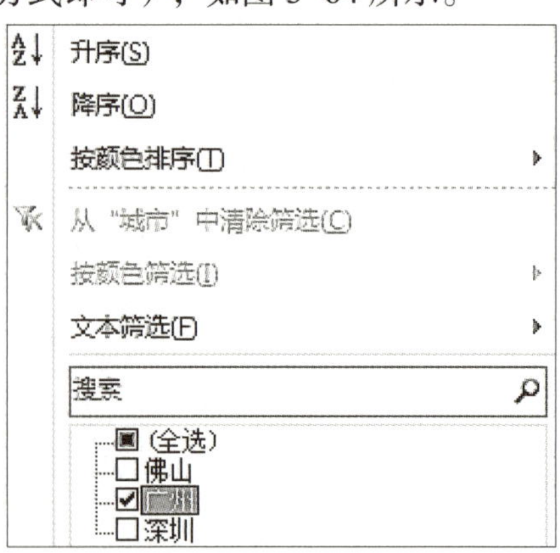

图 3–63　对“广州”信息进行筛选

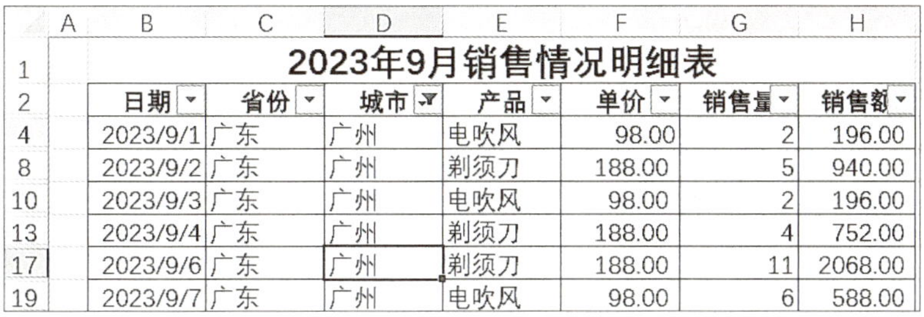

	A	B	C	D	E	F	G	H
1		2023年9月销售情况明细表						
2		日期	省份	城市	产品	单价	销售量	销售额
4		2023/9/1	广东	广州	电吹风	98.00	2	196.00
8		2023/9/2	广东	广州	剃须刀	188.00	5	940.00
10		2023/9/3	广东	广州	电吹风	98.00	2	196.00
13		2023/9/4	广东	广州	剃须刀	188.00	4	752.00
17		2023/9/6	广东	广州	剃须刀	188.00	11	2068.00
19		2023/9/7	广东	广州	电吹风	98.00	6	588.00

图 3-64　筛选结果

3.3.2　自定义筛选

自定义筛选是在自动筛选的基础上进行的。在自动筛选后的需自定义的字段右侧单击按钮，在打开的下拉列表中选择相应的选项，在弹出的“自定义自动筛选方式”对话框中设置自定义的筛选条件，然后单击“确定”按钮完成操作，如图 3-65、图 3-66 所示。

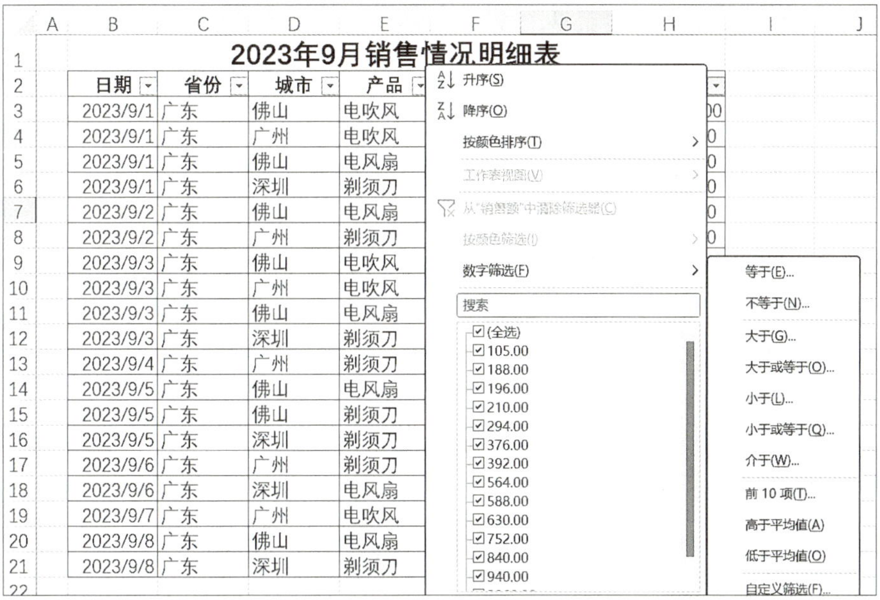

图 3-65　自定义筛选

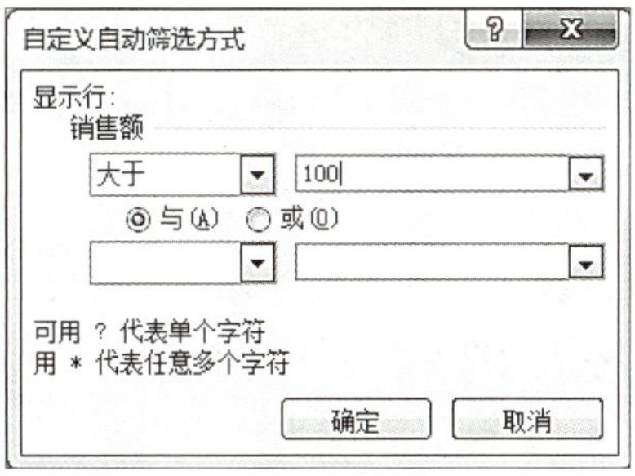

图 3-66　设置筛选条件

3.3.3 高级筛选

与自动筛选相比，高级筛选可以设置更多的筛选条件，并且可以不使用逻辑运算符而将多个筛选条件加以逻辑运算，高级筛选还可以将筛选结果从数据列表中抽取出来并且复制到档期工作表的指定位置。

使用高级筛选需要建立一个“条件区域”，条件区域是用来指定筛选数据所必须满足的条件。条件区域应按如下方法建立。

（1）条件区域的首行输入数据列表的被查询“字段名”，字段名的拼写必须正确并且要与数据清单中的字段名完全一致。

（2）条件区域内不一定包含数据清单中的全部字段名，并且不一定按照数据清单中的字段名顺序排列。

（3）在条件区域的第二行及其以下各行开始输入筛选的具体条件，可以在条件区域的同一行或不同行输入多个条件。在同一行输入的多重条件之间的逻辑关系是“与”；在不同行输入的多重条件之间的逻辑关系是“或”。

沿用【例 3-9】的数据，请筛选出产品电吹风销售额不超过 200 元的信息。

具体操作步骤如下。

1. 在工作表单元格区域 B23:C24 构造出条件区域，如图 3-67 所示。

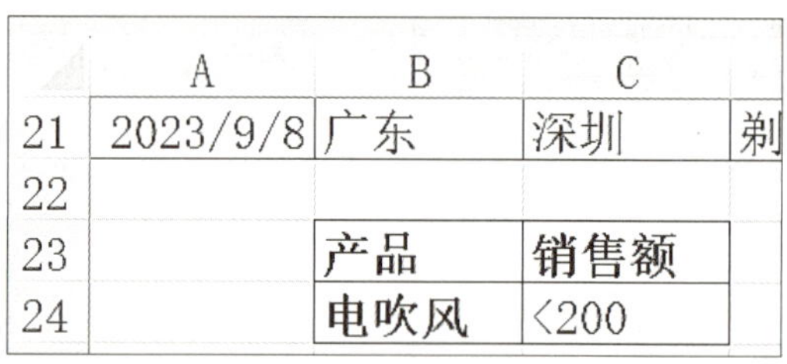

图 3-67 选择条件区域

2. 单击“数据→筛选→高级”，如图 3-68 所示，弹出“高级筛选”对话框，如图 3-69 所示。

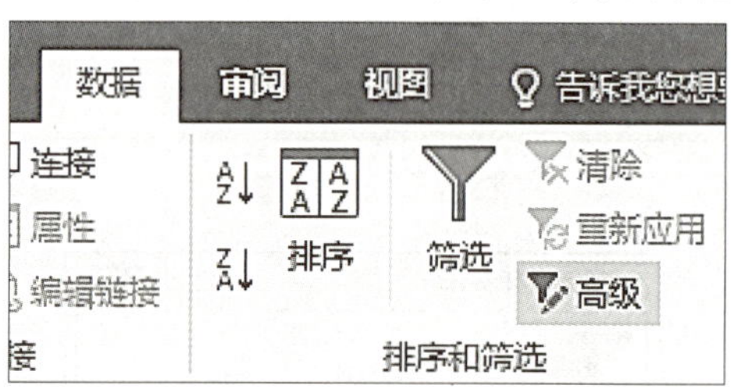

图 3-68 选择高级筛选功能

3.“高级筛选”对话框中，在“列表区域”输入“!$A$2:$G$21”，在“条件区域”输入“!$B$23:$C$24”，选择“将筛选结果复制到其他位置”选项，在“复制到”文本框中输入目标区域开始位置“$A$26”，设置结果如图 3-70 所示。

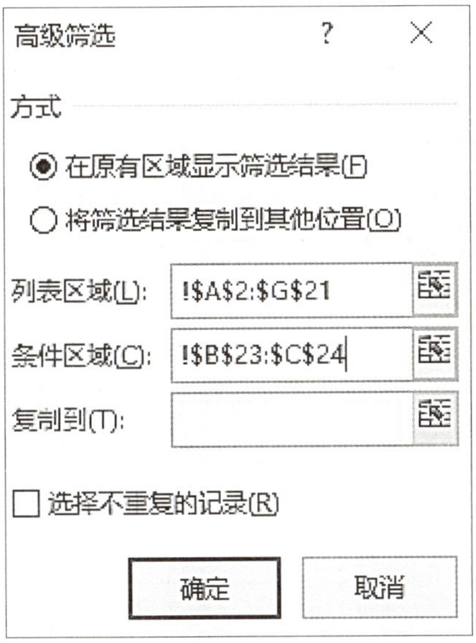

图 3-69　高级筛选

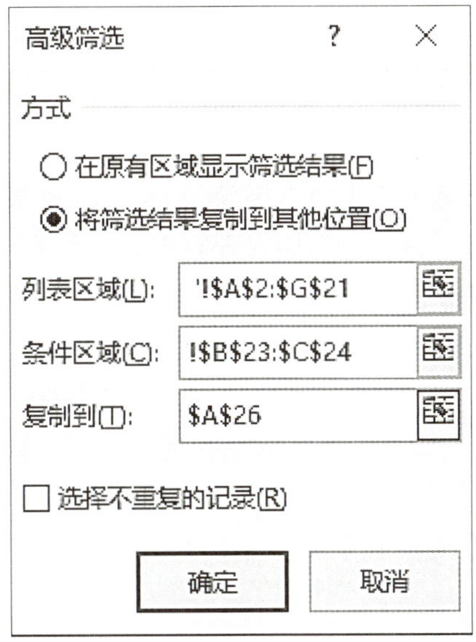

图 3-70　筛选条件设置

4. 单击“确定”按钮，显示操作结果如图 3-71 所示。

	A	B	C	D	E	F	G
26	日期	省份	城市	产品	单价	销售量	销售额
27	2023/9/1	广东	广州	电吹风	98.00	2	196.00
28	2023/9/3	广东	广州	电吹风	98.00	2	196.00

图 3-71　筛选结果

3.3.4　筛选不重复记录

在 Excel 中处理数据时，经常需要去掉重复的数据。筛选不重复记录是建立在高级筛选上的附加条件。只要在高级筛选窗口中，选择“选择不重复的记录”，那么当有多行满足条件时将只显示或复制唯一行，排除重复的行。

以 3.3.3 的高级筛选数据操作为基础。在弹出“高级筛选”对话框时，在“选择不重复的记录”前打钩。单击“确定”按钮。那么，如果处理数据结果中有重复的记录，将只显示一行作为结果，如图 3-72 所示。

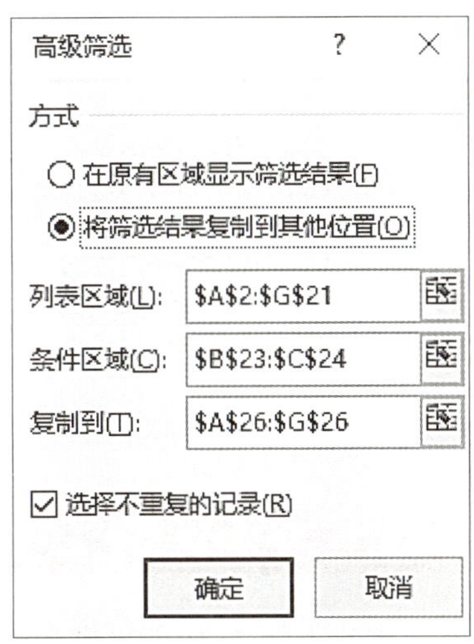

图 3-72　筛选不重复的记录

3.4　分类汇总数据

日常工作中经常接触到 Excel 二维数据表格，我们经常需要根据表中某列数据域位对数据进行汇总，还有插入带有汇总信息的行。Excel 中提供的“分类汇总”功能将很容易完成这个任务，自动汇总并插入汇总行，不需要人工参与。

分类汇总功能使用之前，必须对数据清单进行排序，并且数据清单的第一行里必须有列标志。按照某个字段排序后，在“数据”菜单中选择“分类汇总”命令，就可以在数据清单中插入分类汇总行，然后按照选择的方式对数据进行汇总。分类汇总有单个分类汇总和嵌套分类汇总两种。

【例 3-10】B 公司 2023 年 9 月销售情况明细表，如图 3-73 所示。

	A	B	C	D	E	F	G
1	2023年9月销售情况表						
2	日期	省份	城市	产品	单价	销售量	销售额
3	2023/9/1	广东	广州	电脑配件	98.00	12	1176.00
4	2023/9/1	云南	昆明	车载设备	188.00	5	940.00
5	2023/9/1	湖南	长沙	手机配件	105.00	5	525.00
6	2023/9/1	湖南	株洲	电脑配件	98.00	3	294.00
7	2023/9/2	广东	深圳	车载设备	188.00	7	1316.00
8	2023/9/2	湖南	株洲	手机配件	105.00	4	420.00
9	2023/9/3	云南	昆明	车载设备	188.00	1	188.00
10	2023/9/3	湖南	长沙	电脑配件	98.00	5	490.00
11	2023/9/3	广东	广州	电脑配件	98.00	8	784.00
12	2023/9/3	湖南	株洲	手机配件	105.00	6	630.00
13	2023/9/4	广东	深圳	车载设备	188.00	9	1692.00
14	2023/9/5	云南	昆明	车载设备	188.00	2	376.00
15	2023/9/5	湖南	长沙	手机配件	105.00	7	735.00
16	2023/9/5	湖南	长沙	车载设备	188.00	8	1504.00
17	2023/9/6	广东	广州	车载设备	188.00	11	2068.00
18	2023/9/6	云南	昆明	手机配件	105.00	8	840.00
19	2023/9/7	广东	深圳	电脑配件	98.00	12	1176.00
20	2023/9/8	湖南	株洲	手机配件	105.00	12	1260.00
21	2023/9/8	云南	昆明	车载设备	188.00	3	564.00

图 3-73　销售情况明细表

3.4.1　单个分类汇总

按照【例 3-10】提供的数据，在销售情况明细表中按城市、销售量、销售额进行分类汇总。

具体操作步骤如下。

1. 将数据清单按照分类汇总的列进行排序。在本例中我们按照“城市”进行排序，如图 3–74 所示。

	A	B	C	D	E	F	G
1	2023年9月销售情况表						
2	日期	省份	城市	产品	单价	销售量	销售额
3	2023/9/1	广东	广州	电脑配件	98.00	12	1176.00
4	2023/9/3	广东	广州	电脑配件	98.00	8	784.00
5	2023/9/6	广东	广州	车载设备	188.00	11	2068.00
6	2023/9/1	云南	昆明	车载设备	188.00	5	940.00
7	2023/9/3	云南	昆明	车载设备	188.00	1	188.00
8	2023/9/5	云南	昆明	车载设备	188.00	2	376.00
9	2023/9/6	云南	昆明	手机配件	105.00	8	840.00
10	2023/9/8	云南	昆明	车载设备	188.00	3	564.00
11	2023/9/2	广东	深圳	车载设备	188.00	7	1316.00
12	2023/9/4	广东	深圳	车载设备	188.00	9	1692.00
13	2023/9/7	广东	深圳	电脑配件	98.00	12	1176.00
14	2023/9/1	湖南	长沙	手机配件	105.00	5	525.00
15	2023/9/3	湖南	长沙	电脑配件	98.00	5	490.00
16	2023/9/5	湖南	长沙	手机配件	105.00	7	735.00
17	2023/9/5	湖南	长沙	车载设备	188.00	8	1504.00
18	2023/9/1	湖南	株洲	电脑配件	98.00	3	294.00
19	2023/9/2	湖南	株洲	手机配件	105.00	4	420.00
20	2023/9/3	湖南	株洲	手机配件	105.00	6	630.00
21	2023/9/8	湖南	株洲	手机配件	105.00	12	1260.00

图 3–74　条件排序

2. 在需要进行分类汇总的数据清单中，选取一个单元格，单击“数据→分类汇总”，如图 3–75 所示。

3. 在“分类汇总”对话框中，单击“分类字段”框右侧的下拉三角按钮，在下拉列表框中选择“城市”选项。“汇总方式”选择“求和”，在“选定汇总项”区域选择“销售量”“销售额”，如图 3–76 所示。

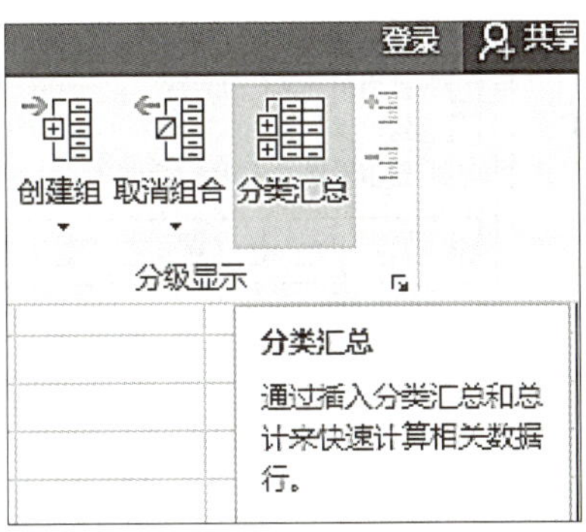

图 3–75　选择分类汇总功能项

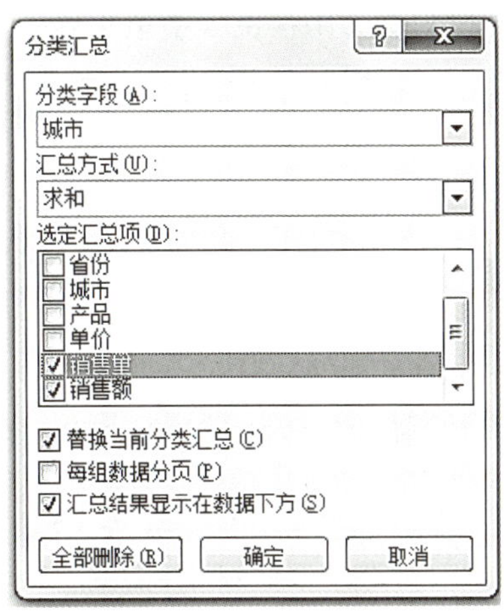

图 3–76　分类汇总设置

4. 单击“确定”按钮即完成分类汇总操作，统计结果如图 3–77 所示。

	A	B	C	D	E	F	G
1	2023年9月销售情况表						
2	日期	省份	城市	产品	单价	销售量	销售额
3	2023/9/1	广东	广州	电脑配件	98.00	12	1176.00
4	2023/9/3	广东	广州	电脑配件	98.00	8	784.00
5	2023/9/6	广东	广州	车载设备	188.00	11	2068.00
6			广州 汇总			31	4028.00
7	2023/9/1	云南	昆明	车载设备	188.00	5	940.00
8	2023/9/3	云南	昆明	车载设备	188.00	1	188.00
9	2023/9/5	云南	昆明	车载设备	188.00	2	376.00
10	2023/9/6	云南	昆明	手机配件	105.00	8	840.00
11	2023/9/8	云南	昆明	车载设备	188.00	3	564.00
12			昆明 汇总			19	2908.00
13	2023/9/2	广东	深圳	车载设备	188.00	7	1316.00
14	2023/9/4	广东	深圳	车载设备	188.00	9	1692.00
15	2023/9/7	广东	深圳	电脑配件	98.00	12	1176.00
16			深圳 汇总			28	4184.00
17	2023/9/1	湖南	长沙	手机配件	105.00	5	525.00
18	2023/9/3	湖南	长沙	电脑配件	98.00	5	490.00
19	2023/9/5	湖南	长沙	手机配件	105.00	7	735.00
20	2023/9/5	湖南	长沙	车载设备	188.00	8	1504.00
21			长沙 汇总			25	3254.00

图 3–77　分类汇总结果

3.4.2　嵌套分类汇总

若需要从数据列表中继续得到更多信息，以便统计分析，那么可以建立多个嵌套的分类汇总。嵌套分类汇总指先对某项指标进行汇总，再对汇总后的数据作进一步的细化。

沿用【例 3–10】提供的数据，在销售情况明细表中按照产品名称汇总出销售量、销售额合计。

在 3.4.1 单个分类汇总的基础上，继续操作如下。

1. 在资料列表中任选一个单元格。

2. 单击“数据→分类汇总”，打开“分类汇总”对话框。

3. 在“分类字段”下拉列表中选择“产品”选项，“汇总方式”选择“求和”，“选定汇总项”选择“销售量”“销售额”，取消选中“替换当前分类汇总”复选框，如图 3–78 所示。

4. 单击“确定”按钮，统计结果如图 3–79 所示。

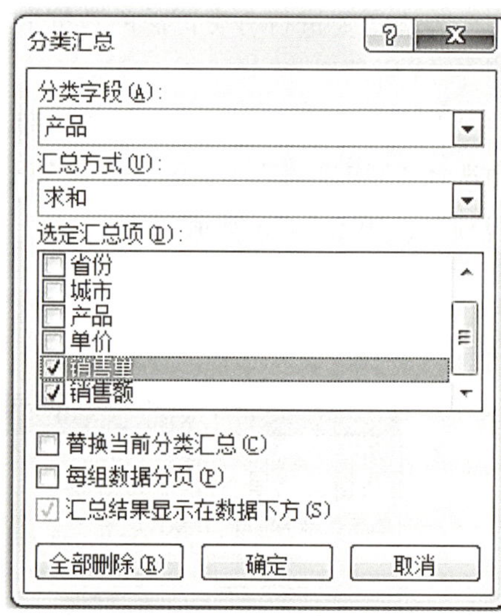

图 3–78　分类汇总

	A	B	C	D	E	F	G
1	2023年9月销售情况表						
2	日期	省份	城市	产品	单价	销售量	销售额
3	2023/9/1	广东	广州	电脑配件	98.00	12	1176.00
4	2023/9/3	广东	广州	电脑配件	98.00	8	784.00
5				**电脑配件 汇总**		20	1960.00
6	2023/9/6	广东	广州	车载设备	188.00	11	2068.00
7				**车载设备 汇总**		11	2068.00
8			**广州 汇总**			31	4028.00
9	2023/9/1	云南	昆明	车载设备	188.00	5	940.00
10	2023/9/3	云南	昆明	车载设备	188.00	1	188.00
11	2023/9/5	云南	昆明	车载设备	188.00	2	376.00
12				**车载设备 汇总**		8	1504.00
13	2023/9/6	云南	昆明	手机配件	105.00	8	840.00
14				**手机配件 汇总**		8	840.00
15	2023/9/8	云南	昆明	车载设备	188.00	3	564.00
16				**车载设备 汇总**		3	564.00
17			**昆明 汇总**			19	2908.00
18	2023/9/2	广东	深圳	车载设备	188.00	7	1316.00
19	2023/9/4	广东	深圳	车载设备	188.00	9	1692.00
20				**车载设备 汇总**		16	3008.00
21	2023/9/7	广东	深圳	电脑配件	98.00	12	1176.00

图 3-79 分类汇总结果

3.5 合并数据

Excel 中若要汇总和报告多个单独工作表的结果，可以将每个单独工作表中的资料合并计算到一个主工作表中。这些工作表可以与主工作表在同一个工作簿中，也可以位于其他工作簿中。对数据进行合并计算就是组合数据，以便能够更容易地对数据进行定期或不定期的更新和汇总。

对数据进行合并计算，可以使用“数据”菜单中“合并计算”命令。所谓合并计算是指能通过合并计算的方法来汇总一个或多个源区中的资料。Excel 提供了两种合并计算数据的方法。一是通过位置，即当我们的源数据有相同的位置数据汇总。二是通过分类，当我们的源区域没有相同布局时，则采用分类方式进行汇总。

进行数据合并计算，首先，必须为汇总信息定义一个目的区，用来显示摘录的信息。此目标区域可位于和源数据相同的工作表上，或在另一个工作表上或工作簿内。其次，需要选择合并计算的数据源。此数据源可以来自单个工作表、多个工作表或多重工作簿中。

3.5.1 位置合并数据

通过位置来合并计算数据是指：在所有区域中的数据被相同排列，也就是说想从每一个源区域中合并计算的数值必须在被选定源区域的相同的相对位置上。这种方式非常适用于我们处理日常相同表格的合并工作。例如，总公司将各分公司的报表合并形成一个整个公司的报表。再如，税务部门将不同地区的税务报表合并成一个总税务报表等。

【例 3-11】某总公司下设 A、B 两个分公司，两个分公司 2023 年第一季度的产量分别以 Excel 工作表的形式上报，具体情况如图 3-80 和图 3-81 所示。请统计出该总公司 2023 年第一季度的产量情况。

A公司2023年第一季度产量统计			
产品	1 月	2月	3月
双肩包	34	54	23
单肩包	12	32	27
斜挎包	67	45	88
手提包	56	43	32
手拿包	53	43	48
拉杆包	67	60	69

图 3-80　A 公司产量情况表

B公司2023年第一季度产量统计			
产品	1 月	2月	3月
双肩包	34	59	34
单肩包	14	37	24
斜挎包	45	50	54
手提包	87	48	42
手拿包	66	48	65
拉杆包	60	65	68

图 3-81　B 公司产量情况表

具体步骤如下。

1. 操作选取目标数据区域，如图 3-82 所示。

总公司2023年第一季度产量统计			
产品	1 月	2月	3月
双肩包			
单肩包			
斜挎包			
手提包			
手拿包			
拉杆包			

图 3-82　选取目标数据区域

2. 单击“数据”→“合并计算”弹出“合并计算”对话框，选中用来合并计算的汇总函数——“求和”函数，如图 3-83 所示。

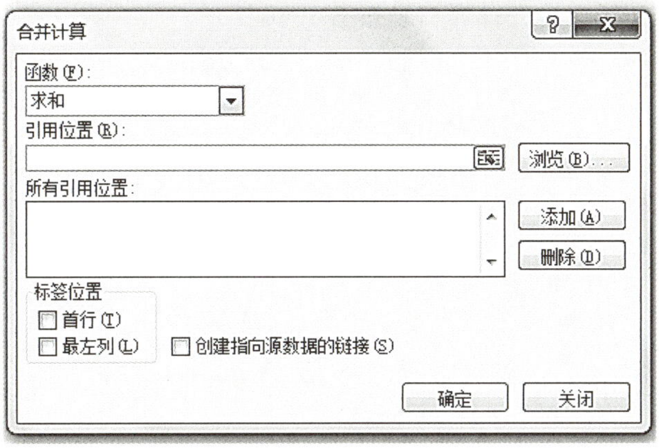

图 3-83　合并计算

3. 在“引用位置”文本框中输入希望进行合并计算的源区域。可以手工输入源区域，也可以进行源区域定义。进行源区域定义，首先选定“引用位置”框，然后在工作表选项卡上单击“A 公司”，在工作表中选定源区域。该区域的单元格引用将出现在“引用位置”框中，如图 3-84 所示。

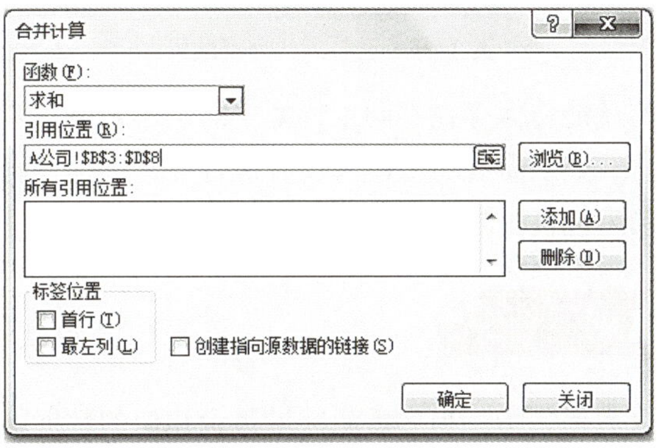

图 3-84　引用位置

4. 单击“添加”按钮，对要进行合并计算的所有源区域重复上述步骤，如图 3-85 所示。

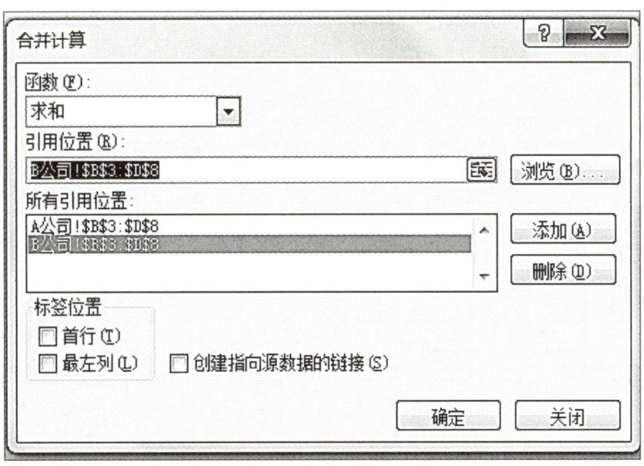

图 3-85　重复引用位置的操作

5. 单击“确定”按钮，合并计算结果如图 3-86 所示。

总公司2023年第一季度产量统计			
产品	1 月	2月	3月
双肩包	68	113	57
单肩包	26	69	51
斜挎包	112	95	142
手提包	143	91	74
手拿包	119	91	113
拉杆包	127	125	137

图 3-86 合并后的计算结果

对于合并计算，我们还能将保存在不同工作簿中的工作表进行合并操作，其操作步骤是在我们执行上述步骤 2 时，如果需要的工作表没有被打开，选择“浏览”按钮，在打开的浏览对话框中，我们从中选定包含源区域的工作簿即可。

3.5.2 分类合并数据

通过分类来合并计算数据是指：当多重源区域包含相似的数据却以不同方式排列时，此命令可使用标记，依不同分类进行数据的合并计算，也就是说，当选定的格式的表格具有不同的内容时，我们能根据这些表格的分类来分别进行合并工作。

【例 3-11】甲公司 2023 年 1— 6 月销售情况如图 3-87 和图 3-88 所示，请统计甲公司前 6 个月的销售情况。

产品	1月	2月	3月	4月	5月	6月
鼠标	5	2	7	4	3	9
显示器	2	6	6	3	7	1
电脑配件	5	8	4	6	7	2
鼠标	8	1	6	3	5	6
电脑配件	9	2	4	3	8	8
显示器	6	3	3	7	3	3
鼠标	3	4	5	5	9	7

图 3-87 甲公司的销售情况表 1

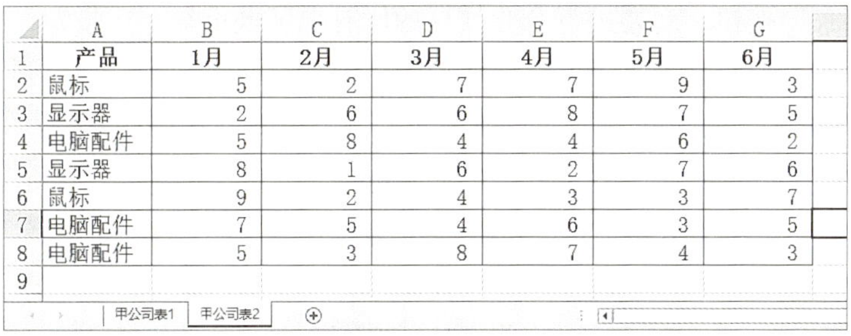

	A	B	C	D	E	F	G
1	产品	1月	2月	3月	4月	5月	6月
2	鼠标	5	2	7	7	9	3
3	显示器	2	6	6	8	7	5
4	电脑配件	5	8	4	4	6	2
5	显示器	8	1	6	2	7	6
6	鼠标	9	2	4	3	3	7
7	电脑配件	7	5	4	6	3	5
8	电脑配件	5	3	8	7	4	3
9							

甲公司表1　甲公司表2

图 3–88　甲公司的销售情况表 2

操作步骤如下。

1. 在空白单元格 A10 中单击“数据→合并计算”，在弹出的“合并计算”对话框中选中用来合并计算的汇总函数——“求和”函数，如图 3–89 所示。

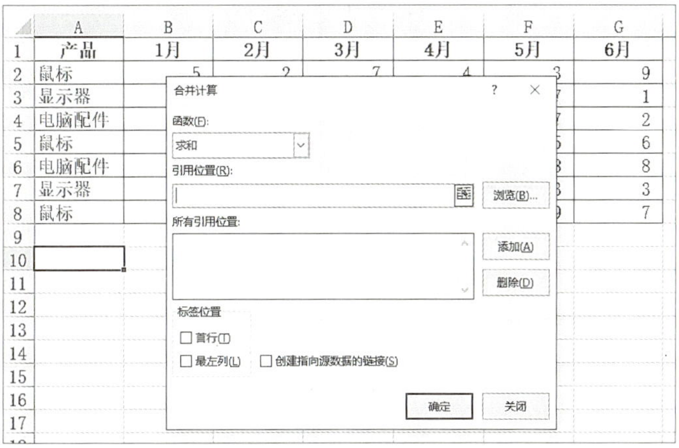

图 3–89　合并求和

2. 在“引用位置”文本框中输入希望进行合并计算的源区域“甲公司表 1!$A$1:$G$8”，如图 3–90 所示。

图 3–90　输入甲公司表 1 的引用位置

3. 单击“添加”按钮，对要进行合并计算的所有源区域重复上述步骤，如图 3–91 所示。

4. 在“合并计算”对话框下部的“标签位置”选择“首行”和“最左列”两个选项。这样 Excel 将对相同的行标题和列标题中的数据进行合并计算，如图 3–92 所示。

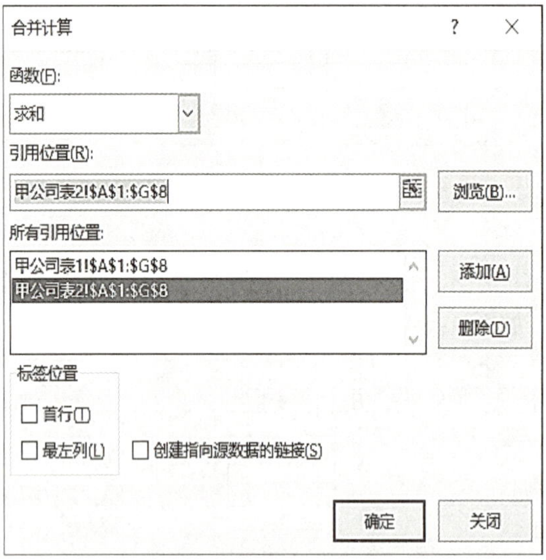

图 3–91　输入甲公司表 2 的引用位置

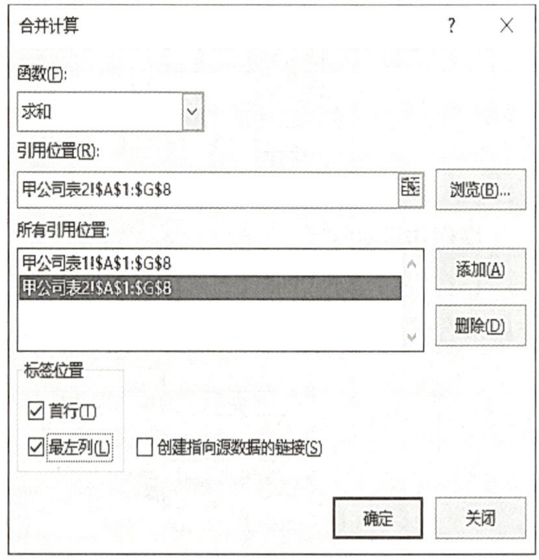

图 3–92　合并计算

5. 单击“确定”按钮，合并计算结果，如图 3–93 所示。

	A	B	C	D	E	F	G
10		1月	2月	3月	4月	5月	6月
11	鼠标	30	11	29	22	29	32
12	显示器	18	16	21	20	24	15
13	电脑配件	31	26	24	26	28	20

图 3–93　合并计算结果

3.6　数据透视表

当用户需要从一张庞大的数据列表中提取一些有意义的信息，用来完成一定的数据分析时，就可以使用数据透视表功能。用户可以快速合并与比较大量的数据，实现多角度的数据透视分析。

【例 3–12】某公司应付账款清单如图 3–94 所示。

	A	B	C	D	E	F
1	应付账款清单					
2	业务日期	对方单位	应付账款数额	已付金额	未付金额	清款期限
3	2022/5/3	红星公司	68,900.00	34,000.00	34,900.00	2023/4/23
4	2022/5/30	南方公司	27,100.00	22,000.00	5,100.00	2023/5/20
5	2022/6/1	昌隆公司	27,330.00	21,000.00	6,330.00	2023/5/22
6	2022/6/6	南方公司	28,165.00	11,000.00	17,165.00	2023/5/27
7	2022/6/24	红星公司	54,632.00	14,550.00	40,082.00	2023/6/14
8	2022/6/29	南方公司	23,633.00	5,600.00	18,033.00	2023/6/19
9	2022/7/3	昌隆公司	31,500.00	24,500.00	7,000.00	2023/6/23
10	2022/7/8	南方公司	53,345.00	33,000.00	20,345.00	2023/6/28
11	2022/7/10	红星公司	32,500.00	5,400.00	27,100.00	2023/6/30
12	2022/7/18	兴旺公司	344,000.00	235,000.00	109,000.00	2023/7/8
13	2022/7/19	光亚公司	256,000.00	230,000.00	26,000.00	2023/7/9
14	2022/7/24	岭南公司	3,400.00	500.00	2,900.00	2023/7/14
15	2022/7/29	阳光公司	26,600.00	23,000.00	3,600.00	2023/7/19
16	2022/8/9	昌隆公司	23,000.00	4,400.00	18,600.00	2023/7/30
17	2022/8/16	红星公司	3,300.00	2,000.00	1,300.00	2023/8/6
18	2022/8/18	南方公司	256,600.00	240,000.00	16,600.00	2023/8/8
19	2022/8/23	光亚公司	322,000.00	33,000.00	289,000.00	2023/8/13
20	2022/8/28	兴旺公司	3,300.00	1,000.00	2,300.00	2023/8/18
21	2022/8/29	阳光公司	66,000.00	23,000.00	43,000.00	2023/7/19

图 3–94　应付账款清单

请使用数据透视表功能，分析应付账款相关情况。

具体操作步骤如下。

1. 创建数据透视表，选中数据清单中任意单元格，单击“插入”→“数据透视表”，如图 3–95 所示。

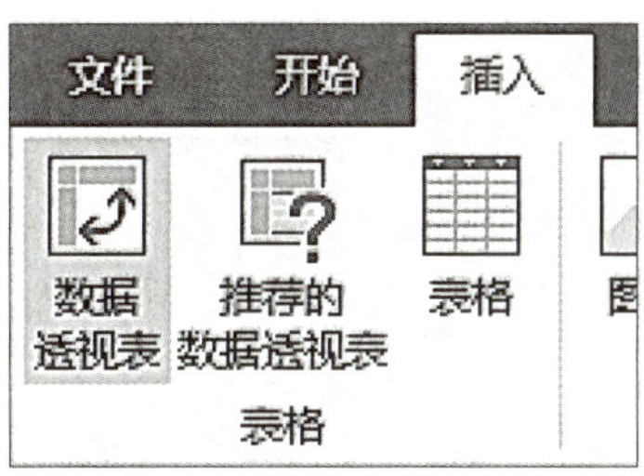

图 3-95　单击数据透视表功能项

2. 选择要分析的数据区域。由于之前选择的是数据清单中的任意单元格，因此 Excel 默认选中全部数据，并用虚线框框出。如果用户分析的数据区域不是整个数据清单，可根据需求自行选择。单击“新工作表”复选框，设置数据透视表的放置位置。单击“确定”按钮，如图 3–96 所示。

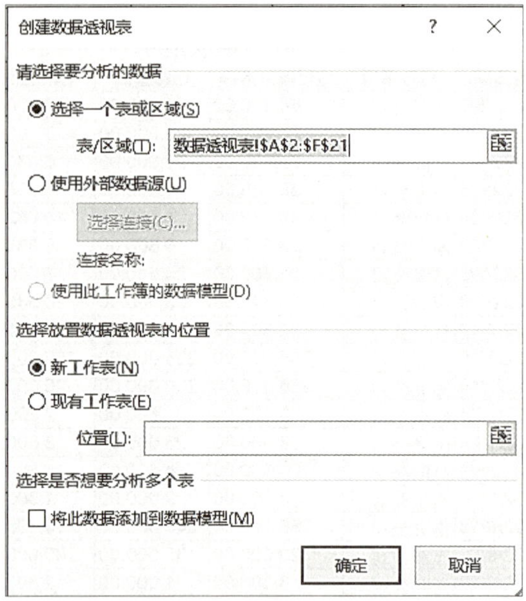

图 3-96　录入数据透视表的区域

3. 从“数据透视表字段”列表框中拖动“清款期限”至“行”区域，“对方单位”字段至“列”区域，“未付金额”字段至“数据”区域，如图 3-97 所示。

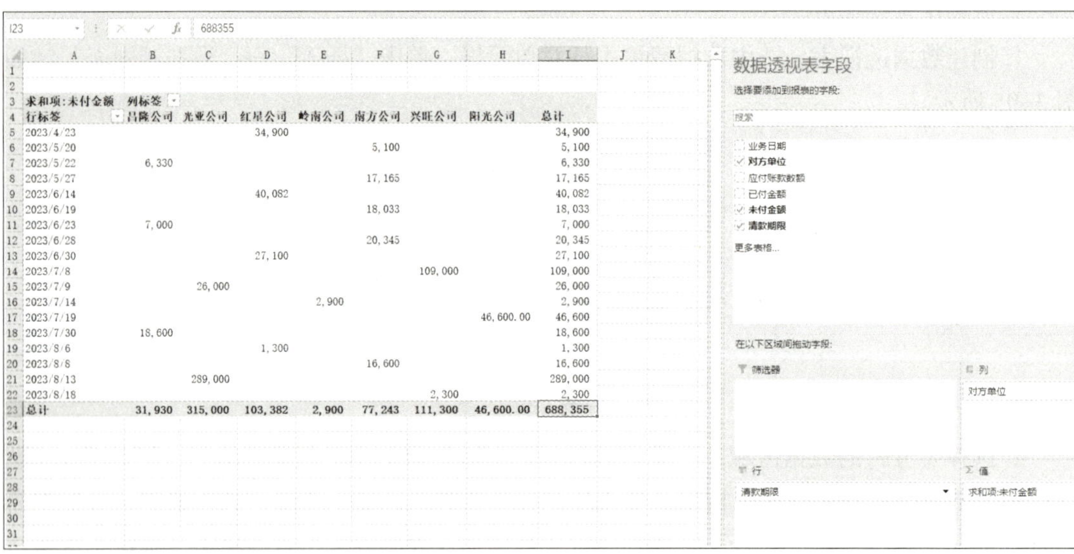

图 3-97　选择数据透视表字段到表格

4. 右击数据透视表中的任意单元格，选择“分析”选项卡，找到“分析”，单击“组字段”，或者“清款期限”任意值所在的单元格，从弹出的快捷菜单中选择“组合”命令，如图 3-98 和图 3-99 所示。

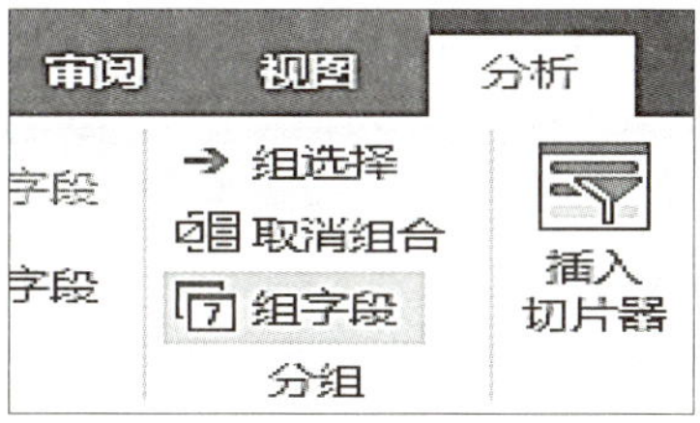

图 3-98　选择“组字段”功能项

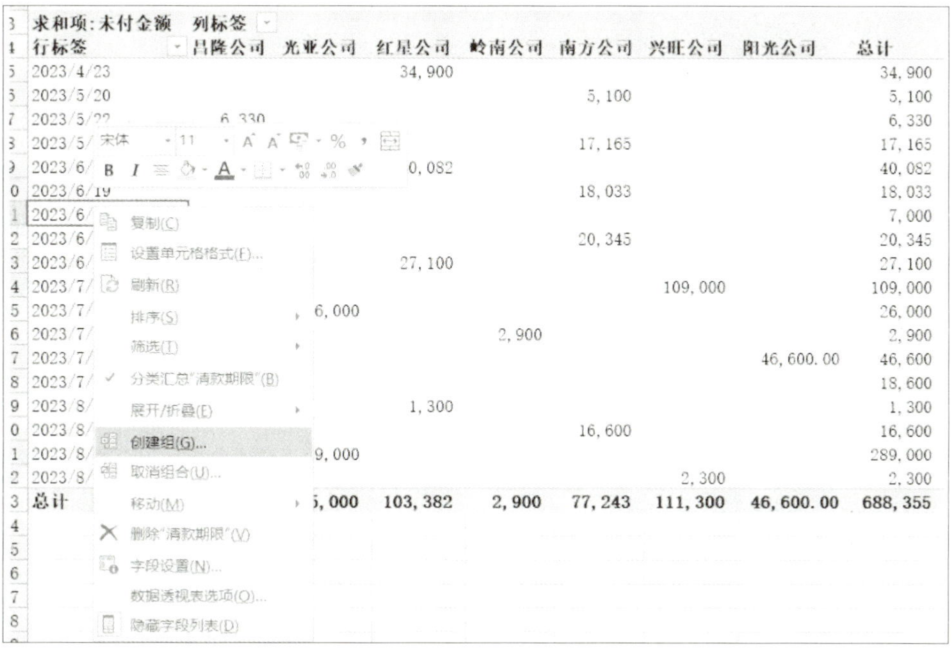

图 3-99　选择“组合”功能项

5. 设置分组。在弹出的“分组”对话框中设置“起始于”为“2023/4/23”，“终止于”为“2023/8/19”，并在“步长”列表框中选择“月”，设置完成后单击“确定”按钮，如图3-100所示。

图 3-100　选择分组时间

6. 设置分组后，透视表结果显示如图 3-101 所示。

求和项:未付金额	列标签							
行标签	昌隆公司	光亚公司	红星公司	岭南公司	南方公司	兴旺公司	阳光公司	总计
4月			34, 900					34, 900
5月	6, 330				22, 265			28, 595
6月	7, 000		67, 182		38, 378			112, 560
7月	18, 600	26, 000		2, 900		109, 000	46, 600. 00	203, 100
8月		289, 000	1, 300		16, 600	2, 300		309, 200
总计	31, 930	315, 000	103, 382	2, 900	77, 243	111, 300	46, 600. 00	688, 355

图 3-101　分组透视表结果

7. 在透视数据表中，单击“设计”选项卡，选择“报表布局→以表格形式显示”。应用格式后的数据透视结果如图 3-102 所示。

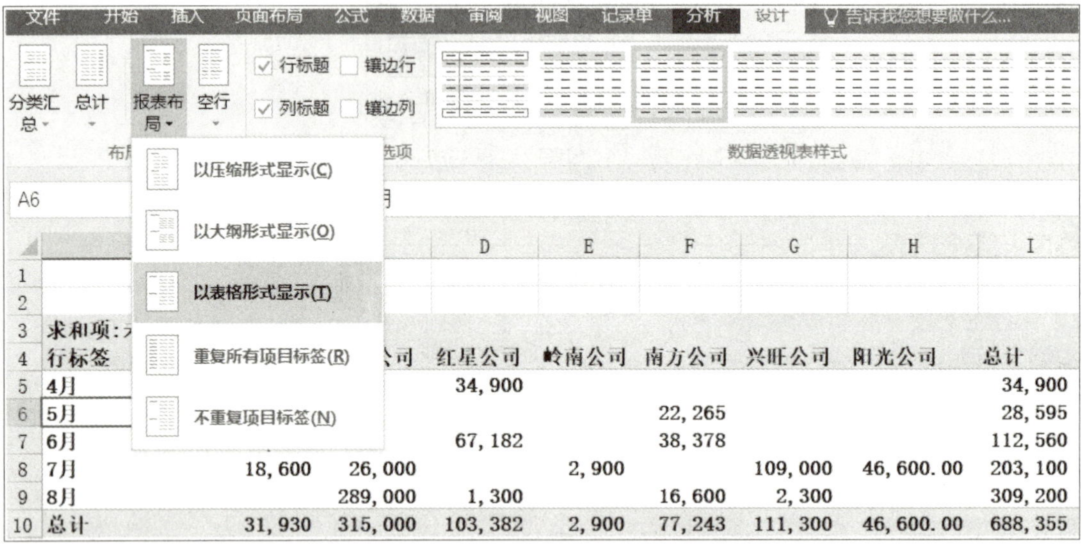

图 3-102　表格形式显示的透视表

8. 应用格式后的数据透视结果如图 3-103 所示。

求和项:未付金额	对方单位							
清款期限	昌隆公司	光亚公司	红星公司	岭南公司	南方公司	兴旺公司	阳光公司	总计
4月			34, 900					34, 900
5月	6, 330				22, 265			28, 595
6月	7, 000		67, 182		38, 378			112, 560
7月	18, 600	26, 000		2, 900		109, 000	46, 600. 00	203, 100
8月		289, 000	1, 300		16, 600	2, 300		309, 200
总计	31, 930	315, 000	103, 382	2, 900	77, 243	111, 300	46, 600. 00	688, 355

图 3-103　应用格式后的透视表

3.7　能力训练

请按照案例导读所给的数据进行统计分析。

1. 请统计该公司 2023 年 6 月各省份销售团队的业绩情况。哪个省份的销售业绩最高?

2. 请统计该公司 2023 年 6 月销售业绩最高及销售业绩最低的销售人员。

3. 请为“省份”“城市”“出勤情况”字段设置数据验证，使“省份”“城市”两个字段能够相互关联对应，“出勤情况”字段在填写时可以选择“良好”“一般”“差”几个选项。

4. 利用数据透视表，分析销售人员的奖金情况。

第4章 Excel的图形与图表

案例导读

某公司上半年主营业务收入图表如下。

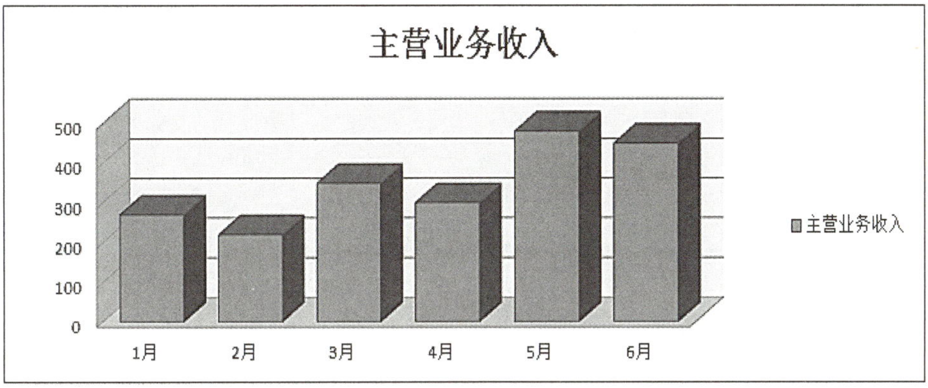

类似直观的分析展示还有哪些呢？

4.1 图表概述

表格数据所表达的信息常常显得枯燥乏味，不易理解，如果制成图表，则能更加直观地体现数据的趋势和分析的成果。Excel 图表可以将数据图形化，更直观地显示数据，使数据的比较或趋势变得一目了然，从而更容易表达我们的观点。图表在数据统计中用途很大，可以用来体现数据间的某种相对关系。通常，我们用柱形图比较数据间的多少，用折线图反映数据的趋势，用饼图体现数据的比例。

Excel 2016 通过全新的具有预览效果的用户界面，为用户提供了一系列选择来完成专业设计工作，使用户可以轻松制作出具有立体效果的图表。Excel 2016 还为我们提供了一种新的迷你图，在单元格中将数据以小图形式体现，达到分析表格数据的目的。

4.2 创建图表

4.2.1 创建图表

1. 快速创建图表

在制作图表时可以先选择数据区域，再单击“插入”选项卡，选择图表组中创建的图表类型，选择后，在打开的列表中选择相应图表的子类型，如图 4-1 所示。

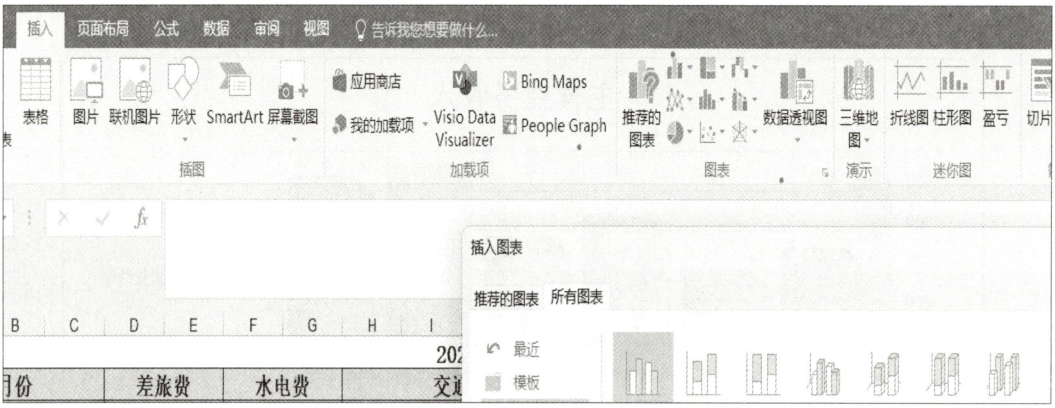

图 4-1　快速创建图表，选择图表类型

2. 通过对话框新建图表

选择数据区域，单击“插入”，选择图表，单击按钮，在弹出的“插入图表”对话框中，可以看到可选择的图表类型——柱形图、折线图、饼图、条形图等，单击 确定 按钮，完成图表类型的选择，如图 4-2 所示。

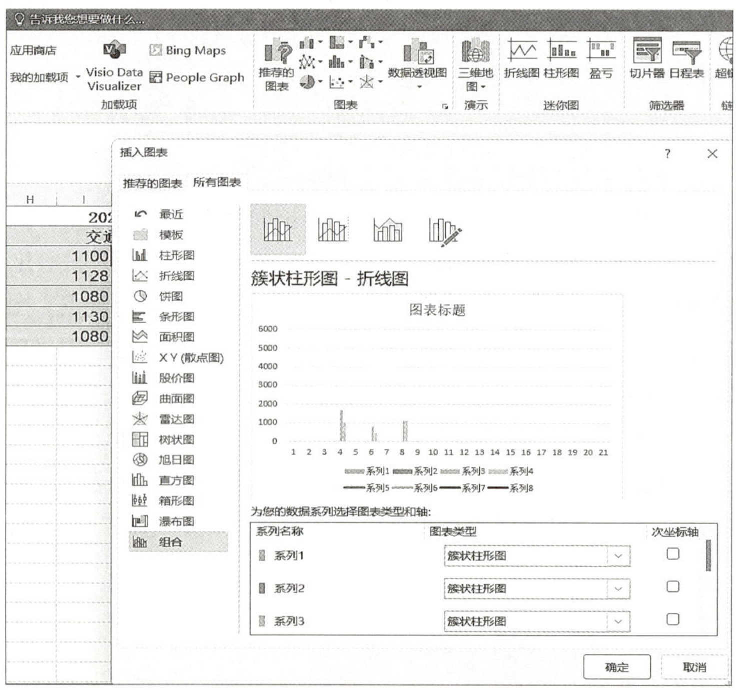

图 4-2　在对话框中选择图表类型

3. 选择图表布局

在默认情况下是插入布局 1 的样式图表，单击“快速布局”，从展开的库中选择所需要的图表布局，并对其进行修改，如图 4-3 所示。

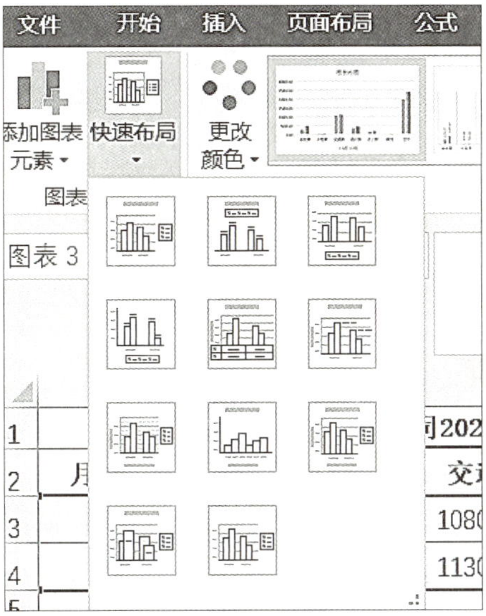

图 4-3　在“设计”中选择图表布局

4.2.2　编辑图表

4.2.2.1　更新图表中的数据

对于图表中的数据进行处理有两种情况：一是在生成图表之前对数据进行准备整理，使数据达到所需要的效果；二是如果在图表生成之后更新数据源，则图表中的数据会自动发生变化，不需要重建图表。

4.2.2.2　移动图表

有时候，我们希望移动图表到恰当的位置，让工作表看起来更加美观。

（1）单击图表，此时图表四周会出现半透明的边框。

（2）将鼠标移动到边框位置，按住鼠标左键不放，移动鼠标。这时鼠标指针会变成四向箭头和虚线，继续移动鼠标，同时图表的位置随着鼠标的移动而改变。

（3）用这样的方法把图表移动到恰当的位置即可。

4.2.2.3　调整图表的大小

同样地，我们也希望可以调整图表的大小。操作步骤如下。

（1）单击图表，此时图表四周会出现半透明的边框。

（2）如果单纯想调整图表的长度（或宽度），只需要用鼠标拖动图表的长（或宽）的边框，如果想要使图表等比例增大（或缩小），只需用鼠标拖动图表的四个对角，进行放大（或缩小）的操作。

4.2.2.4 删除图表

当我们想删除图表时，单击图表的边框选中它，按键盘上的“Delete”键即可。

4.3 图表的应用

4.3.1 柱形图

柱形图是由一系列垂直条组成，通常用来比较一段时间中两个或多个项目的相对尺寸。例如：不同产品季度或年销售量对比，在几个项目中不同部门的经费分配情况，每年各类资料的数目等。柱形图是应用较广的图表类型，很多人用图表都是从它开始的。

【例 4–1】A 公司 2020 年 3 月、4 月日常费用统计情况，如图 4–4 所示。

	A	B	C	D	E	F	G	H
1	A公司2020年3月、4月日常费用统计表（元）							
2	月份	差旅费	水电费	交通费	通信费	办公费	其他	合计
3	3月	3,000	600	10,800	3,800	1,500	230	19,930
4	4月	5,000	760	11,300	4,680	2,090	440	24,270

图 4–4　A 公司 2020 年 3 月、4 月日常费用统计表

（1）选择生成图表的数据区域。注意在选择数据区域时要分析一下想生成什么样的图形，想表达什么样的效果，然后再有针对性地选择数据区域。如现在我们需要对比 3 月、4 月各项费用的支出，所用到的是柱形图，那么合计数就暂时不用选择。

（2）选择数据区域 A2:G4，快速创建图表，选择菜单“插入”→“图表”→“柱形图”→“簇状柱形图”，选择相应的布局，修改表格标题，完成创建效果如图 4–5 所示。

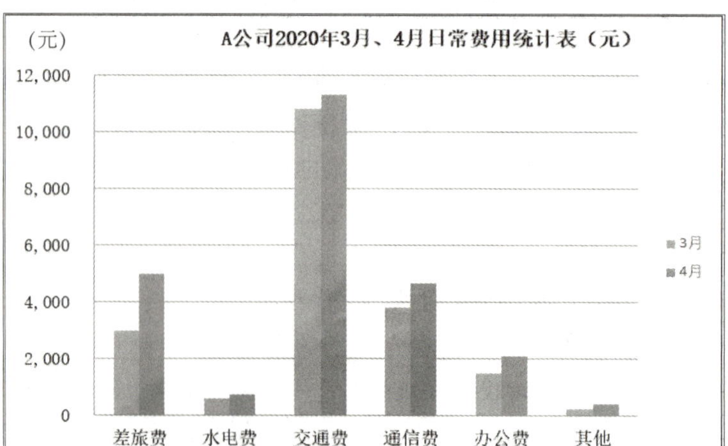

图 4–5　簇状柱形图

4.3.2　条形图

与柱状图不同的是，条形图是由一系列水平条组成。使得对于时间轴上的某一点，两个或多个项目的相对尺寸具有可比性。比如：它可以比较每个季度、三种产品中任意一种的销售量。条形图中的每一条在工作表上是一个单独的数据点或数。

同样以例【4-1】数据来生成用于数据对比的条形图。

（1）选择生成图表的数据区域 A2:G4。

（2）快速创建图表，选择菜单“插入”→“图表”→“条形图”→“簇状条形图”，选择相应的布局，修改表格标题，完成创建效果如图 4-6 所示。

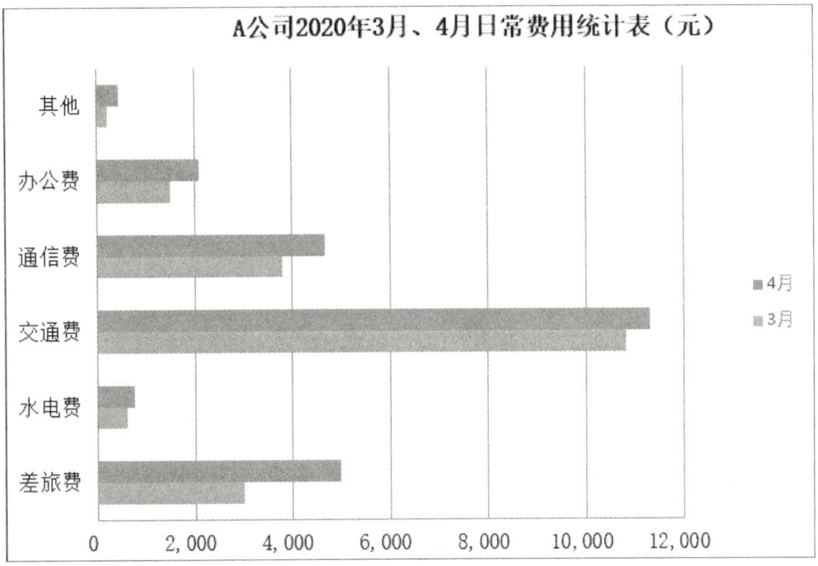

图 4-6　簇状条形图

4.3.3　饼图

饼图在用于对比几个数据在其形成的总和中所占百分比值时最有用。整个饼代表总和，每一个数用一个楔形或薄片代表。比如：表示不同产品的销售量占总销售量的百分比，各单位的经费占总经费的比例，收集的藏书中每一类占多少等。饼图虽然只能表达一个数据列的情况，但因为表达得清楚明了又易学好用，所以在实际工作中用得比较多。如果需要表达多个系列的数据时，可以用环形图。

【例 4-2】A 公司目前员工学历统计情况，如图 4-7 所示。

	A	B	C	D	E	F	G	H
1	A公司员工学历统计表							
2	学历	初中	高中	大专	本科	硕士	博士	合计
3	人数	5	10	30	30	10	2	87

图 4-7　A 公司员工学历统计表

按照上述情况，分析 A 公司目前员工学历构成占比。

（1）选择生成图表的数据区域 A2:G3。

（2）选择菜单“插入”→“图表”→“饼图”，选择相应的布局，修改表格标题，完成创建，如图 4–8 所示。

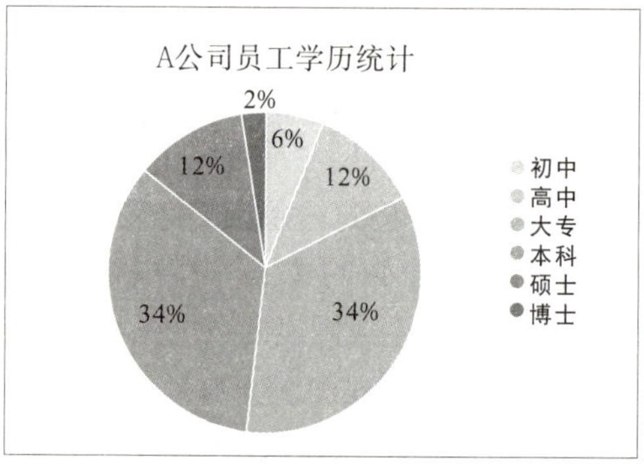

图 4–8　饼图

4.3.4 折线图

折线图用来显示一段时间内的趋势。比如：数据在一段时间内是呈增长趋势的，另一段时间内处于下降趋势，我们可以通过折线图，对将来作出预测。例如：速度—时间曲线、推力—耗流量曲线、升力系数—马赫数曲线、压力—温度曲线、疲劳强度—转数曲线、传输功率代价—传输距离曲线等，都可以利用折线图表示，一般在工程上应用较多。若是其中一个数据有几种情况，折线图里就有几条不同的线，比如五名运动员在万米过程中的速度变化，就有五条折线，可以相互对比，也可以添加趋势线对速度进行预测。

【例 4–3】A 公司 2020 年、2021 年用电量，如图 4–9 所示。

	A	B	C
1	A公司2020年、2021年用电量统计（度）		
2	月份	2020年	2021年
3	1	1312	1404
4	2	566	810
5	3	1236	998
6	4	1212	1210
7	5	1188	1490
8	6	1295	1276
9	7	1533	1878
10	8	1986	1797
11	9	1252	1130
12	10	1107	1229
13	11	1278	1193
14	12	922	1178

图 4–9　A 公司 2020 年、2021 年用电量统计（度）

（1）选择生成图表的数据区域 A2:C14。

（2）选择菜单“插入”→“图表”→“折线图”，选择相应的布局，修改表格标题，完成创建，如图 4–10 所示。

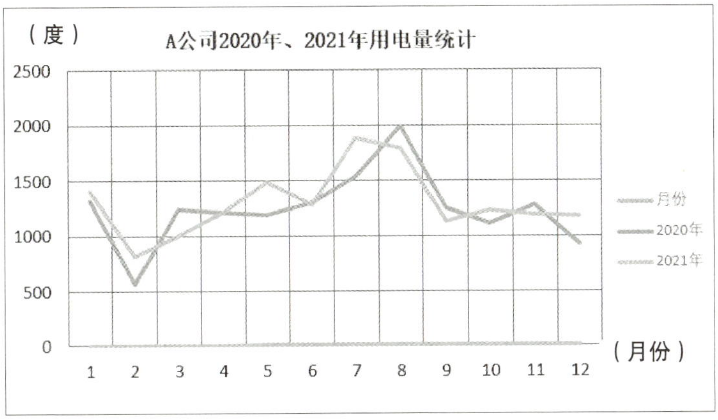

图 4-10　折线图

4.3.5　迷你图

迷你图可以把数据以小图的形式呈现在单元格中，以清晰、简明的图形表示方法显示相邻数据的趋势，且占用少量空间，在 Excel 2016 中，有三种迷你图：折线图、柱形图、盈亏图。例如，以迷你图分析企业支出费用的趋势。

【例 4-4】A 公司 2020 年上半年仓储费用统计，如图 4-11 所示。

	A	B	C	D	E	F	G	H
1	A公司2020年上半年仓储费用统计（元）							
2	月份	1月	2月	3月	4月	5月	6月	合计
3	第一仓库	5,000	760	11,300	4,680	2,090	440	24,270
4	第二仓库	3,400	765	10,800	5,200	1,890	410	22,465
5	第三仓库	5,400	899	9,897	4,000	2,200	230	22,626
6	第四仓库	1,000	440	11,280	5,000	1,680	500	19,900

图 4-11　A 公司 2020 年上半年仓储费用统计

4.3.5.1 创建迷你图

（1）选择迷你图存放的单元格或者区域，在“插入”→“迷你图”中选择所需迷你图的类型，此时弹出“创建迷你图”对话框，在对话框“数据范围”中选择要创建迷你图的数据区域，在“位置范围”中选择要放置迷你图的位置，如图 4-12 所示。

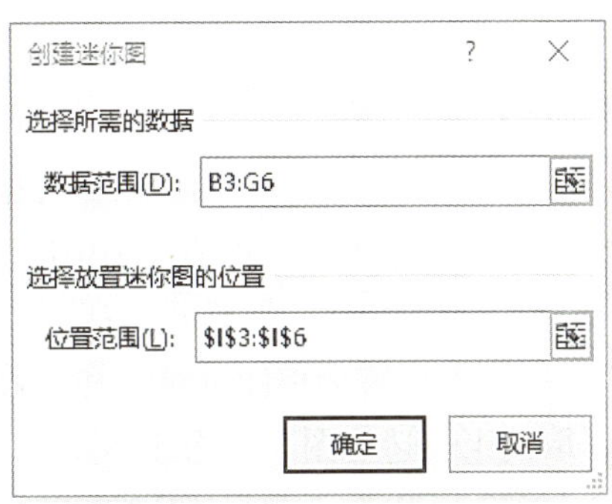

图 4-12　在对话框选择数据区域

（2）单击 确定 按钮，即可创建出所需的迷你图，如图 4-13 所示。

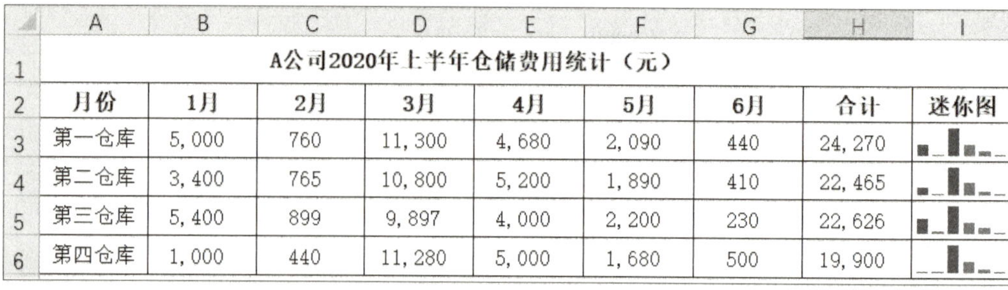

A公司2020年上半年仓储费用统计（元）								
月份	1月	2月	3月	4月	5月	6月	合计	迷你图
第一仓库	5, 000	760	11, 300	4, 680	2, 090	440	24, 270	
第二仓库	3, 400	765	10, 800	5, 200	1, 890	410	22, 465	
第三仓库	5, 400	899	9, 897	4, 000	2, 200	230	22, 626	
第四仓库	1, 000	440	11, 280	5, 000	1, 680	500	19, 900	

图 4-13　迷你图

4.3.5.2 编辑美化迷你图

在“设计”选项卡中迷你图工具有相应的功能选项，可以用于编辑美化迷你图，使创建的迷你图更美观，如图 4-14 所示。

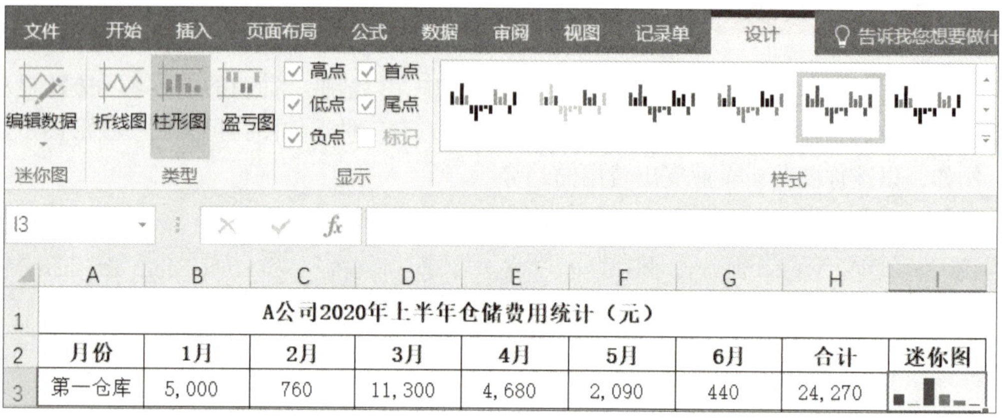

A公司2020年上半年仓储费用统计（元）								
月份	1月	2月	3月	4月	5月	6月	合计	迷你图
第一仓库	5, 000	760	11, 300	4, 680	2, 090	440	24, 270	

图 4-14　“设计”选项卡

具体操作步骤如下。

（1）编辑迷你图数据。在编辑数据菜单栏，选择迷你图，可以编辑迷你图的位置和数据，或者编辑单个迷你图的源数据区域。

（2）更改迷你图数据。在“设计”→“类型”中，可以选择相应的迷你图类型：折线图、柱形图、盈亏图。

（3）显示迷你图标记。在“设计”→“显示”中，可以标记迷你图所显示的高点、低点、负点、首点、尾点。将迷你图中的特殊点显示得更加清晰直观。

（4）更改迷你图样式。在“设计”→“样式”中，可以选择相应的迷你图样式。

（5）设置迷你图分组。在“设计”→“分组”中，可以通过设置坐标轴选项、组合或者取消组合迷你图、清除迷你图。

4.4　图表的修改

4.4.1　图表类型的修改

以图 4-10 为例，图 4-10 选择的是折线图，下面我们把它改为条形图。

（1）选中图表。此时表格外有一圈边框，如图 4-15 所示。

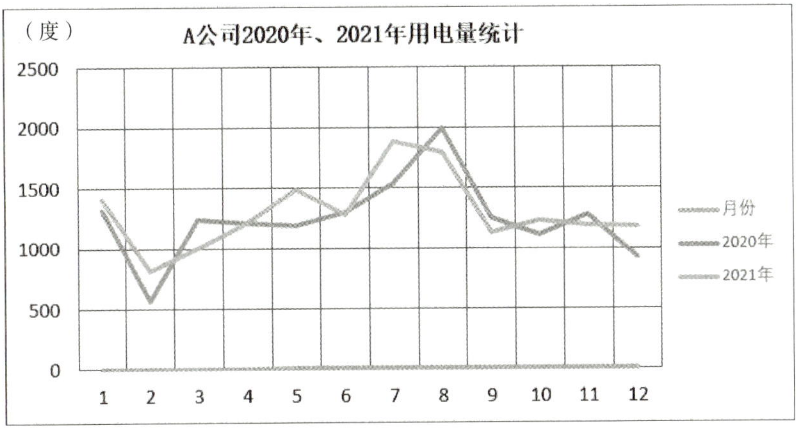

图 4-15　选中图表 4-10

（2）单击鼠标右键，在弹出的快捷菜单中选择“更改图表类型”，如图 4-16 所示。

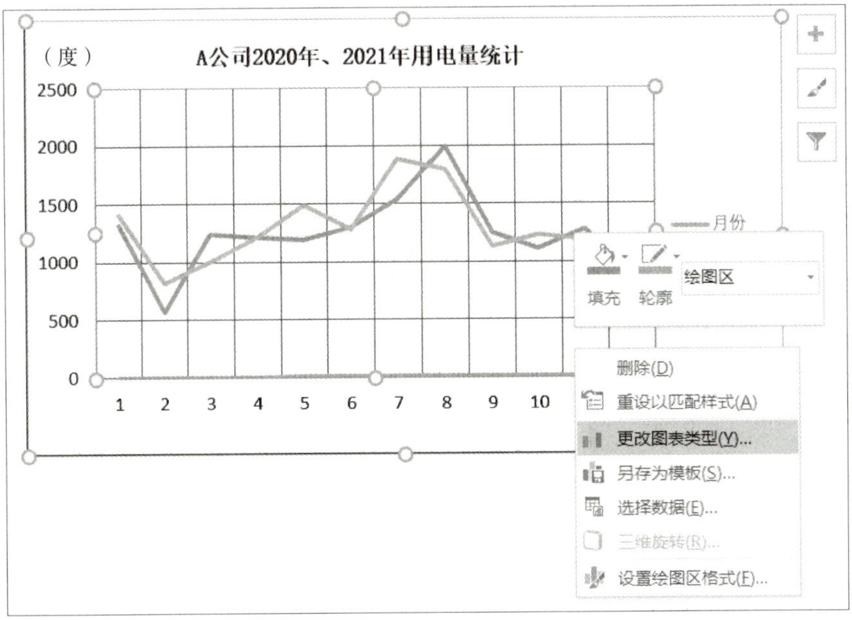

图 4-16　选择“更改图表类型”

（3）在弹出的“更改图表类型”对话框中选择条形图，并选择对应的子类型，如图 4-17 所示。

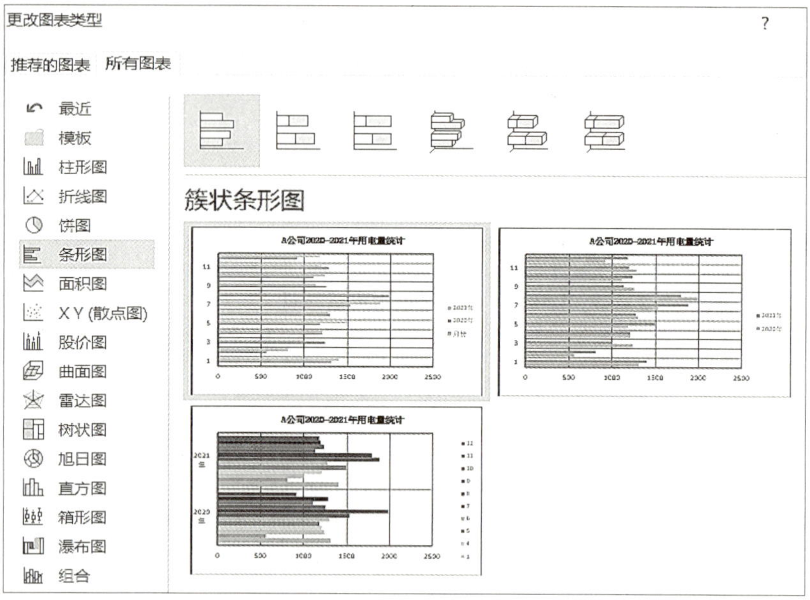

图 4-17　选择条形图

（4）单击“确定”按钮，即可改变图表类型，如图 4-18 所示。

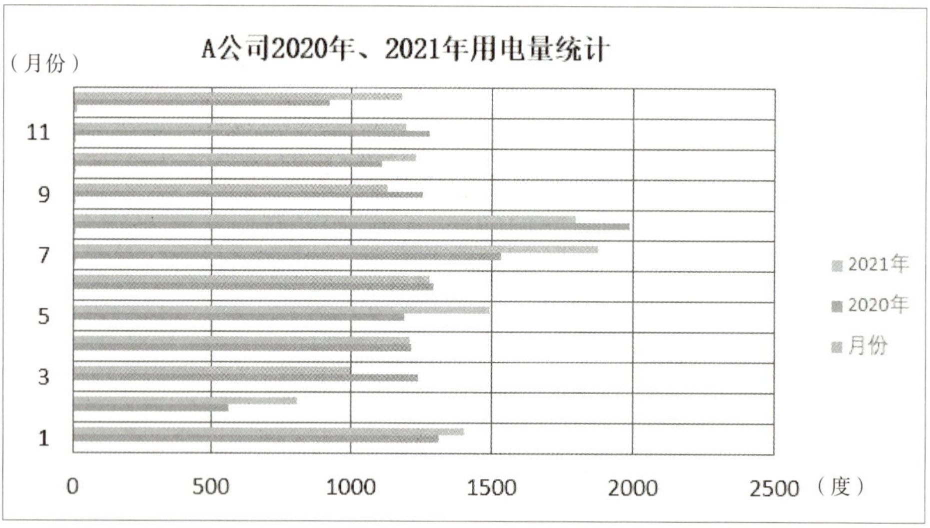

图 4-18　条形图

4.5　图表个性化设计

在创建图表后，图表样式如果太单调，就无法满足用户的需求，此时需要一些可以用于美化图表的功能对图表进行设置，使图表达到美观、有立体感、设计感的效果。

1. 选择图表样式

Excel 2016 新增了图表样式功能，单击“设计→图表样式”，并在库中选择所需要的样式，使图表达到快速美观的设计效果，如图 4-19 所示。

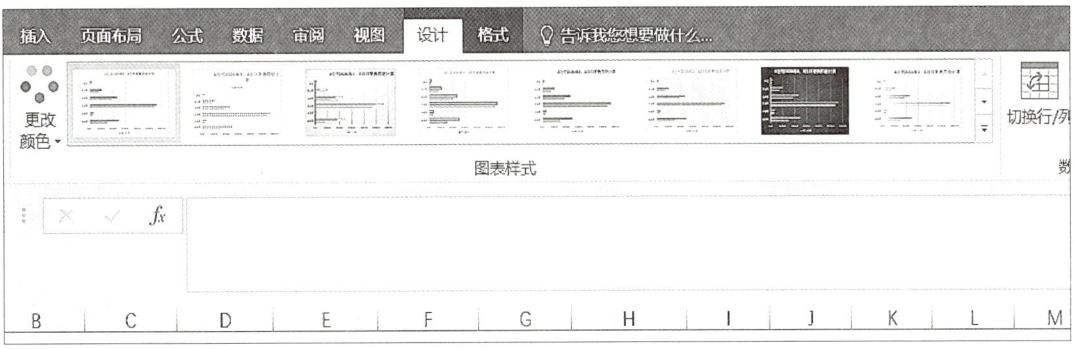

图 4-19　在“设计”中选择图表样式

2. 选择形状样式

为了使图表在视觉上更加立体，用户可为图表区、数据系列、标题等对象设置形状样式。单击“格式”→“主题样式”，在展开的库中选择所需要的样式，如图 4-20 所示。

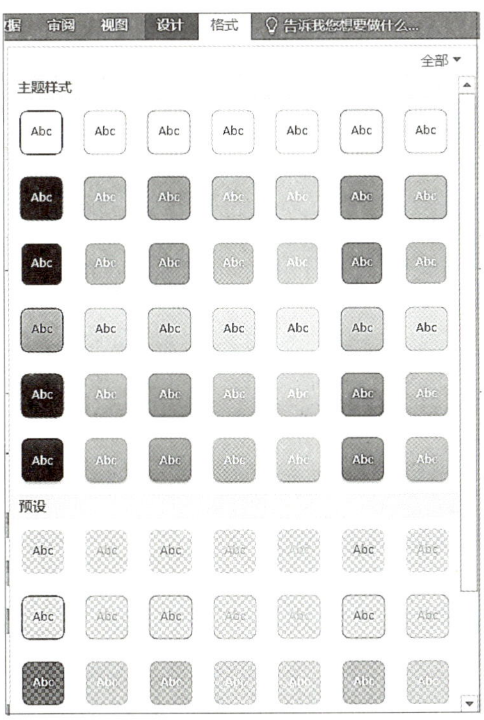

图 4-20　在“格式”中选择图表主题样式

3. 选择形状填充颜色

单击“格式”→“形状填充”，在展开的库中选择所需要的颜色，如图4-21所示。

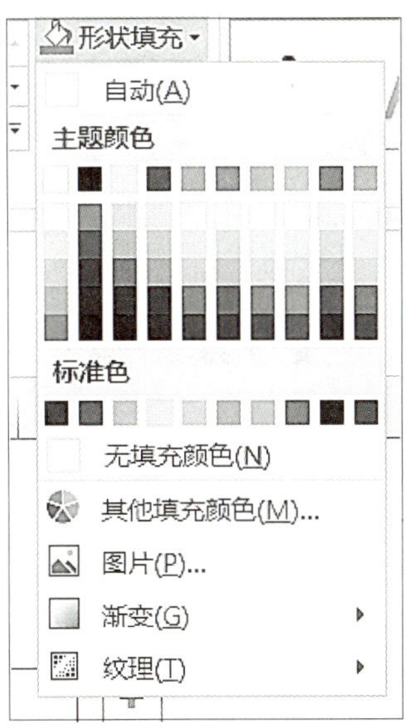

图 4-21　在“格式”中选择主题填充

4. 设置坐标轴

（1）单击“设计”→“图表布局”→“添加图表

元素”→“坐标轴”→“主要纵坐标轴”→“其他主要纵坐标轴选项”，如图 4-22 所示。

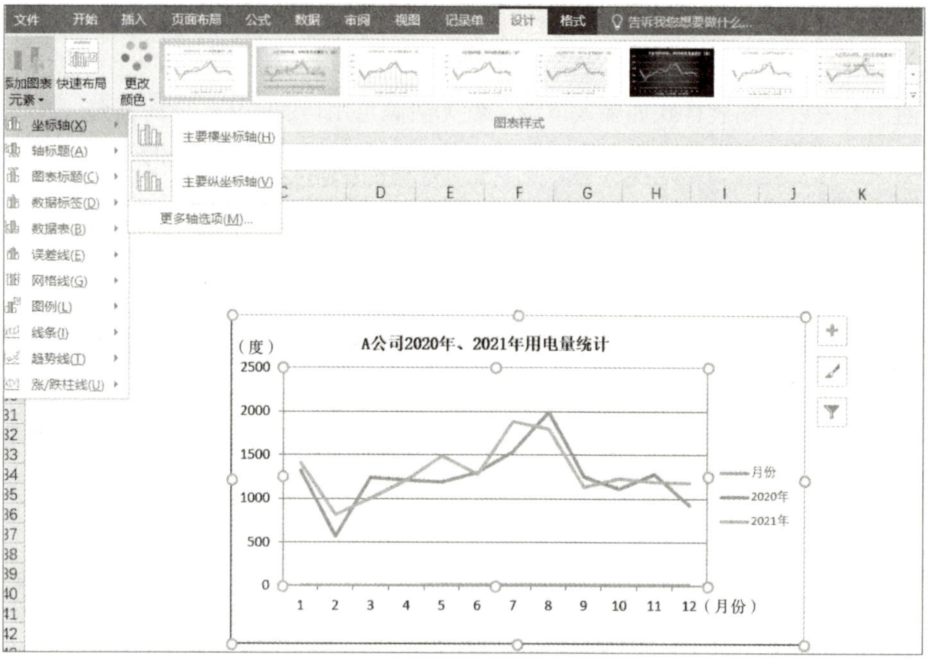

图 4-22　在“设计”中选择图表元素

（2）在“设置坐标轴格式”→“坐标轴选项”中，可设置坐标轴的主要刻度单位和次要刻度单位，如图 4-23 所示。

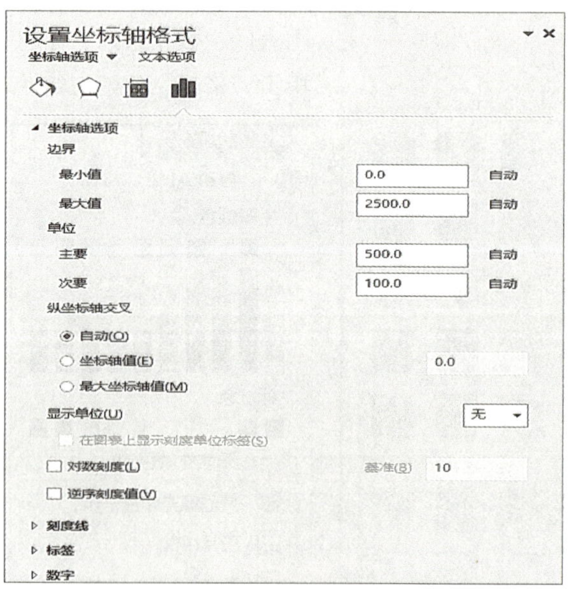

图 4-23　设置刻度单位

（3）在“设置坐标轴格式→数字”中，可设置坐标轴的数字格式，如图 4-24 所示。

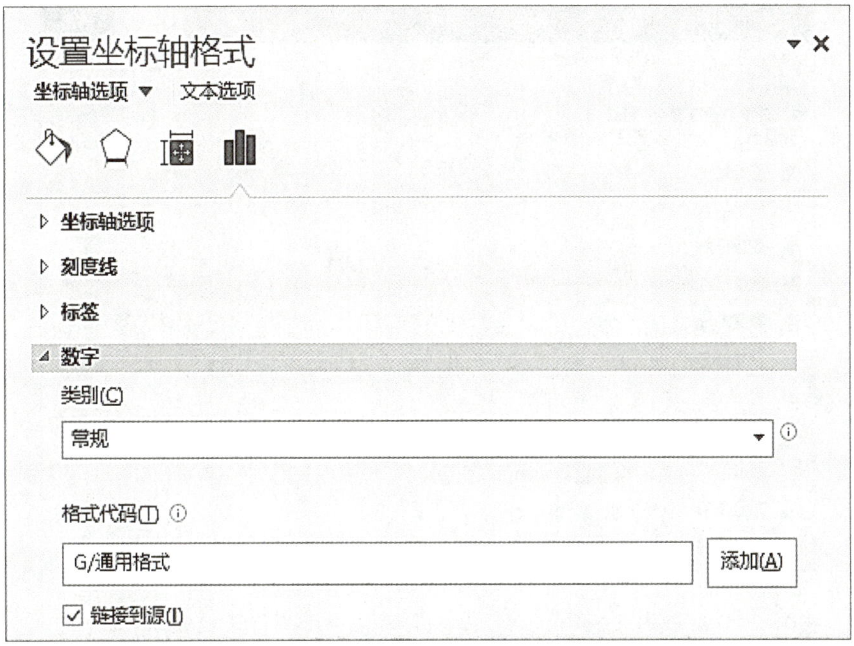

图 4-24　设置数字格式

5. 设置图例

图例是区别两个或两个以上数据类别所需要用到的，显示各数据类别的名称。用户可设计图例的形状样式、字体及位置。图例可放置在图表的顶端、底端、左侧或右侧。

（1）在图表中选中图例，单击“格式→形状样式”即可选择图例的样式，如图 4-25 所示。

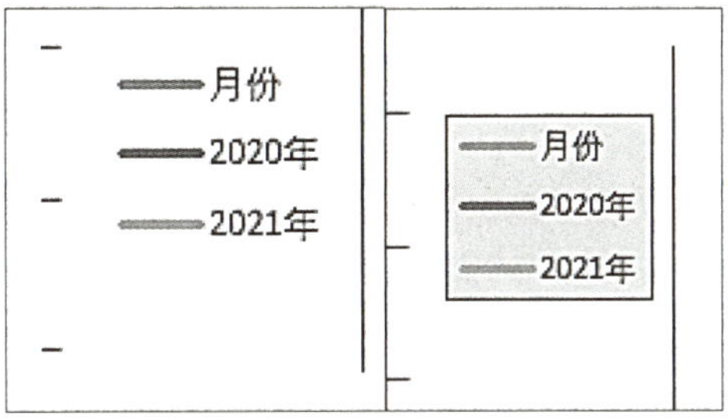

图 4-25　选择图例样式

（2）单击“设计→图表→布局→添加图表元素→图例”，即可选择图例在图表中的位置，如图 4-26 所示。如果选择“无”关闭图例，那么在图表中就不会显示图例，如图 4-27 所示。

图 4-26 “设计”选项卡中选择图例在表格中的位置

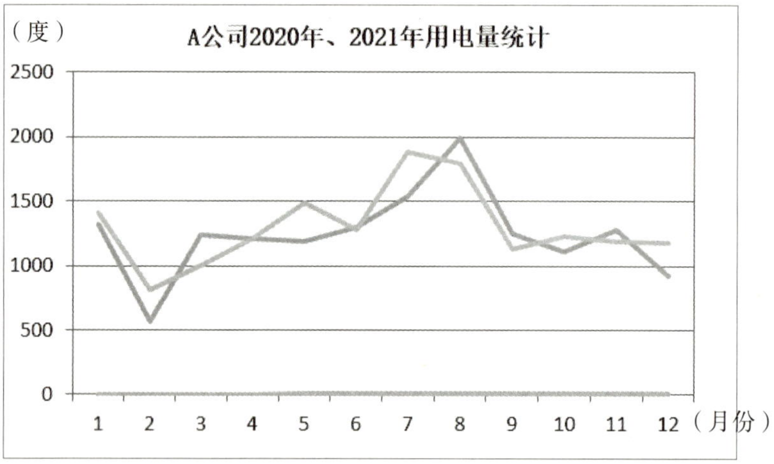

图 4-27 关闭图例后的图表

6. 设置网格线

单击“设计”→“图表”→“布局”→“图表元素”→“网格线”→“主要横网格线”/“主要纵网格线”，选择“主要网格线”/“次要网格线”即可给图表设置网格线，如果选择“无”那么图表将不会显示网格线，如图 4-28 所示。

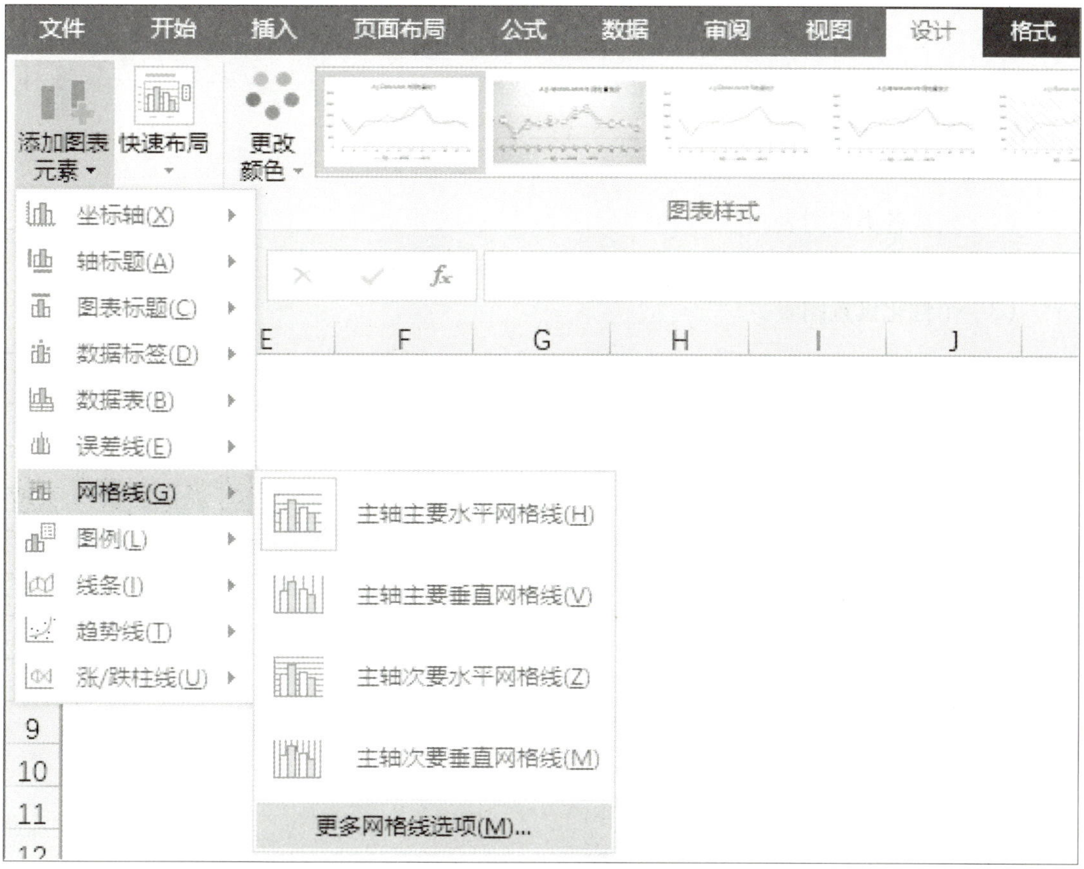

图 4-28　设置网格线

网格线主要为了更加便于用户阅读数据，看出横轴和纵轴对应数据的情况，如图 4-29 所示。

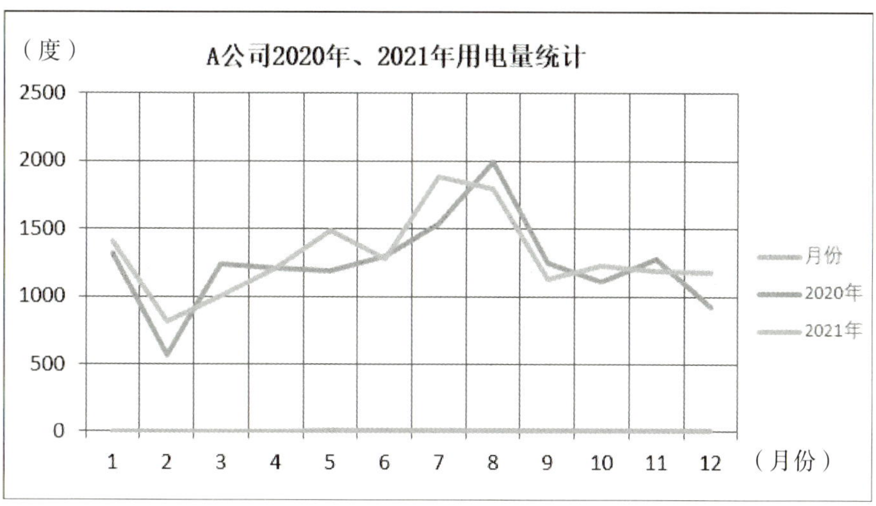

图 4-29　应用横轴及纵轴主要网格线的图表

4.6 能力训练

（1）生成各类型图表。

（2）编辑图表。

（3）个性化设置图表。

第5章 Excel在财务单据中的应用

案例导读

嘉兴有限责任公司为制造型的企业，是增值税纳税人。

1. 2023 年 10 月发生以下差旅费报销业务。

（1）3 日，公司采购部经理王金为采购新材料出差考察，预借差旅费 6 000 元。

（2）6 日，公司销售部经理黄玲，销售专员张睿为开拓新市场出差考察，分别预借差旅费 12 000、8 000 元。

（3）15 日，销售部经理黄玲与销售专员张睿出差归来，报销差旅费。销售经理黄玲共报销 15 680 元，具体包括：交通费 2 680（机票 2 张 2 200 元，火车票 4 张 480 元）；住宿费 2 800 元（标准 × 天数）；补助 2 400（餐补 1 600 元，市内交通补贴 800 元）；另有符合规定的其他费用 7 800 元（招待费 5 500 元，礼品费 2 300 元）。销售专员张睿共报销 5 240 元，具体为：交通费 2 240 元（飞机票 2 张 1 800 元，火车票 2 张 200 元，汽车票 4 张 240 元）；住宿费 1 600 元（标准 × 天数）；补贴 1 400 元（餐补 900 元，市内交通补贴 500 元）。财务处补付了黄玲余款，张睿退回剩余部分。

（4）20 日，采购部经理王金出差归来，填写差旅费报销单，共报销差旅费 14 780 元，具体包括：交通费 3 770（飞机票 2 张 2 750 元，火车票 4 张 650 元，汽车票 6 张共计 370 元）；住宿费 5 040 元（标准 × 天数）；补贴 4 320 元（餐补 2 880 元，市内交通补助 1 440 元）；另有符合规定的业务招待支出 1650 元（有合法发票 3 张），补付余额。

（5）上述各种发票均合法合规且审核无误。

该公司出差费用报销各个项目标准如下。

嘉兴有限责任公司员工出差费用报销标准

职　级	交通费	住宿补贴	餐费补贴	市内交通补助	其　他
总经理	合法票据	450 元 / 天	220 元 / 天	180 元 / 天	23 000 元以内（票据）
部门经理	合法票据	280 元 / 天	160 元 / 天	80 元 / 天	12 500 元以内（票据）
一般员工	合法票据	160 元 / 天	90 元 / 天	50 元 / 天	3 000 元以内（票据）

请创建该公司的差旅费报销单。

2. 2023 年 11 月发生的经济业务如下。

（1）11 月 2 日收到某公司发来的一批材料，价款 1 000 元，增值税税额 130 元。本企业上月已向该公司预付货款 1 130 元。材料到达后，已验收入库。

（2）11 月 3 日向银行借款 30 000 元，期限 3 个月，接到银行通知，该笔借款已划入企业账户。

（3）11 月 5 日预收产品货款 50 000 元存入银行。

（4）11 月 8 日向材料商 1 出售 A 产品 80 件，每件售价 650 元，B 产品 90 件，每件售价 900 元，共计应收增值税税额 17 290 元，产品对方已提走，但款项尚未收到。

（5）11 月 10 日销售一批原材料，取得收入 1 000 元，收取增值税税额 130 元。11 月 10 日以银行存款 120 元支付销售产品的运费。

（6）11 月 12 日汇总本月企业耗用材料情况：生产产品用 10 000 元，车间一般性耗用 1 000 元，厂部一般性耗用 500 元，共计 11 500 元。

（7）11 月 15 日计提本月固定工资折旧 3 600 元，其中生产车间折旧 1 800 元，管理部门折旧 1 800 元。

（8）11 月 18 日结转销售 A 产品、B 产品、原材料的销售成本分别为 32 000 元、63 000 元、800 元。

（9）11 月 20 日根据工资结算单，本月发生工资费用如下：产品生产工人工资 10 600 元，产品车间管理人员工资 2 267 元，销售部门职工工资 9 640 元，某在建工程施工人员工资 2 093 元，厂部管理人员工资 3 200 元。

（10）11 月 21 日以现金 27 800 元支付本月职工工资。

（11）11 月 25 日结转本月发生的制造费用 5 067 元。

（12）11 月 25 日结转本月完工产品成本 20 600 元。

（13）11 月 25 日收取上季度包装物租金收入 5 000 元。

（14）11 月 26 日以银行存款支付广告费用 3 000 元。

（15）11 月 28 日计提本月消费税税额 1 600 元，车船税税额 500 元。

（16）11 月 29 日以银行存款 1 500 元支付行政管理部门办公费。

（17）11 月 30 日将本月实现的主营业务收入 133 000 元和其他业务收入 6 000 元结转“本年利润”账户。

（18）11 月 30 日，将本月发生的主营业务成本 95 000 元、其他业务成本 800 元、税金及附加 1600 元、销售费用 12 760 元、管理费用 7 500 元结转“本年利润”账户。

（19）接上题假定本月实现利润总额 21 340 元，所得税率为 25%，计提本月应交所得税。

（20）接上题本月应缴纳的企业所得税税额 5 335 元。

根据以上提供的经济业务建立会计科目表和会计凭证表。

5.1 会计凭证概述

1. 会计凭证的概念及作用

会计凭证是记录经济业务、明确经济责任、按一定格式编制的据以登记会计账簿的书面证明。用来记载经济业务的发生，明确经济责任，作为记账根据的书面证明。

2. 会计凭证的类型

在会计学上主要按照会计凭证填制程序和用途不同将其分为两类，一类是原始凭证，另一类是记账凭证。前者是在经济业务最初发生之时即行填制的原始书面证明，如销货发票、款项收据等。后者是以原始凭证为依据，作为记入账簿内各个分类账户的书面证明，如收款凭证、付款凭证、转账凭证等。

5.2　原始凭证

5.2.1　原始凭证的制作

原始凭证是会计核算的起点和基础，是记账凭证的原始依据。企业的日常经济生活会涉及很多的原始凭证，原始凭证包含各类的销售发票、银行发票、银行进账单、收款收据、材料验收入库单、领料单、差旅费报销单、销售成本计算表、工资表等。其中大部分凭证都是外来原始凭证，一般有统一的格式，而另外一些凭证是企业可以根据自己的情况加以设计的。

不同行业、不同用途的原始凭证是不一样的，但任何一张原始凭证都必须具备一些相同的内容，这些内容被称为原始凭证的基本要素，原始凭证的基本要素包括以下几个方面。

（1）原始凭证的名称及编号。

（2）填制原始凭证的日期。

（3）接受原始凭证的单位名称。

（4）经济业务内容（含数量、单价、金额等）。

（5）填制单位签章。

（6）有关人员签章。

（7）原始凭证附件。

如此多的原始凭证本书不能一一讲解它们的编制方法，本书以企业常用的差旅费报销单为例，详细介绍企业常用的原始凭证的编制，只有我们学会表格的制作，其他的原始凭证才能根据用途、企业实际情况加以设计和制作。

差旅费报销单主要用于企业人员因公出差所花费的费用报销凭证。常见格式如图 5-1 所示。

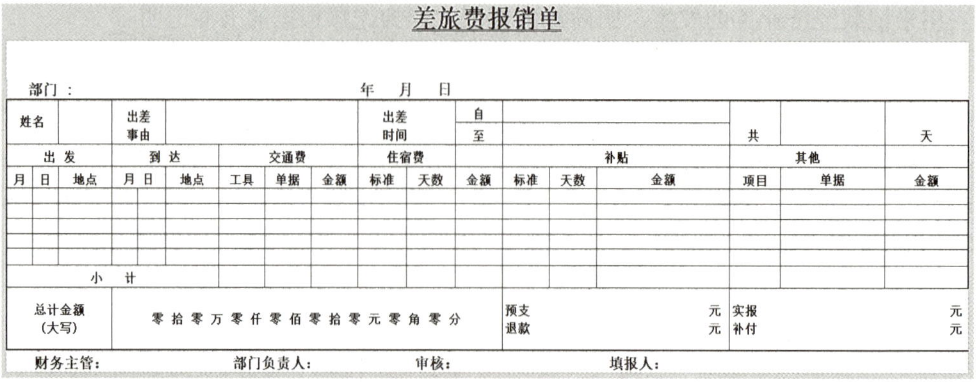

差旅费报销单

部门：　　　　　　　　年　月　日

姓名		出差事由		出差时间	自 / 至		共		天

出发			到达			交通费			住宿费			补贴			其他		
月	日	地点	月	日	地点	工具	单据	金额	标准	天数	金额	标准	天数	金额	项目	单据	金额
小计																	

总计金额（大写）	零 拾 零 万 零 仟 零 佰 零 拾 零 元 零 角 零 分	预支 元 退款 元	实报 元 补付 元

财务主管：　　部门负责人：　　审核：　　填报人：

图 5-1　差旅费报销单

具体设计步骤如下。

（1）创建一个新的 Excel 工作簿，将其命名为“企业财务单据的制作”，如图 5-2 所示。

（2）激活一张新的工作表，命名为“差旅费报销单”，如图 5-3 所示。

（3）在单元格 C3 中输入“差旅费报销单”，选择单元格区域 C3:T3，单击工具栏的“合并及居中”按钮；右键单击在快捷菜单中选择“设置单元格格式”，在弹出的“设置单元格格式”对话框中选择“字体”选项卡，将字体设置为“华文楷体”，字形为“加粗”，字号为“20”，在下划线列表选择“双下划线”选项，单击“确定”按钮，如图 5-4 所示，在“差旅费报销单”六个字之间各插入一个空格。

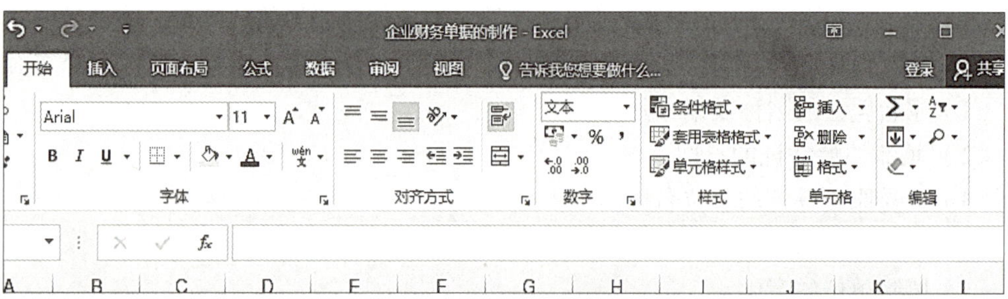

图 5-2　创建工作簿

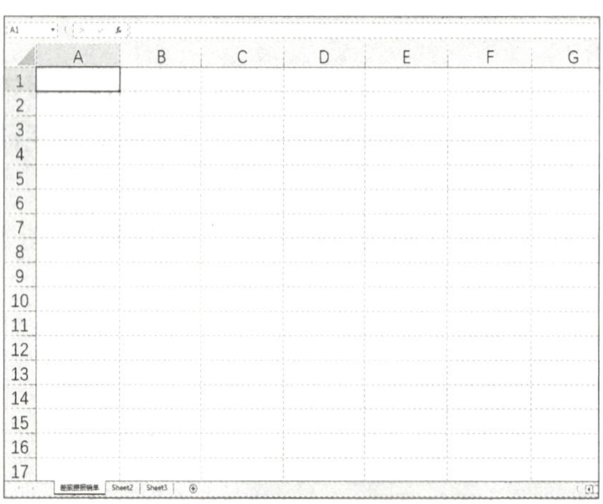

图 5-3　激活工作表

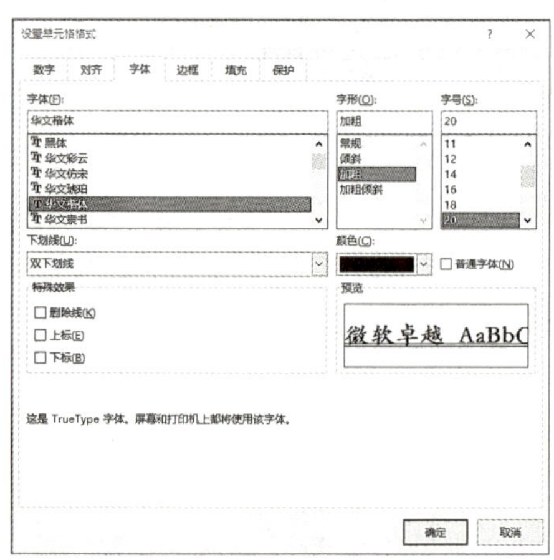

图 5-4　字体设置

（4）选择单元格区域 C6:T17，右键单击鼠标，在弹出的快捷菜单中选择“设置单元格格式”，打开“设置单元格格式”对话框，单击“边框”选项卡，将线条的样式设计为“实粗线”，单击“外边框”，如图 5–5 所示。再将线条样式设计为“细实线”，单击“内部”，最后单击“确定”按钮，关闭“单元格格式”对话框，选择单元格区域 C5:T18，打开“设置单元格格式”对话框，选择“对齐”选项卡，将“文本对齐方式”中“水平对齐”设为“居中”，“垂直对齐”设为“居中”，单击“确定”按钮，如图 5–6 所示。

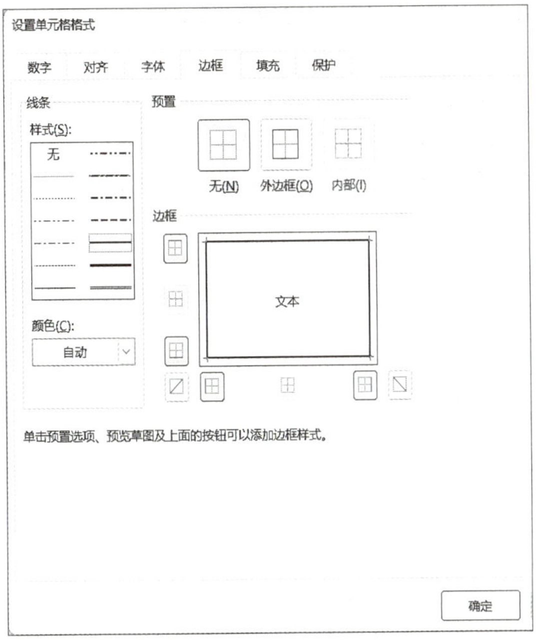

图 5–5　边框设置

图 5–6　对齐设置

（5）选择单元格区域 C6:D7，单击“合并及居中”按钮，输入“姓名”；选择单元格区域 F6:G7，单击“合并及居中”，输入“出差事由”，将光标定位于第 2 和第 3 个字中间，按“Alt+Enter”组合键进行强制替换；选择单元格区域 L6:M7，单击“合并及居中”，输入“出差时间”，将光标定位于第 2 和第 3 个字中间，按“Alt+Enter”组合键进行强制替换；选择 N6，输入“自”；选择 N7，输入“至”；选择单元格区域 R6:R7，单击“合并及居中”，输入“共”；选择单元格区域 T6:T7，单击“合并及居中”，输入“天”。

（6）选择单元格区域 E6:E7，按住“Ctrl”键，分别选择单元格区域 H6:K7，O6:Q6，O7:Q7，S6:S7，单击“合并及居中”按钮。

（7）分别选择单元格区域 C8:E8，F8:H8，I8:K8，L8:N8，O8:Q8，R8:T8，单击“合并及居中”按钮，在各单元中依次输入：“出发”“到达”“交通费”“住宿费”“补贴”“其他”。在单元格 C9~T9 中依次输入“月”“日”“地点”“月”“日”“地点”“工具”“单据”“金额”“标准”“天数”“金额”“标准”“天数”“金额”“项目”“单据”“金额”，结果如图 5–7 所示。

（8）分别选择 C 列、D 列、F 列、G 列，单击“格式”，在弹出的快捷菜单中选择“列宽”，如图 5-8 所示。在弹出的“列宽”文本框中输入“3”，单击“确定”按钮，如图 5-9 所示。同样，选择 E、H、R 列，将“列宽”设为“7”，选择 I、J、K、L、M、O、P、S 列，将“列宽”设为“5”；选择 K、N、Q、T 列，将“列宽”设为“6”。

（9）选择单元格区域 C5:E5，单击“合并及居中”，输入“部门：”；选择单元格区域 F5:H5，单击“合并及居中”；选择区域 I5:P5，单击“合并及居中”，输入“=TODAY( )”，打开“设置单元格格式”对话框，选择“数字”选项卡，选择“分类”列表中“日期”，在“类型”列表中选择“2012 年 3 月 14 日”，单击“确定”按钮，关闭“设置单元格格式”对话框，如图 5-10 所示。

（10）选择单元格区域 C15:H15，单击“合并及居中”，输入“小计”。

（11）选择单元格区域 C16:E17，单击“合并及居中”，输入“总计金额（大写）”，将（大写）进行强行切换；在单元格 O16，O17，R16，R17，S16，S17，V16，V17 中依次输入“预支”“退款”“元”“元”“实报”“补付”“元”“元”。

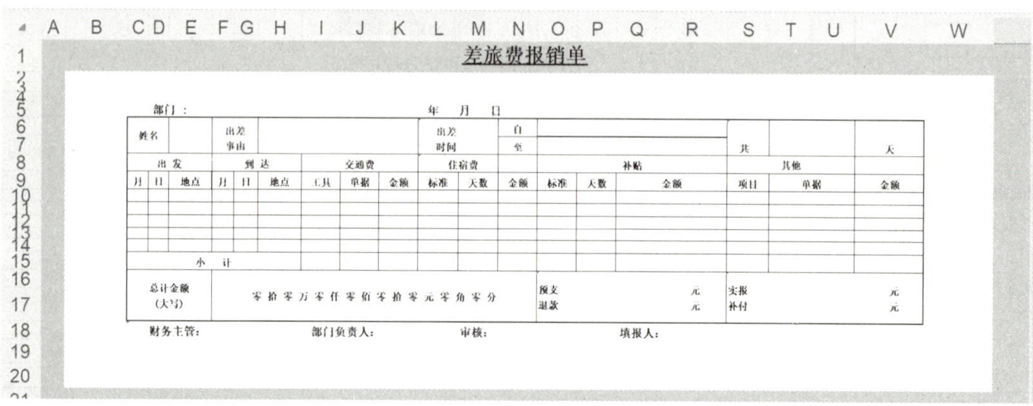

图 5-7　输入表格内容

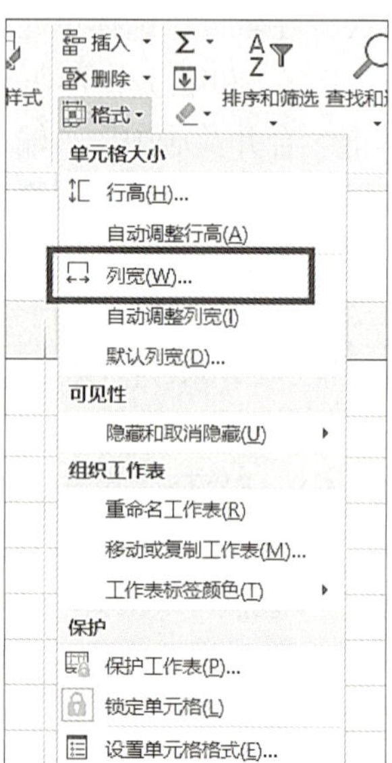

图 5-8　选择列宽功能项

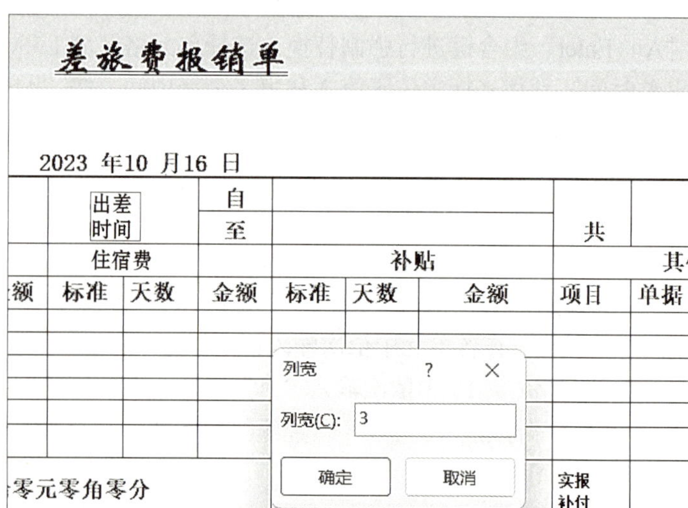

图 5-9　输入列宽

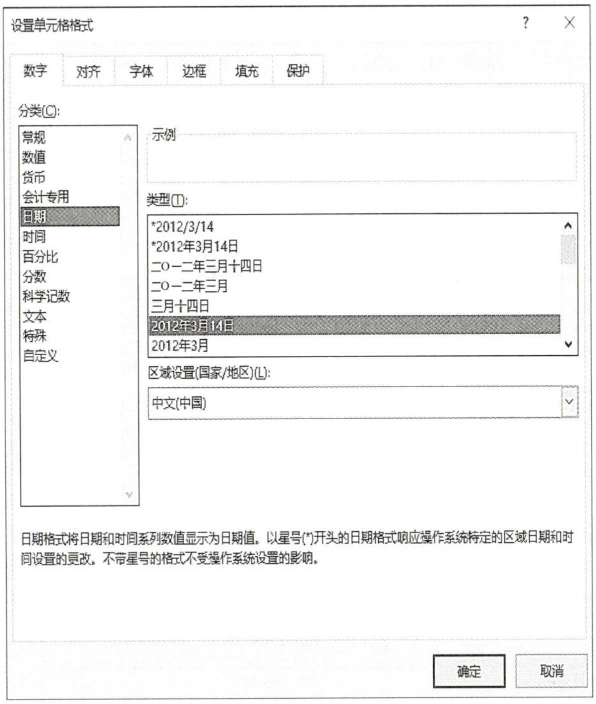

图 5-10　日期设置

（12）按照企业差旅报销单的模板，选择相应的单元格区域，按照之前介绍，单击“合并及居中”按钮即可。

（13）选择单元格区域 O16:R17，S16:V17，打开“设置单元格格式”对话框，在“边框”选项卡中取消单元格区域的内部边框，用鼠标分别单击内部的水平边框线和垂直边框线，单击“确定”按钮，如图 5-11 所示。

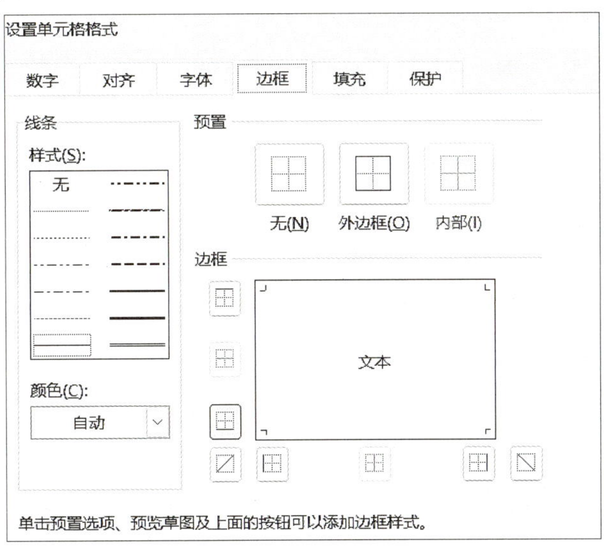

图 5-11　边框设置

（14）用鼠标选择单元格 O6，O7，打开“设置单元格格式”对话框，在“数字”选项卡中将“日期”的“类型”设置为“2012 年 3 月 14 日”，单击“确定”按钮，关闭“单元格式”对话框。单击菜单栏上的“数据”选项卡，选择“数据验证”选项，如图 5-12 所示。将弹出“数据验证”对话框，选择“输入信息”选项卡，在输入信息文本框中输入“输入时间格式为 2023 年 10 月 6 日”，该设置主要用于提示填制规范的时间格式，如图 5-13 所示。

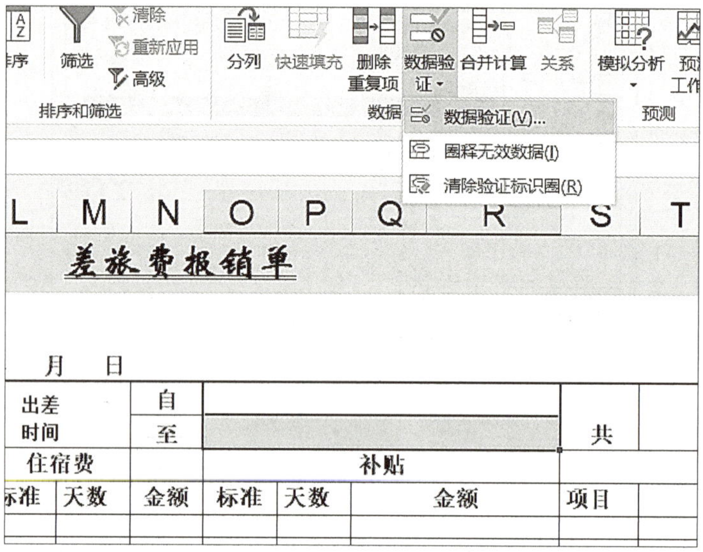

图 5-12　数据验证

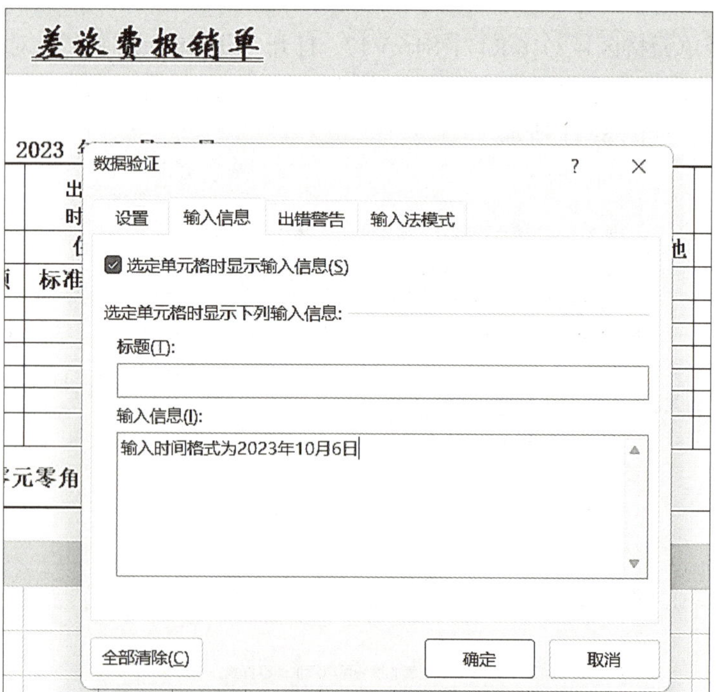

图 5-13 输入信息

（15）根据出差日期自动计算出差的天数。在单元格 T6 中输入公式“=IF（AND（O6>0，O7>0），O7−O6+1，""）”。

IF ( ) 函数

“功能”判断一个条件是否满足，如果满足返回一个值，不满足返回另一个值。

“函数语法”IF（logical test，value if true，value if false）

logical test 为任何一个可以判断为真或假的数值表达式；value if true 为真时的返回值，如果忽略则返回 true，IF 函数最多可嵌套七层；value if false 为假时的返回值，如果忽略则返回为 false。

AND ( ) 函数

“功能”检查是否所有参数均为 TRUE，如果所有参数均为 TRUE，则返回 TRUE。

“函数语法”AND（logical1，logical2，…，logical30）

logical1，logical2，…，logical30 为 1 到 30 个结果是 True 或 False 的检测条件，检测内容可以是逻辑值、数组或引用。

（16）一般企业对于出差人员的住宿和补贴都是根据职级标准制定的，而不是依照实际费用报销的。在单元格 N10 中输入“=IF（AND（L10>0，M10>0），L10*M10，""）”，按“Enter”键，用鼠标选择 N10，将鼠标移至该单元格的右下角，当鼠标变成填充柄时，按住鼠标左键向下拖动至单元格 N14，完成了该公式的复制，如图 5-14 所示。选择 N10，右键单击选择“复制”，选择单元格 Q10，右键选择“选择性粘贴”，弹出“选择性粘贴”对话框，在“粘贴”中选择“公式”，单击“确定”按钮即可将公式复制到 Q10 单元格中，如图 5-15 所示。用鼠标选择 Q10，当鼠标变成填充柄时，按住鼠标左键向下拖动至单元格 Q14。

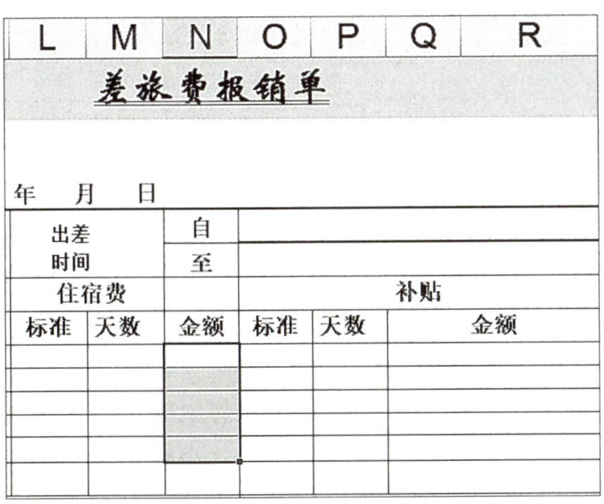

图 5-14 公式输入及复制

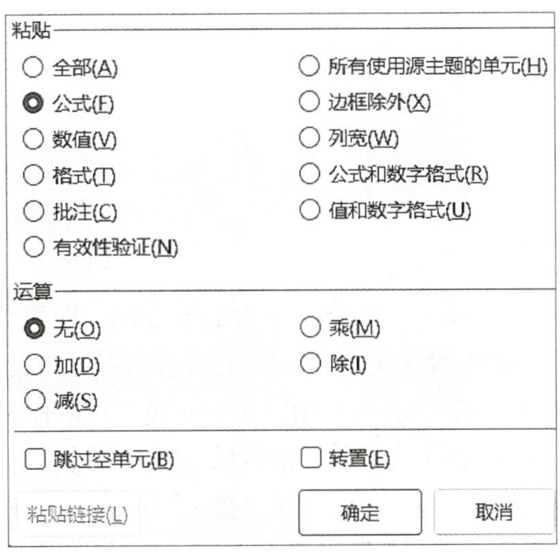

图 5-15 选择粘贴公式

（17）自动计算出各项目费用的小计金额。在单元格 K15 中输入“=SUM（K10:K14）”，将此公式复制到单元格 N15，Q15，U15 中。此时能看到上面单元格中无任何数字，但是小计金额现实为 0。为了美观，当小计金额 >0 时才显示，如为 0 显示为空白，可以利用自定义格式完成此功能。分别选中单元格 K15，N15，Q15，U15，打开“设置单元格格式”对话框，单击“数字”选项卡，在“分类”中选择“自定义”，在右侧的“类型”文本框中输入“[>0] G/ 通用格式；""”，单击“确定”按钮，如图 5-16 所示。

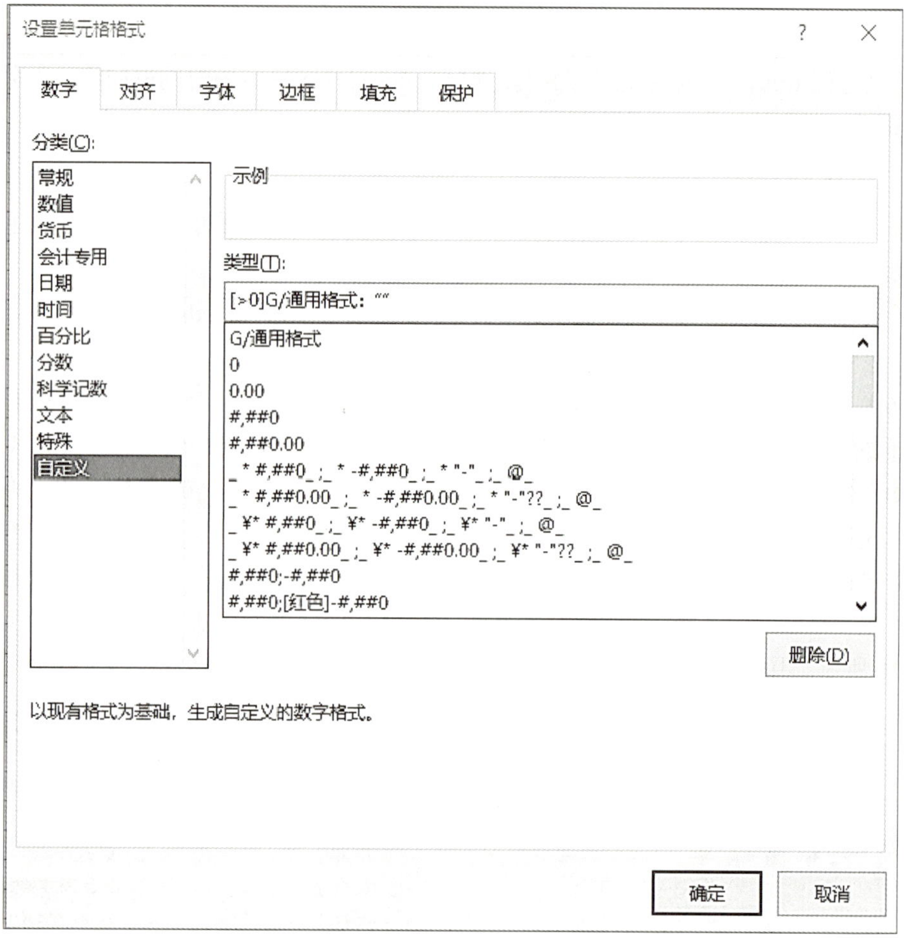

图 5-16　单元格格式设置

（18）单元格 T16 为实报金额，即为小计中各项目金额的合计，在单元格 T16 中输入“=K15+N15+Q15+U15”；在单元格 P17 中输入“=IF（P16>T16，P16-T16，""）”；在单元格 T17 中输入“=IF（T16>P16，T16-P16，""）”。

（19）选择单元格区域 T16，右键单击选择“设置单元格格式”，在弹出的“设置单元格格式”对话框中选择“数字”选项卡，在“分类”中选择“数值”，将“小数位数”设为“2”，“负数”设置为“-1234.10”，取消“使用千位分隔符”复选框，如图 5-17 所示。

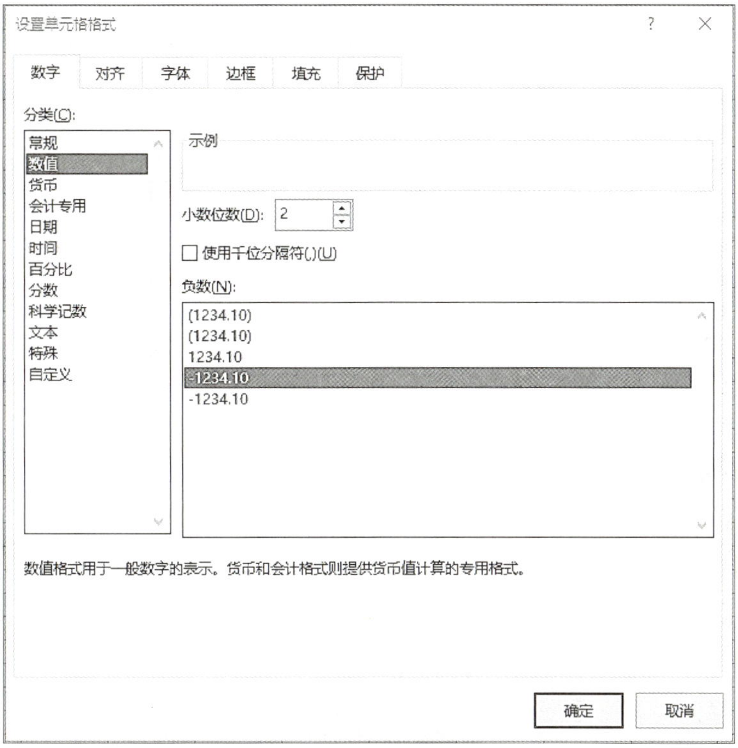

图 5-17 小数位数设定

（20）根据实报金额自动生成大写的总计金额，要实现此功能，要将函数与自定义格式结合运用。在单元格 F16 中输入“=TEXT（T16*100，"[dbnum2]0 拾 0 万 0 仟 0 佰 0 拾 0 元 0 角 0 分 "）”。

TEXT( ) 函数

“功能”根据指定的数值格式将数值转换为文本。

“函数语法”TEXT（value，format text）

Vlaue 为数值、能够返回数值的公式或对数值单元格的引用；format text 为文字形式的数值格式。

（21）选择单元格区域 C18:E18，单击“合并及居中”，输入“财务主管：”，选择单元格区域 I18:J18，单击“合并及居中”，输入“部门负责人：”；选择单元格区域 M18:N18，单击“合并及居中”，输入“审核：”；选择单元格区域 Q18:S18，单击“合并及居中”，输入“填报人：”。分别选择 F18:H18，K18:L18，O18:P18，T18:V18，单击“合并及居中”。

（22）为了使我们在 Excel 工作表中设计的差旅费报销单更加美观，选择单元格区域 A1:X22，打开“设置单元格格式”对话框，在“填充”选项卡中将“背景颜色”设为“浅灰”；选择单元格区域 B2:W20，打开“设置单元格格式”对话框，在“填充”选项卡中将“背景颜色”设为“白色”，如图 5-18 所示。

差旅费报销单																	
部门：											月	日					
姓名		出差事由							出差时间		自				共		天
											至						
出发			到达			交通费			住宿费			补贴			其他		
月	日	地点	月	日	地点	工具	单据	金额	标准	天数	金额	标准	天数	金额	项目	单据	金额
小计																	
总计金额（大写）		零拾零万零仟零佰零拾零元零角零分										预支	元		实报		元
												退款	元		补付		元
财务主管：			部门负责人：					审核：					填报人：				

图 5-18　背景设置

通过以上步骤我们就完成了差旅费报销单在 Excel 中的制作。

5.2.2　原始凭证的填制

以本章案例导读中销售部经理黄玲的差旅费报销为例，根据以上步骤，我们填写相应的原始凭证。填写的结果如图 5-19 所示。

差旅费报销单																	
部门：销售部门							2023 年 10 月 15 日										
姓名	黄玲	出差事由	开拓新市场						出差时间		自	2023 年 10 月 6 日			共	10	天
											至	2023 年 10 月 15 日					
出发			到达			交通费			住宿费			补贴			其他		
月	日	地点	月	日	地点	工具	单据	金额	标准	天数	金额	标准	天数	金额	项目	单据	金额
10	6	A 城	10	6	B 城	飞机	1	1 100	280	10	2 800	240	10	2 400	业务招待费		7 800
						火车	4	480									
10	15	B 城	10	15	A 城	飞机	1	1 100									
小计								2 680			2 800			2 400			7 800
总计金额（大写）		壹万伍仟陆佰捌拾零元零角零分										预支	12 000 元		实报		15 680 元
												退款	0 元		补付		3 680 元
财务主管：			部门负责人：					审核：					填报人：				

图 5-19　填写相应的原始凭证

重复以上步骤，将案例导读中王金和张睿的差旅费报销单正确填写完整。

5.3　会计科目表

在利用 Excel 完成会计账务处理时，首先要建立会计科目表。建立会计科目表时，需要在 Excel 工作表中输入数据。数据的输入方法有两种：一种是直接在单元格中输入数据；另一种是在“记录单”中输入数据。由于采用记录单的方式便于建立、删除和查找会计科目。本节将介绍采用记录单方式建立会计科目表。

5.3.1 建立会计科目表

建立会计科目表的具体操作步骤如下。

（1）启动 Excel 2016，新建空白工作簿，命名为“嘉兴有限责任公司会计科目表”。

（2）选择单元格区域 A1:B1，单击“合并及居中”按钮，输入公司名称“嘉兴有限责任公司会计科目表”，设置字体格式为“黑体，16”；选择 A2，B2 单元格，分别输入项目名称“科目代码”和“科目名称”，设置字体格式为“宋体，加粗，12”按照单元格的内容调整宽度，如图 5-20 所示。

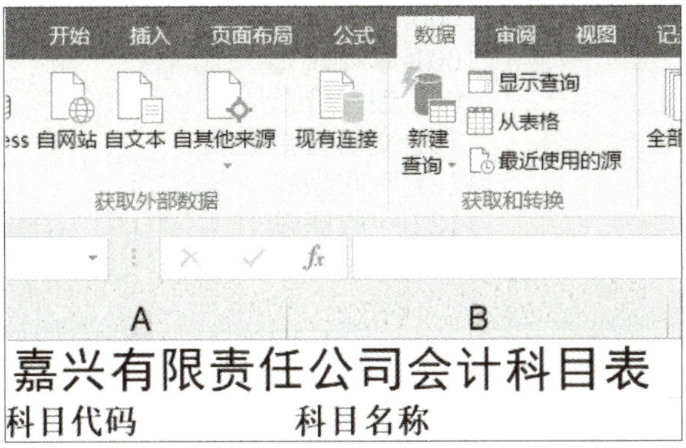

图 5-20　格式调整

（3）选择 A3 和 B3 单元格，分别输入“1000”和“资产类”。依此类推，按照嘉兴有限责任公司所需的会计科目，完成所有会计科目编号及名称的输入，如图 5-21 所示。

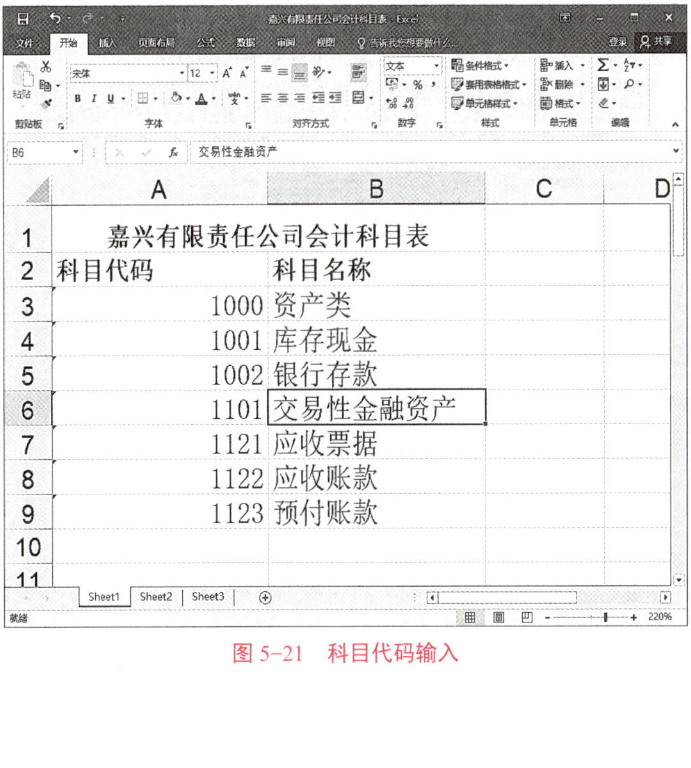

图 5-21　科目代码输入

（4）将鼠标移至 Sheet 1 的工作表标签处，右击鼠标，在弹出的快捷菜单中选择“重命名”命令，如图 5-22 所示。

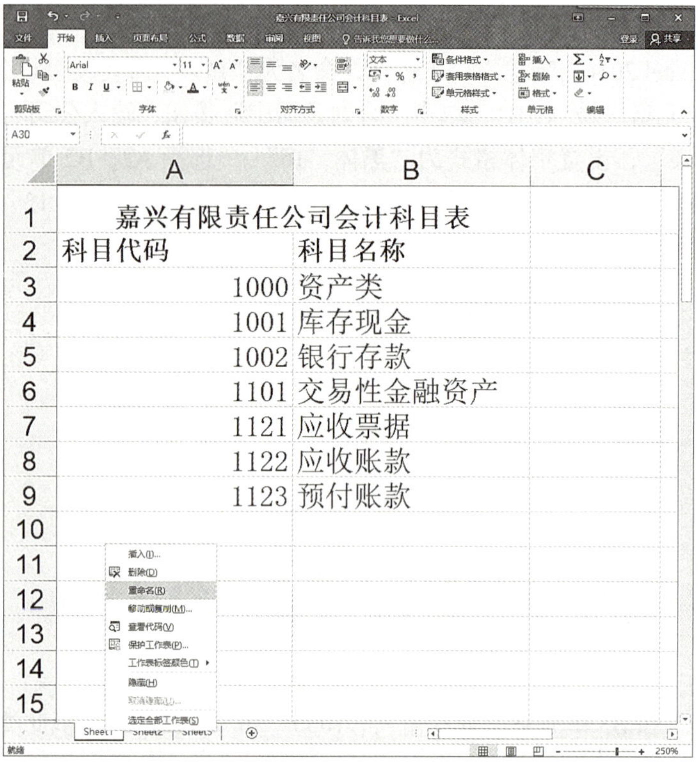

图 5-22　重命名

（5）将 Sheet 1 命名为“会计科目表”，如图 5-23 所示。

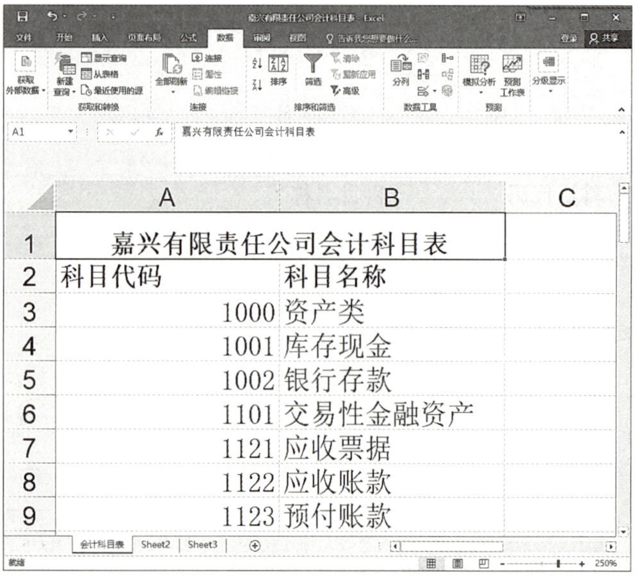

图 5-23　工作表重命名

5.3.2 设置记录单

在 Excel 2003 版本中，可以在“数据”菜单栏下直接选择“记录单”选项，以数据列表方式进行数据编辑工作，而 Excel 2016，将这项功能设定为选择性命令，默认情况下，在各项选项卡中不显示“记录单”按钮，要使用记录单功能必须以自定义的方式将其添加到“快速访问工具栏”中，然后单击该按钮执行相应的操作。设置记录单的具体操作步骤如下。

（1）打开 5.3.1 中建立的名为“嘉兴有限责任公司会计科目表”的工作表。

（2）打开“文件”选项卡，单击“选项”按钮，在“Excel 选项”对话框中选择“自定义功能区”选项，单击“新建组”命令，如图 5–24 所示。

图 5–24　自定义功能区

（3）在“Excel 选项”对话框的“从下列位置选择命令”下拉列表中选择“所有命令”选项，在其下的列表框中选择“记录单”选项，单击“添加”按钮，如图 5–25 所示。

图 5-25　添加记录单

（4）单击“确定”按钮，将“记录单”命令添加到 Excel 2016 的“数据”功能区中，如图 5-26 所示。

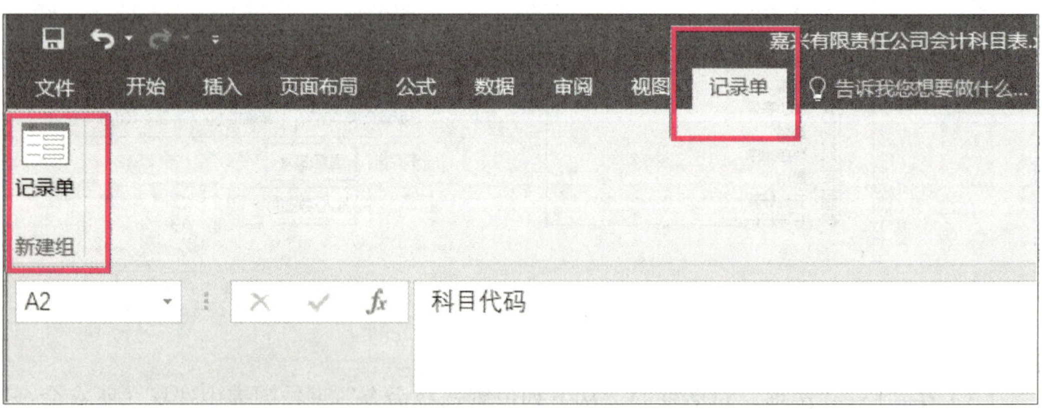

图 5-26　添加记录单

（5）将光标置于“嘉兴有限责任公司会计科目表”工作表中的已输入内容的任何一个单元格，单击“记录单”命令，即出现“会计科目表”的记录单对话框，可以记录单方式进行会计科目编辑的操作，如图 5-27 所示。

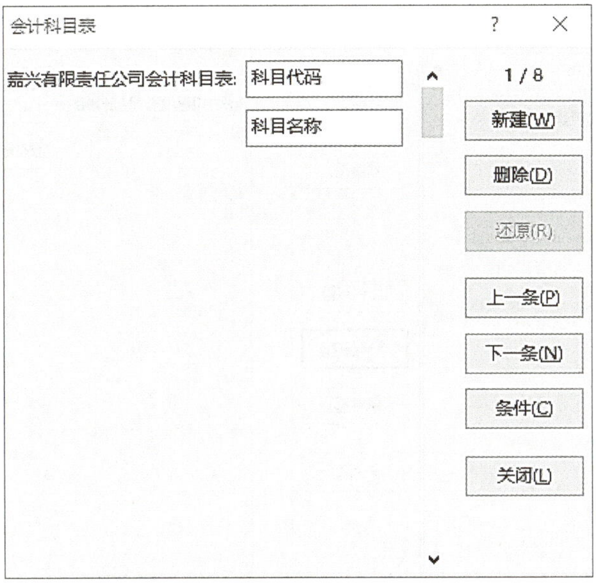

图 5-27　会计科目编辑

5.3.3　编辑会计科目（包括修改与删除会计科目）

企业会计科目的设置应保持相对稳定，但是并非一成不变，必须根据社会经济环境的变化和本单位业务发展需要，对已使用的会计科目进行相应的修改、补充或者删除。

1. 修改会计科目

修改会计科目的具体步骤如下。

（1）打开 5.3.1 中建立的名为“嘉兴有限责任公司会计科目表”的工作表。

（2）单击工作表中任意一个已经输入内容的单元格。

（3）单击“数据”选项卡下的“记录单”命令，弹出“会计科目表”的“记录单”对话框。

（4）在“记录单”对话框里，单击“下一条”或者“上一条”按钮，找到需要修改的记录，在记录中修改信息。完成会计科目修改后，单击“关闭”按钮更新当前显示的记录并关闭记录单，完成会计科目的修改操作，如图 5-28 所示。

2. 查询并删除会计科目

可以利用记录单快速查找数据清单记录的功能，找到某个会计科目并进行删除。

查询并删除会计科目的具体操作步骤如下。

（1）打开 5.3.1 中建立的名为“嘉兴有限责任公司会计科目表”的工作表。

（2）单击需要修改的工作表中的任意一个单元格。

（3）单击“记录单”命令，打开记录单对话框。

（4）单击“条件”按钮，在记录单中输入需要查询的会计科目名称、科目编号或者会计科目的编号范围，如图 5-29 所示。

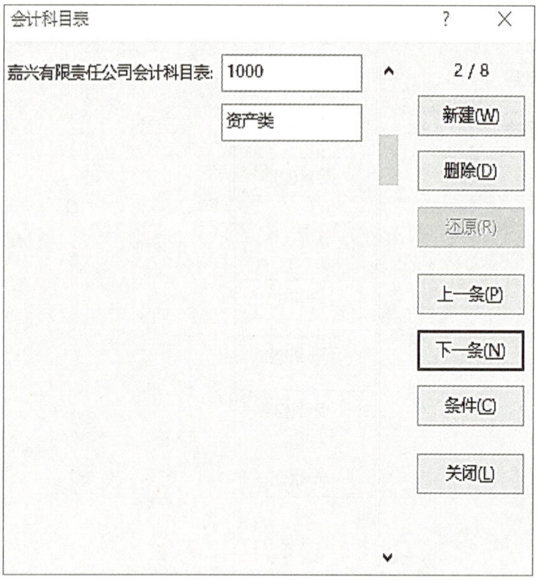

图 5-28　修改会计科目

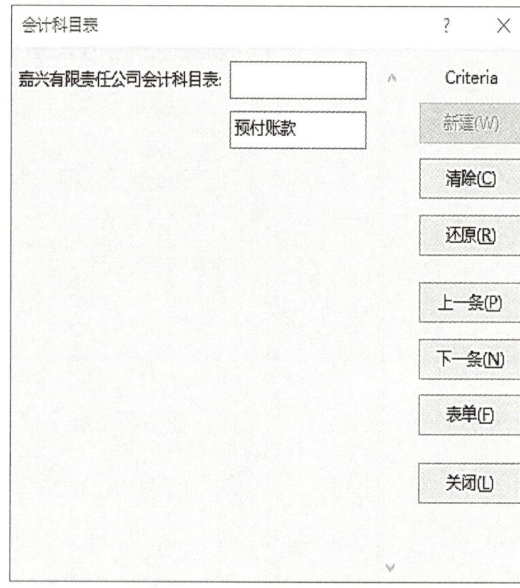

图 5-29　查询会计科目

（5）单击“上一条”或者“下一条”按钮进行查找，可以按照顺序找到满足条件的记录。如图 5-30 所示。

（6）单击“删除”按钮，系统将弹出警告对话框，如图 5-31 所示。在警告对话框中单击“确定”按钮，记录即可被删除。

（7）单击记录单对话框中的“关闭”按钮，关闭记录单，完成会计科目表的删除操作。

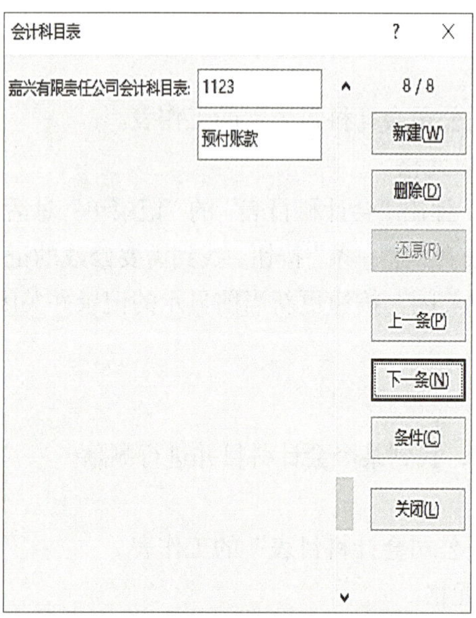

图 5-30　选择满足条件的记录

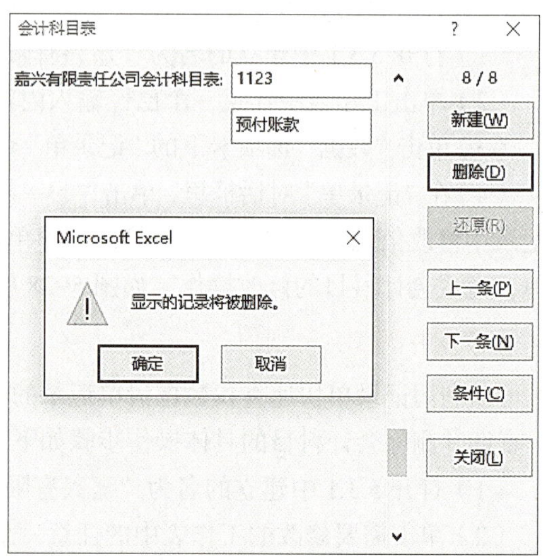

图 5-31　删除相应记录

5.3.4　编辑会计科目表

前面完成了会计科目表的基本操作，但是制作出的会计科目表略显粗糙。接下来介绍对会计科目表进行美化和设计的操作。

美化和设计会计科目表的操作步骤如下。

（1）打开 5.3.1 中建立的名为“嘉兴有限责任公司会计科目表”的工作表。

（2）按“Ctrl+A”组合键选中整个工作表。

（3）单击鼠标右键，在弹出的快捷菜单中选择“设置单元格格式”打开“设置单元格格式”对话框，单击“填充”选项卡，设置“背景色”为“蓝色”，最后单击“确定”按钮，如图 5-32 所示。设置后的效果如图 5-33 所示。

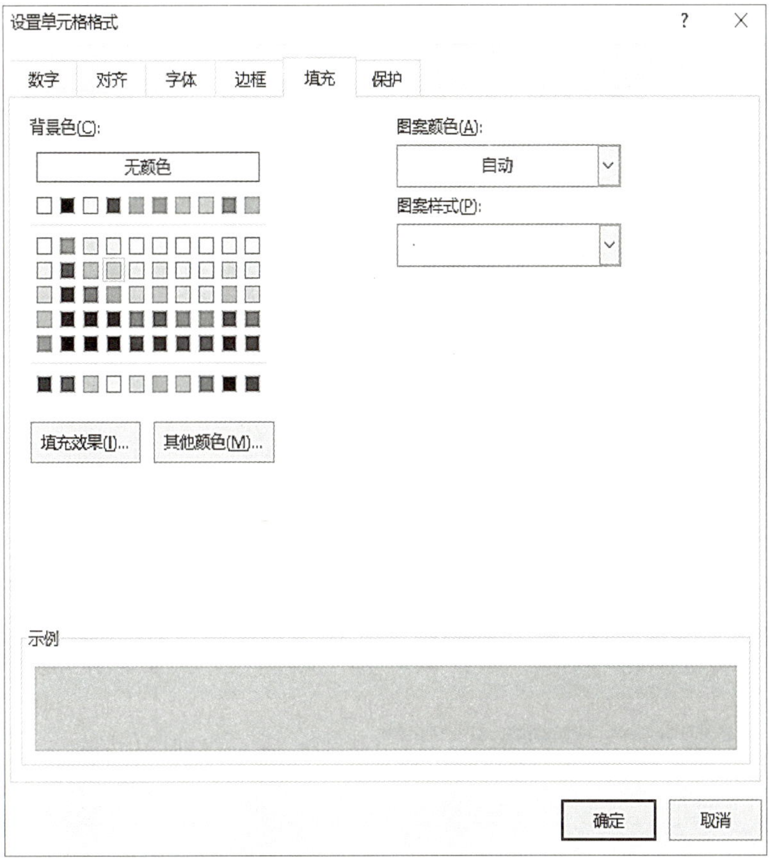

图 5-32　设置颜色

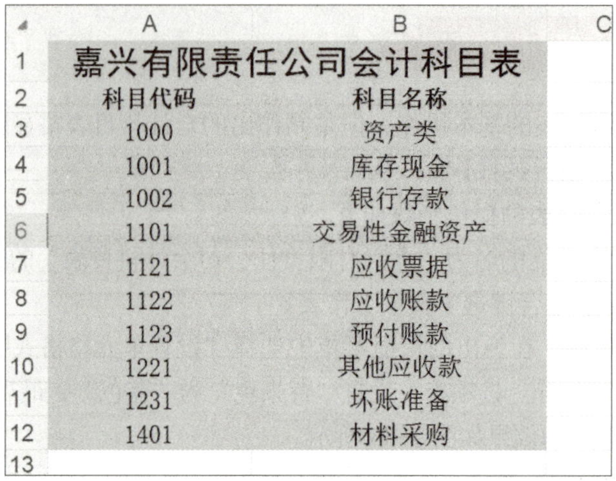

	A	B	C
1	嘉兴有限责任公司会计科目表		
2	科目代码	科目名称	
3	1000	资产类	
4	1001	库存现金	
5	1002	银行存款	
6	1101	交易性金融资产	
7	1121	应收票据	
8	1122	应收账款	
9	1123	预付账款	
10	1221	其他应收款	
11	1231	坏账准备	
12	1401	材料采购	
13			

图 5-33　设置背景颜色

（4）选择 A1 单元格，单击鼠标右键，在弹出的快捷菜单中选择“设置单元格格式”打开“设置单元格格式”对话框，单击“字体”选项卡，设置“颜色”为“紫色”，最后单击“确定”按钮，如图 5-34 所示。

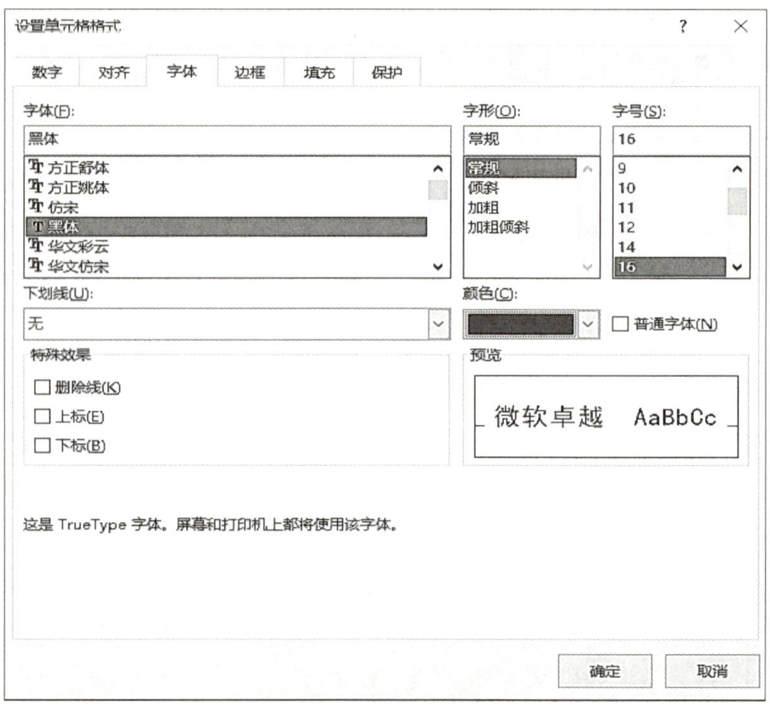

图 5-34　设置单元格字体颜色

（5）选择 A3，B3 单元格，按住“Ctrl”键，继续选择 A5，B5，A7，B7 单元格，释放“Ctrl”键，同时选中了以上 6 个单元格。按照第 3 步的介绍，单击鼠标右键，在弹出的快捷菜单中选择“设置单元格格式”打开“设置单元格格式”对话框，单击“填充”选项卡，设置颜色为“深蓝”，最后单击“确定”按钮，表格中行与行之间的颜色分明，显得格外清晰，如图 5–35 所示。

科目代码	科目名称
1000	资产类
1001	库存现金
1002	银行存款
1101	交易性金融资产
1121	应收票据
1122	应收账款
1123	预付账款
1221	其他应收款
1231	坏账准备
1401	材料采购

图 5–35　设置单元格背景颜色

（6）选择 A3:B8 单元格区域，单击“开始”菜单栏下“剪贴板”中的格式刷按钮，如图 5–36 所示。按住鼠标左键并拖动选择工作表中 A9:B9 以下有内容的区域，释放鼠标左键，一张色彩分明的会计科目表就完成了，效果如图 5–37 所示。

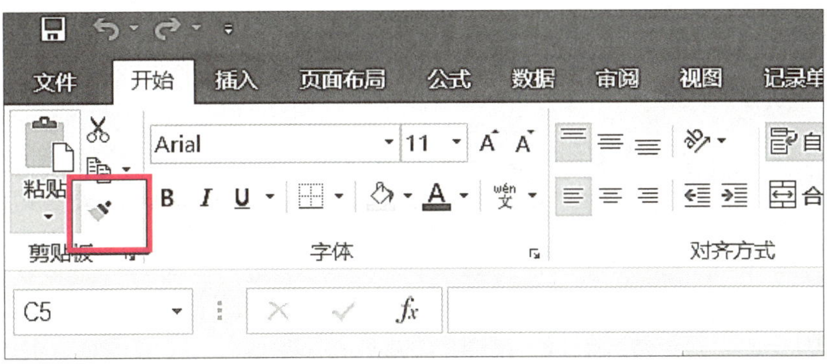

图 5–36　格式刷快速成表

	A	B
1	嘉兴有限责任公司会计科目表	
2	科目代码	科目名称
3	1000	资产类
4	1001	库存现金
5	1002	银行存款
6	1101	交易性金融资产
7	1121	应收票据
8	1122	应收账款
9	1123	预付账款
10	1221	其他应收款
11	1231	坏账准备
12	1401	材料采购

图 5–37　会计科目表

5.4 会计凭证表

建立起会计科目表之后，按照手工会计账务处理程序，应该将企业日常发生的经济业务填写在记账凭证中。但是大部分的会计信息系统都省略填写凭证这一个环节，直接利用表单功能建立数据库，即建立“会计凭证表”记录相应的凭证信息，方便财务人员进行凭证查询。

5.4.1 建立会计凭证表

建立会计凭证表的操作步骤如下。

（1）打开 5.3.1 中建立的名为“嘉兴有限责任公司会计科目表”工作簿中的 Sheet2，将其重命名为“会计凭证表”，在此工作表中输入如图 5-38 所示的表格内容。

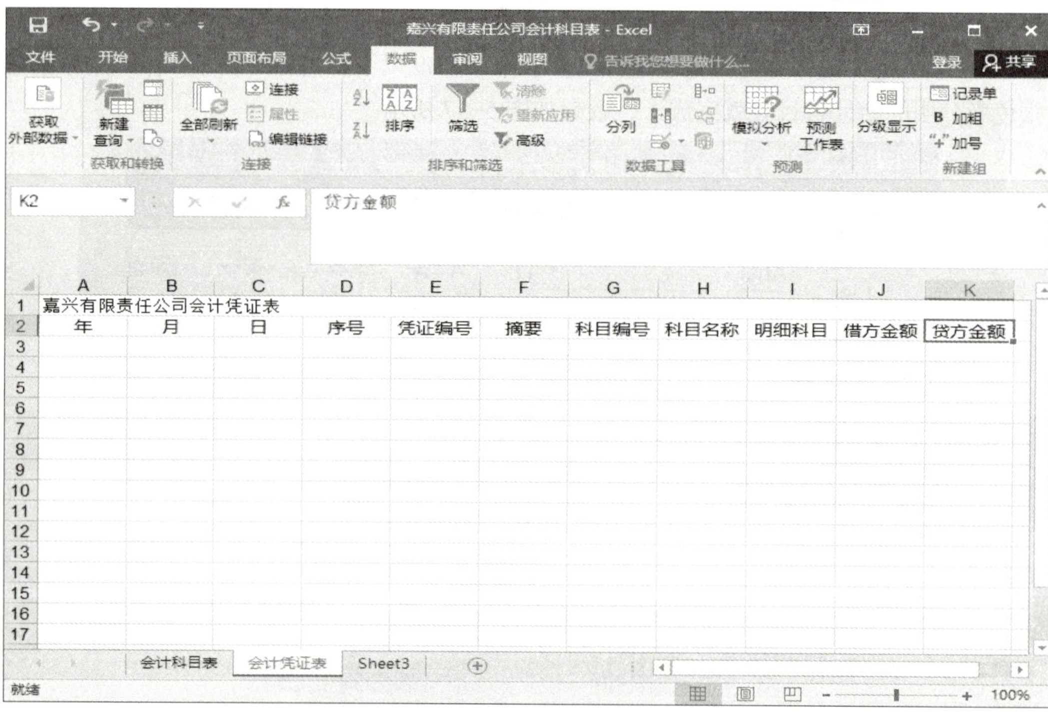

图 5-38　工作簿重命名

（2）合并 A1:K1 单元格区域，单击鼠标右键，在弹出的快捷菜单中选择“设置单元格格式”打开“设置单元格格式”对话框，单击“字体”选项卡，设置其“字体”格式为“华文隶书”，“字号”为 20，如图 5-39 所示。同上操作，选择 A2:K2 单元格区域，设置字体格式为“12，加粗”，对齐方式为“居中”。继续选择 J、K 列，单击鼠标右键，在弹出的快捷菜单中选择“设置单元格格式”打开“设置单元格格式”对话框，单击“数字”选项卡，选择其数字“分类”格式为“会计专用”，如图 5-40 所示。同上操作，选择 A、D 列，设置其数字“分类”格式为“文本”。然后在“开始”工具栏的“单元格”组中单击“格式”按钮，在弹出的下拉列表中选择“自动调整列宽”选项调整单元格列宽，并在 A3:D3 单元格区域内输入数据“2023”“11”“02”“1”，所得效果如图 5-41 所示。

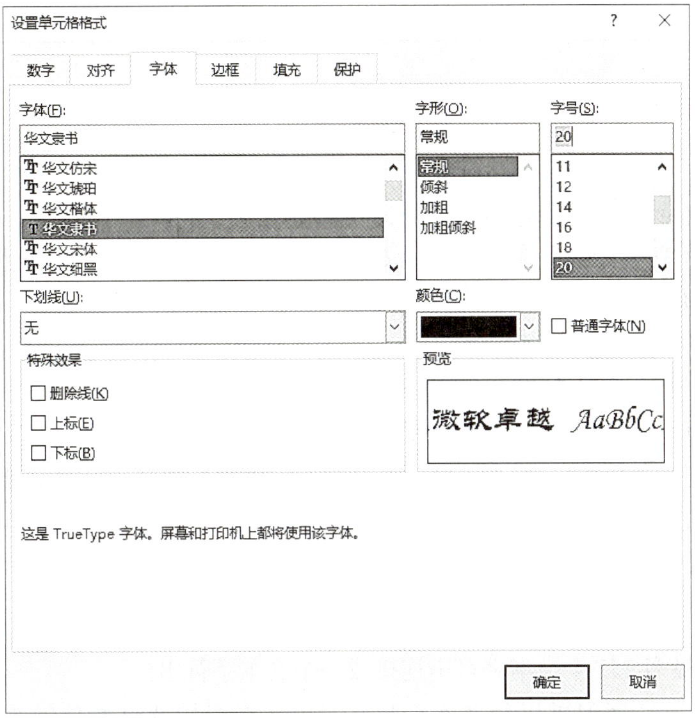

图 5-39　单元格字体设置

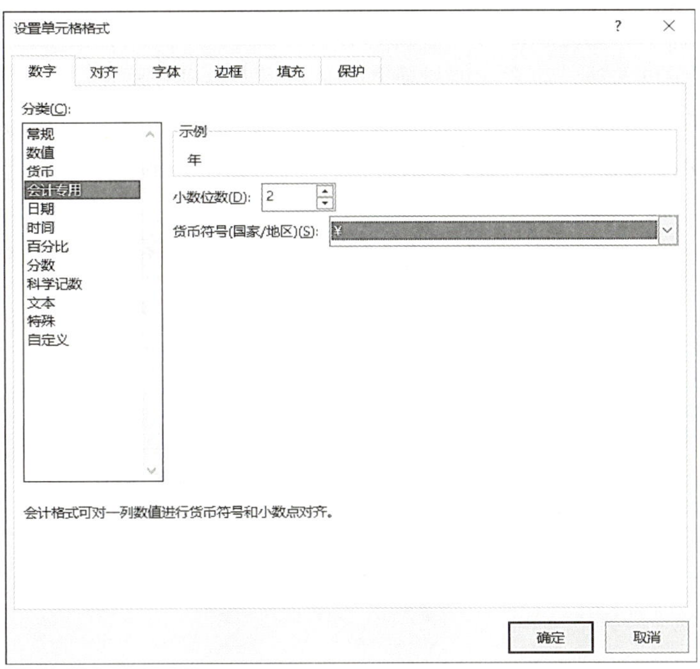

图 5-40　单元格格式设置

图 5–41　调整列宽

5.4.2　自动生成会计凭证编号

会计人员用会计凭证记录经济业务时，要对每笔经济业务进行编号，以便查找和以后核对。在 Excel 中建立会计凭证表时，可用 CONCATENATE 函数以“年 + 月 + 日 + 序号”自动生成会计凭证编号，具体操作如下。

（1）选择 E3 单元格，在编辑栏中单击“插入函数”按钮，如图 5–42 所示。

（2）在打开的“插入函数”对话框的“或选择类别”下拉列表框中选择“全部”选项，在“选择函数”列表框中选择“CONCATENATE”选项，然后单击“确定”按钮，如图 5–43 所示。单击“确定”按钮后，在弹出的“函数参数”对话框中将文本插入点定位到相应的文本框中，然后在工作表中依次选择 A3，B3，C3，D3 单元作为函数参数，单击“确定”按钮，如图 5–44 所示。

CONCATENATE( ) 函数

“功能”将最多 255 个文本字符串连接成一个文本字符串。

“函数语法”连接项可以是文本、数字、单元格引用或这些项的组合。CONCATENATE 函数的语法结构为：CONCATENATE（text1，[text2]，…），其参数的含义如下：

Text1：是必需项，是连接的第一个文本项。

Text2，…：是可选项。注意：项与项之间必须用半角逗号隔开。

如 A1 单元格是某人的姓“张”，B1 单元格是某人的名“飞”，在另外一个单元格里输入公式“= CONCATENATE（A1，B1）”就可以将这个人的姓名组合起来，即公式的结果是“张飞”。

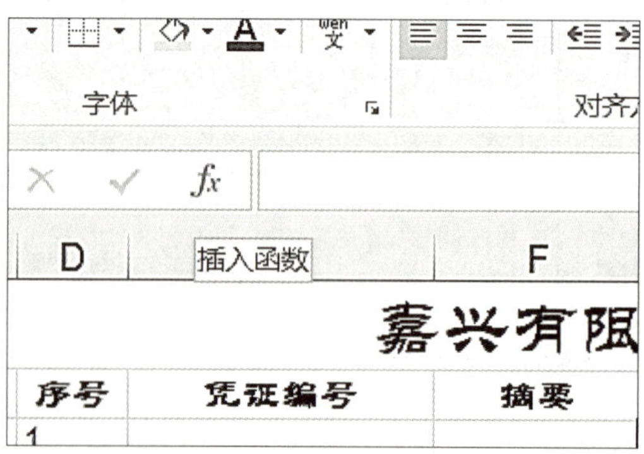

图 5–42　函数插入

图 5-43　函数设置

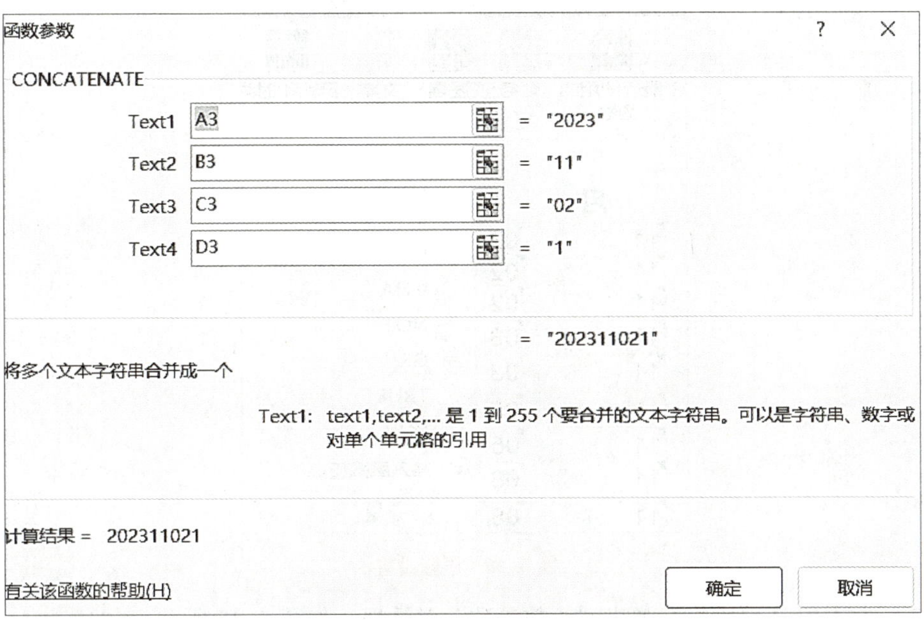

图 5-44　函数选择

（3）返回工作表中，可看到 E3 单元格自动生成凭证编号，保持选择 E3 单元格，将鼠标光标移动到该单元格的边框上，然后按住鼠标左键不放向下拖动至 E64 单元格后释放鼠标。如图 5-45 所示。

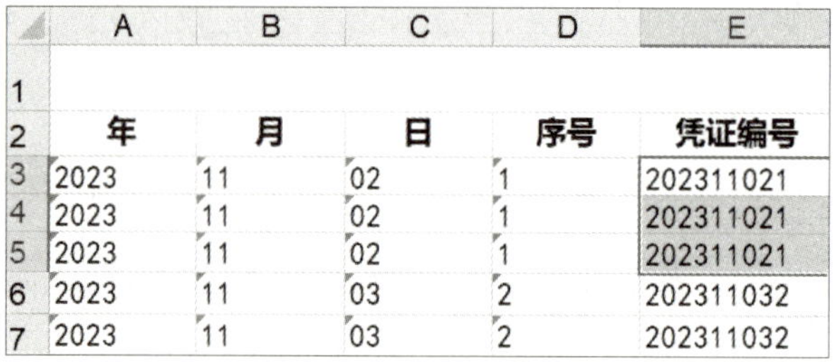

	A	B	C	D	E
1					
2	年	月	日	序号	凭证编号
3	2023	11	02	1	202311021
4	2023	11	02	1	202311021
5	2023	11	02	1	202311021
6	2023	11	03	2	202311032
7	2023	11	03	2	202311032

图 5-45　快速设置函数

5.4.3　自动显示会计科目

进入经济业务记录的工作之后，首先登记业务发生的时间，接下来用会计专门的语言“会计科目”来记录企业发生的经济活动。在输入经济业务时，为了节省时间，在 Excel 中还可以使用 IF 和 VLOOKUP 嵌套函数引用并自动显示会计科目。

自动显示会计科目的具体操作如下。

（1）打开“会计凭证表”工作表，选择 H3，单击“公式”工具栏中的“逻辑”，在“逻辑”的下拉列表中选择 IF，如图 5-46 所示。

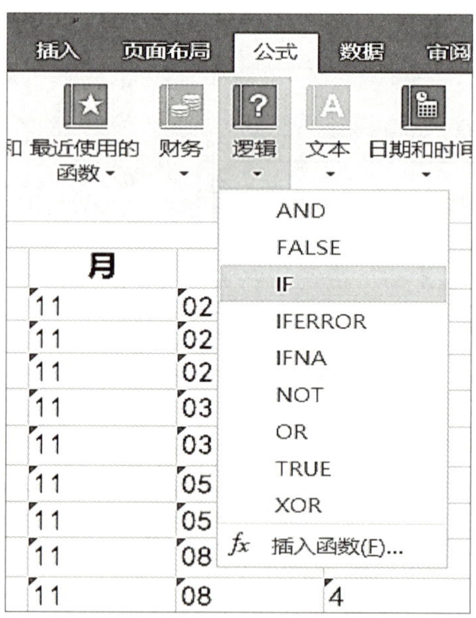

图 5-46　逻辑设置

（2）选择 IF 选项后将会弹出“函数参数”对话框，如图 5-47 所示。

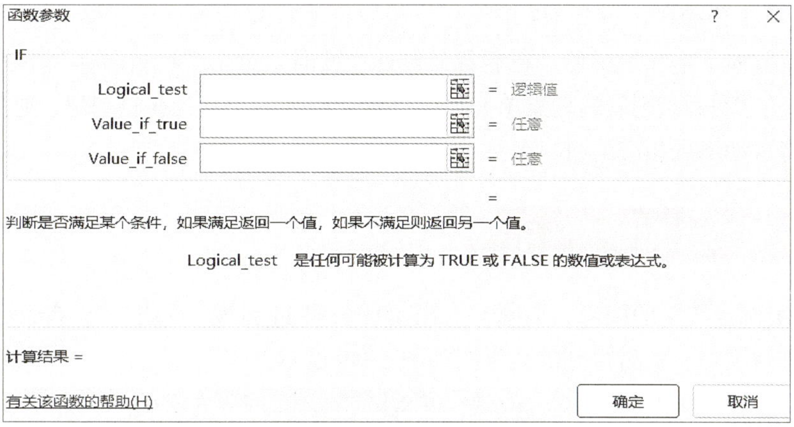

图 5-47　函数参数设置

（3）在弹出的“函数参数”对话框 IF( ) 函数 Logical test 自变量位置输入“G3=""”，在 Value_if_true 自变量位置输入“""”，在 Value_if_false 自变量位置空白处输入 VLOOKUP（G3，会计科目表 !A3:B25，2，1）。单击“确定”按钮，如图 5-48 所示。

VLOOKUP( ) 函数

“功能”用于搜索某个单元格区域的第一列，然后返回该区域相同行上任何单元格中的值。

“函数语法”函数的语法结构为：VLOOKUP（lookup value，table array，col index num，[range lookup]），其参数含义如下。

lookup value：表示在表格或者区域的第一列中搜索的值。

table array：表示包含数据的单元格区域，它可以是单元格区域或者区域名称的引用。

col index num：表示 table array 参数中必须返回的匹配值的列号，若该参数为 1，返回 table array 第一列的值；若该参数为 2，则返回 table array 第二列中的值，依此类推。

[range lookup]：表示一个逻辑值，用来指定 VLOOKUP( ) 函数是查找精确匹配值还是近似匹配值。

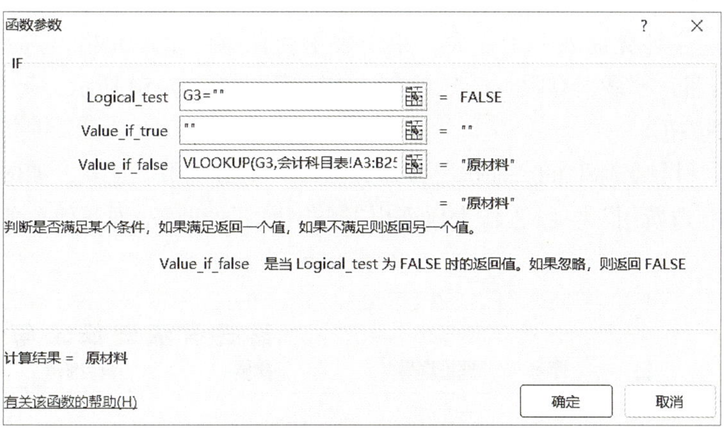

图 5-48　输入变量

（4）返回工作表中，选择 H3 单元格，将鼠标光标移动到该单元格的边框上，然后按住鼠标左键不放向下拖动至最后一行后释放鼠标。此时，整个“科目名称”下的单元格均自动套用公式。在“科目代号”的任意单元格的位置下输入一个会计科目编码，则在其后的“科目名称”中将自动出现相应的科目名称。

5.4.4 填制会计凭证表

根据“案例导读”的内容，以嘉兴有限责任公司 11 月发生的 1—28 笔经济业务对“会计凭证表”进行填列。最后得到的效果图如图 5-49 所示。

嘉兴有限责任公司会计凭证表

年	月	日	序号	凭证编号	摘要	科目编号	科目名称	明细科目	借方金额	贷方金额
2023	11	02	1	202311021	验收材料	1403	原材料		¥1,000.00	
2023	11	02	1	202311021	验收材料	2221	应交税费	应交增值税-进项税	¥130.00	
2023	11	02	1	202311021	验收材料	1123	预付账款			¥1,130.00
2023	11	03	2	202311032	向银行借款	1002	银行存款		¥30,000.00	
2023	11	03	2	202311032	向银行借款	2001	短期借款			¥30,000.00
2023	11	05	3	202311053	预收款项	1002	银行存款		¥50,000.00	
2023	11	05	3	202311053	预收款项	2205	预收账款			¥50,000.00
2023	11	08	4	202311084	赊销产品	1122	应收账款	材料商1	¥150,290.00	
2023	11	08	4	202311084	赊销产品	6001	主营业务收入			¥133,000.00
2023	11	08	4	202311084	赊销产品	2221	应交税费	应交增值税-销项税		¥17,290.00
2023	11	10	5	202311105	销售材料	1001	银行存款		¥1,130.00	
2023	11	10	5	202311105	销售材料	6051	其他业务收入			¥1,000.00
2023	11	10	5	202311105	销售材料	2221	应交税费	应交增值税-销项税		¥130.00
2023	11	10	6	202311106	以支付产品运费	6601	销售费用	运输费	¥120.00	
2023	11	10	6	202311106	以支付产品运费	1001	银行存款			¥120.00
2023	11	12	7	202311127	汇总本月企业耗用材料	5001	生产成本		¥10,000.00	
2023	11	12	7	202311127	汇总本月企业耗用材料	5101	制造费用		¥1,000.00	
2023	11	12	7	202311127	汇总本月企业耗用材料	6602	管理费用		¥500.00	

图 5-49　填列会计凭证表

5.4.5 数据筛选

数据筛选是从数据中找到符合给定条件的数据，将符合条件的数据显示在工作表上，将不符合条件的数据隐藏起来。在会计核算的过程中，会经常运用到数据筛选。

进行数据筛选的步骤如下。

（1）打开“会计凭证表”工作表，单击表里的任意一个单元格，选择“数据”选项卡下“筛选”按钮，“嘉兴有限责任公司会计凭证表”如图 5-50 所示，每个字段上会增加一个“筛选”的按钮。

（2）单击“科目名称”的“筛选”按钮，选择“制造费用”选项，如图 5-51 所示。

（3）选择“制造费用”之后，工作表仅列出“制造费用”的业务，而其他业务则被隐藏起来，如图 5-52 所示。

图 5-50　数据选择

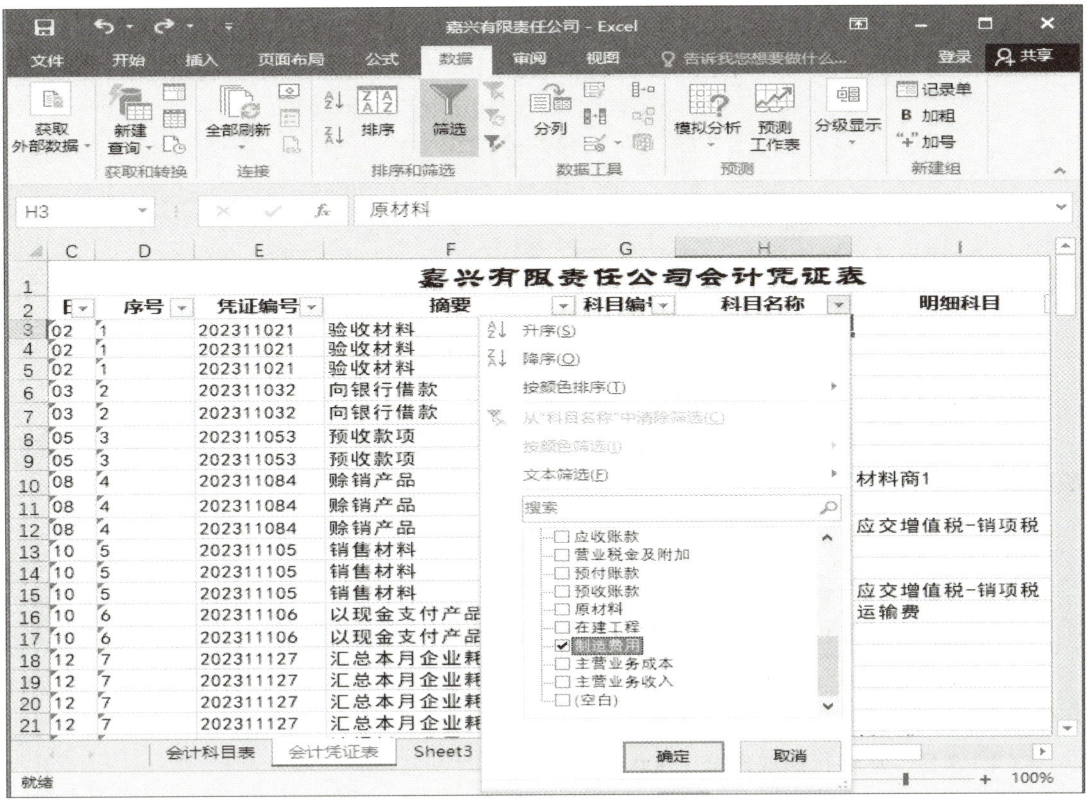

图 5-51　数据筛选

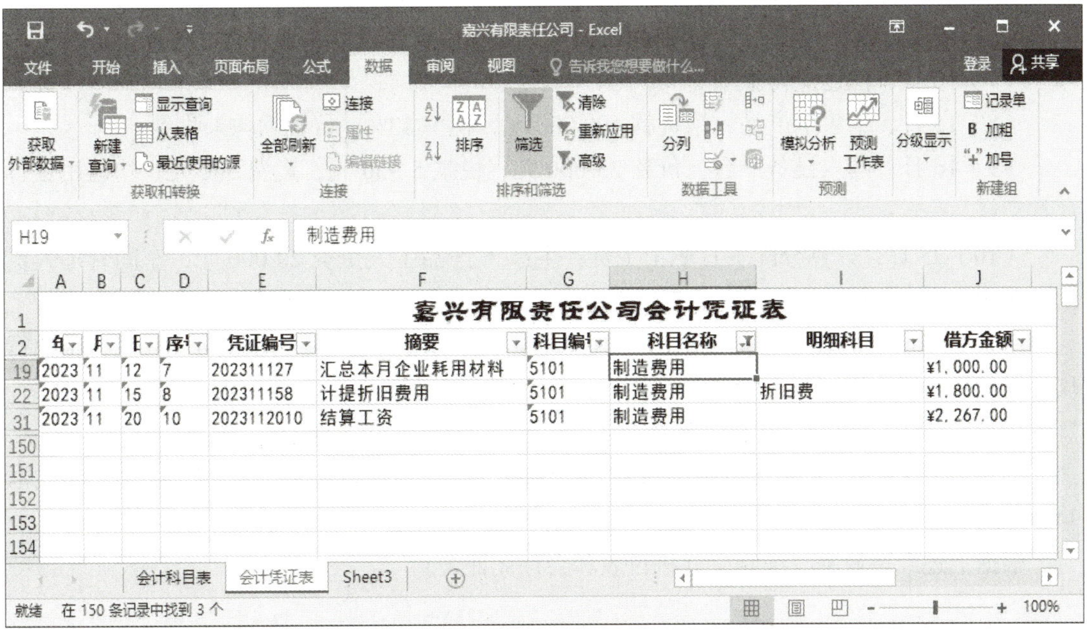

图 5-52　显示与隐藏

5.5 能力训练

1. A 公司为汽车制造企业，增值税一般纳税人，20×6 年 12 月部分业务如下。

（1）4 日，生产车间领用原材料钢铁 1 300 吨用于生产产品，单价 5 000 元。

（2）5 日，生产车间领用润滑剂 40 桶，单价 250 元。

（3）10 日，生产车间领用原材料轮胎 50 000 个，单价 4 000 元。

根据上述业务描述，按照原始凭证的基本要素和企业实际要素，在 Excel 中编制企业的原材料领料单。

2. B 公司为增值税一般纳税人，12 月发生如下经济业务。

（1）1 日，收到投资人的现金 80 000 元，银行存款 600 000 元，新设备 1 000 000 元。

（2）2 日，从银行借款 5 000 000 元，期限 2 年，已存入银行。

（3）3 日，购入一批原材料，价值 50 000 元，税率 13%。材料已经验收入库，货款已用银行存款支付。

（4）5 日，从银行提取现金 1 000 元备用。

（5）6 日，经理王丽出差，预支差旅费 6 000 元，以现金支付。

（6）本月材料仓库发出材料如下：生产 A 产品领用原材料 50 000 元，车间一般耗用 6 000 元，企业行政管理部门领用 4 000 元。

（7）10 日，偿还应付款项 5 000 元。

（8）15 日，销售甲产品，销货款 100 000 元，税率 13%，价税款均未收到。

（9）16 日，购入设备一台，价款 35 000 元，税款 5 950 元，运费 500 元，均已用银行存款支付。

（10）25 日，计算分配本月职工工资：生产 A 产品工人工资 20 000 元，车间管理人员工资 3 000 元，企业行政管理人员工资 8 000 元。

（11）25 日，计提本月固定资产折旧，其中车间使用固定资产折旧费 4 000 元，企业行政管理部门使用的固定资产折旧费 6 000 元。

（12）25 日，经理王丽报销差旅费 4 600 元，退回 1 400 元现金。

（13）月末，公司本月生产的 A 产品全部完工，验收入库。结转 A 产品的全部成本 94 500 元。

根据上述经济业务，编制会计科目表和会计凭证表。

第6章　Excel在会计账簿中的应用

沿用第 5 章的“案例导读”。

6.1　会计账簿概述

6.1.1　会计账簿的概念及作用

会计账簿以下简称账簿，是由具有一定格式、相互联系的账页所组成，用来序时、分类地全面记录一个企业、单位经济业务事项的会计簿籍。设置和登记会计账簿，是重要的会计核算基础工作，是连接会计凭证和会计报表的中间环节，做好这项工作，对于加强经济管理具有十分重要的意义。

6.1.2　会计账簿的类型

会计账簿可以按照不同的标准进行分类。按账簿的用途，可以分为日记账簿、分类账簿、备查账簿三类。

日记账簿又称序时账簿，是按照经济业务发生的时间先后顺序，逐日、逐笔连续记录经济业务的账簿。按其记录内容的不同，日记账又可以分为普通日记账和特种日记账。普通日记账是用来登记全部经济业务情况的日记账。将每天发生的全部业务，按照经济业务发生的先后顺序，编制成记账凭证，根据记账凭证逐笔登记到普通日记账中。日记账总账就是普通日记账；特种日记账是用来记录某一类经济业务发生情况的日记账。将某一类经济业务按照发生的先后顺序记入账簿中，反映某一类特定项目的详细情况。例如现金日记账和银行存款日记账。

分类账簿，是区别不同账户登记经济业务的账簿。按照提供指标的详细程度不同，可以将分类账簿分为总分类账簿和明细分类账簿。总分类账簿是按一级科目分类，连续地记录和反映资金增减、成本和利润的情况的账簿。它能总括并全面反映企事业单位的经济活动情况，是编制会计报表的依据。明细分类账簿是根据明细科目开设的账簿，它能详细地反映企业某项经济活动的具体情况。

备查账簿，是对某些在日记账簿和分类账簿中不能记录或者记录登记不全的经济业务进行补充登记的账簿。企业根据自身的情况，可以选择设置或者不设置此账簿。

6.2 日记账

日记账簿是序时记录企业经济业务的账簿，从而按照时间顺序全面反映企业发生的所有经济业务。

6.2.1 设置日记账格式

日记账簿是序时记录企业经济业务的账簿，从而按照时间顺序全面反映发生的所有经济业务。表 6 –1 是日记账格式。

表 6–1 日记账格式

日记账

年	月	日	凭证编号	摘要	账户名称	借方金额	贷方金额

观察表 6–1 可以看出，日记账的格式和第 5 章设置的“会计凭证表”的格式极为相似，其中“账户名称”就是“会计名称”。因此，可以直接采用审核无误的会计凭证表进行以后的会计核算工作。

6.2.2 日记账的填制（包括借贷不平衡自动提示的设置）

作为一个会计人员，“有借必有贷，借贷必相等”这个日记账规则一定是牢记于心的。在会计凭证的编制、账簿的登记、编制会计报表的整个会计核算过程中，始终以这个规则来进行会计处理。为了避免借贷不平衡的情况，将利用 IF( ) 函数进行借贷不平衡的自动提示。

以第 5 章已设置的“会计凭证表”工作表为例，判断借贷是否平衡，然后设置当借贷不平衡时凸显单元格数据。借贷不平衡自动提醒设置的步骤如下。

（1）打开“嘉兴有限责任公司会计科目表”工作簿，将其以“日记账”为名进行另存，然后在“会计凭证表”工作表中选择 L2 单元格，在“公式”的“函数库”中选择“逻辑”按钮，在打开的下拉列表中选择 IF( ) 函数，如图 6–1 所示。

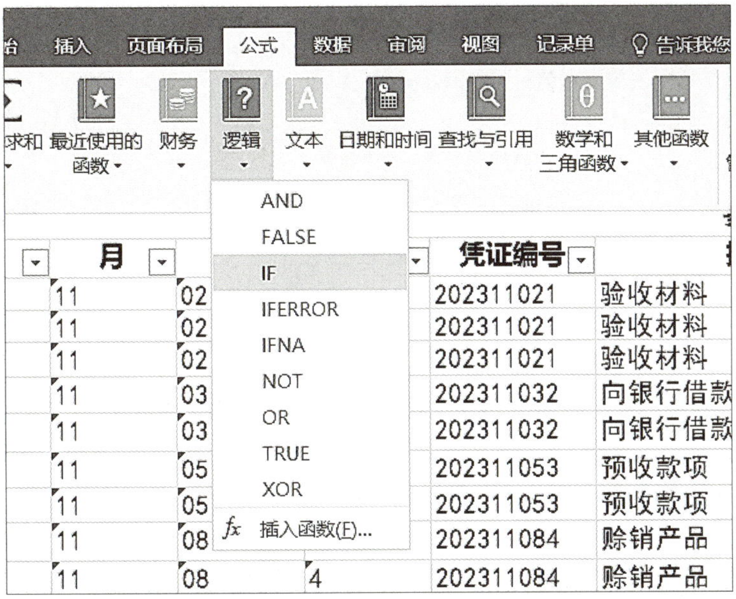

图 6-1 选择 IF 函数

（2）选择 IF( ) 函数后，弹出“函数参数”对话框，在对话框中的“Logical_test”参数框中输入“SUM（J:J）=SUM（K:K）”，在“Value_if_true”参数框中输入“""”，在“Value_if_false”参数框中输入“借贷不平衡”，单击“确定”按钮，如图 6-2 所示。

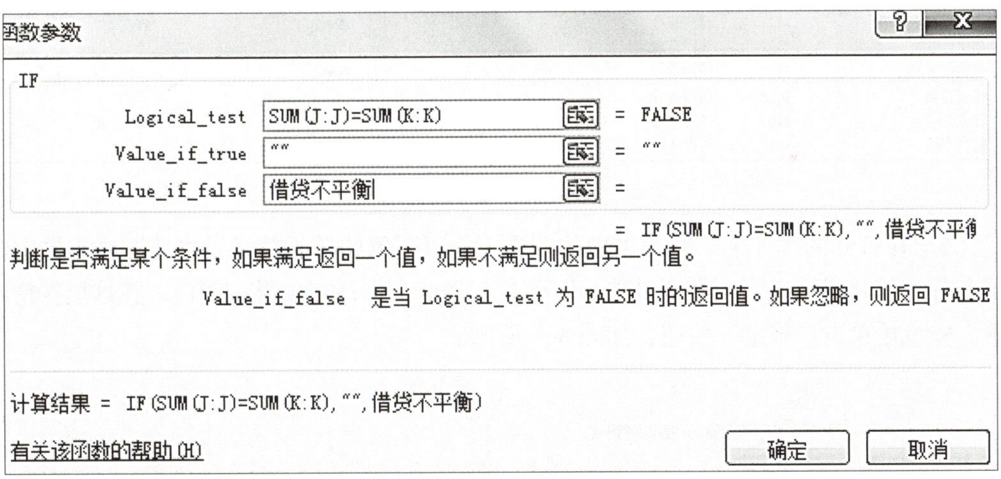

图 6-2　输入 IF( ) 函数参数

（3）在工作表中，若插入 IF( ) 函数后 L2 单元格显示为空白，则表示借方金额和贷方金额是相等的，如图 6-3 所示；若 L2 单元格显示的是“借贷不平衡”，则说明借方金额不等于贷方金额，此时需要会计人员逐项进行检查和验证，直到借贷平衡为止。我们把第一笔业务的预付账款金额改成 1200，其他的数据保持不变，则如图 6-4 所示。

科目名称	明细科目	借方金额	贷方金额
原材料		￥1，000.00	
应交税费	应交增值税–进项税	￥130. 00	
预付账款			￥1，130.00

图 6–3　表示借方和贷方金额相等

	明细科目	借方金额	贷方金额
		￥1，000.00	
	应交增值税–进项税	￥130. 00	
			￥1，200.00

图 6–4　将 1130 元改成 1200 元

（4）若借贷不平衡自动提示结果为图 6–4 的情况，为了使这种借贷不平衡的判断结果更为醒目，便于查阅，选择 L2，在“开始”选项卡中选择“样式”下的“条件格式”按钮，在打开的下拉列表中选择“突出显示单元格规则”，再在下拉的列表中选择“等于”选项，如图 6–5 所示。

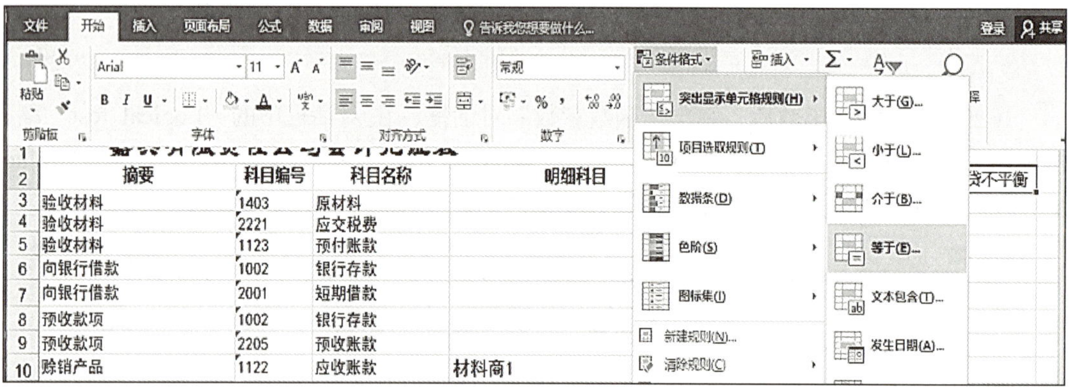

图 6–5　突出显示单元格规则的设置

（5）在打开的“等于”对话框中的“为等于以下值的单元格设置格式”文本框中输入设置条件“借贷不平衡”，在“设置为”下拉列表框中选择突出显示颜色，在这里保持默认设置，完成后单击“确定”按钮，如图 6–6 所示。

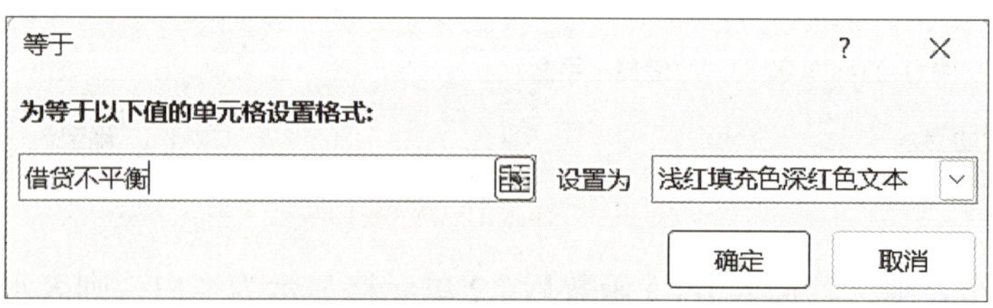

图 6–6　输入“借贷不平衡”

（6）返回工作表中，若 L2 单元格的判断结果如图 6–3 所示，则在进行借贷不平衡自动提醒后单元格不突出显示。若 L2 单元格的判断结果如图 6–4 所示，则在进行借贷不平衡自动提醒后的设置如图 6–7 所示。

表				
	明细科目	借方金额	贷方金额	借贷不平衡
		¥1，000.00		
	应交增值税–进项税	¥130. 00		
			¥1，200.00	

图 6–7　借贷不平衡自动提醒

6.3　分类账

6.3.1　设置总分类账格式

任何企业的一切经济活动都应分类整理计入分类账的相关账户中，通过分类账可以反映企业的经济活动和财务收支状况，为编制会计报表提供所需要的资料。表 6–2 所示的是总分类账的格式。

表 6–2　总分类账的格式

年	月	日	凭证编号	摘要	借方金额	贷方金额	借/贷	余额

将日记账和分类账进行比较后发现，日记账的会计记录是依照交易发生的日期为顺序登记的；而分类账则是以会计科目为前提，再按照交易发生的日期为顺序登记的。两者在会计处理程序中是两种不同的账簿，但在利用 Excel 进行账务处理时，数据内容并无差别。因此，可以利用 Excel 中的数据透视表功能将已形成的日记账建立为总分类账。至于分类账中的余额，可以将其移至科目余额汇总表中予以反映。

6.3.2　建立总分类账

在运用数据透视表建立总分类账时，需要命名工作表区域。建立总分类账的操作步骤如下。

（1）打开“日记账”工作簿，将其以“总分类账”为名进行另存，把第一笔业务的预付账款修改回 1130，然后在“会计凭证表”工作表中选择 L2 单元格，删除上一节判断借贷不平衡的公式，在“插入”的“表格”组中选择“数据透视表”按钮，在打开的下拉列表中选择“数据透视表”选项，如图 6–8 所示。

（2）在打开的“创建数据透视表”对话框中单击选中“选择一个表或区域”单选项，并确认要分析的数据区域为“总分类账 !$A$2:$K$64”，然后单击选项中“新工作表”单选项，这里是默认的设置。完成后单击“确定”按钮，如图 6-9 所示。

图 6-8　选择“数据透视表”选项

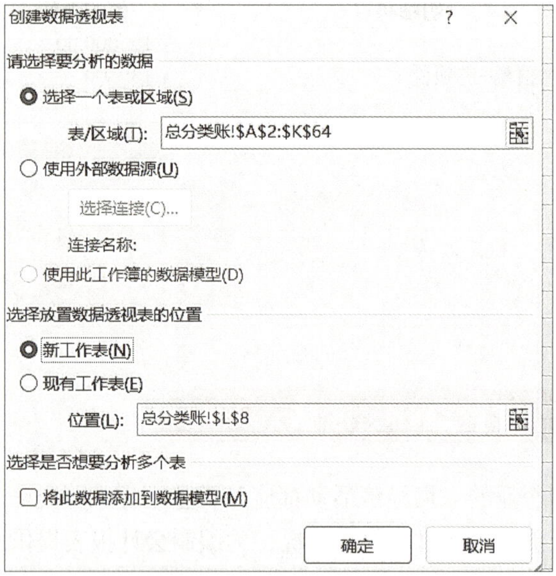

图 6-9　选择“新工作表”单选项

（3）系统自动创建一个名为“Sheet1”的工作表存放数据透视表，并打开“数据透视表字段”任务窗格，如图 6-10 所示。

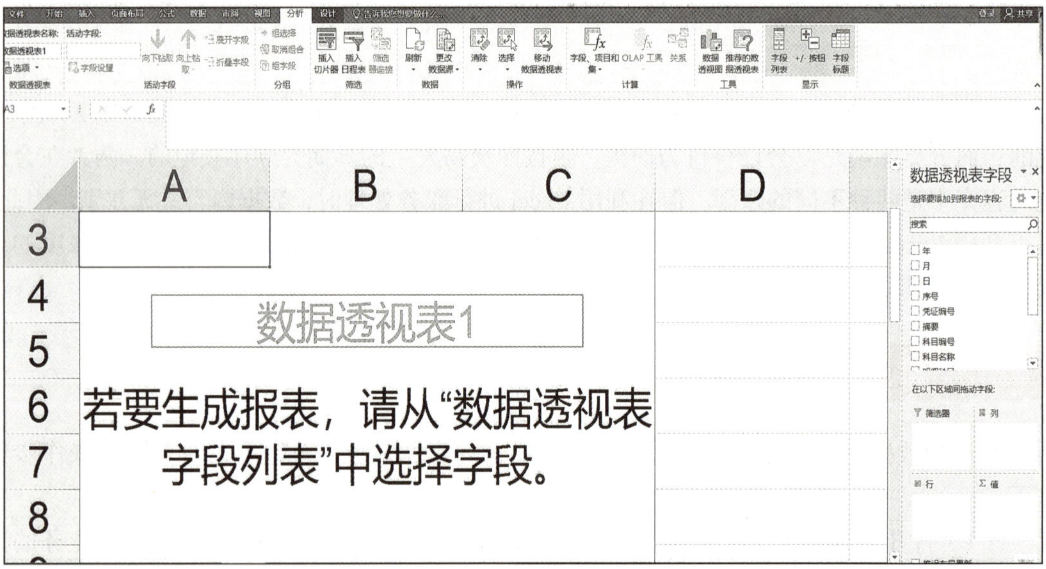

图 6-10　打开“数据透视表字段”任务窗格

（4）在“数据透视表字段”任务窗格的“选择要添加到报表的字段”列表框中将“年”和“月”字段拖到“筛选器”区域，将“科目编号”“科目名称”“日”字段拖到“行”标签区域，将“借方金额”和“贷方金额”字段拖到“值”区域，如图 6-11 所示。

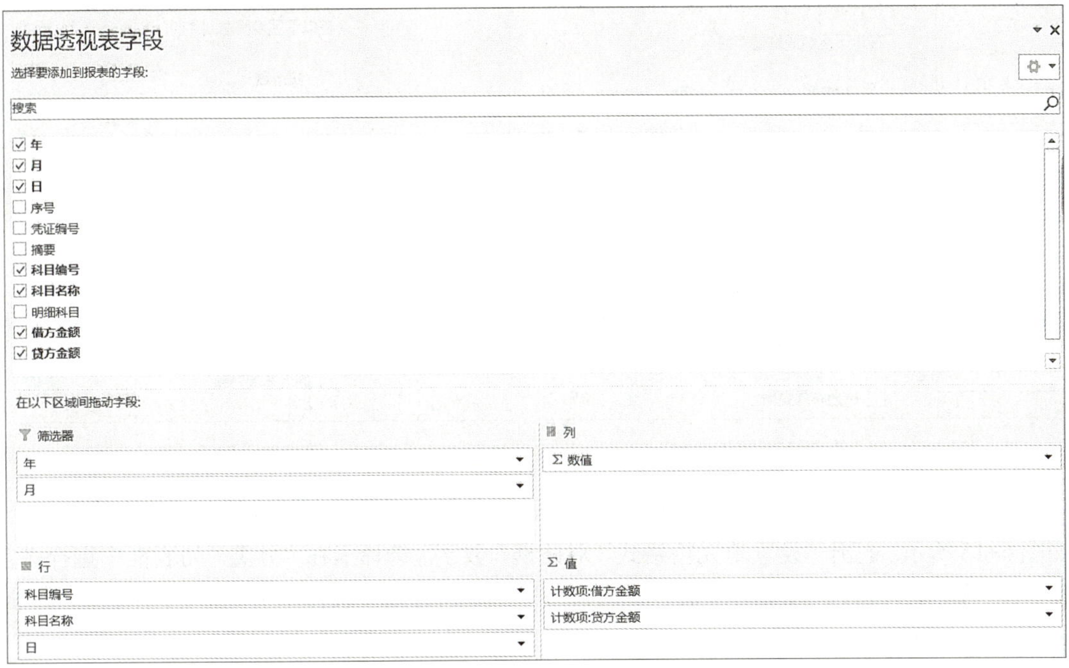

图 6-11　选择要添加到报表的字段

（5）在“数据透视表字段”任务窗格的“值”区域中单击“计数项：借方金额”字段，在打开的下拉列表中选择“值字段设置”选项。

（6）在打开的“值字段设置”对话框的“值汇总方式”选项卡的“计算类型”列表框中选项“求和”选项，如图 6-12 所示。完成后单击“确定”按钮，在“值”区域中单击“计数项：借方金额”字段，改为“求和项：借方金额”，如图 6-13 所示。用同样的方法，将“值”区域中“计数项：贷方金额”值字段汇总方式改为“求和项：贷方金额”，如图 6-14 所示。

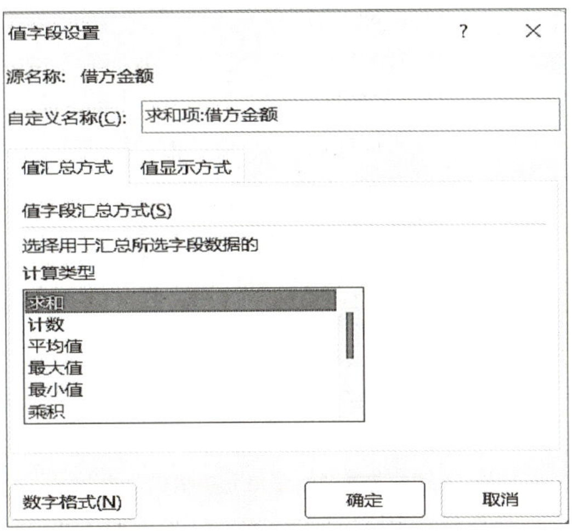

图 6-12　打开“值字段设置”对话框

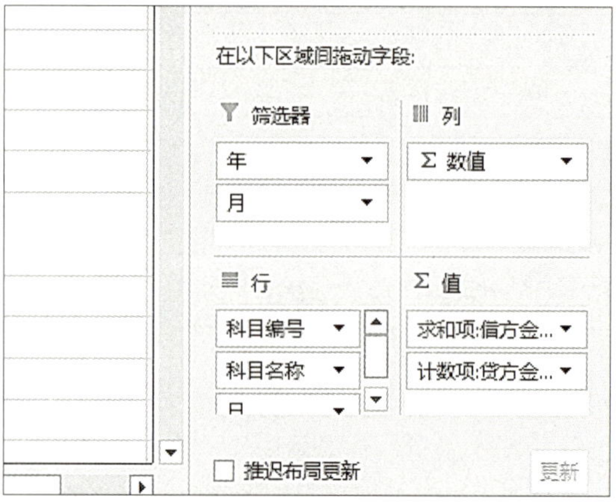

图 6-13　借方金额字段改为求和项

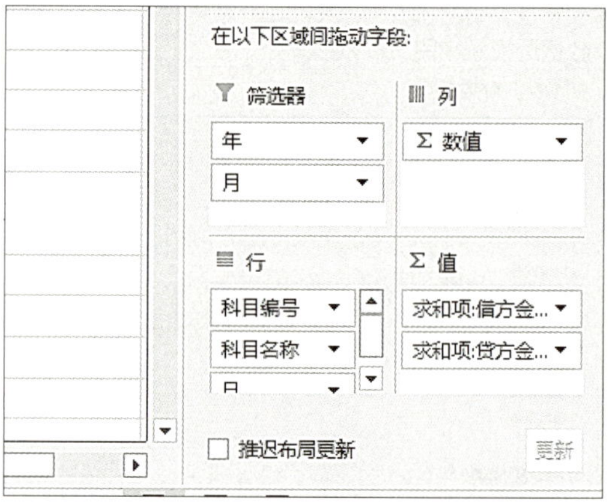

图 6-14　贷方金额值字段改为求和

（7）选择 B、C 列，单击鼠标右键，在弹出的快捷菜单中选择“设置单元格格式”命令，如图 6-15 所示。打开“设置单元格格式”对话框“数字”选择卡在“分类”列表框中选择“会计专用”选项，如图 6-16 所示。在“货币符号”下拉列表框中选择“无”选项，然后单击“确定”按钮，如图 6-17 所示。

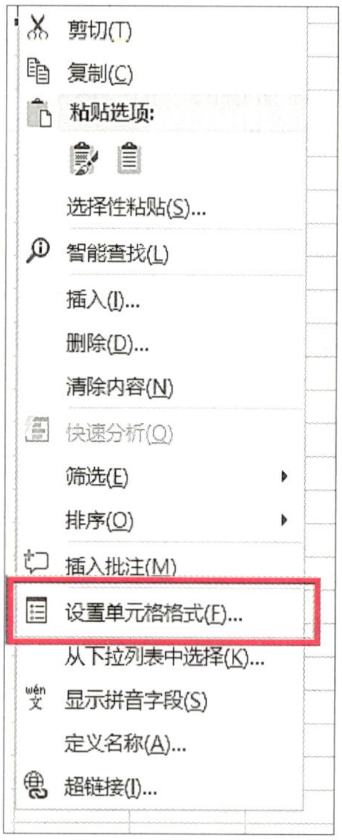

图 6-15　选择“设置单元格格式”命令

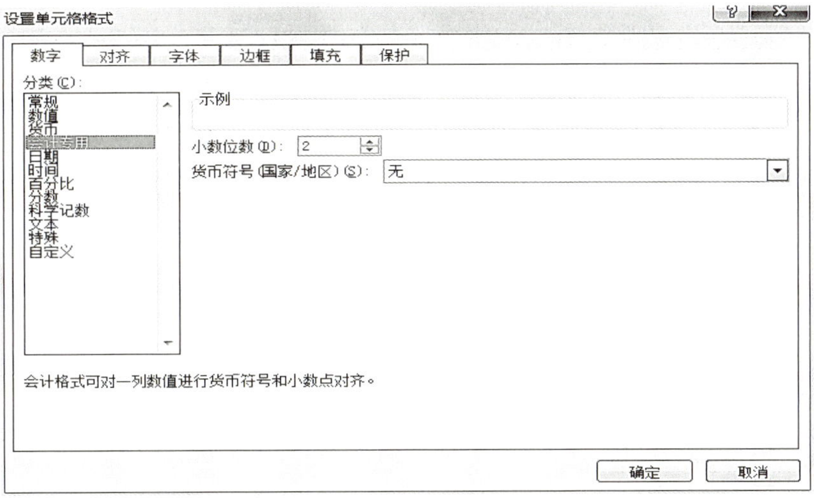

图 6-16　打开“设置单元格格式”对话框

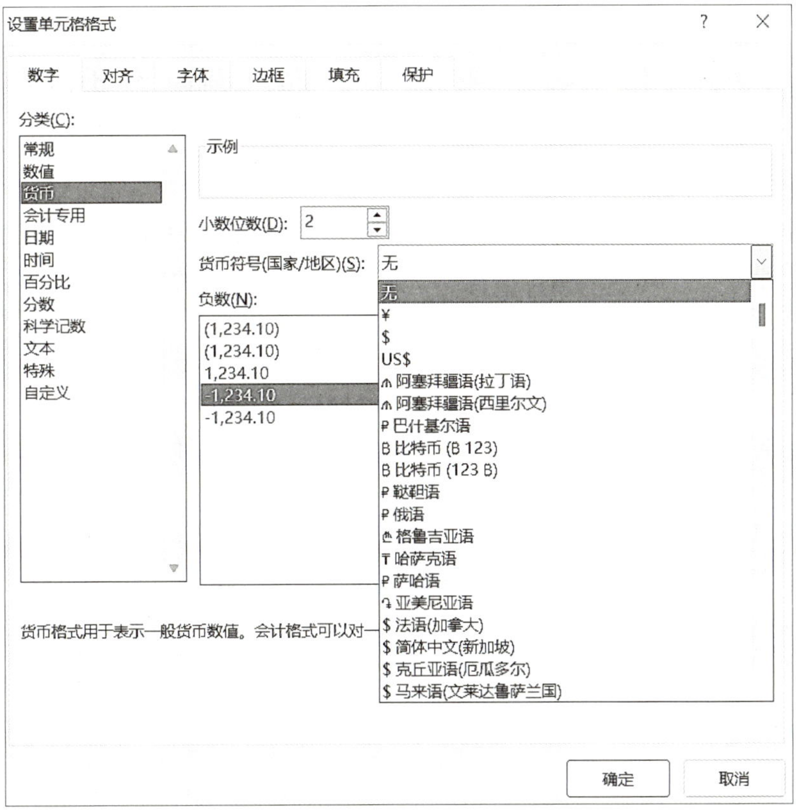

图 6-17　“货币符号”选择“无”选项

（8）在数据透视表中选择任意单元格，然后在数据透视表工具的“设计”工具栏下“布局”中选择“报表布局”按钮，在下拉列表中选择“以表格形式显示”选项，如图 6-18 所示。效果图如图 6-19 所示。

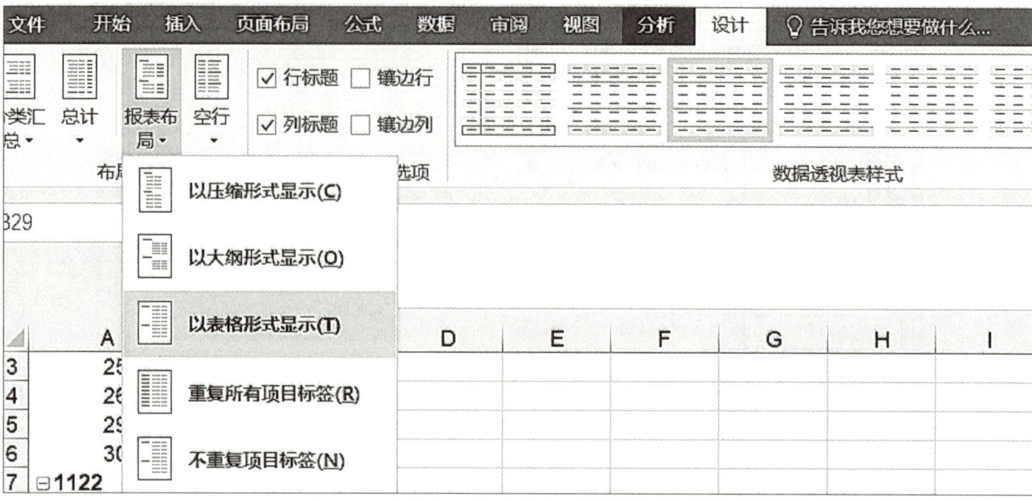

图 6-18　选择“以表格形式显示”选项

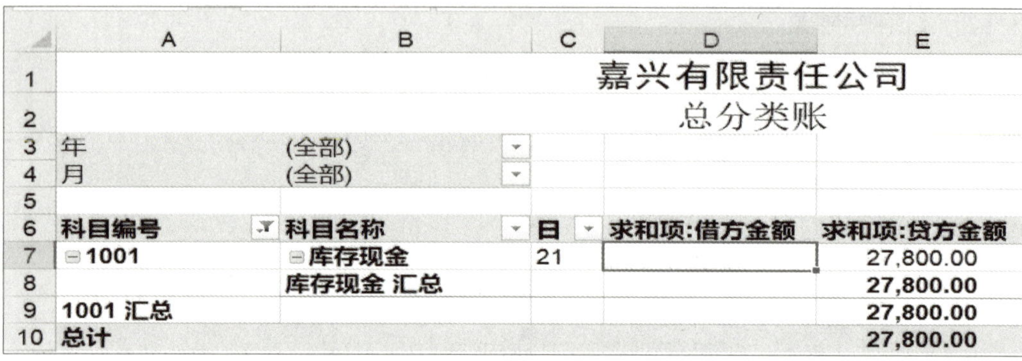

图 6-19　效果图

（9）选择第 1 行，单击鼠标右键，在弹出的快捷菜单中选择“插入”命令，插入两行，如图 6-20 所示。

（10）选中 A1:E1 单元格区域，选择“合并及居中”按钮，在其中输入“嘉兴有限责任公司”。合并 A2:E2 单元格区域，在其中输入“总分类账”。选中 A1:A2 单元格区域，设置其字体格式为“黑体，16”。

（11）总分类账创建完成，即 Sheet1，效果图如图 6-21 所示。

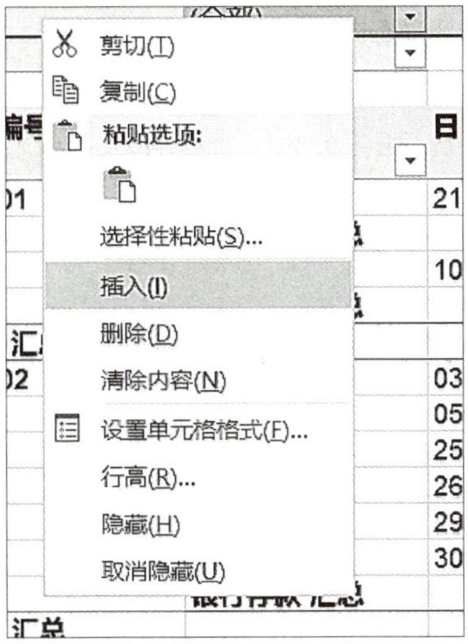

图 6-20　选择“插入”命令

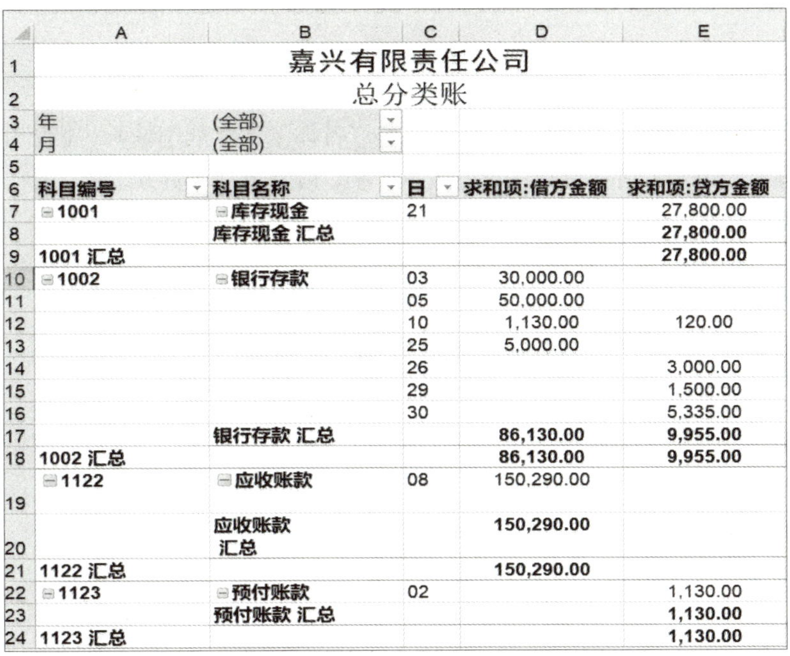

	A	B	C	D	E
1	嘉兴有限责任公司				
2	总分类账				
3	年	(全部)			
4	月	(全部)			
5					
6	科目编号	科目名称	日	求和项:借方金额	求和项:贷方金额
7	1001	库存现金	21		27,800.00
8		库存现金 汇总			27,800.00
9	1001 汇总				27,800.00
10	1002	银行存款	03	30,000.00	
11			05	50,000.00	
12			10	1,130.00	120.00
13			25	5,000.00	
14			26		3,000.00
15			29		1,500.00
16			30		5,335.00
17		银行存款 汇总		86,130.00	9,955.00
18	1002 汇总			86,130.00	9,955.00
19	1122	应收账款	08	150,290.00	
20		应收账款 汇总		150,290.00	
21	1122 汇总			150,290.00	
22	1123	预付账款	02		1,130.00
23		预付账款 汇总			1,130.00
24	1123 汇总				1,130.00

图 6-21　总分类账创建完成

6.3.3　总分类账的填制

6.3.3.1　修改总分类账版面

在建立总分类账的过程中，我们可以发现所完成的报表虽然有借贷总额，却没有各科目的余额。因此，要对工作表进行进一步的修改。修改总分类账版面的具体步骤如下。

（1）打开“总分类账”工作表。

（2）选择工作表中任意一个单元格，工具栏会出现“数据透视表工具”，单击“数据透视表工具”中的“分析”按钮，在“分析”下选择“字段、项目和集”，在下拉菜单中选择“计算字段”选项，如图 6-22 所示。

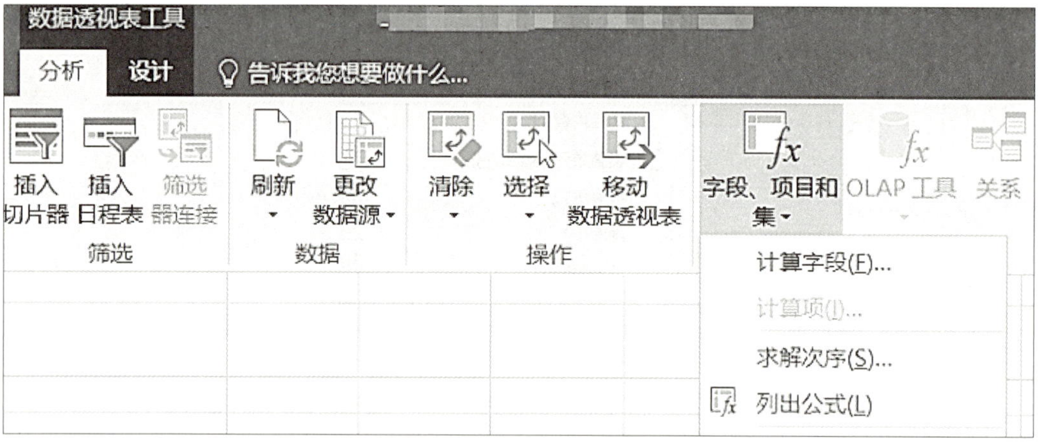

图 6-22　选择“计算字段”选项

（3）在弹出的“插入计算字段”对话框的“名称”文本框中输入“借方余额”，在公式文本框中输入“=IF（（借方金额－贷方金额）>0，借方金额－贷方金额，0）”，如图 6-23 所示，单击添加，然后单击“确定”按钮，如图 6-24 所示。

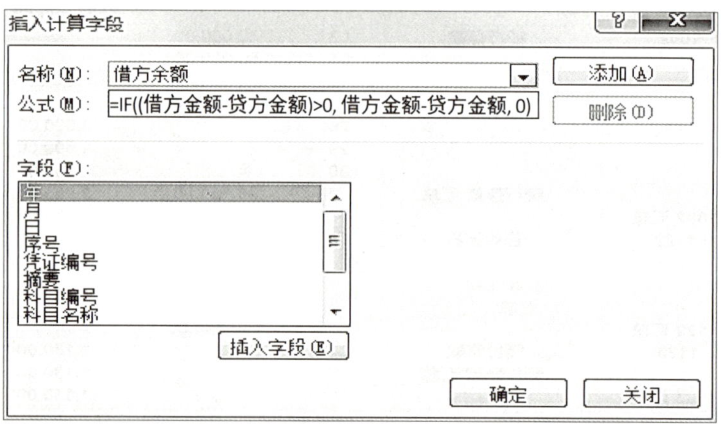

图 6-23　“插入计算字段”对话框

	B	C	D	E	F
3	(全部)				
4	(全部)				
5					
6	科目名称	日	求和项:借方金额	求和项:贷方金额	求和项:借方余额
7	⊟库存现金	21		27,800.00	0.00
8	**库存现金 汇总**			**27,800.00**	**0.00**
9				**27,800.00**	**0.00**
10	⊟银行存款	03	30,000.00		30,000.00
11		05	50,000.00		50,000.00
12		10	1,130.00	120.00	1,010.00
13		25	5,000.00		5,000.00
14		26		3,000.00	0.00
15		29		1,500.00	0.00
16		30		5,335.00	0.00
17	**银行存款 汇总**		**86,130.00**	**9,955.00**	**76,175.00**
18			**86,130.00**	**9,955.00**	**76,175.00**
19	⊟应收账款	08	150,290.00		150,290.00
20	**应收账款 汇总**		**150,290.00**		**150,290.00**
21			**150,290.00**		**150,290.00**

图 6-24　输入“借方余额”和公式文本框

（4）单击“添加”按钮，在“插入计算字段”对话框的“名称”文本框中输入“贷方余额”，并在公式文本框中输入“=IF（（贷方金额 – 借方金额）>0，贷方金额 – 借方金额，0）”，如图 6-25 所示，单击添加，然后单击确定。“总分类账”工作表如图 6-25 所示。

	B	C	D	E	F	G
3	(全部)					
4	(全部)					
5						
6	科目名称	日	求和项:借方金额	求和项:贷方金额	求和项:借方余额	求和项:贷方余额
7	⊟库存现金	21		27,800.00	0.00	27,800.00
8	**库存现金 汇总**			**27,800.00**	**0.00**	**27,800.00**
9				**27,800.00**	**0.00**	**27,800.00**
10	⊟银行存款	03	30,000.00		30,000.00	0.00
11		05	50,000.00		50,000.00	0.00
12		10	1,130.00	120.00	1,010.00	0.00
13		25	5,000.00		5,000.00	0.00
14		26		3,000.00	0.00	3,000.00
15		29		1,500.00	0.00	1,500.00
16		30		5,335.00	0.00	5,335.00
17	**银行存款 汇总**		**86,130.00**	**9,955.00**	**76,175.00**	**0.00**
18			**86,130.00**	**9,955.00**	**76,175.00**	**0.00**
19	⊟应收账款	08	150,290.00		150,290.00	0.00
20	**应收账款 汇总**		**150,290.00**		**150,290.00**	**0.00**

图 6-25　“总分类账”工作表

6.3.3.2 显示单一科目分类账

在财务操作过程中，会计人员有时会关注某一会计科目的分类账。此时，可使用数据筛选功能。显示单一科目分类账的操作步骤如下。

（1）打开“总分类账”工作表。

（2）单击会计科目字段旁边的下拉列表按钮，选择“银行存款”会计科目，如图 6-26 所示。

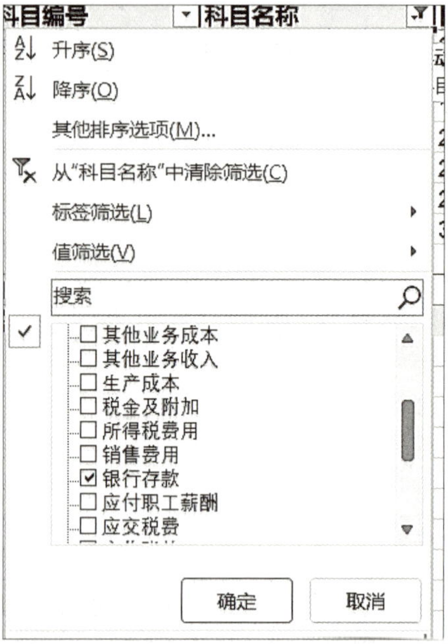

图 6-26　选择“银行存款”会计科目

（3）单击“确定”按钮，工作表变为图 6-27 所示的格式，仅仅显示“银行存款”单个科目的账。

	A	B	C	D	E	F	G
1	嘉兴有限责任公司						
2	总分类账						
3	年	(全部)					
4	月	(全部)					
5							
6	科目编号	科目名称	日	求和项:借方金额	求和项:贷方金额	求和项:借方余额	求和项:贷方余额
7	⊟1002	⊟银行存款	03	30,000.00		30,000.00	0.00
8			05	50,000.00		50,000.00	0.00
9			10	1,130.00	120.00	1,010.00	0.00
10			25	5,000.00		5,000.00	0.00
11			26		3,000.00	0.00	3,000.00
12			29		1,500.00	0.00	1,500.00
13			30		5,335.00	0.00	5,335.00
14		银行存款 汇总		86,130.00	9,955.00	76,175.00	0.00
15	1002 汇总			86,130.00	9,955.00	76,175.00	0.00
16	总计			86,130.00	9,955.00	76,175.00	0.00

图 6-27　显示“银行存款”单个科目

6.4　自动更新数据透视表

在 Excel 中，确保根据日记账建立的总分类账、科目汇总表等数据透视表中数据正确的方法有两种：一种是选择建立数据透视表的数据源区域时，尽可能地将数据来源范围扩大；另一种是数据透视表中的数据能够随着数据源数据的更新而更新。如果数据源的范围没有扩大，或者最初设定的数据源范围足够大，仅是日记账业务增减及变动，则只需要选择“数据透视表工具”下“选项”中的“全部刷新”命令，数据表中的数字即可更新，如图 6–28 所示。

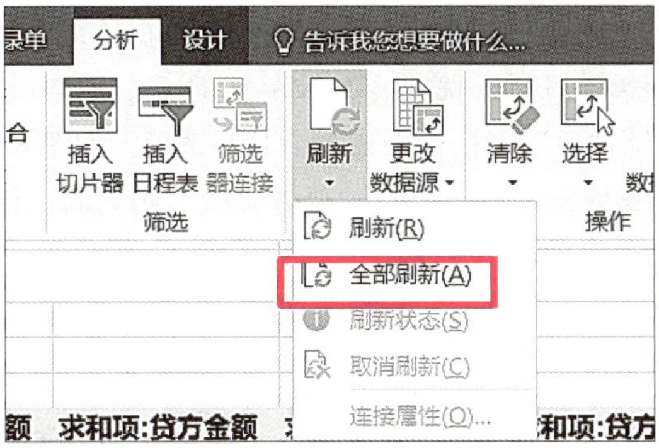

图 6–28　选择“数据透视表工具”中的“全部刷新”命令

6.5　科目汇总表

6.5.1　科目汇总表概述

科目汇总表是根据一定期间内的所有经济业务，根据相同的会计科目进行归类，定期汇总出每一个会计科目的借方本期发生额合计数和贷方发生额合计数的一种表格。

科目汇总表在会计账务核算过程中起着承上启下的作用。一方面，它将定期发生的经济业务分门别类进行汇总；另一方面，它为编制会计报表提供了数据。表 6–3 为会计汇总表格式。

表 6–3　会计汇总表格式

科目汇总表

编制单位：　　　　　　年　　月　　日　　　　　　单位：元

科目代码	会计科目	借方本期发生额	贷方本期发生额

6.5.2　建立填制科目汇总表

科目汇总表建立在总账和日记账记录的基础之上，其数据也源于凭证。由于已经在日记账的基础上生成了分类汇总的总账，科目汇总表的建立只需要对分类账进行修改变动即可。建立科目汇总表的具体操作步骤如下。

（1）打开“总分类账”工作表。

（2）选择工作表中任意一个单元格，工具栏会出现“数据透视表工具”，单击“数据透视表工具”中的“分析”按钮，在“分析”下选择“数据透视表”栏目下的“选项”，在下拉菜单中选择“显示报表筛选页”选项，如图 6–29 所示。

（3）在“显示报表筛选页”对话框中选择“月”选项，如图 6–30 所示。

（4）操作完上述步骤后，形成一个与“总分类账”相同的工作表，表名“11”，即为科目汇总表的底稿，如图 6–31 所示。

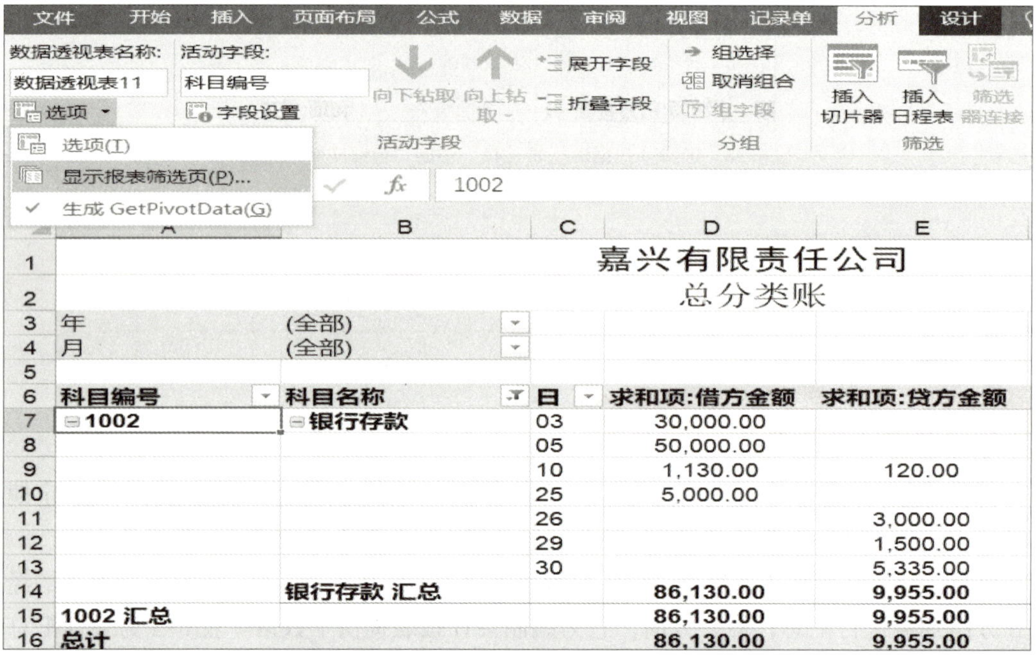

图 6–29　选择“显示报表筛选页”选项

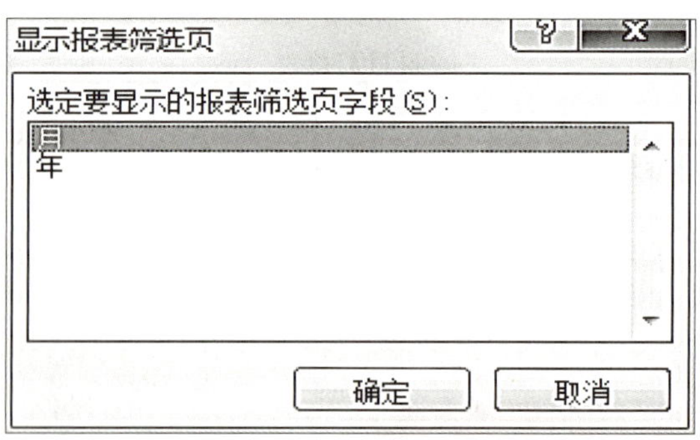

图 6–30　选择“月”选项

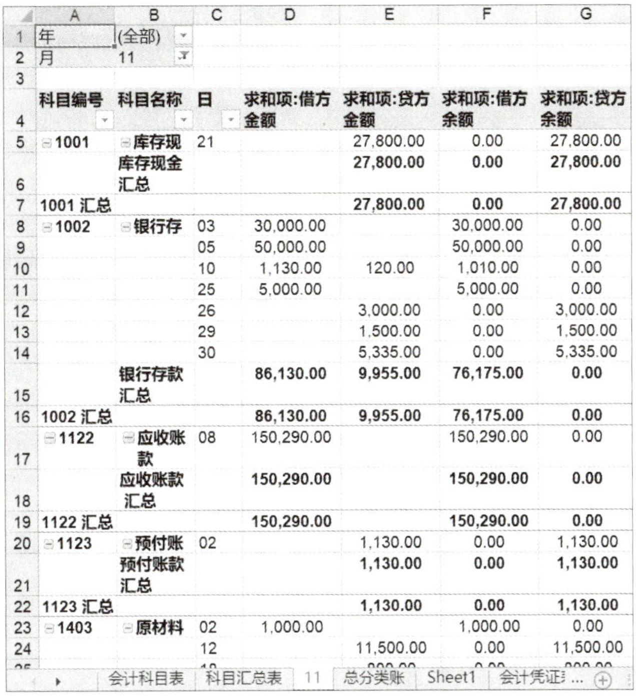

图 6-31　“总分类账”相同的工作表，表名“11”

（5）选择“数据透视表工具”中的“分析”按钮，在“分析”下选择“字段列表”，字段列表将显示在透视表右边，如图 6-32 所示。

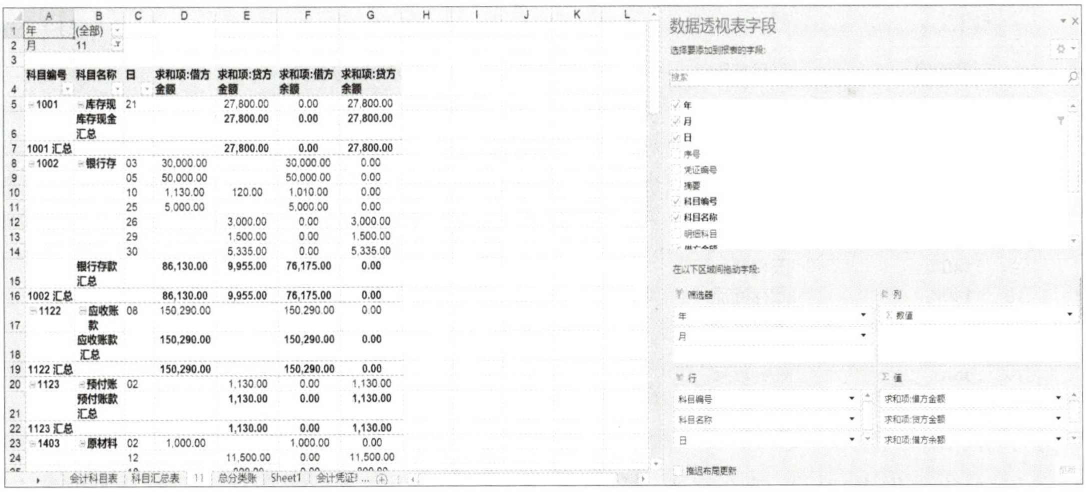

图 6-32　选择显示栏目下的“字段列表”

（6）在“数据透视表字段”对话框中左击“行标签”下的“日”、“值”下的“求和项：借方余额”和“求和项：贷方余额”，选择“删除字段”选项，如图 6-33 所示。

（7）单击“数据透视表工具”中的“设计”按钮，在“设计”下选择栏目下的“分类汇总”，在其下拉菜单中选择“不显示分类汇总”选项，如图 6-34 所示。

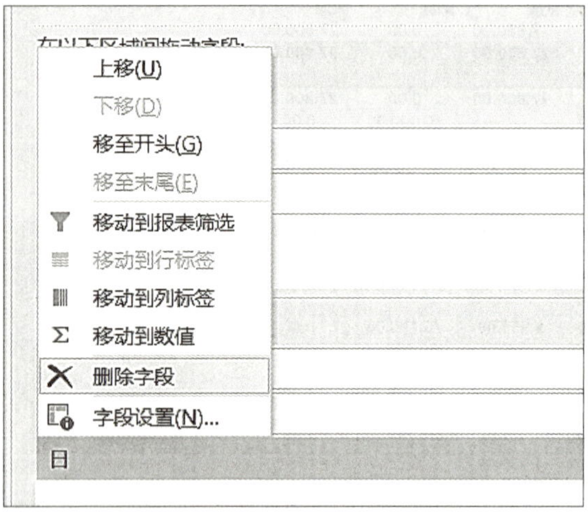

图 6-33　选择“删除字段”选项

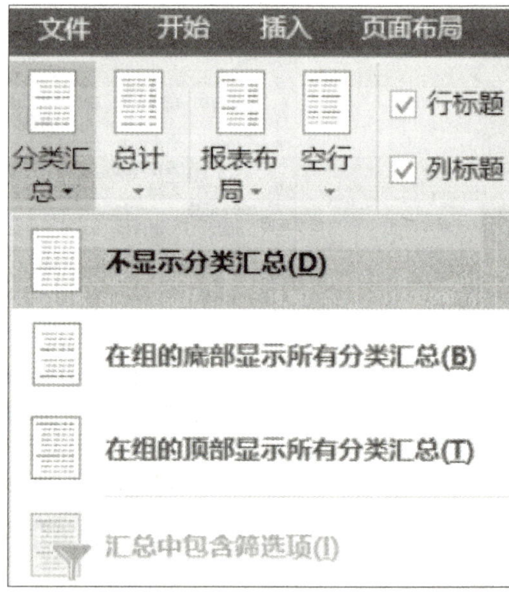

图 6-34　选择“不显示分类汇总”选项

（8）工作表变为如图 6-35 所示工作表。

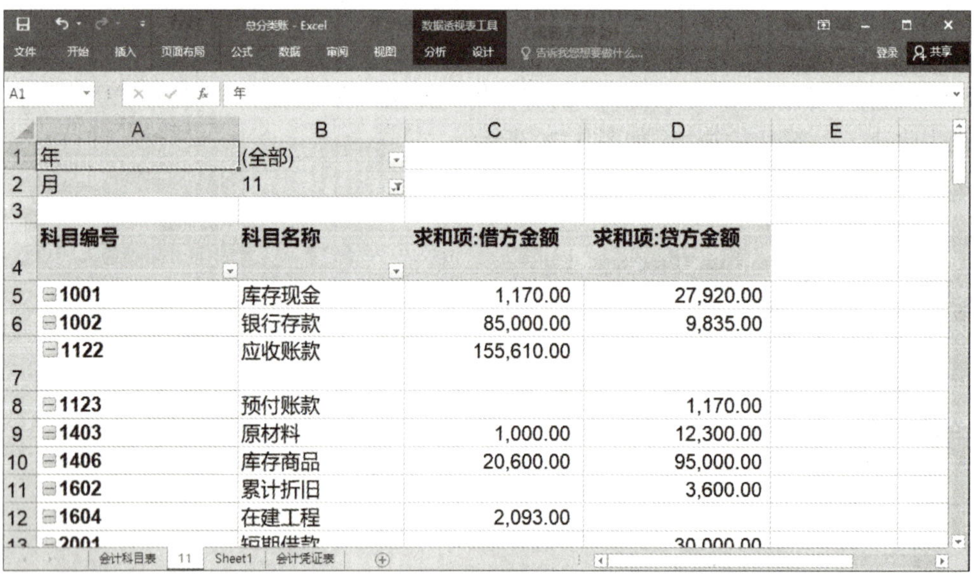

图 6-35　改变后的工作表

（9）将工作表“11”重命名为“科目汇总表”，“Sheet1”重命名为“总分类账”，如图 6-36 所示。

（10）单击月字段旁边的下拉列表按钮，选择科目汇总表编制的月份，单击确定。

（11）将得到科目汇总表，将工作簿另存为“科目汇总表”，如图 6-37 所示。

图 6-36　重命名为“科目汇总表”

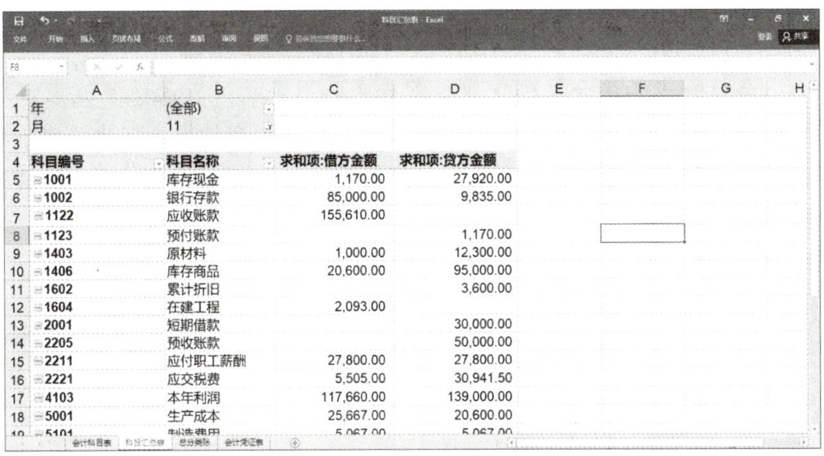

图 6-37　将工作簿另存为“科目汇总表”

6.6　能力训练

根据第 5 章练习题 2 的经济业务编制会计科目表和会计凭证表。

（1）建立“总分类账”工作表。

（2）在已建立的“总分类账”工作表的基础上建立“科目汇总表”。

第7章　Excel在财务报表中的应用

案例导读

编制财务报表是每个企业在期末必须完成的任务之一，一套完整的会计报表至少应当包括资产负债表、利润表、现金流量表、所有者权益变动表（或股东权益变动表）及其附注。图 7-1 就是一张使用 Excel 建立的资产负债表模板，该模板的数据可以根据总账表的数据进行自动生成。如何建立财务报表就是本章需要探讨的内容。

案例操作

会计报表是综合反映企业经营成果、财务状况以及现金流量信息的书面文件，它是会计核算的最终结果，也是会计核算工作的总结。会计报表向投资者、债权人、政府及其机构等会计报表的使用者提供有用的经济决策信息。下面我们利用 Excel 来建立资产负债表与利润表。

7.1　Excel 在资产负债表中的应用

7.1.1　资产负债表概述

资产负债表是反映企业在某一特定日期的财务状况的报表。资产负债表主要反映资产、负债和所有者权益三方面的内容，并满足“资产 = 负债 + 所有者权益”平衡式。

7.1.2　设置资产负债表格式

资产负债表是反映企业某一特定日期财务状况的财务报表，它是根据资产、负债、所有者权益三者之间的平衡关系，把日常经营活动的信息按照一定的分类标准和一定的顺序加工而成。它表明企业在某一特定日期所拥有或控制的经济资源，所承担的现有义务和所有者对净资产的要求权。

目前流行的资产负债表的格式通常有账户式和报告式两种，目前在我国的会计实务中多采用账户式的资产负债表，因此本书主要介绍账户式资产负债表。具体格式如图 7-1 所示。

资产负债表

编制单位：好利多公司　　　　2023 年 7 月 30 日　　　　单位：元

资产	行次	期末余额	年初余额	负债和所有者权益（或股东权益）	行次	期末余额	年初余额
流动资产：				**流动负债：**			
货币资金	1			短期借款	32		
交易性金融资产	2			交易性金融负债	33		
应收票据	3			应付票据	34		
应收账款	4			应付账款	35		
预付款项	5			预收款项	36		
应收利息	6			应付职工薪酬	37		
应收股利	7			应交税费	38		
其他应收款	8			应付利息	39		
存货	9			应付股利	40		
一年到期的非流动资产	10			其他应付款	41		
其他流动资产	11			一年到期的非流动负债	42		
流动资产合计	12			其他流动负债	43		
非流动资产：				流动负债合计	44		
可供出售金融资产	13			**非流动负债：**			
持有至到期投资	14			长期借款	45		
长期应收款	15			应付债券	46		
长期股权投资	16			长期应付款	47		
投资性房地产	17			专项应付款	48		
固定资产	18			预计负债	49		
在建工程	19			递延所得税负债	50		
工程物资	20			其他非流动负债	51		
固定资产清理	21			非流动负债合计	52		
生产性生物资产	22			负债合计	53		
油气资产	23			**所有者权益（或股东权益：）**			
无形资产	24			实收资本（或股本）	54		
开发支出	25			资本公积	55		
商誉	26			减：库存股	56		
长期待摊销费用	27			盈余公积	57		
递延所得税资产	28			未分配利润	58		
其他非流动资产	29			所有者权益（或股东权益）合计	59		
非流动资产合计	30						
资产合计	31			**负债与所有者（或股东权益）合计**	60		

图 7-1　资产负债表

7.1.3 编制资产负债表

在建立好的总账表余额的基础上，可以很容易编制出资产负债表。因为资产负债表的编制依据是根据各账户的余额加或减之后填列。资产负债表本期期初余额即为上期期末余额，可以直接从上期资产负债表中获得，下面主要讲解期末余额的编制。

资产负债表中各项目的数据来源主要通过以下几种方式获得。

（1）根据总账科目余额直接填列，例如：应收票据、短期借款。

（2）根据总账科目余额计算填列，例如：货币资金 = 库存现金 + 银行存款 + 其他货币资金。

（3）根据明细科目余额计算填列，例如：应付账款、预付账款。

（4）根据总账科目和明细账科目的期末余额计算填列，例如：长期借款、长期应收款。

（5）根据科目余额减去其备抵项目后的净额填列，例如，应收账款、固定资产、无形资产。

具体工作如下。

1. 建立总账表

（1）启动 Excel 2016，并新建一个工作簿，将其命名为“总账表”。打开工作簿，将鼠标指向左下角标签处，双击“Sheet1”工作表，将工作表重名为“总账表”。

（2）对照图 7–2 输入文本，录入初始数据，并进行格式调整。

（部分科目）总账表

科目代码	总账科目	借贷方向	初期余额	借方金额合计	贷方金额合计	期末余额
1001	库存现金	借	13,500.00	150,620.00	40,504.00	123,616.00
1002	银行存款	借	128,600.00	15,952,210.00	8,204,998.00	7,875,812.00
1122	应收账款	借	344,000.00	1,673,500.00	1,227,610.00	789,890.00
1123	预付款项	借		535,000.00	315,300.00	219,700.00
1221	其他应收款	借	30,000.00	3,700.00	8,930.00	24,770.00
1402	在途物资	借	500,000.00	1,052,000.00	1,455,000.00	97,000.00
1403	原材料	借	1,066,000.00	4,985,000.00	4,631,833.00	1,419,167.00
1405	库存商品	借	1,302,500.00	5,651,069.00	3,716,688.00	3,236,881.00
1411	周转材料	借	9,800.00		6,000.00	3,800.00
1601	固定资产	借	2,393,360.00	878,080.00	225,400.00	3,046,040.00
1602	累计折旧	贷	503,965.00	183,500.00	24,832.00	662,633.00
1604	在建工程	借		1,032,468.00	828,800.00	203,668.00
1606	固定资产清理	借	20,000.00	20,500.00	31,500.00	9,000.00
1701	无形资产	借		336,000.00		336,000.00
1702	累计摊销	贷			200,800.00	200,800.00
2001	短期借款	贷	16,330,000.00	8,580,000.00	580,000.00	8,330,000.00
2202	应付账款	贷	9,695,850.00	3,094,550.00	2,594,550.00	9,195,850.00
2211	应付职工薪酬	贷	100,000.00	944,000.00	944,000.00	100,000.00
2221	应交税费	贷	16,371.00	1,117,451.00	1,590,578.00	489,498.00
2241	其他应付款	贷			16,857.00	16,857.00
2232	应付股利	贷			930,761.00	930,761.00
2203	预收款项	贷				0.00
4001	实收资本	贷	4,000,000.00			4,000,000.00
4101	盈余公积	贷	464,185.00		186,152.00	650,337.00
4104	利润分配-未分配利润	贷		2,433,826.00	38,156,286.00	35,722,460.00
5001	生产成本	借	538,000.00	5,527,720.00	5,651,069.00	414,651.00
5101	制造费用	借		208,400.00	208,400.00	0.00
6001	主营业务收入	贷		5,724,000.00	5,724,000.00	0.00
6401	主营业务成本	借		3,716,688.00	3,716,688.00	0.00
6403	营业税金及附加	借		9,087.00	9,087.00	0.00
6601	销售费用	借		391,900.00	391,900.00	0.00
6602	管理费用	借		368,800.00	368,800.00	0.00
6603	财务费用	借		5,030.00	5,030.00	0.00
6711	营业外支出	借		182,500.00	182,500.00	0.00

图 7–2　建立（部分科目）总账表

2. 建立资产负债表并输入期初余额

（1）选择“Sheet2”工作表标签，重命名为“资产负债表”。

（2）对照图 7-3，输入文本，录入初始数据，并进行格式调整。

资产负债表

编制单位：好利多公司 2023 年 7 月 30 日 单位：元

资 产	行次	期末余额	年初余额	负债和所有者权益（或股东权益）	行次	期末余额	年初余额
流动资产：				流动负债：			
货币资金	1	7,999,428	14,063,000	短期借款	32	8,330,000	13,000,000
交易性金融资产	2	12,150,000	12,150,000	交易性金融负债	33		
应收票据	3	2,460,000	2,460,000	应付票据	34		2,000,000
应收账款	4	789,890	3,991,000	应付账款	35	9,195,850	61,548,000
预付款项	5	219,700	2,000,000	预收款项	36		
应收利息	6			应付职工薪酬	37	100,000	8,100,000
应收股利	7			应交税费	38	489,498	1,366,000
其他应收款	8	24,770	3,050,000	应付利息	39		
存货	9	5,171,499	35,800,000	应付股利	40	930,761	
一年到期的非流动资产	10			其他应付款	41	16,857	11,500,000
其他流动资产	11			一年到期的非流动负债	42		
流动资产合计	12	28,815,287	73,514,000	其他流动负债	43	2,804,274	20,000,000
非流动资产：				流动负债合计	44	21,867,240	117,514,000
可供出售金融资产	13			非流动负债：			
持有至到期投资	14			长期借款	45	15,000,000	15,000,000
长期应收款	15			应付债券	46		
长期股权投资	16	25,500,000	25,500,000	长期应付款	47		
投资性房地产	17			专项应付款	48		
固定资产	18	2,700,743	8,000,000	预计负债	49		
在建工程	19	203,668	15.000.000	递延所得税负债	50		
工程物资	20			其他非流动负债	51		
固定资产清理	21			非流动负债合计	52	15,000,000	15,000,000
生产性生物资产	22			负债合计		36,867,240	132,514,000
油气资产	23			所有者权益（或股东权益：）	53		
无形资产	24	135,200	12,000,000	实收资本（或股本）	54	4,000,000	4,000,000
开发支出	25			资本公积	55		
商誉	26		–	减：库存股	56		
长期待摊销费用	27		–	盈余公积	57	650,337	2,202,475
递延所得税资产	28		–	未分配利润	58	36,039,796	500,000
其他非流动资产	29	5,202,475	5,202,475	所有者权益（或股东权益）合计	59	40,690,133	6,702,475
非流动资产合计	30	33,742,086	65,702,475				
资产合计	31	62,557,373	139,216,475	负债与所有者（或股东权益）合计	60	62,557,373	139,216,475

图 7-3 建立资产负债表并输入期初余额

表格初数据录入后，下面我们首先计算流动资产期末余额。

3. 计算货币资金期末余额

（1）在“资产负债表”工作表中选中 C5 单元格。

（2）在编辑栏中输入公式“= 总账表 !G3+ 总账表 !G4”，按“Enter”键计算出货币资金期末余额，如图 7–4 所示。

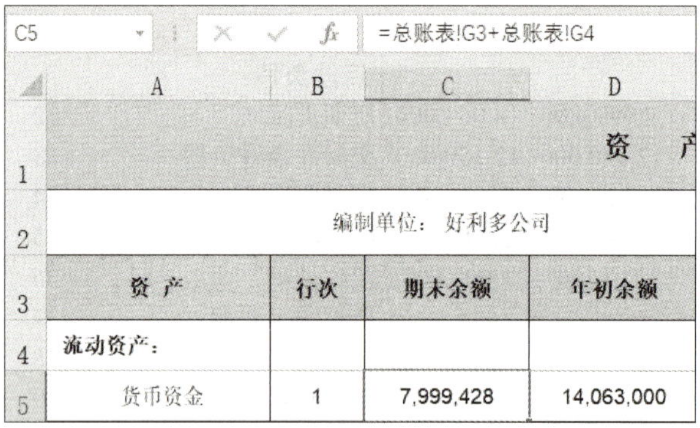

图 7–4　计算货币资金期末余额

4. 计算交易性金融资产期末余额

（1）在“资产负债表”工作表中选中 C6 单元格。

（2）在编辑栏中输入公式“=D6”，按“Enter”键计算交易性金融资产期末余额，如图 7–5 所示。

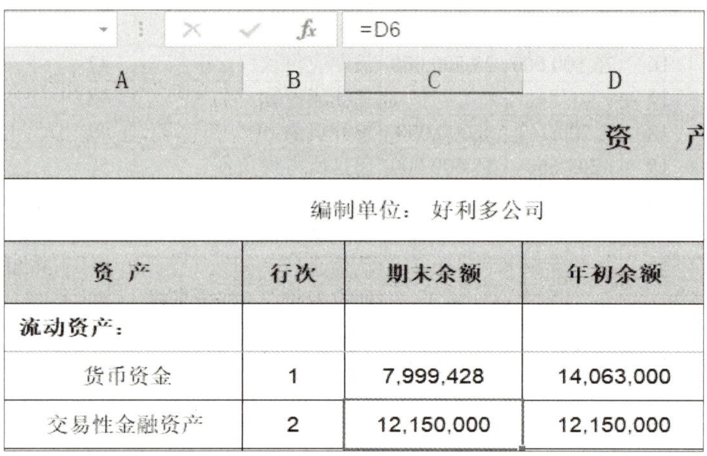

图 7–5　计算交易性金融资产期末余额

5. 计算应收票据期末余额

（1）在“资产负债表”工作表中选中 C7 单元格。

（2）在编辑栏中输入公式“=D7”，按“Enter”键计算应收票据期末余额，如图 7–6 所示。

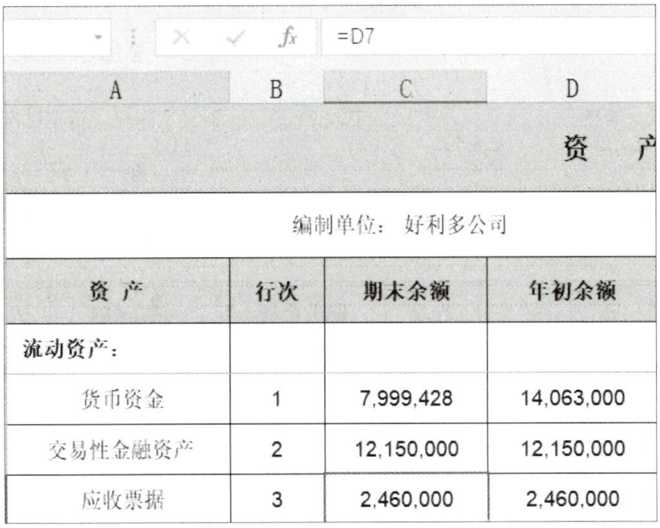

=D7

资　产	行次	期末余额	年初余额
流动资产：			
货币资金	1	7,999,428	14,063,000
交易性金融资产	2	12,150,000	12,150,000
应收票据	3	2,460,000	2,460,000

图 7-6　计算应收票据期末余额

6. 计算应收账款期末余额

（1）在“资产负债表”工作表中选中 C8 单元格。

（2）在编辑栏中输入公式“= 总账表 !D5+ 总账表 !E5- 总账表 !F5”，按“Enter”键计算应收账款期末余额，如图 7-7 所示。

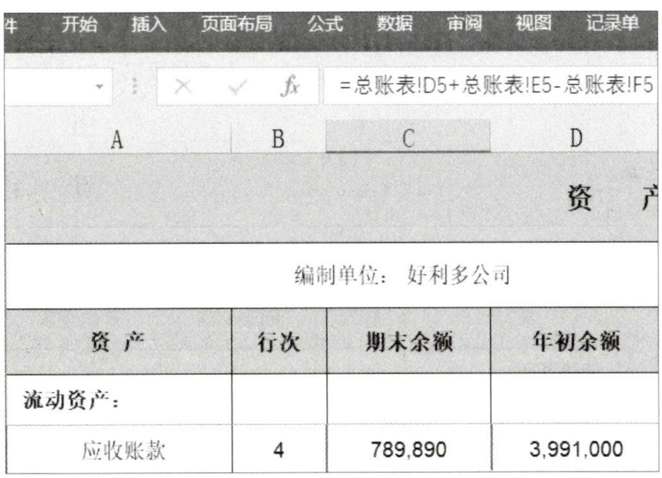

=总账表!D5+总账表!E5-总账表!F5

资　产	行次	期末余额	年初余额
流动资产：			
应收账款	4	789,890	3,991,000

图 7-7　计算应收账款期末余额

7. 计算预付款项期末余额

（1）在“资产负债表”工作表中选中 C9 单元格。

（2）在编辑栏中输入公式“= 总账表 !D6+ 总账表 !E6- 总账表 !F6”，按“Enter”键计算预付款项期末余额，如图 7-8 所示。

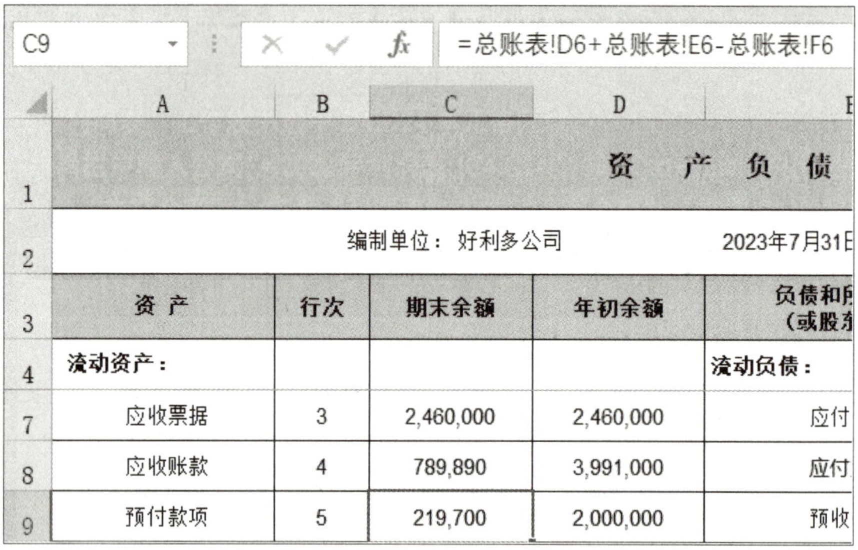

图 7–8　计算预付款项期末余额

8. 计算其他应收款期末余额

（1）在“资产负债表”工作表中选中 C12 单元格。

（2）在编辑栏中输入公式“= 总账表 !G7”，按“Enter”键计算其他应收款期末余额，如图 7–9 所示。

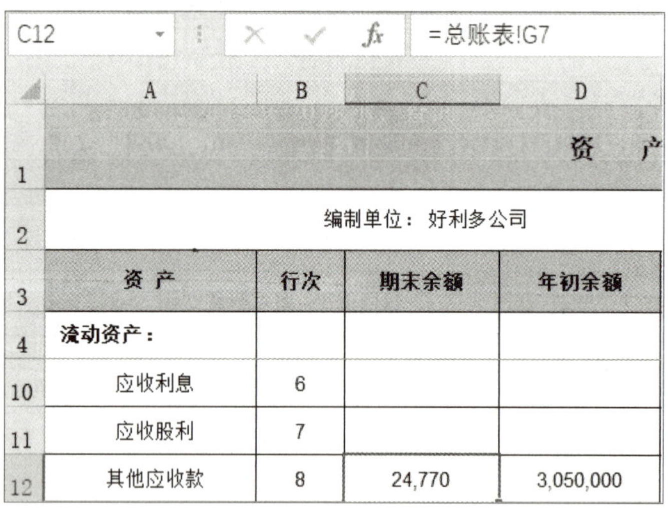

图 7–9　计算其他应收款期末余额

9. 计算存货期末余额

（1）在“资产负债表”工作表中选中 C13 单元格。

（2）在编辑栏中输入公式“= 总账表 !G8+ 总账表 !G9+ 总账表 !G10+ 总账表 !G11+ 总账表 !G28”，按“Enter”键计算存货期末余额，如图 7–10 所示。

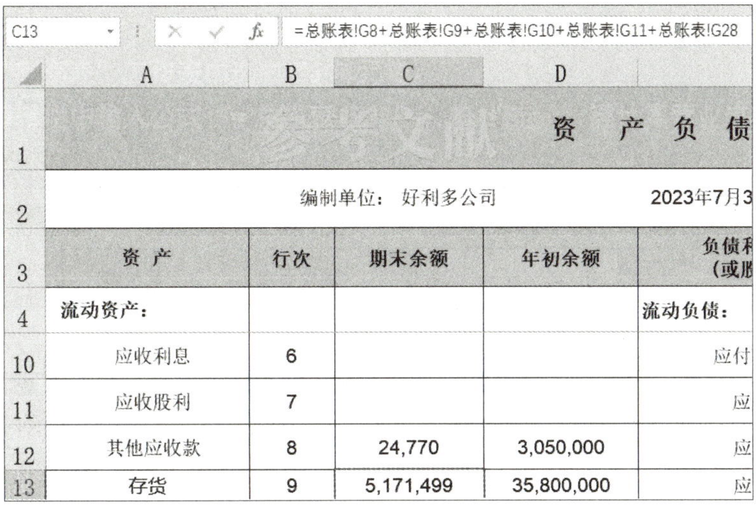

C13　=总账表!G8+总账表!G9+总账表!G10+总账表!G11+总账表!G28

	A	B	C	D	
1				资　产　负　债	
2		编制单位：　好利多公司			2023年7月3
3	资　产	行次	期末余额	年初余额	负债和（或股
4	流动资产：				流动负债：
10	应收利息	6			应付
11	应收股利	7			应
12	其他应收款	8	24,770	3,050,000	应
13	存货	9	5,171,499	35,800,000	应

图 7-10　计算存货期末余额

10. 未发生相关业务的流动资产项目

对于未发生相关业务的流动资产项目，将直接引用“年初余额”值作为“期末余额”的值，如图 7-11 所示。

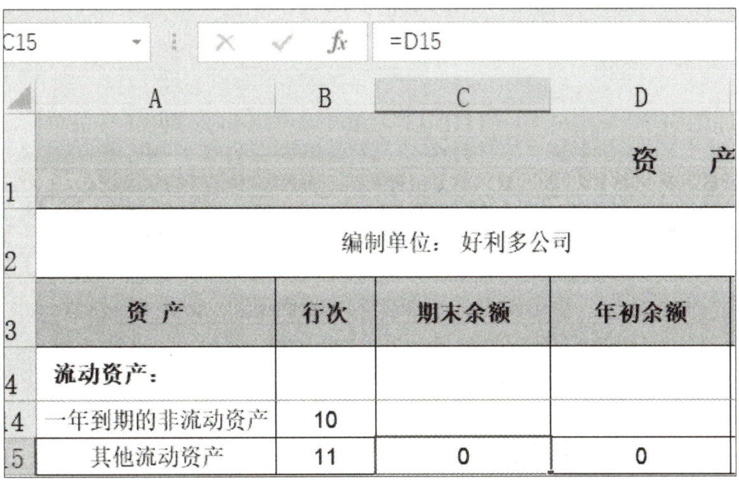

C15　=D15

	A	B	C	D
1				资　产
2		编制单位：　好利多公司		
3	资　产	行次	期末余额	年初余额
4	流动资产：			
14	一年到期的非流动资产	10		
15	其他流动资产	11	0	0

图 7-11　未发生相关业务的流动资产项目期末余额

11. 计算流动资产期末余额

（1）在“资产负债表”工作表中选中 C16 单元格。

（2）在编辑栏中输入公式“=SUM（C5:C15）”，按“Enter”键计算流动资产期末余额，如图 7-12 所示。

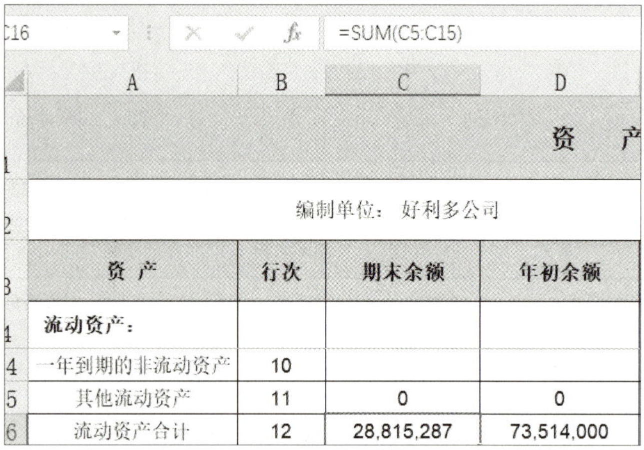

C16 =SUM(C5:C15)

资 产	行次	期末余额	年初余额
流动资产：			
一年到期的非流动资产	10		
其他流动资产	11	0	0
流动资产合计	12	28,815,287	73,514,000

图 7-12　计算流动资产期末余额

流动资产期末余额计算完成后，计算非流动资产期末余额。

12. 未发生相关业务的非流动资产项目

C18:C22，C25:C28，C30:C34 单元格区域为未发生相关业务的非流动资产项目，将直接引用“年初余额”值作为“期末余额”的值，如图 7-13 所示。

C18 =D18

资 产	行次	期末余额	年初余额
流动资产：			
流动资产合计	12	28,815,287	73,514,000
非流动资产：			
可供出售金融资产	13	0	
持有至到期投资	14		
长期应收款	15		
长期股权投资	16	25,500,000	25,500,000
投资性房地产	17		
固定资产	18	2,383,407	8,000,000
在建工程	19	203,668	15.000.000
工程物资	20		
固定资产清理	21		
生产性生物资产	22		
油气资产	23		
无形资产	24	135,200	12,000,000
开发支出	25		
商誉	26		-
长期待摊费用	27		-
递延所得税资产	28		-
其他非流动资产	29	5,202,475	5,202,475

图 7-13　未发生相关业务的非流动资产项目期末余额

13. 计算固定资产期末余额

（1）在“资产负债表”工作表中选中 C23 单元格。

（2）在编辑栏中输入公式“= 总账表 !G12– 总账表 !G13”，按“Enter”键计算固定资产期末余额，如图 7–14 所示。

C23　=总账表!G12-总账表!G13

	A	B	C	D
1				资　产
2		编制单位：好利多公司		
3	资　产	行次	期末余额	年初余额
4	流动资产：			
22	投资性房地产	17		
23	固定资产	18	2,383,407	8,000,000

图 7–14　计算固定资产期末余额

14. 计算在建工程期末余额

（1）在“资产负债表”工作表中选中 C24 单元格。

（2）在编辑栏中输入公式“= 总账表 !G14”，按“Enter”键计算在建工程期末余额，如图 7–15 所示。

C24　=总账表!G14

	A	B	C
1			
2		编制单位：好利多公	
3	资　产	行次	期末余额
4	流动资产：		
22	投资性房地产	17	
23	固定资产	18	2,383,407
24	在建工程	19	203,668

图 7–15　计算在建工程期末余额

15. 计算无形资产期末余额

（1）在“资产负债表”工作表中选中 C29 单元格。

（2）在编辑栏中输入公式“= 总账表 !G16 – 总账表 !G17”，按“Enter”键计算无形资产期末余额，如图 7–16 所示。

9 | =总账表!G16-总账表!G17

A	B	C	D
预付款项	5	219,700.00	2,000,(
应收利息	6		
应收股利	7		
其他应收款	8	24,770.00	3,050,(
存货	9	5,171,499.00	35,800,
一年到期的非流动资产	10		
其他流动资产	11		
流动资产合计	12	20,815,859.00	73,514,
非流动资产：			
可供出售金融资产	13		
持有至到期投资	14		
长期应收款	15		
长期股权投资	16	25,500,000.00	25,500,
投资性房地产	17		
固定资产	18	2,700,743.00	8,000,(
在建工程	19	203,668.00	15.00(
工程物资	20		
固定资产清理	21		
生产性生物资产	22		
油气资产	23		
无形资产	24	135,200.00	12,000,

图 7-16　计算无形资产期末余额

16. 计算非流动资产合计

（1）在“资产负债表”工作表中选中 C35 单元格。

（2）在编辑栏中输入公式“=SUM（C18:C34）”，按“Enter”键计算非流动资产合计，如图 7-17 所示。

C35 | =SUM(C18:C34)

	A	B	C	D
1				**资　产**
2		编制单位：好利多公司		
3	**资　产**	**行次**	**期末余额**	**年初余额**
4	**流动资产：**			
34	其他非流动资产	29	5,202,475	5,202,475
35	非流动资产合计	30	33,424,750	65,702,475

图 7-17　计算非流动资产合计

17. 计算资产合计

（1）在“资产负债表”工作表中选中 C36 单元格。

（2）在编辑栏中输入公式“=C16+C35”，按“Enter”键计算资产合计，如图 7–18 所示。

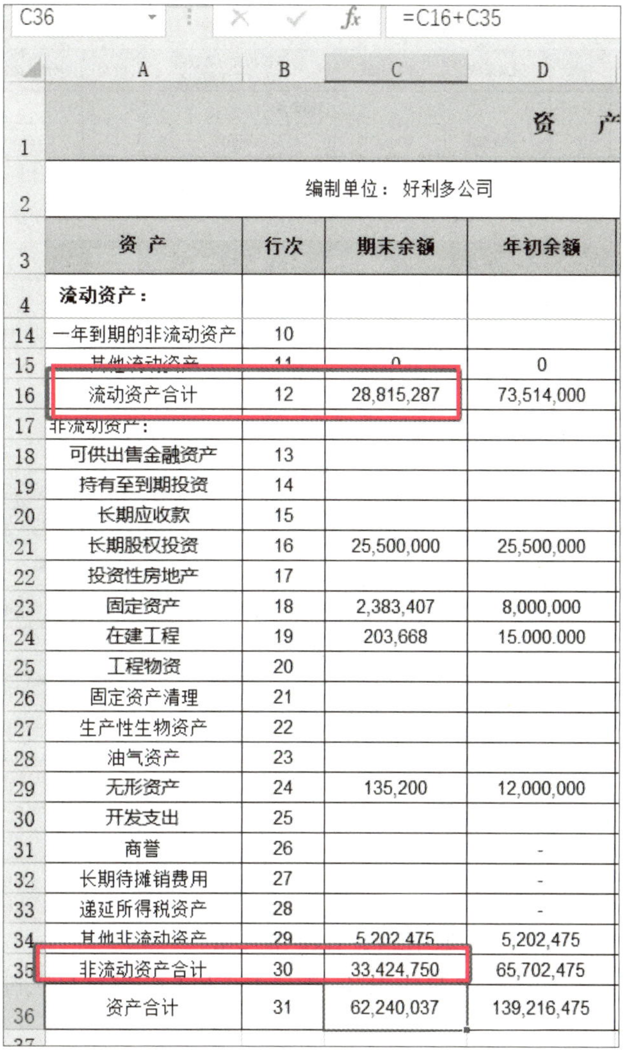

C36 =C16+C35

	A	B	C	D
1				资　产
2		编制单位：好利多公司		
3	资 产	行次	期末余额	年初余额
4	流动资产：			
14	一年到期的非流动资产	10		
15	其他流动资产	11	0	0
16	流动资产合计	12	28,815,287	73,514,000
17	非流动资产：			
18	可供出售金融资产	13		
19	持有至到期投资	14		
20	长期应收款	15		
21	长期股权投资	16	25,500,000	25,500,000
22	投资性房地产	17		
23	固定资产	18	2,383,407	8,000,000
24	在建工程	19	203,668	15.000.000
25	工程物资	20		
26	固定资产清理	21		
27	生产性生物资产	22		
28	油气资产	23		
29	无形资产	24	135,200	12,000,000
30	开发支出	25		
31	商誉	26		-
32	长期待摊销费用	27		-
33	递延所得税资产	28		-
34	其他非流动资产	29	5,202,475	5,202,475
35	非流动资产合计	30	33,424,750	65,702,475
36	资产合计	31	62,240,037	139,216,475

图 7–18　计算资产合计

计算流动负债期末余额。

18. 计算短期借款期末余额

（1）在“资产负债表”工作表中选中 G5 单元格。

（2）在编辑栏中输入公式“= 总账表 !G18”，按“Enter”键计算短期借款期末余额，如图 7–19 所示。

G5 =总账表!G18

	A	B	C	D	E	F	G	H
1	资　产　负　债　表							
2	编制单位：好利多公司			2023年7月31日			单位：元	
3	资 产	行次	期末余额	年初余额	负债和所有者权益（或股东权益）	行次	期末余额	年初余额
4	流动资产：				流动负债：			
5	货币资金	1	7,999,428	14,063,000	短期借款	32	8,330,000	13,000,000

图 7-19　计算短期借款期末余额

19. 计算应付账款期末余额

（1）在“资产负债表”工作表中选中 G8 单元格。

（2）在编辑栏中输入公式“= 总账表 !D19+ 总账表 !F19– 总账表 !E19”，按“Enter”键计算应付账款期末余额，如图 7–20 所示。

G8 =总账表!D19+总账表!F19-总账表!E19

	A	B	C	D	E	F	G	H
1	资　产　负　债　表							
2	编制单位：好利多公司			2023年7月31日			单位：元	
3	资 产	行次	期末余额	年初余额	负债和所有者权益（或股东权益）	行次	期末余额	年初余额
4	流动资产：				流动负债：			
5	货币资金	1	7,999,428	14,063,000	短期借款	32	8,330,000	13,000,000
6	交易性金融资产	2	12,150,000	12,150,000	交易性金融负债	33		
7	应收票据	3	2,460,000	2,460,000	应付票据	34		2,000,000
8	应收账款	4	789,890	3,991,000	应付账款	35	9,195,850	61,548,000

图 7–20　计算应付账款期末余额

20. 计算应付职工薪酬期末余额

（1）在“资产负债表”工作表中选中 G10 单元格。

（2）在编辑栏中输入公式“= 总账表 !G20”，按“Enter”键计算应付职工薪酬期末余额，如图 7–21 所示。

G10 =总账表!G20

	A	B	C	D	E	F	G	H
1	资　产　负　债　表							
2	编制单位：好利多公司			2023年7月31日			单位：元	
3	资 产	行次	期末余额	年初余额	负债和所有者权益（或股东权益）	行次	期末余额	年初余额
4	流动资产：				流动负债：			
8	应收账款	4	789,890	3,991,000	应付账款	35	9,195,850	61,548,000
9	预付款项	5	219,700	2,000,000	预收款项	36		
10	应收利息	6			应付职工薪酬	37	100,000	8,100,000

图 7–21　计算应付职工薪酬期末余额

21. 计算应交税费期末余额

（1）在“资产负债表”工作表中选中 G11 单元格。

（2）在编辑栏中输入公式“= 总账表 !G21”，按“Enter”键计算应交税费期末余额，如图 7-22 所示。

G11 =总账表!G21

	A	B	C	D	E	F	G	H
1	资　产　负　债　表							
2	编制单位：好利多公司			2023年7月31日		单位：元		
3	资　产	行次	期末余额	年初余额	负债和所有者权益（或股东权益）	行次	期末余额	年初余额
4	流动资产：				流动负债：			
8	应收账款	4	789,890	3,991,000	应付账款	35	9,195,850	61,548,000
9	预付款项	5	219,700	2,000,000	预收款项	36		
10	应收利息	6			应付职工薪酬	37	100,000	8,100,000
11	应收股利	7			应交税费	38	489,498	1,366,000

图 7-22　计算应交税费期末余额

22. 计算应付股利期末余额

（1）在“资产负债表”工作表中选中 G13 单元格。

（2）在编辑栏中输入公式“= 总账表 !G23”，按“Enter”键计算应付股利期末余额，如图 7-23 所示。

G13 =总账表!G23

	A	B	C	D	E	F	G	H
1	资　产　负　债　表							
2	编制单位：好利多公司			2023年7月31日		单位：元		
3	资　产	行次	期末余额	年初余额	负债和所有者权益（或股东权益）	行次	期末余额	年初余额
4	流动资产：				流动负债：			
11	应收股利	7			应交税费	38	489,498	1,366,000
12	其他应收款	8	24,770	3,050,000	应付利息	39		
13	存货	9	5,171,499	35,800,000	应付股利	40	930,761	

图 7-23 计算应付股利期末余额

23. 计算其他应付款期末余额

（1）在“资产负债表”工作表中选中 G14 单元格。

（2）在编辑栏中输入公式“= 总账表 !G22”，按“Enter”键计算其他应付款期末余额，如图 7-24 所示。

G14 =总账表!G22

	A	B	C	D	E	F	G	H
1	资　产　负　债　表							
2	编制单位：好利多公司			2023年7月31日			单位：元	
3	资　产	行次	期末余额	年初余额	负债和所有者权益（或股东权益）	行次	期末余额	年初余额
4	流动资产：				流动负债：			
14	一年到期的非流动资产	10			其他应付款	41	16,857	11,500,000

图 7-24　计算其他应付款期末余额

24. 未发生相关业务的流动负债项目

G6，G7，G9，G12，G15，G16 单元格区域为未发生相关业务的流动负债项目，将直接引用“年初余额”值作为“期末余额”值，如图 7-25 所示。

	A	B	C	D	E	F	G	H
1	资　产　负　债　表							
2	编制单位：好利多公司			2023年7月31日			单位：元	
3	资　产	行次	期末余额	年初余额	负债和所有者权益（或股东权益）	行次	期末余额	年初余额
4	流动资产：				流动负债：			
5	货币资金	1	7,999,428	14,063,000	短期借款	32	8,330,000	13,000,000
6	交易性金融资产	2	12,150,000	12,150,000	交易性金融负债	33		
7	应收票据	3	2,460,000	2,460,000	应付票据	34		2,000,000
8	应收账款	4	789,890	3,991,000	应付账款	35	9,195,850	61,548,000
9	预付款项	5	219,700	2,000,000	预收款项	36		
10	应收利息	6			应付职工薪酬	37	100,000	8,100,000
11	应收股利	7			应交税费	38	489,498	1,366,000
12	其他应收款	8	24,770	3,050,000	应付利息	39		
13	存货	9	5,171,499	35,800,000	应付股利	40	930,761	
14	一年到期的非流动资产	10			其他应付款	41	16,857	11,500,000
15	其他流动资产	11	0	0	一年到期的非流动负债	42		

图 7-25　未发生相关业务的流动负债项目

25. 计算流动负债合计

（1）在“资产负债表”工作表中选中 G17 单元格。

（2）在编辑栏中输入公式“=SUM（G5:G16）”，按“Enter”键计算流动负债合计，如图 7-26 所示。

G17　=SUM(G5:G16)

	A	B	C	D	E	F	G	H
1	资　产　负　债　表							
2	编制单位：好利多公司			2023年7月31日			单位：元	
3	资 产	行次	期末余额	年初余额	负债和所有者权益（或股东权益）	行次	期末余额	年初余额
4	流动资产：				流动负债：			
5	货币资金	1	7,999,428	14,063,000	短期借款	32	8,330,000	13,000,000
6	交易性金融资产	2	12,150,000	12,150,000	交易性金融负债	33		
7	应收票据	3	2,460,000	2,460,000	应付票据	34		2,000,000
8	应收账款	4	789,890	3,991,000	应付账款	35	9,195,850	61,548,000
9	预付款项	5	219,700	2,000,000	预收款项	36		
10	应收利息	6			应付职工薪酬	37	100,000	8,100,000
11	应收股利	7			应交税费	38	489,498	1,366,000
12	其他应收款	8	24,770	3,050,000	应付利息	39		
13	存货	9	5,171,499	35,800,000	应付股利	40	930,761	
14	一年到期的非流动资产	10			其他应付款	41	16,857	11,500,000
15	其他流动资产	11	0	0	一年到期的非流动负债	42		
16	流动资产合计	12	28,815,287	73,514,000	其他流动负债	43	2,804,274	20,000,000
17	非流动资产：				流动负债合计	44	21,867,240	117,514,000

图 7–26　计算流动负债合计

26. 计算非流动负债期末余额

引用年初余额，G19:G25 单元格区域为未发生相关业务的非流动负债项目，将直接引用“年初余额”值作为“期末余额”值，如图 7–27 所示。

G19　=H19

	A	B	C	D	E	F	G	H
1	资　产　负　债　表							
2	编制单位：好利多公司			2023年7月31日			单位：元	
3	资 产	行次	期末余额	年初余额	负债和所有者权益（或股东权益）	行次	期末余额	年初余额
4	流动资产：				流动负债：			
17	非流动资产：				流动负债合计	44	21,867,240	117,514,000
18	可供出售金融资产	13			非流动负债：			
19	持有至到期投资	14			长期借款	45	15,000,000	15,000,000
20	长期应收款	15			应付债券	46		
21	长期股权投资	16	25,500,000	25,500,000	长期应付款	47		
22	投资性房地产	17			专项应付款	48		
23	固定资产	18	2,383,407	8,000,000	预计负债	49		
24	在建工程	19	203,668	15.000.000	递延所得税负债	50		
25	工程物资	20			其他非流动负债	51		

图 7–27　计算非流动负债期末余额

27. 计算非流动负债合计

（1）在“资产负债表”工作表中选中 G26 单元格。

（2）在编辑栏中输入公式“=SUM（G19:G25）”，按“Enter”键计算非流动负债合计，如图 7–28 所示。

G26　=SUM(G19:G25)

	A	B	C	D	E	F	G	H
1	资　产　负　债　表							
2			编制单位：好利多公司		2023年7月31日		单位：元	
3	资 产	行次	期末余额	年初余额	负债和所有者权益（或股东权益）	行次	期末余额	年初余额
4	流动资产：				流动负债：			
17	非流动资产：				流动负债合计	44	21,867,240	117,514,000
18	可供出售金融资产	13			非流动负债：			
19	持有至到期投资	14			长期借款	45	15,000,000	15,000,000
20	长期应收款	15			应付债券	46		
21	长期股权投资	16	25,500,000	25,500,000	长期应付款	47		
22	投资性房地产	17			专项应付款	48		
23	固定资产	18	2,383,407	8,000,000	预计负债	49		
24	在建工程	19	203,668	15.000.000	递延所得税负债	50		
25	工程物资	20			其他非流动负债	51		
26	固定资产清理	21			非流动负债合计	52	15,000,000	15,000,000

图 7–28　计算非流动负债合计

28. 计算负债合计

（1）在“资产负债表”工作表中选中 G27 单元格。

（2）在编辑栏中输入公式“=G17+G26”，按“Enter”键计算负债合计，如图 7–29 所示。

G27　=G17+G26

	B	C	D	E	F	G	H
6	2	12,150,000	12,150,000	交易性金融负债	33		
7	3	2,460,000	2,460,000	应付票据	34		2,000,000
8	4	789,890	3,991,000	应付账款	35	9,195,850	61,548,000
9	5	219,700	2,000,000	预收款项	36		
10	6			应付职工薪酬	37	100,000	8,100,000
11	7			应交税费	38	489,498	1,366,000
12	8	24,770	3,050,000	应付利息	39		
13	9	5,171,499	35,800,000	应付股利	40	930,761	
14	10			其他应付款	41	16,857	11,500,000
15	11			一年到期的非流动负债	42		
16	12	20,815,859	73,514,000	其他流动负债	43	2,804,274	20,000,000
17				流动负债合计	44	21,867,240	117,514,000
18	13			非流动负债：			
19	14			长期借款	45	15,000,000	15,000,000
20	15			应付债券	46		
21	16	25,500,000	25,500,000	长期应付款	47		
22	17			专项应付款	48		
23	18	2,700,743	8,000,000	预计负债	49		
24	19	203,668	15.000.000	递延所得税负债	50		
25	20			其他非流动负债	51		
26	21			非流动负债合计	52	15.000.000	15,000,000
27	22			负债合计	53	36,867,240	132,514,000

图 7–29　计算负债合计

计算所有者权益期末余额。

29. 计算实收资本期末余额

（1）在“资产负债表”工作表中选中 G29 单元格。

（2）在编辑栏中输入公式“= 总账表 !G25”，按“Enter”键计算实收资本期末余额，如图 7-30 所示。

=总账表!G25

C	D	E	F	G	H
		一年到期的非流动负债	42		
20,815,859.00	73,514,000.00	其他流动负债	43	2,804,274.00	20,000,000.00
		流动负债合计	44	21,867,240.00	117,514,000.00
		非流动负债：			
		长期借款	45	15,000,000.00	15,000,000.00
		应付债券	46		
25,500,000.00	25,500,000.00	长期应付款	47		
		专项应付款	48		
2,700,743.00	8,000,000.00	预计负债	49		
203,668.00	15.000.000	递延所得税负债	50		
		其他非流动负债	51		
		非流动负债合计	52	15,000,000.00	15,000,000.00
		负债合计	53	36,867,240.00	132,514,000.00
		所有者权益（或股东权益：）			
135,200.00	12,000,000.00	实收资本（或股本）	54	4,000,000.00	4,000,000.00
		资本公积	55	0.00	

图 7-30　计算实收资本期末余额

30. 未发生相关业务的所有者权益项目期末余额

G30:G31 单元格区域为未发生相关业务的所有者权益项目，将直接引用“年初余额”值作为“期末余额”值，如图 7-31 所示。

30	开发支出	25			资本公积	55		
31	商誉	26		-	减：库存股	56		

图 7-31　未发生相关业务的所有者权益项目期末余额

31. 计算盈余公积期末余额

（1）在“资产负债表”工作表中选中 G32 单元格。

（2）在编辑栏中输入公式“= 总账表 !G26”，按“Enter”键计算盈余公积期末余额，如图 7-32 所示。

G32 =总账表!G26

	A	B	C	D	E	F	G	H
1	资　产　负　债　表							
2	编制单位：好利多公司				2023年7月31日		单位：元	
3	资 产	行次	期末余额	年初余额	负债和所有者权益（或股东权益）	行次	期末余额	年初余额
4	流动资产：				流动负债：			
29	无形资产	24	135,200	12,000,000	实收资本（或股本）	54	4,000,000	4,000,000
30	开发支出	25			资本公积	55		
31	商誉	26		-	减：库存股	56		
32	长期待摊销费用	27		-	盈余公积	57	650,337	2,202,475

图 7–32　计算盈余公积期末余额

32. 计算未分配利润期末余额

（1）在“资产负债表”工作表中选中 G33 单元格。

（2）在编辑栏中输入公式“= 总账表 !G27+ 总账表 !G28”，按“Enter”键计算未分配利润期末余额，如图 7–33 所示。

G33 = 总账表 !G27+ 总账表 !G28

	A	B	C	D	E	F	G	H
1	资　产　负　债　表							
2	编制单位：好利多公司				2023年7月31日		单位：元	
3	资 产	行次	期末余额	年初余额	负债和所有者权益（或股东权益）	行次	期末余额	年初余额
4	流动资产：				流动负债：			
32	长期待摊销费用	27		-	盈余公积	57	650,337	2,202,475
33	递延所得税资产	28		-	未分配利润	58	20,722,460	500,000

图 7–33　计算未分配利润期末余额

33. 计算所有者权益合计

（1）在“资产负债表”工作表中选中 G34 单元格。

（2）在编辑栏中输入公式“=G29 + G30 − G31 + G32 + G33”，按“Enter”键计算所有者权益合计，如图 7–34 所示。

G34 =G29+G30-G31+G32+G33

	A	B	C	D	E	F	G	H
1	资　产　负　债　表							
2	编制单位：好利多公司				2023年7月31日		单位：元	
3	资 产	行次	期末余额	年初余额	负债和所有者权益（或股东权益）	行次	期末余额	年初余额
4	流动资产：				流动负债：			
26	固定资产清理	21			非流动负债合计	52	15,000,000	15,000,000
27	生产性生物资产	22			负债合计		36,867,240	132,514,000
28	油气资产	23			所有者权益（或股东权益：）	53		
29	无形资产	24	135,200	12,000,000	实收资本（或股本）	54	4,000,000	4,000,000
30	开发支出	25			资本公积	55		
31	商誉	26		-	减：库存股	56		
32	长期待摊销费用	27		-	盈余公积	57	650,337	2,202,475
33	递延所得税资产	28		-	未分配利润	58	20,722,460	500,000
34	其他非流动资产	29	5,202,475	5,202,475	所有者权益（或股东权益）合计	59	25,372,797	6,702,475

图 7–34　计算所有者权益合计

34. 计算负债与所有者权益合计

（1）在“资产负债表”工作表中选中 G36 单元格。

（2）在编辑栏中输入公式“=G27+G34”，按“Enter”键计算负债与所有者权益合计，如图 7-35 所示。

G36　=G27+G34

	A	B	C	D	E	F	G	H
1	资　产　负　债　表							
2		编制单位：好利多公司			2023年7月31日		单位：元	
3	资　产	行次	期末余额	年初余额	负债和所有者权益（或股东权益）	行次	期末余额	年初余额
4	流动资产：				流动负债：			
26	固定资产清理	21			非流动负债合计	52	15,000,000	15,000,000
27	生产性生物资产	22			负债合计		36,867,240	132,514,000
28	油气资产	23			所有者权益（或股东权益：）	53		
29	无形资产	24	135,200	12,000,000	实收资本（或股本）	54	4,000,000	4,000,000
30	开发支出	25			资本公积	55		
31	商誉	26		-	减：库存股	56		
32	长期待摊销费用	27		-	盈余公积	57	650,337	2,202,475
33	递延所得税资产	28		-	未分配利润	58	20,722,460	500,000
34	其他非流动资产	29	5,202,475	5,202,475	所有者权益（或股东权益）合计	59	25,372,797	6,702,475
35	非流动资产合计	30	33,424,750	65,702,475				
36	资产合计	31	62,240,037	139,216,475	负债与所有者（或股东权益）合计	60	62,240,037	139,216,475

图 7-35　计算负债与所有者权益合计

7.2　Excel 在利润表中的应用

7.2.1　利润表概述

利润表是反映企业在一定会计期间经营成果的报表。

通过提供利润表，可以反映一定会计期间的收入、费用、利润（或亏损）的数额，构成情况，帮助财务报表使用者全面了解企业的经营成果，分析企业的获利能力及盈利增长趋势，从而为其做出经济决策提供依据。

7.2.2　设置利润表格式

利润表是反映企业一定期间内生产经营成果的会计报表。利润表把一定期间内的营业收入与其同一会计期间相关营业费用进行配比，以计算出企业一定时期的净利润。通过利润表反映的收入费用等情况，能够反映企业生产经营的收入情况以及费用耗费情况，表明企业一定时期内的生产经营成果。利润是企业经营业绩的综合体现，又是进行利润分配的主要依据。

目前比较普遍的利润表格式为多步式，多步式利润表是经过计算营业利润、利润总额多个步骤，最后计算净利润而编制成的利润表，如图 7–36 所示。

	A	B	C	D
1	利润表			
2	编制单位：	20××年×月×日		单位：元
3	项目	行次	本期金额	上期金额
4	一、营业收入	1		
5	减：营业成本	2		
6	税金及附加	3		
7	销售费用	4		
8	管理费用	5		
9	研发费用	6		
10	财务费用	7		
11	其中：利息费用	8		
12	利息收入	9		
13	加：其他收益	10		
14	投资收益（损失以"-"号填列）	11		
15	其中：对联营企业和合营企业的投资收益	12		
16	公允价值变动收益（损失以"-"号填列）	13		
17	资产减值损失（损失以"-"号填列）	14		
18	资产处置收益（损失以"-"号填列）	15		
19	二、营业利润（亏损以"-"号填列）	16		
20	加：营业外收入	17		
21	减：营业外支出	18		
22	三、利润总额（亏损总额以"-"号填列）	19		
23	减：所得税费用	20		
24	四、净利润（净亏损以"-"号填列）	21		

图 7–36　利润表

7.2.3　编制利润表

我国企业利润表的主要编制步骤内容如下。

（1）以营业收入为基础，减去营业成本、税金及附加、销售费用、管理费用、财务费用等，加上其他收益，计算营业利润。

（2）以营业利润为基础，加上营业外收入，减去营业外支出，计算出利润总额。

（3）以利润总额为基础，减去所得税费用，计算出净利润（或亏损）。

普通股或潜在普通股已公开交易的企业，以及正处于公开发行普通股或潜在普通股过程的企业，还应当在利润表中列示每股收益信息。

下面将介绍利润表的编制，同资产负债表一样，首先需要建立总账表。

1. 建立总账表

（1）启动 Excel 2016，并新建一个工作簿，将其命名为“总账表”。打开工作簿，将鼠标指向左下角标签处，双击“Sheet1”工作表，将工作表重命名为“总账表”。

（2）对照图 7–2 输入文本，录入初始数据，并进行格式调整。

2. 建立上期利润表

（1）选择“Sheet2”工作表标签，重命名为“2022 年利润表”。

（2）对照图 7-37，输入文本，并进行格式调整。

	A	B	C	D
1	2022 年利润表			
2	编制单位：好利多公司	2022年7月31日		单位：元
3	项目	行次	本期金额	上期金额
4	一、营业收入	1	5,835,000.00	5,255,000.00
5	减：营业成本	2	4,726,600.00	3,746,600.00
6	税金及附加	3	12,083.00	20,083.00
7	销售费用	4	207,150.00	157,100.00
8	管理费用	5	12,200.00	251,200.00
9	研发费用	6		
10	财务费用	7	26,030.00	30,030.00
11	其中：利息费用	8	26,030.00	30,030.00
12	利息收入	9	-	-
13	加：其他收益	10	-	-
14	投资收益（损失以"-"号填列）	11	-	-
15	其中：对联营企业和合营企业的投资收益	12		
16	公允价值变动收益（损失以"-"号填列）	13		
17	资产减值损失（损失以"-"号填列）	14		
18	资产处置收益（损失以"-"号填列）	15		
19	二、营业利润（亏损以"-"号填列）	16	850,937.00	1,049,987.00
20	加：营业外收入	17	-	-
21	减：营业外支出	18	184,500.00	104,500.00
22	三、利润总额（亏损总额以"-"号填列）	19	666,437.00	945,487.00
23	减：所得税费用	20	166,609.25	236,371.75
24	四、净利润（净亏损以"-"号填列）	21	499,827.75	709,115.25

图 7-37　建立上期利润表

3. 建立本期利润表

（1）选择"Sheet3"工作表标签，重命名为"利润表"。

（2）对照图 7-38，输入文本，并进行格式调整。

	A	B	C	D
1	利润表			
2	编制单位：	2023年7月31日		单位：元
3	项目	行次	本期金额	上期金额
4	一、营业收入	1		
5	减：营业成本	2		
6	税金及附加	3		
7	销售费用	4		
8	管理费用	5		
9	研发费用	6		
10	财务费用	7		
11	其中：利息费用	8		
12	利息收入	9		
13	加：其他收益	10		
14	投资收益（损失以"-"号填列）	11		
15	其中：对联营企业和合营企业的投资收益	12		
16	公允价值变动收益（损失以"-"号填列）	13		
17	资产减值损失（损失以"-"号填列）	14		
18	资产处置收益（损失以"-"号填列）	15		
19	二、营业利润（亏损以"-"号填列）	16		
20	加：营业外收入	17		
21	减：营业外支出	18		
22	三、利润总额（亏损总额以"-"号填列）	19		
23	减：所得税费用	20		
24	四、净利润（净亏损以"-"号填列）	21		

图 7-38　建立本期利润表

表格和期初数据录入后，下面我们首先计算营业收入。

4. 引用其他单元格数据

（1）在“利润表”工作表中选中 D4:D24 单元格区域。

（2）在编辑栏中输入公式“='2022 年利润表'!C4:C24”，按“Ctrl+Enter”快捷键引用“2022 年利润表”中的“本期金额”，作为“利润表”中的“上期金额”，如图 7-39 所示。

D4　='2022年利润表'!C4:C24

	A	B	C	D
1	利润表			
2	编制单位：好利多公司		2023年7月31日	单位：元
3	项目	行次	本期金额	上期金额
4	一、营业收入	1		5,835,000.00
5	减：营业成本	2		4,726,600.00
6	税金及附加	3		12,083.00
7	销售费用	4		207,150.00
8	管理费用	5		0.00
9	研发费用	6		12,200.00
10	财务费用	7		26,030.00
11	其中：利息费用	8		26,030.00
12	利息收入	9		-
13	加：其他收益	10		-
14	投资收益（损失以“-”号填列）	11		-
15	其中：对联营企业和合营企业的投资收益	12		0.00
16	公允价值变动收益（损失以“-”号填列）	13		0.00
17	资产减值损失（损失以“-”号填列）	14		0.00
18	资产处置收益（损失以“-”号填列）	15		0.00
19	二、营业利润（亏损以“-”号填列）	16		850,937.00
20	加：营业外收入	17		-
21	减：营业外支出	18		184,500.00
22	三、利润总额（亏损总额以“-”号填列）	19		666,437.00
23	减：所得税费用	20		166,609.25
24	四、净利润（净亏损以“-”号填列）	21		499,827.75

图 7-39　引用 2022 年利润表数据填入“上期金额”列

5. 计算营业收入

（1）在“利润表”工作表中选中 C4 单元格。

（2）在编辑栏中输入公式“= 总账表 !E31”，按“Enter”键计算营业收入，如图 7-40 所示。

C4　=总账表!E31

	A	B	C	D	E
1	利润表				
2	编制单位：好利多公司		2023年7月31日	单位：元	
3	项目	行次	本期金额	上期金额	
4	一、营业收入	1	5,724,000.00	5,835,000.00	
5	减：营业成本	2		4,726,600.00	
6	税金及附加	3		12,083.00	

图 7-40　计算营业收入

6. 计算营业成本

（1）在“利润表”工作表中选中 C5 单元格。

（2）在编辑栏中输入公式“= 总账表 !E32”，按“Enter”键计算营业成本，如图 7-41 所示。

C5　=总账表!E32

利润表			
编制单位：好利多公司	2023年7月31日		单位：元
项目	行次	本期金额	上期金额
一、营业收入	1	5,724,000.00	5,835,000.00
减：营业成本	2	3,716,688.00	4,726,600.00
税金及附加	3		12,083.00

图 7-41　计算营业成本

7. 计算税金及附加

（1）在“利润表”工作表中选中 C6 单元格。

（2）在编辑栏中输入公式“= 总账表 !E33”，按“Enter”键计算税金及附加，如图 7-42 所示。

C6　=总账表!E33

利润表			
编制单位：好利多公司	2023年7月31日		单位：元
项目	行次	本期金额	上期金额
一、营业收入	1	5,724,000.00	5,835,000.00
减：营业成本	2	3,716,688.00	4,726,600.00
税金及附加	3	9,087.00	12,083.00
销售费用	4		207,150.00

图 7-42　计算税金及附加

8. 计算销售费用

（1）在“利润表”工作表中选中 C7 单元格。

（2）在编辑栏中输入公式“= 总账表 !E34”，按“Enter”键计算销售费用，如图 7-43 所示。

C7　=总账表!E34

利润表			
编制单位：好利多公司	2023年7月31日		单位：元
项目	行次	本期金额	上期金额
一、营业收入	1	5,724,000.00	5,835,000.00
减：营业成本	2	3,716,688.00	4,726,600.00
税金及附加	3	9,087.00	12,083.00
销售费用	4	391,900.00	207,150.00

图 7-43　计算销售费用

9. 计算管理费用

（1）在“利润表”工作表中选中 C8 单元格。

（2）在编辑栏中输入公式“= 总账表 !E35”，按“Enter”键计算管理费用，如图 7-44 所示。

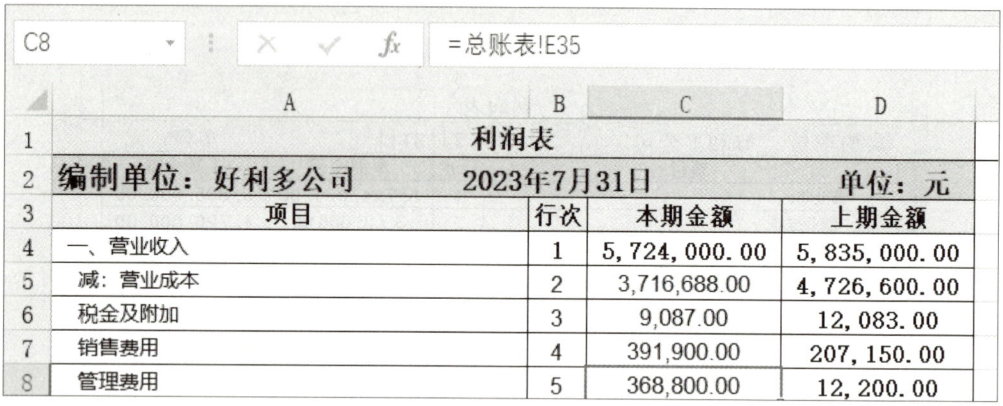

C8　=总账表!E35

利润表			
编制单位：好利多公司	2023年7月31日		单位：元
项目	行次	本期金额	上期金额
一、营业收入	1	5,724,000.00	5,835,000.00
减：营业成本	2	3,716,688.00	4,726,600.00
税金及附加	3	9,087.00	12,083.00
销售费用	4	391,900.00	207,150.00
管理费用	5	368,800.00	12,200.00

图 7-44　计算管理费用

10. 计算财务费用

（1）在“利润表”工作表中选中 C10 单元格。

（2）在编辑栏中输入公式“= 总账表 !E36”，按“Enter”键计算财务费用，如图 7-45 所示。

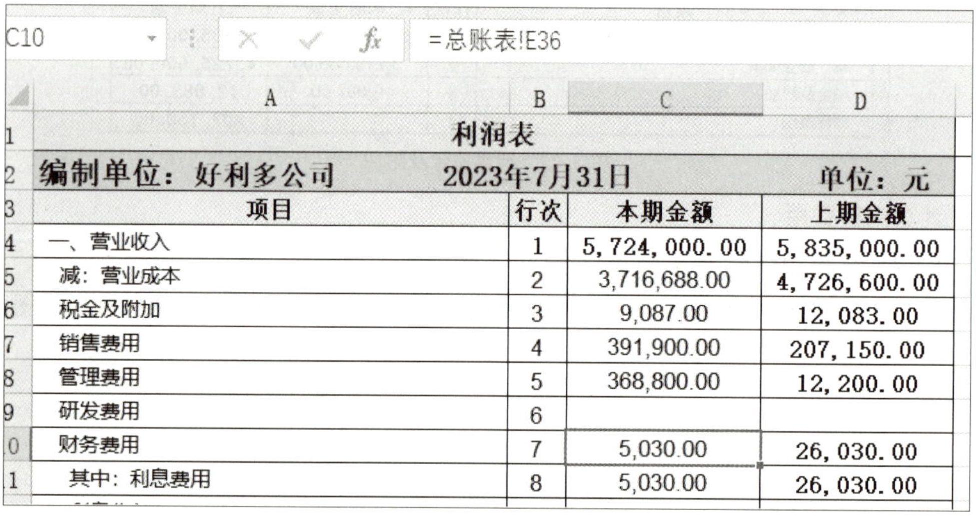

C10　=总账表!E36

利润表			
编制单位：好利多公司	2023年7月31日		单位：元
项目	行次	本期金额	上期金额
一、营业收入	1	5,724,000.00	5,835,000.00
减：营业成本	2	3,716,688.00	4,726,600.00
税金及附加	3	9,087.00	12,083.00
销售费用	4	391,900.00	207,150.00
管理费用	5	368,800.00	12,200.00
研发费用	6		
财务费用	7	5,030.00	26,030.00
其中：利息费用	8	5,030.00	26,030.00

图 7-45　计算财务费用

11. 未发生相关业务的项目

C13:C18 单元格区域为未发生相关业务的项目，将直接引用“上期金额”值作为“本期金额”的值，如图 7-46 所示。

C13　=D13

利润表			
编制单位：好利多公司　　2023年7月31日			单位：元
项目	行次	本期金额	上期金额
一、营业收入	1	5,724,000.00	5,835,000.00
减：营业成本	2	3,716,688.00	4,726,600.00
税金及附加	3	9,087.00	12,083.00
销售费用	4	391,900.00	207,150.00
管理费用	5	368,800.00	12,200.00
研发费用	6		
财务费用	7	5,030.00	26,030.00
其中：利息费用	8	5,030.00	26,030.00
利息收入	9		-
加：其他收益	10	0.00	0.00
投资收益（损失以"-"号填列）	11	0.00	0.00
其中：对联营企业和合营企业的投资收益	12	0.00	0.00
公允价值变动收益（损失以"-"号填列）	13	0.00	0.00
资产减值损失（损失以"-"号填列）	14	0.00	0.00
资产处置收益（损失以"-"号填列）	15	0.00	0.00

图 7-46　未发生相关业务的项目

计算营业利润。

12. 计算营业利润

（1）在"利润表"工作表中选中 C19 单元格。

（2）在编辑栏中输入公式"=C4-SUM（C5:C10）"，按"Enter"键计算营业利润，如图 7-47 所示。

C19　=C4-SUM(C5:C10)

利润表			
编制单位：好利多公司　　2023年7月31日			单位：元
项目	行次	本期金额	上期金额
一、营业收入	1	5,724,000.00	5,835,000.00
减：营业成本	2	3,716,688.00	4,726,600.00
税金及附加	3	9,087.00	12,083.00
销售费用	4	391,900.00	207,150.00
管理费用	5	368,800.00	12,200.00
研发费用	6		
财务费用	7	5,030.00	26,030.00
其中：利息费用	8	5,030.00	26,030.00
利息收入	9		-
加：其他收益	10	0.00	0.00
投资收益（损失以"-"号填列）	11	0.00	0.00
其中：对联营企业和合营企业的投资收益	12	0.00	0.00
公允价值变动收益（损失以"-"号填列）	13	0.00	0.00
资产减值损失（损失以"-"号填列）	14	0.00	0.00
资产处置收益（损失以"-"号填列）	15	0.00	0.00
二、营业利润（亏损以"-"号填列）	16	1,232,495.00	850,937.00

图 7-47　计算营业利润

13. 计算营业外支出

（1）在“利润表”工作表中选中 C21 单元格。

（2）在编辑栏中输入公式“= 总账表 !E37”，按“Enter”键计算营业外支出，如图 7-48 所示。

C21　　=总账表!E37

	A	B	C	D
1	利润表			
2	编制单位：好利多公司　　2023年7月31日			单位：元
3	项目	行次	本期金额	上期金额
4	一、营业收入	1	5,724,000.00	5,835,000.00
5	减：营业成本	2	3,716,688.00	4,726,600.00
6	税金及附加	3	9,087.00	12,083.00
7	销售费用	4	391,900.00	207,150.00
8	管理费用	5	368,800.00	12,200.00
9	研发费用	6		
10	财务费用	7	5,030.00	26,030.00
11	其中：利息费用	8	5,030.00	26,030.00
12	利息收入	9		-
13	加：其他收益	10	0.00	0.00
14	投资收益（损失以“-”号填列）	11	0.00	0.00
15	其中：对联营企业和合营企业的投资收益	12	0.00	0.00
16	公允价值变动收益（损失以“-”号填列）	13	0.00	0.00
17	资产减值损失（损失以“-”号填列）	14	0.00	0.00
18	资产处置收益（损失以“-”号填列）	15	0.00	0.00
19	二、营业利润（亏损以“-”号填列）	16	1,232,495.00	850,937.00
20	加：营业外收入	17		-
21	减：营业外支出	18	182,500.00	184,500.00

图 7-48　计算营业外支出

计算利润总额与净利润。

14. 计算利润总额

（1）在“利润表”工作表中选中 C22 单元格。

（2）在编辑栏中输入公式“=C19-C21”，按“Enter”键计算利润总额，如图 7-49 所示。

C22　fx　=C19-C21

	A	B	C	D
1	利润表			
2	编制单位：好利多公司　　2023年7月31日			单位：元
3	项目	行次	本期金额	上期金额
4	一、营业收入	1	5,724,000.00	5,835,000.00
5	减：营业成本	2	3,716,688.00	4,726,600.00
6	税金及附加	3	9,087.00	12,083.00
7	销售费用	4	391,900.00	207,150.00
8	管理费用	5	368,800.00	12,200.00
9	研发费用	6		
10	财务费用	7	5,030.00	26,030.00
11	其中：利息费用	8	5,030.00	26,030.00
12	利息收入	9		-
13	加：其他收益	10	0.00	0.00
14	投资收益（损失以“-”号填列）	11	0.00	0.00
15	其中：对联营企业和合营企业的投资收益	12	0.00	0.00
16	公允价值变动收益（损失以“-”号填列）	13	0.00	0.00
17	资产减值损失（损失以“-”号填列）	14	0.00	0.00
18	资产处置收益（损失以“-”号填列）	15	0.00	0.00
19	二、营业利润（亏损以“-”号填列）	16	1,232,495.00	850,937.00
20	加：营业外收入	17		-
21	减：营业外支出	18	182,500.00	184,500.00
22	三、利润总额（亏损总额以“-”号填列）	19	1,049,995.00	666,437.00

图 7-49　计算利润总额

15. 计算所得税费用

（1）在“利润表”工作表中选中 C23 单元格。

（2）在编辑栏中输入公式“=C22*0.25”，按“Enter”键计算所得税费用，如图 7-50 所示。

C23　fx　=C22*0.25

	A	B	C	D
1	利润表			
2	编制单位：好利多公司　　2023年7月31日			单位：元
3	项目	行次	本期金额	上期金额
4	一、营业收入	1	5,724,000.00	5,835,000.00
5	减：营业成本	2	3,716,688.00	4,726,600.00
6	税金及附加	3	9,087.00	12,083.00
7	销售费用	4	391,900.00	207,150.00
8	管理费用	5	368,800.00	12,200.00
9	研发费用	6		
10	财务费用	7	5,030.00	26,030.00
11	其中：利息费用	8	5,030.00	26,030.00
12	利息收入	9		-
13	加：其他收益	10	0.00	0.00
14	投资收益（损失以“-”号填列）	11	0.00	0.00
15	其中：对联营企业和合营企业的投资收益	12	0.00	0.00
16	公允价值变动收益（损失以“-”号填列）	13	0.00	0.00
17	资产减值损失（损失以“-”号填列）	14	0.00	0.00
18	资产处置收益（损失以“-”号填列）	15	0.00	0.00
19	二、营业利润（亏损以“-”号填列）	16	1,232,495.00	850,937.00
20	加：营业外收入	17		-
21	减：营业外支出	18	182,500.00	184,500.00
22	三、利润总额（亏损总额以“-”号填列）	19	1,049,995.00	666,437.00
23	减：所得税费用	20	262,498.75	166,609.25

图 7-50　计算所得税费用

16. 计算净利润

（1）在“利润表”工作表中选中 C24 单元格。

（2）在编辑栏中输入公式“=C22−C23”，按“Enter”键计算净利润，如图 7−51 所示。

C24　　=C22-C23

	A	B	C	D
1	利润表			
2	编制单位：好利多公司　　2023年7月31日			单位：元
3	项目	行次	本期金额	上期金额
4	一、营业收入	1	5,724,000.00	5,835,000.00
5	减：营业成本	2	3,716,688.00	4,726,600.00
6	税金及附加	3	9,087.00	12,083.00
7	销售费用	4	391,900.00	207,150.00
8	管理费用	5	368,800.00	12,200.00
9	研发费用	6		
10	财务费用	7	5,030.00	26,030.00
11	其中：利息费用	8	5,030.00	26,030.00
12	利息收入	9		-
13	加：其他收益	10	0.00	0.00
14	投资收益（损失以“-”号填列）	11	0.00	0.00
15	其中：对联营企业和合营企业的投资收益	12	0.00	0.00
16	公允价值变动收益（损失以“-”号填列）	13	0.00	0.00
17	资产减值损失（损失以“-”号填列）	14	0.00	0.00
18	资产处置收益（损失以“-”号填列）	15	0.00	0.00
19	二、营业利润（亏损以“-”号填列）	16	1,232,495.00	850,937.00
20	加：营业外收入	17		-
21	减：营业外支出	18	182,500.00	184,500.00
22	三、利润总额（亏损总额以“-”号填列）	19	1,049,995.00	666,437.00
23	减：所得税费用	20	262,498.75	166,609.25
24	四、净利润（净亏损以“-”号填列）	21	787,496.25	499,827.75

图 7−51　计算净利润

7.3　能力训练

1. 编制资产负债表。
2. 编制利润表。

第8章　Excel在固定资产管理中的应用

案例导读

A企业通过市场调查发现，目前企业的生产设备甲有新的替代型号。通过对比可以得知，旧设备原值650 000元，已提折旧195 000元，已使用2年，还可使用4年，预计使用期满后无残值。旧设备每年可带来营业收入210 000元，年需耗费付现成本75 000元。如果现在出售此设备可得价款30 000元，拟更换的新设备的购置成本为100 000元，估计可使用5年，预计净残值10 000元。新设备每年可带来营业收入275 000元，每年需耗费付现成本50 000元。企业的资本成本（贴现率）为10%，请使用Excel I2016分析A公司是否需要更新设备？那么又如何利用Excel建立固定资产管理系统？

根据《企业会计准则》规定，固定资产是指企业拥有或控制的，为生产商品、提供劳务、出租或经营管理而持有的，使用期限超过1年的房屋、设备、器具、工具等。固定资产作为企业重要的资产组成部分，在企业生产经营过程以及资产管理中都处于较为重要的地位，企业应当核算固定资产的增加、日常的使用、改扩建支出、固定资产变更以及固定资产减少等。因此，我们可以利用Excel建立固定资产系统来对其进行管理。

8.1　固定资产卡片账的管理

8.1.1　固定资产台账的建立

固定资产台账是固定资产管理中的基础数据，是会计根据固定资产的项目制作的，用来进行固定资产的明细核算。通常情况下固定资产台账记录了物资的购入时间、价格、经办人或部门等信息，是财务人员记录、核算与管理固定资产的主要手段，下面将添加固定资产台账（固定资产表单）。具体工作如下。

1. 新建工作簿

（1）启动Excel 2016，并新建一个工作簿，将其命名为“固定资产表单”。打开工作簿，将鼠标指向左下角标签处，双击“Sheet1”工作表，将工作表重名为“固定资产表单”。

（2）选择A1单元格，输入表格标题“固定资产表单”，如图8-1所示。

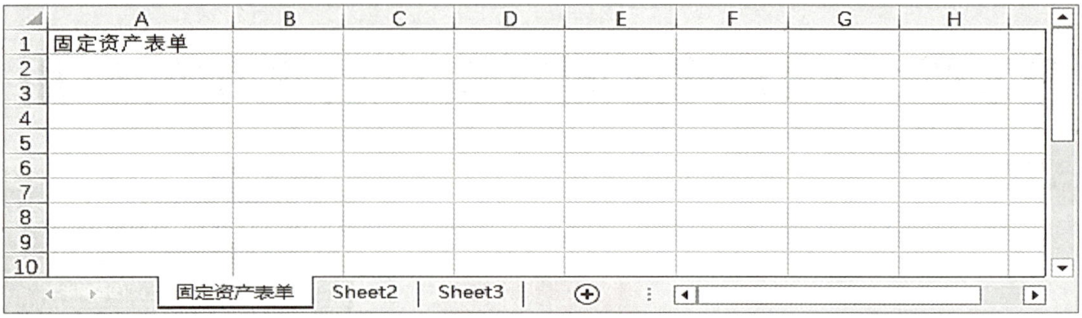

图 8-1　工作表命名

2. 添加工作簿内容

（1）在 A2:L2 单元格区域添加制表人以及制表日期信息。

（2）在 A3:L3 单元格区域依次输入固定资产编号、固定资产名称、购买日期、资产类型、规格和开始使用日期等信息，并调整其列宽，如图 8-2 所示。

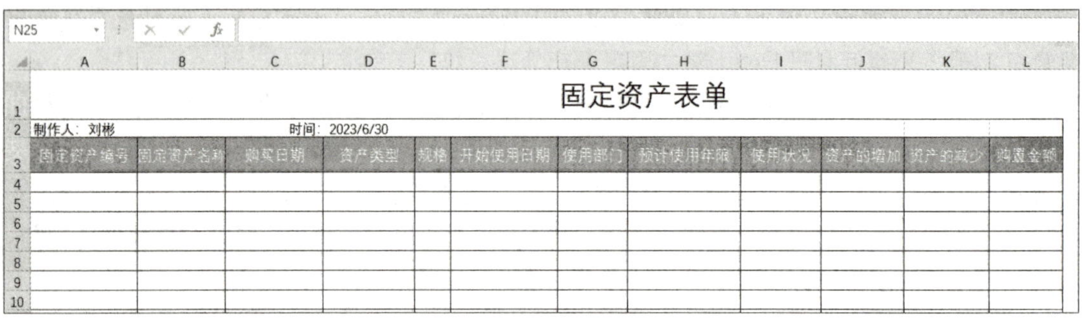

图 8-2　固定资产表单

3. 设置单元格样式

（1）选择 A1:L1 单元格区域，合并居中选中的单元格，并设置格式为“方正水黑简体，24 号，加粗”。

（2）选择 A3:L3 单元格区域，设置格式为“方正兰亭黑简体，12 号”，将表格字段的填充色设置为“蓝色，强调颜色 1”，字体颜色设置为“白色”，并调整其间距。

4. 录入初始数据

根据图 8-3 所示，录入初始数据，并进行格式调整。

	A	B	C
1			
2	制作人：刘彬		时间：
3	固定资产编号	固定资产名称	购买日期
4	A001	电脑	2023/6/20
5	A002	数控车床	2016/6/7
6	A003	叉车	2017/9/2
7	A004	投影仪	2016/10/9
8	A005	车间	2016/11/10
9	A006	厂房	2019/2/15
10	A007	卡车	2017/2/20
11	A008	装载机	2017/4/5
12	A009	面包车	2017/5/18
13	A010	汽车	2018/7/10
14	A011	电脑	2017/9/20
15	A012	空调	2019/9/20
16	A013	电视	2022/12/3
17	A014	包装机	2018/3/2
18	A015	产品机	2018/3/12
19	A016	车间	2020/4/5
20	A017	商务车	2022/6/27
21	A018	拖车	2023/5/27
22	A019	电脑	2023/6/25

图 8-3　录入初始数据

5. 打开“数据验证”对话框

（1）选择 D4:D22 单元格区域

（2）选择“数据”，单击“数据验证”按钮，如图 8-4 所示。

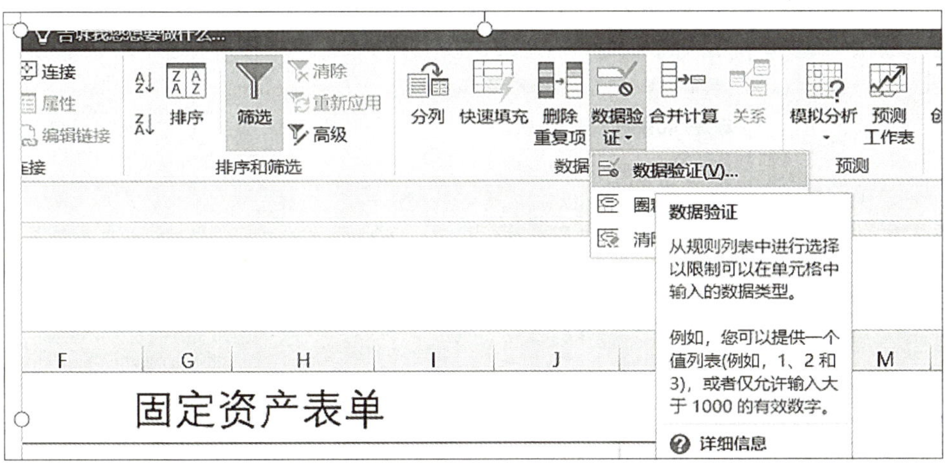

图 8-4　设置数据验证

6. 设置资产类型的有效性文本

（1）打开“数据验证”对话框，选择“设置”选项卡。

（2）在“允许”下拉列表框中选择“序列”选项。

（3）在“来源”文本框中输入“房屋建筑物，机械设备，运输设备，电子设备”，如图 8-5 所示。

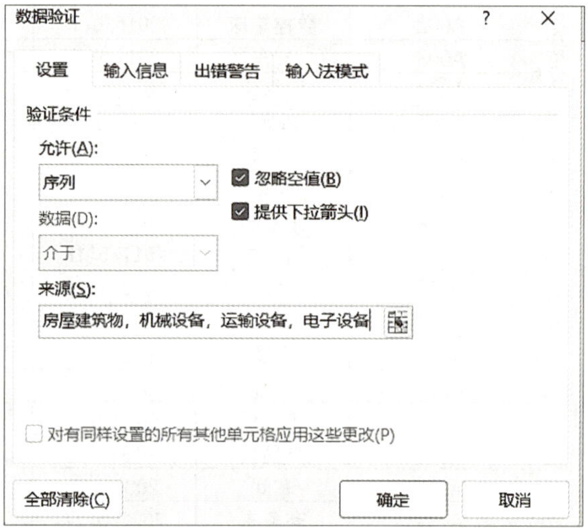

图 8-5　在对话框中输入信息

7. 设置提示信息

（1）选择“输入信息”选项卡。

（2）在“输入信息”文本框中输入需要设置的提示信息，在这里输入“请输入固定资产类别”。

（3）单击“确定”按钮，如图 8-6 所示。

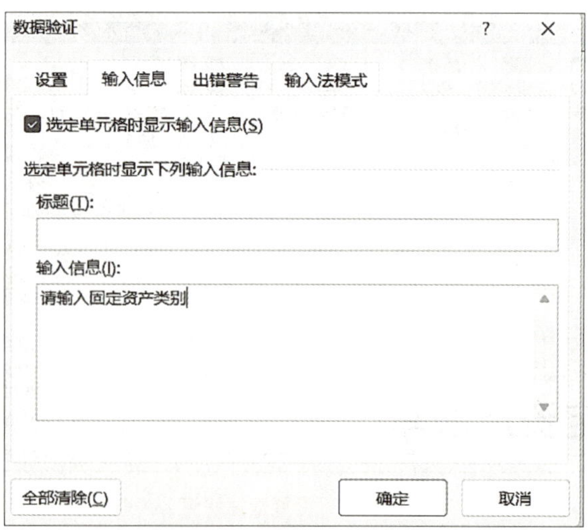

图 8-6　输入“请输入固定资产类别”

8. 设置资产类型

返回工作表，选择 D4:D22 单元格区域任何单元格，单元格右侧都会出现一个按钮，在弹出的下拉列表中选择需要的“资产类型”选项，具体信息如图 8-7 所示。

图 8-7　“资产类型”可用下拉按钮选择

9. 设置资产使用部门的有效性文本

（1）选择 G4:G22 单元格区域。

（2）使用相同的方法（同步骤 5）打开“数据验证”对话框，在“来源”文本框中输入“生产部，技术部，采购部，营销部，行政部”。

（3）单击“确定”按钮，如图 8-8 所示。

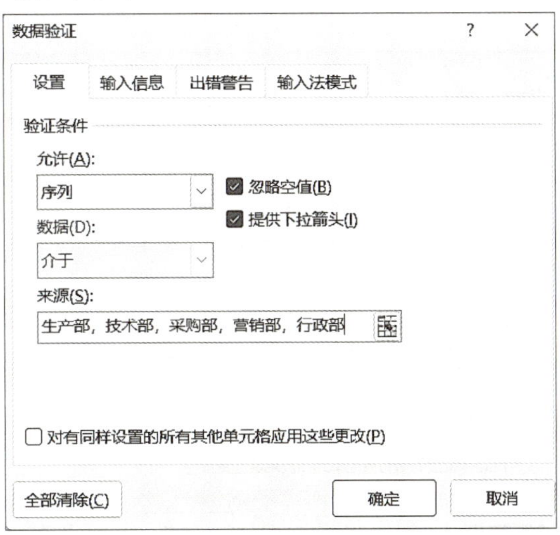

图 8-8　在对话框中输入信息

10. 设置部门类别

选择 G4:G22 单元格区域中的单元格，在单元格右侧弹出的下拉列表中选择该固定资产所属部门，具体信息如图 8-9 所示。

图 8-9　选择部门

11. 设置资产使用状况的有效性文本

（1）选择 I4:I22 单元格区域。

（2）使用相同的方法（同步骤 5）打开“数据验证”对话框，在“来源”文本框中输入“更新，在用，维修，停用”。

（3）单击“确定”按钮，如图 8-10 所示。

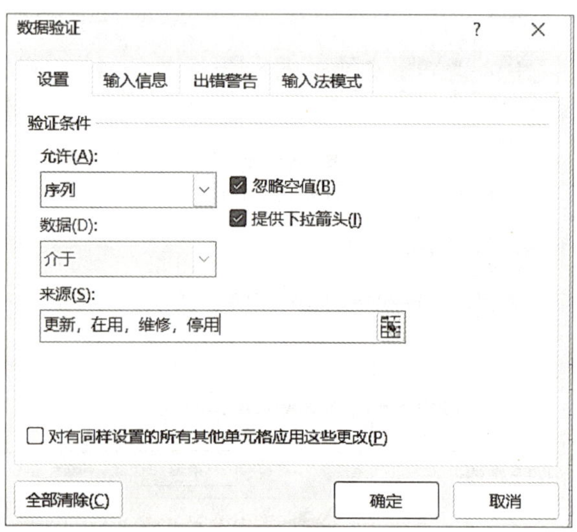

图 8-10　在对话框中输入信息

12. 设置使用状况

选择 I4:I22 单元格区域中的单元格，在单元格右侧弹出的下拉列表中选择该固定资产使用状况，具体信息如图 8-11 所示。

计使用年	使用状况
5	在用
10	在用
10	维修
5	在用
30	在用
30	在用
8	维修
10	在用
8	停用
10	在用
5	停用
5	在用
5	在用
10	更新
10	在用
30	在用
10	维修
10	在用
5	在用

图 8-11　设置使用状况

13. 设置资产增加的有效性文本

（1）选择 J4:J22 单元格区域。

（2）使用相同的方法（同步骤 5）打开“数据验证”对话框，在“来源”文本框中输入“直接购入，投资者投入，调拨”。

（3）单击“确定”按钮，如图 8-12 所示。

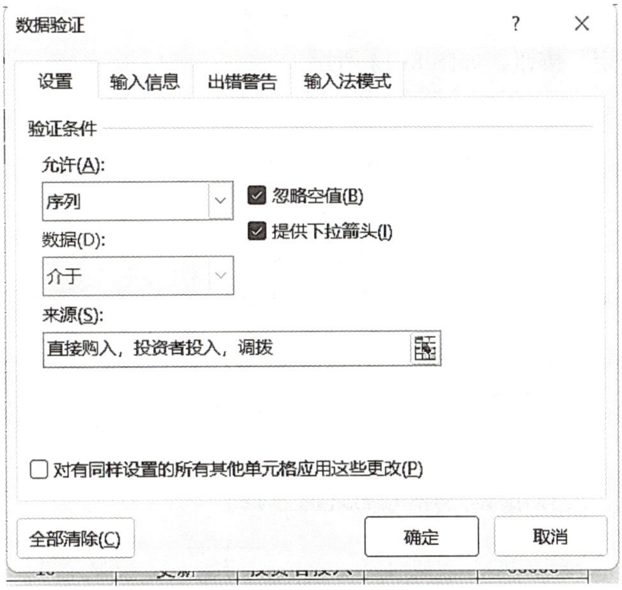

图 8-12　在对话框中输入信息

14. 设置固定资产增加的类型

选择 J4:J22 单元格区域中的单元格，在单元格右侧弹出的下拉列表中选择该固定资产增加的原因，具体信息如图 8-13 所示。

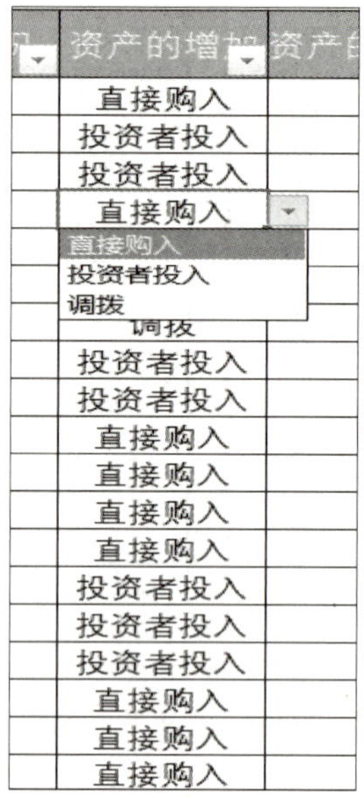

图 8-13　选择增加的原因

15. 设置“资产的减少”项目的有效性文本

（1）选择 K4:K22 单元格区域。

（2）使用相同的方法（同步骤 5）打开“数据验证”对话框，在“来源”文本框中输入“出售，报废，调拨，投资”。

（3）单击“确定”按钮，如图 8-14 所示。

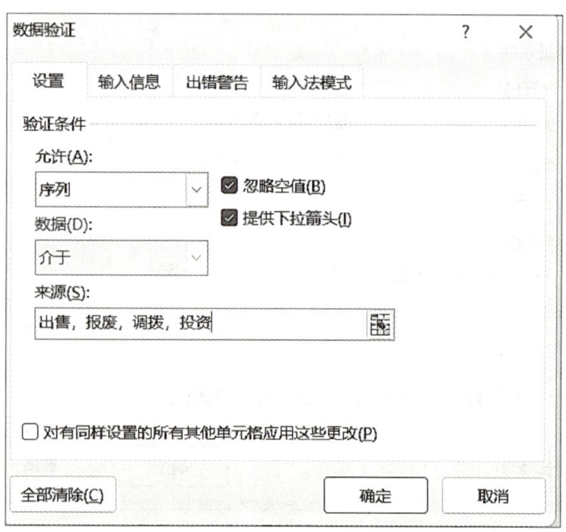

图 8-14　在对话框中输入信息

16. 查看设置后的效果

选择 K4:K22 单元格区域中的单元格，在单元格右侧弹出的下拉列表中选择该固定资产减少的原因，具体信息如图 8-15 所示。

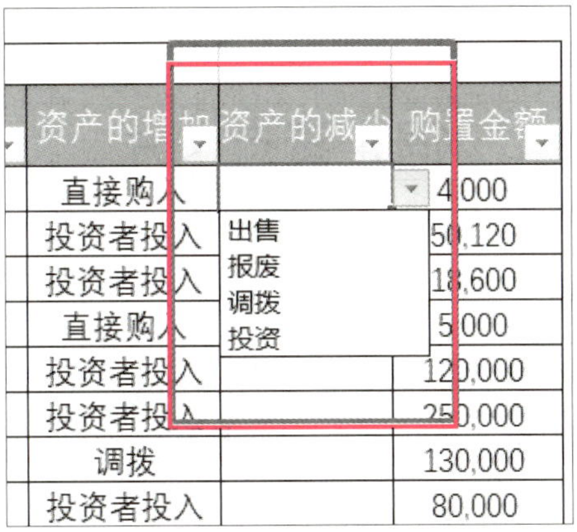

图 8-15　选择减少的原因

至此，固定资产台账建立完毕，效果如 8-16 所示。

固定资产表单

制作人：刘彬　　时间：2023/6/30

固定资产编号	固定资产名称	购买日期	资产类型	规格	开始使用日期	使用部门	预计使用年限	使用状况	资产的增加	资产的减少	购置金额
A001	电脑	2023/6/20	电子设备	1台	2023/6/23	行政部	5	在用	直接购入		4000
A002	数控车床	2016/6/7	机械设备	2台	2016/8/7	采购部	10	在用	投资者投入		50120
A003	叉车	2017/9/2	机械设备	1台	2017/10/2	技术部	10	维修	投资者投入		18600
A004	投影仪	2016/10/9	电子设备	1台	2016/10/10	行政部	5	在用	直接购入		5000
A005	车间	2016/11/10	房屋建筑物	1座	2016/12/23	生产部	30	在用	投资者投入		120000
A006	厂房	2019/2/15	房屋建筑物	1间	2019/8/5	采购部	30	在用	投资者投入		250000
A007	卡车	2017/2/20	运输设备	1辆	2017/2/20	生产部	8	维修	调拨		130000
A008	装载机	2017/4/5	运输设备	1辆	2017/4/12	采购部	10	在用	投资者投入		80000
A009	面包车	2017/5/18	运输设备	1辆	2017/5/20	营销部	8	停用	投资者投入		60000
A010	汽车	2018/7/10	运输设备	1辆	2018/7/12	营销部	10	在用	直接购入		120000
A011	电脑	2017/9/20	电子设备	2台	2017/9/26	行政部	5	停用	直接购入		5688
A012	空调	2019/9/20	电子设备	1台	2020/5/20	技术部	5	在用	直接购入		4720
A013	电视	2022/12/3	电子设备	1台	2022/12/4	采购部	5	在用	直接购入		4080
A014	包装机	2018/3/2	机械设备	1台	2018/3/20	生产部	10	更新	投资者投入		60000
A015	产品机	2018/3/12	机械设备	1台	2018/4/12	生产部	10	在用	投资者投入		54000
A016	车间	2020/4/5	房屋建筑物	1座	2020/5/1	采购部	30	在用	投资者投入		120000
A017	商务车	2022/6/27	运输设备	1辆	2022/6/30	营销部	10	维修	直接购入		90000
A018	拖车	2023/5/27	运输设备	1辆	2023/5/30	生产部	10	在用	直接购入		100000
A019	电脑	2023/5/27	电子设备	1台	2023/5/30	行政部	5	在用	直接购入		8000
A020	手提电脑	2023/6/25	电子设备	1台	2023/6/26	营销部	5	在用	直接购入		10000

图 8-16　完成固定资产台账

8.1.2　固定资产卡片账的建立

固定资产卡片账是按照每项独立的固定资产设置的，主要内容是详细地列明固定资产的信息。不同于固定资产台账，卡片账在 Excel 工作表中表现为单独列示，能更加清晰地反映该固定资产的准确信息。因此，进行固定资产核算之前，需要首先建立固定资产卡片。应当说明的是，本书固定资产卡片账是在固定资产台账的基础上建立的。

1. 新建工作簿

（1）启动 Excel 2016，并新建一个工作簿，将其命名为“固定资产卡片”。打开工作簿，将鼠标指向左下角标签处，双击“Sheet2”工作表，将工作表重命名为“固定资产表单”。

（2）按照图 8–17 所示，添加“固定资产卡片”结构。

A	B	C	D
固定资产卡片			
固定资产编号		使用部门	
固定资产名称		预计使用年限	
购买日期		使用状况	
资产类型		资产的增加	
规格		资产的减少	
开始使用日期		购置金额	

图 8–17　固定资产卡片

2. 设计固定资产卡片格式

（1）选择 A2:A7 单元格区域。

（2）单击鼠标右键，选择“设置单元格格式”命令，进入“设置单元格格式”对话框。

（3）在“填充”选项卡中“背景色”处选择“灰色”。

（4）同样也将 C2:C7 单元格区域“背景色”设置为“灰色”。

（5）将单元格 B2 填充为红色，如图 8–18 所示。

	A	B	C	D
1	固定资产卡片			
2	固定资产编号		使用部门	
3	固定资产名称		预计使用年限	
4	购买日期		使用状况	
5	资产类型		资产的增加	
6	规格		资产的减少	
7	开始使用日期		购置金额	
8				

图 8–18　设置格式

3. 利用固定资产台账生成固定资产卡片

（1）在“固定资产表单”工作表中，选择 A4:A22 单元格区域。

（2）单击鼠标右键，选择“定义名称”，打开“新建名称”对话框。

（3）在“名称”文本框中输入“ABCD”，单击“确定”按钮，如图 8–19 所示。

注：

“定义名称”的作用是将这些数据存储起来，未来需要时可以在“数据验证”中引用。

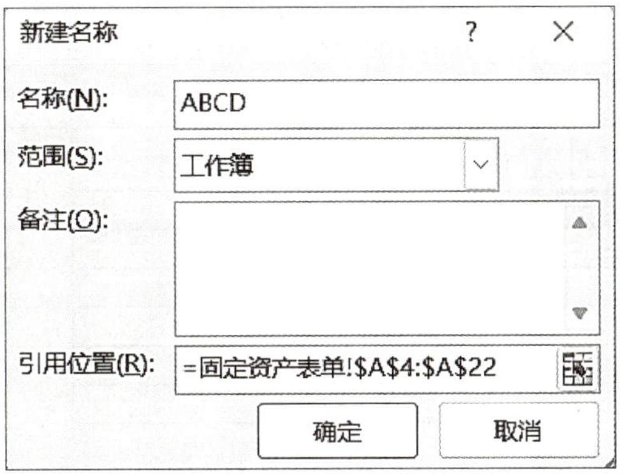

图 8-19　储存数据

4. 设置数据验证

（1）选择“固定资产卡片”工作表。

（2）选中 B2 单元格，选择“数据”选项卡，单击“数据验证”按钮。

（3）在“允许”下拉列表框中选择“序列”选项。

（4）在“来源”文本框中输入“=ABCD”，如图 8-20 所示。

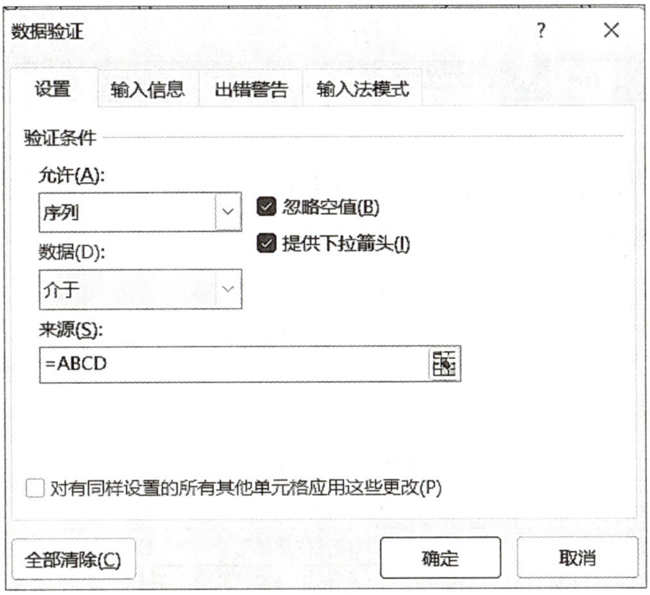

图 8-20　引用储存数据

5. 设置固定资产卡片其他信息

（1）单击 B2 单元格右侧下拉箭头，选择“A002”。

（2）选中 B3 单元格，在编辑栏中输入“=INDEX(固定资产表单!B4:B22, MATCH(B2, 固定资产表单!A4:A22，0))”，完成后 B3 单元格将显示“数控车床”，如图 8-21 所示。

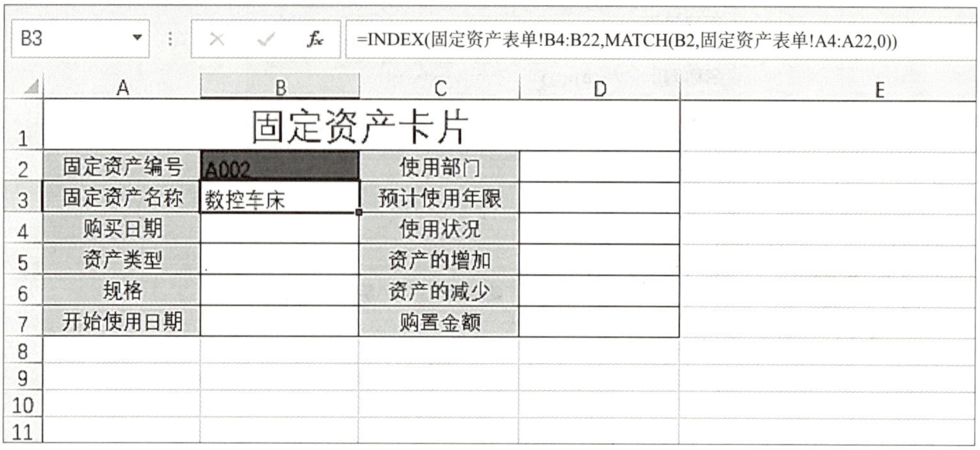

图 8-21　输入公式

同样，输入其他单元格相关函数，即可生成完整的固定资产卡片。

B4 单元格函数 =INDEX(固定资产表单 !C4:C22, MATCH(B2, 固定资产表单 !A4:A22, 0))

B5 单元格函数 =INDEX(固定资产表单 !D4:D22, MATCH(B2, 固定资产表单 !A4:A22, 0))

依此类推，最终效果如图 8-22 所示（其中“购买日期”与“开始使用日期”单元格应为“日期”格式）。

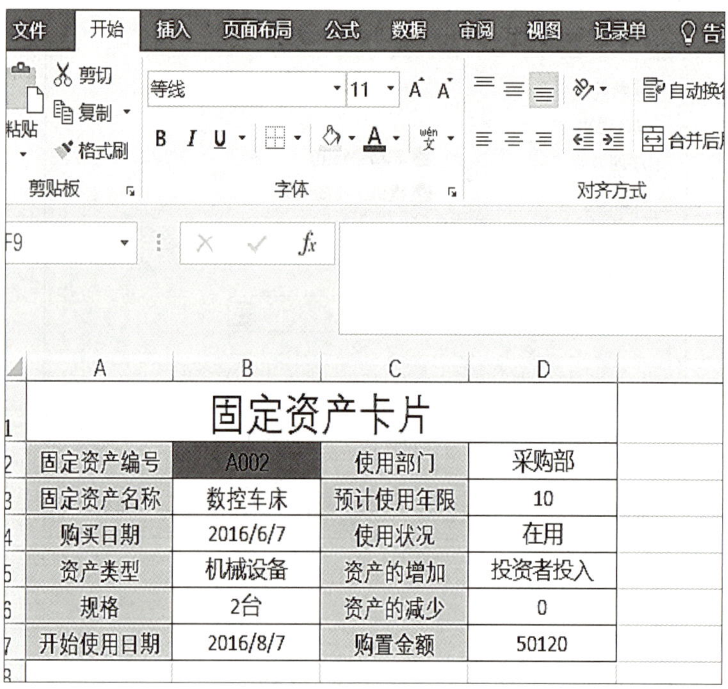

图 8-22　完成固定资产卡片

8.2　固定资产的增减变动

当新购置了一款或多款固定资产时，可以直接在工作表中添加信息，也可以使用“记录单”的形式进行添加，下面通过使用“记录单”添加一台价值为 10000 元的计算机，预计使用 5 年等信息，具体操作如下。

8.2.1　添加记录单按钮

（1）选择“文件”→“选项”命令，打开“Excel 选项”对话框，选择“自定义功能区”选项。

（2）单击“从下列位置选择命令”栏右侧的下拉按钮，选择“所有命令”选项。

（3）在下方的列表框中选择“记录单”选项。

（4）单击“添加”按钮，添加“记录单”选项。

（5）单击“确定”按钮，如图 8-23 所示。

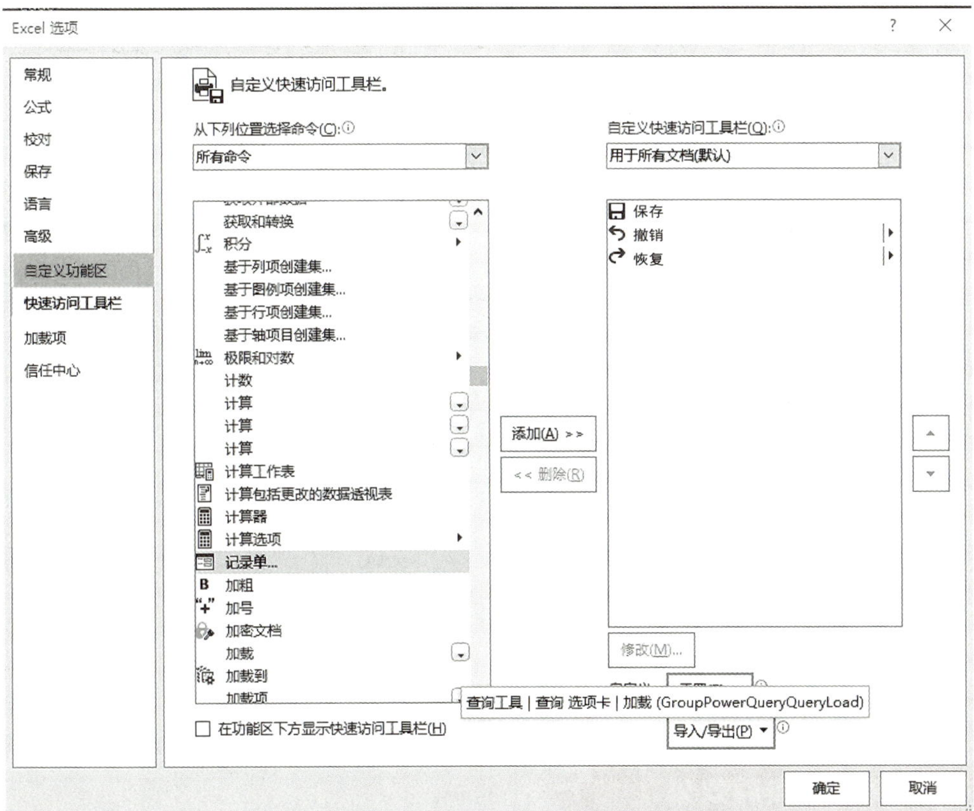

图 8-23　添加“记录单”按钮

8.2.2 选择单元格

（1）选择 A23:L23 单元格区域。

（2）在快捷工具栏中单击“记录单”按钮。

（3）在打开的提示对话框中单击“确定”按钮，如图 8–24 所示。

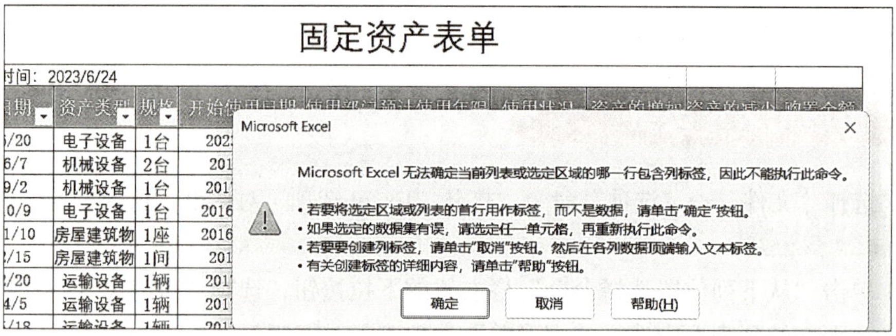

图 8–24　对话框

8.2.3 添加记录单

（1）打开“固定资产表单”对话框，单击“新建”按钮。

（2）在相应的文本框位置添加需要的信息。

（3）完成后单击“关闭”按钮，如图 8–25 所示。

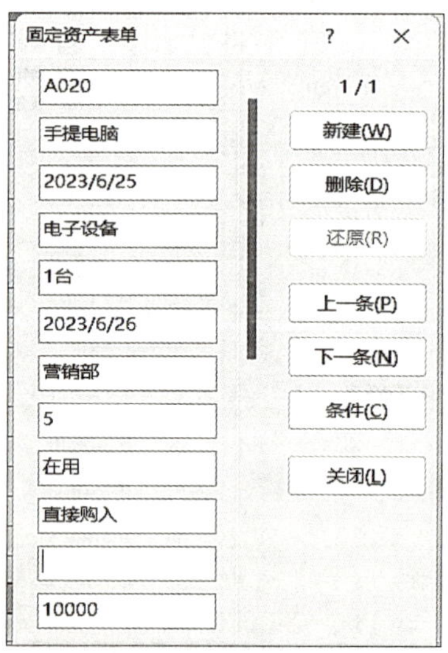

图 8–25　添加记录单

8.3.4 查看增加后效果

返回工作表中即可查看第一行中显示的新增的固定资产记录，其效果如图 8–26 所示。

	A	B	C	D	E	F	G	H	I	J	K	L
1						固定资产表单						
2	制作人：刘彬		时间：2023/6/30									
3	固定资产编号	固定资产名称	购买日期	资产类型	规格	开始使用日期	使用部门	预计使用年限	使用状况	资产的增加	资产的减少	购置金额
4	A001	电脑	2023/6/20	电子设备	1台	2023/6/23	行政部	5	在用	直接购入		4,000
5	A002	数控车床	2016/6/7	机械设备	2台	2016/8/7	采购部	10	在用	投资者投入		50,120
6	A003	叉车	2017/9/2	机械设备	1台	2017/10/2	技术部	10	维修	投资者投入		18,600
7	A004	投影仪	2016/10/9	电子设备	1台	2016/10/10	行政部	5	在用	直接购入		5,000
8	A005	车间	2016/11/10	房屋建筑物	1座	2016/12/23	生产部	30	在用	投资者投入		120,000
9	A006	厂房	2019/2/15	房屋建筑物	1间	2019/8/5	采购部	30	在用	投资者投入		250,000
10	A007	卡车	2017/2/20	运输设备	1辆	2017/2/20	生产部	8	维修	调拨		130,000
11	A008	装载机	2017/4/5	运输设备	1辆	2017/4/12	采购部	10	在用	投资者投入		80,000
12	A009	面包车	2017/5/18	运输设备	1辆	2017/5/20	营销部	8	停用	投资者投入		60,000
13	A010	汽车	2018/7/10	运输设备	1辆	2018/7/12	营销部	10	在用	直接购入		120,000
14	A011	电脑	2017/9/20	电子设备	2台	2017/9/26	行政部	5	停用	直接购入		5,688
15	A012	空调	2019/9/20	电子设备	1台	2020/5/20	技术部	5	在用	直接购入		4,720
16	A013	电视	2022/12/3	电子设备	1台	2022/12/4	采购部	5	在用	直接购入		4,080
17	A014	包装机	2018/3/2	机械设备	1台	2018/3/20	生产部	10	更新	投资者投入		60,000
18	A015	产品机	2018/3/12	机械设备	1台	2018/4/12	生产部	10	在用	投资者投入		54,000
19	A016	车间	2020/4/5	房屋建筑物	1座	2020/5/1	采购部	30	在用	投资者投入		120,000
20	A017	商务车	2022/6/27	运输设备	1辆	2022/6/30	营销部	10	维修	直接购入		90,000
21	A018	[illegible]	2023/5/27	运输设备	1辆	2023/5/30	生产部	10	在用	直接购入		100,000
22	A019	电脑	2023/5/27	电子设备	1台	2023/5/30	行政部	5	在用	直接购入		8,000
23	A020	手提电脑	2023/6/25	电子设备	1台	2023/6/26	营销部	5	在用	直接购入		10,000

图 8-26　查看增加后效果

当公司的固定资产达到使用年限或固定资产损坏等因素造成固定资产不能再使用时，应当减少固定资产记录。

下面将重命名“Sheet3”工作表，并复制“Sheet1”工作表的内容，在其中选择“A003”编号的叉车，因为使用不当，提前报废，因此需要减少该笔固定资产记录。具体操作如下。

（1）重命名“Sheet3”工作表

（2）选择“Sheet3”工作表标签，重命名为“减少固定资产记录”。

（3）返回“固定资产表单”，选择全部单元格，按“Ctrl+C”快捷键，复制所选区域，返回“减少固定资产记录”表，按“Ctrl+V”快捷键进行粘贴，并将标题更改为“减少固定资产记录”，如图 8-27 所示。

			减少固定资产记录			
时间：2023/6/24						
购买日期	资产类型	规格	开始使用日期	使用部门	预计使用年	使用状
2023/6/20	电子设备	1台	2023/6/23	行政部	5	在用
2016/6/7	机械设备	2台	2016/8/7	采购部	10	在用
2017/9/2	机械设备	1台	2017/10/2	技术部	10	维修
2016/10/9	电子设备	1台	2016/10/10	行政部	5	在用
2016/11/10	房屋建筑物	1座	2016/12/23	生产部	30	在用
2019/2/15	房屋建筑物	1间	2019/8/5	采购部	30	在用
2017/2/20	运输设备	1辆	2017/2/20	生产部	8	维修
2017/4/5	运输设备	1辆	2017/4/12	采购部	10	在用
2017/5/18	运输设备	1辆	2017/5/20	营销部	8	停用
2018/7/10	运输设备	1辆	2018/7/12	营销部	10	在用
2017/9/20	电子设备	2台	2017/9/26	行政部	5	停用
2019/9/20	电子设备	1台	2020/5/20	技术部	5	在用
2022/12/3	电子设备	1台	2022/12/4	采购部	5	在用
2018/3/2	机械设备	1台	2018/3/20	生产部	10	更新

决策 | 部门数据透视表 | 固定资产卡片 | 固定资产表单 | 减少固定资产记录 | 固定资产投资决策表2 | 固定资产折旧表

图 8-27　减少固定资产记录

8.2.5 选择单元格区域

（1）选择 A3:L3 单元格区域。

（2）选择“数据”选项卡，单击“筛选”按钮，如图 8-28 所示。

图 8-28 选择“筛选”功能项

8.2.6 筛选数据

（1）单击“筛选”按钮后进入筛选状态，单击 A3 单元格右侧的下拉按钮。

（2）在弹出的下拉列表中选中“A003”复选框。

（3）单击“确定”按钮，如图 8-29 所示。

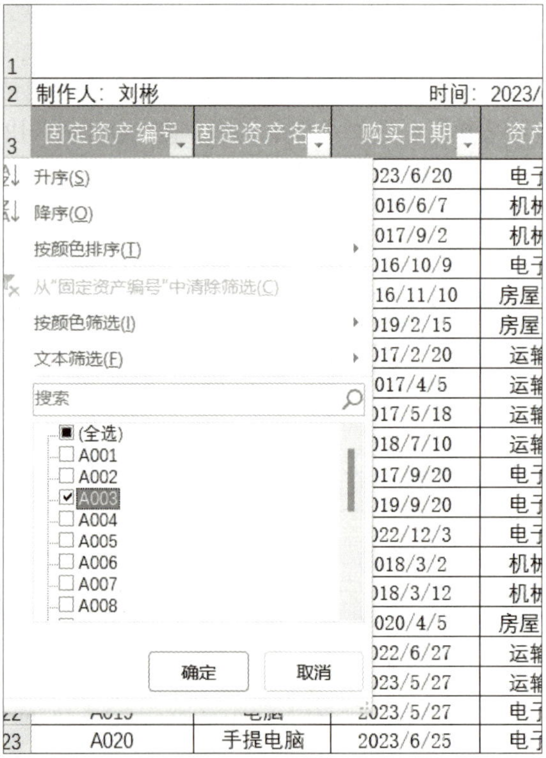

图 8-29 筛选数据

8.2.7　查看结果

返回工作表窗口查看完成后的效果，如图 8-30。

图 8-30　完成筛选

8.3　固定资产卡片账的查询

当企业拥有的固定资产验收完毕后，由于数量过多，为方便查找某一项固定资产，利用 Excel 2016 提供的自动筛选功能便可进行查询，下面介绍固定资产的查询。

8.3.1　选择单元格区域

（1）选择“固定资产表单”工作表 A3:L3 单元格区域。

（2）选择“数据”选项卡，单击“筛选”按钮，如图 8-31 所示。

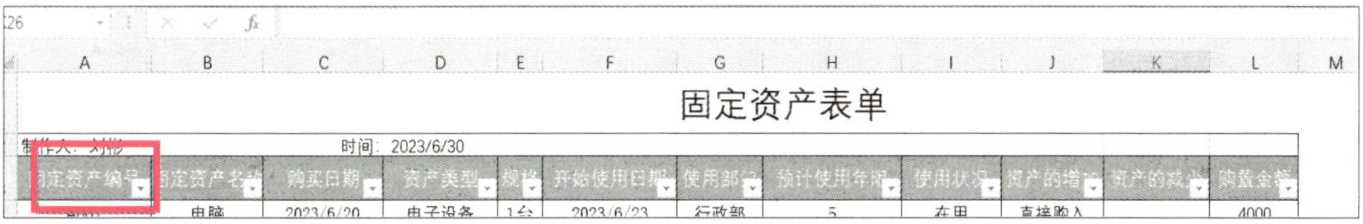

图 8-31　选择单元格区域

8.3.2　筛选数据

（1）单击“筛选”按钮后进入筛选状态，单击 A3 单元格右侧的下拉按钮。

（2）在弹出的下拉列表中可以看到有“升序”、“降序”、“按颜色排序”以及“文本筛选”等查询方式，如图 8-32 所示。

（3）根据需要进行筛选，同样也可以在 B3:L3 单元格区域进行相同的操作，以便于查询所需的固定资产。

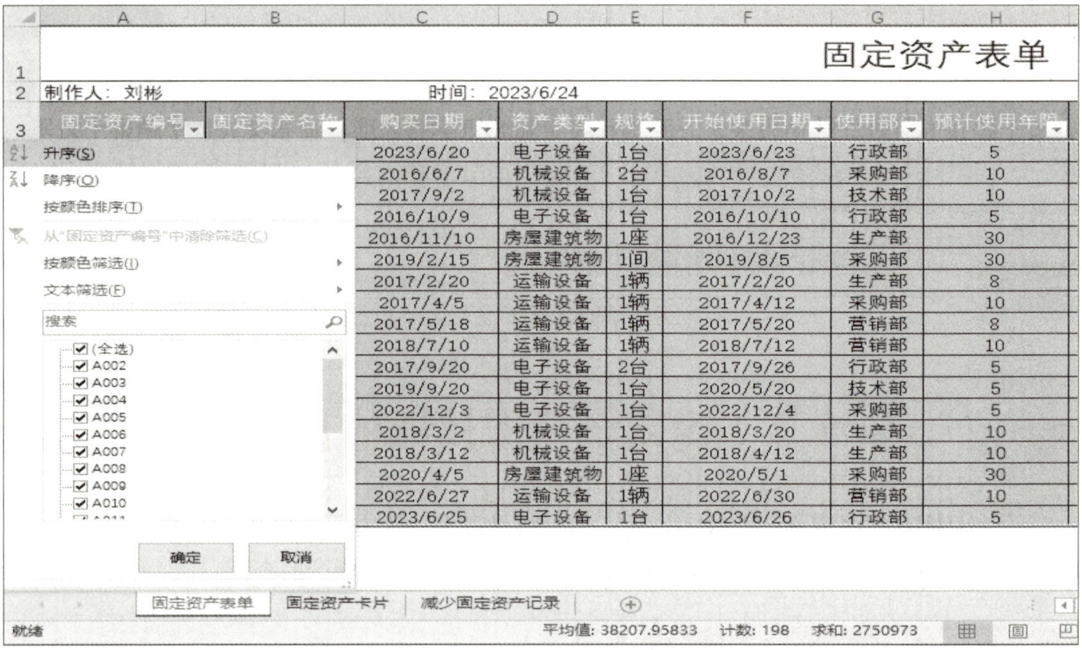

图 8-32 筛选数据

8.4 固定资产折旧的计提与分配

8.4.1 固定资产折旧的概述

固定资产折旧是指在固定资产的使用寿命内，按照确定的方法对应计提折旧额进行系统分摊。也就是说，固定资产在使用中产生的损耗形成的折旧费用，应当计入各期成本。

1. 固定资产折旧的性质

固定资产的价值随着固定资产的使用而逐渐转移到产品成本中或构成期间费用，然后通过产品（商品）的销售，产生收益，是一种投资与回报的关系。

固定资产的损耗分为有形损耗和无形损耗两种：有形损耗是指固定资产由于使用和自然力的影响而引起的使用价值和价值的损失。无形损耗是指由于科学的进步而引起的固定资产的价值损失。

2. 计提固定资产折旧的范围

企业在用的固定资产（包括经营用固定资产、非经营用固定资产、经营性租出固定资产、融资性租入固定资产）一般均应计提折旧，包括房屋和建筑物，在用的机器设备、仪器仪表、运输工具，季节性停用、大修理停用的设备等。

不计提折旧的固定资产包括未使用、无须用的机器设备；以经营租赁方式租入的固定资产；在建工程项目交付使用以前的固定资产；已提足折旧而继续使用的固定资产；未提足折旧提前报废的固定资产；国家规定不提折旧的其他固定资产（如土地等）。

8.4.2　固定资产折旧方法

企业一般应当按月计提折旧，当月增加的固定资产，当月不提折旧，当月减少的固定资产，照提固定资产折旧，应提折旧总额为固定资产原价减去预计残值。常见的固定资产折旧方法主要有：年限平均法、工作量法、双倍余额递减法、年数总和法。

1. 年限平均法

年限平均法又称直线法，是根据固定资产原则减去预计净残值后的金额，平均分摊到预计使用年限中的一种方法。

年折旧率 =（1- 预计净残值率）/ 预计使用年限 ×100%

月折旧额 = 年折旧额 ÷12

月折旧额 = 固定资产原值 × 月折旧率

按年限平均法计提的折旧额可以使用 SLN 函数来计算。

2. 工作量法

工作量法是根据实际工作量计提折旧额的一种方法。

单一工作量折旧额 =[固定资产原值 ×（1- 预计净残值率）] / 预计总工作量

某项固定资产月折旧额 = 该项固定资产单月工作量 × 单一工作量折旧额

3. 双倍余额递减法

双倍余额递减法是在不考虑固定资产净残值的情况下，根据每期期初固定资产账面余额和双倍的直线法折旧率计算固定资产折旧的一种方法。

年折旧额 =2 / 预计使用年限 ×100%

月折旧率 = 年折旧额 ÷12

月折旧额 = 固定资产账面净值 × 月折旧率

实行双倍余额递减法计提折旧的固定资产，应当在其固定资产折旧年限到期以前两年内，将固定资产净值（扣除净残值）平均摊销。

按双倍余额递减法计提的折旧额可以使用 DDB、VDB 函数来计算。

4. 年数总和法

年数总和法又称合计年限法，是将固定资产的原值减去净残值后的净额乘一个逐年递减的分数计算每年的折旧额，这个分数的分子代表固定资产尚可使用的年数，分母代表使用年限的逐年数字总和。

年折旧率 = 尚可使用的年数 ÷ 预计使用年限的年数总和

年折旧率 =（预计使用年限 – 已使用年限）/ [预计使用年限 ×（预计使用年限 +1）]

月折旧率 = 年折旧率 ÷ 12

月折旧额 =（固定资产原值 – 预计净残值）× 月折旧率

按年数总和法计提的折旧额可以使用 SYD 函数来计算。

8.5 固定资产折旧表

8.5.1 创建固定资产折旧表

创建固定资产折旧表的方法相对简单，只需要打开“固定资产表单”工作簿，并引用其中的基本数据，再输入需要计算的数值，达到创建固定资产折旧表的目的，具体操作如下。

1. 输入其他内容

（1）启动 Excel 2016，创建一个工作簿，将其命名为“固定资产折旧表”。将鼠标移动至工作表标签处，双击“Sheet 1”工作表，并将工作表重命名为“固定资产折旧表”。

（2）选择 A1 单元格，输入“固定资产折旧表”，如图 8–33 所示。

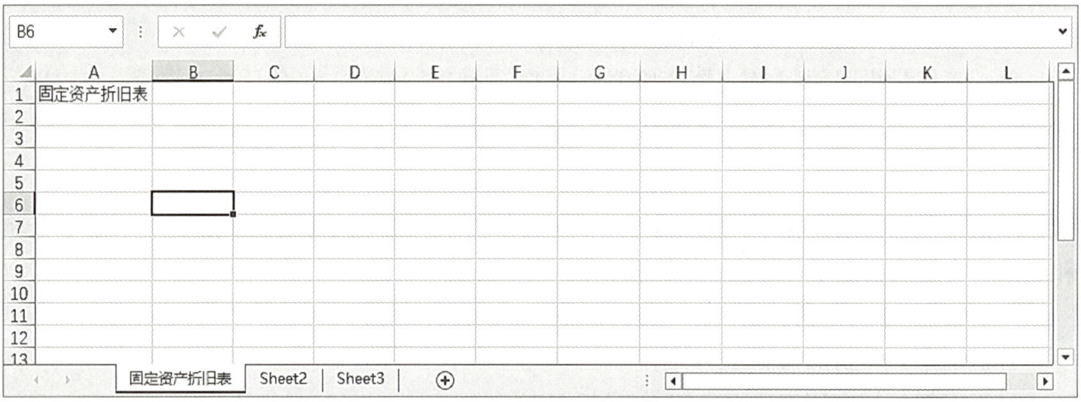

图 8–33　固定资产折旧表

2. 设置标题样式

选择 A1:O1 单元格区域，合并选中的单元格，设置其效果为“方正水黑简体，24 号，加粗”，填充色为“深蓝，文字 2，深色 50”，字体颜色为“白色”，如图 8–34 所示。

图 8-34 标题样式

3. 输入字段内容

（1）选择 A2:O2 单元格区域，输入字段内容，并对单元格进行合并、文字进行加粗处理，如图 8-35 所示。

（2）选择 A3:O3 单元格区域，输入字段内容，并设置其格式为“方正兰亭黑简体，12 号”，将表格字段的填充色设置为“蓝色，强调颜色 1，淡色 80%”，对字体加粗处理，并调整间距，如图 8-36 所示。

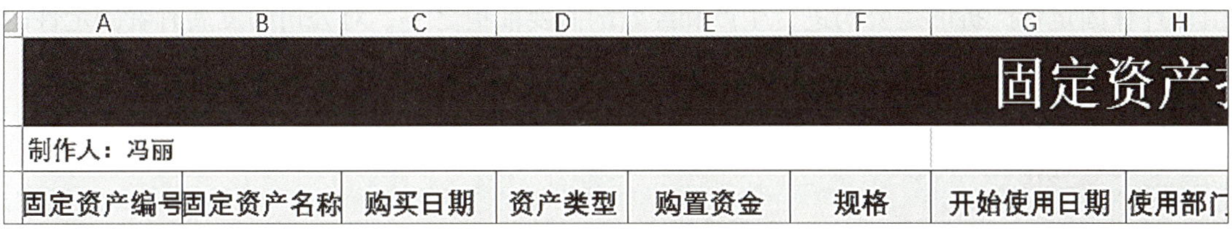

图 8-35 样式效果

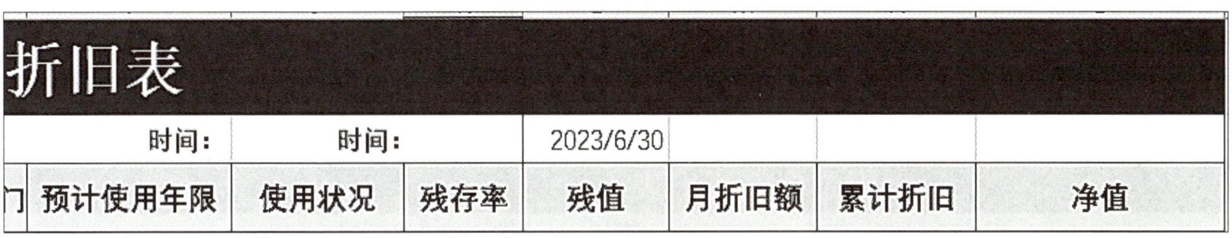

图 8-36 样式效果

4. 填充内容

（1）打开“固定资产表单”工作簿，按“Ctrl+C”快捷键复制其基本内容至“固定资产折旧表”中相应的字段，按“Ctrl+V”快捷键进行粘贴操作。

（2）添加其他内容，并单击“边框”按钮，在弹出的下拉列表中选择“所有框线”选项，完成边框的添加。

（3）具体效果如图 8-37 所示。

图 8-37　固定资产折旧表

8.5.2 固定资产折旧的计算

计算固定资产折旧是计算公司固定资产随着其使用时间的增长而逐渐消耗的固定资产的值，计算固定资产折旧是公司进行生产和经营的必要前提之一，对公司的发展有着决定性的作用。本例中将采用年限平均法计算固定资产的残值、月折旧额、累计折旧额和资产净值，假定净残值率为 5%。具体操作如下。

1. 计算残值

（1）选择 K4:K23 单元格，输入残值率 5%。

（2）选择 L4 单元格，在编辑栏中输入公式“=ROUND（E4*K4，2）”，按“Enter”键算出单元格中的残值，如图 8-38 所示。

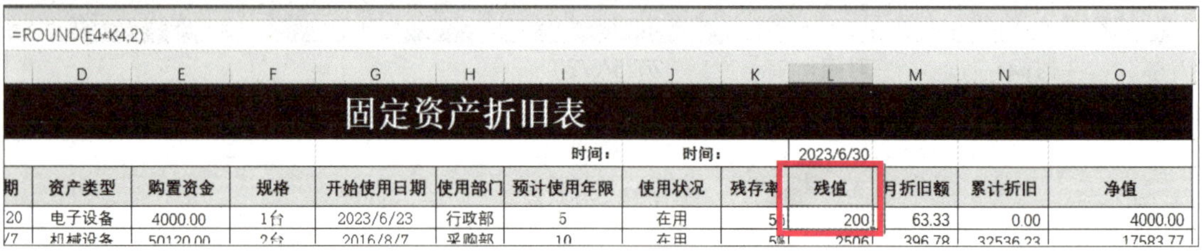

图 8-38　设置公式

注：

ROUND 为四舍五入函数，公式“=ROUND（E4×K4，2）”表示 E4*K4 的计算结果需保留 2 位小数位数，其中“2”是要保留的小数位。

2. 查看结果

通过拖动控制柄的方法复制公式到 L5:L23 单元格区域，计算其他固定资产的残值，如图 8-39 所示。

存率	残值
	2023/6/30
5%	200.00
5%	2,506.00
5%	930.00
5%	250.00
5%	6,000.00
5%	2,500.00
5%	6,500.00
5%	4,000.00
5%	3,000.00
5%	6,000.00
5%	284.40
5%	236.00
5%	204.00
5%	3,000.00
5%	2,700.00
5%	6,000.00
5%	4,500.00
5%	5,000.00
5%	400.00
5%	500.00

图 8-39　完成公式复制

3. 计算月折旧额

（1）选择 M4 单元格。

（2）在编辑栏中输入公式“=（E4*（1-K4）/I4）/12”，按“Enter”键计算出单元格中月折旧额，如图 8-40 所示。

M4　=(E4*(1-K4)/I4)/12

固定资产折旧表												
制作人：冯丽								时间：	时间：		2023/6/30	
固定资产编号	固定资产名称	购买日期	资产类型	购置资金	规格	开始使用日期	使用部门	预计使用年限	使用状况	残存率	残值	月折旧额
A001	电脑	2023/6/20	电子设备	4000.00	1台	2023/6/23	行政部	5	在用	5%	200.00	63.33

图 8-40　计算月折旧额

4. 计算其他固定资产折旧

通过拖动控制柄的方法复制公式到 M5:M23 单元格区域，计算出其他固定资产的月折旧额，如图 8-41 所示。

	2023/6/30		
率	残值	月折旧额	累
5%	200.00	63.33	
5%	2,506.00	396.78	
5%	930.00	147.25	
5%	250.00	79.17	
5%	6,000.00	316.67	
5%	12,500.00	659.72	
5%	6,500.00	1286.46	
5%	4,000.00	633.33	
5%	3,000.00	593.75	
5%	6,000.00	950.00	
5%	284.40	90.06	
5%	236.00	74.73	
5%	204.00	64.60	
5%	3,000.00	475.00	
5%	2,700.00	427.50	
5%	6,000.00	316.67	
5%	4,500.00	712.50	
5%	5,000.00	791.67	
5%	400.00	126.67	
5%	500.00	158.33	

图 8-41　完成公式复制

5. 计算累计折旧

（1）选择 N4 单元格。

（2）在编辑栏中输入公式“=IF（TRUNC（（$L$2-G4）/365*12）<I4*12，TRUNC（（$L$2-G4）/365*12）*M4，I4*12*M4）”按“Enter”键计算出单元格中的累计折旧，如图 8-42 所示。

N4 =IF(TRUNC(($L$2-G4)/365*12)<I4*12,TRUNC(($L$2-G4)/365*12)*M4,I4*12*M4)

	A	B	C	D	E	F	G	H	I	J	K	L	M	N
1	固定资产折旧表													
2	制作人：冯丽								时间：	时间：		2023/6/30		
3	固定资产编号	固定资产名称	购买日期	资产类型	购置资金	规格	开始使用日期	使用部门	预计使用年限	使用状况	残存率	残值	月折旧额	累计折旧
4	A001	电脑	2023/6/30	电子设备	4000.00	1台	2023/6/23	行政部	5	在用	5%	200.00	63.33	0

图 8-42　计算累计折旧

6. 查看累计折旧结果

通过拖动控制柄的方法复制公式到 N5:N23 单元格区域，计算出其他固定资产的累计折旧，如图 8-43 所示。

2023/6/30		
残值	月折旧额	累计折旧
200	63.33	0.00
2506	396.78	32,536.23
930	147.25	10,013.00
250	79.17	4,750.00
6000	316.67	24,700.00
12500	659.72	30,347.22
6500	1286.46	97,770.83
4000	633.33	46,866.67
3000	593.75	43,343.75
6000	950.00	56,050.00
284.4	90.06	5,403.60
236	74.73	2,765.13
204	64.60	387.60
3000	475.00	29,925.00
2700	427.50	26,505.00
6000	316.67	11,716.67
4500	712.50	8,550.00
5000	791.67	791.67
400	126.67	0.00
500	158.33	316.67

图 8-43　完成公式复制

7. 计算资产净值

（1）选择 O4 单元格。

（2）在编辑栏中输入公式“=E4-N4”，按“Enter”键计算出单元格中的资产净值，如图 8-44 所示。

O4　=E4-N4

A	B	C	D	E	F	G	H	I	J	K	L	M	N	O
固定资产折旧表														
制作人：冯丽								时间：	时间：		2023/6/30			
固定资产编号	固定资产名称	购买日期	资产类型	购置资金	规格	开始使用日期	使用部门	预计使用年限	使用状况	残存率	残值	月折旧额	累计折旧	净值
A001	电脑	2023/6/20	电子设备	4000.00	1台	2023/6/23	行政部	5	在用	5%	200	63.33	0.00	4000.0
A002	数控车床	2016/6/7	机械设备	50120.00	2台	2016/8/7	采购部	10	在用	5%	2506	396.78		50120.00

图 8-44　计算资产净值

8. 计算其他净值

通过拖动控制柄的方法复制公式到 O5:O23 单元格区域，计算出其他固定资产的净值，如图 8-45 所示。

固定资产折旧表														
制作人：冯丽								时间：	时间：		2023/6/30			
固定资产编号	固定资产名称	购买日期	资产类型	购置资金	规格	开始使用日期	使用部门	预计使用年限	使用状况	残存率	残值	月折旧额	累计折旧	净值
A001	电脑	2023/6/20	电子设备	4000.00	1台	2023/6/23	行政部	5	在用	5%	200	63.33	0.00	4,000.00
A002	数控车床	2016/6/7	机械设备	50120.00	2台	2016/8/7	采购部	10	在用	5%	2506	396.78	32,536.23	17,583.77
A003	叉车	2017/9/2	机械设备	18600.00	1台	2017/10/2	技术部	10	维修	5%	930	147.25	10,013.00	8,587.00
A004	投影仪	2016/10/9	电子设备	5000.00	1台	2016/10/10	行政部	5	在用	5%	250	79.17	4,750.00	250.00
A005	车间	2016/11/10	房屋建筑物	120000.00	1座	2016/12/23	生产部	30	在用	5%	6000	316.67	24,700.00	95,300.00
A006	厂房	2019/2/15	房屋建筑物	250000.00	1间	2019/8/5	采购部	30	在用	5%	12500	659.72	30,347.22	219,652.78
A007	卡车	2017/2/20	运输设备	130000.00	1辆	2017/2/20	生产部	8	维修	5%	6500	1286.46	97,770.83	32,229.17
A008	装载机	2017/4/5	运输设备	80000.00	1辆	2017/4/12	采购部	10	在用	5%	4000	633.33	46,866.67	33,133.33
A009	面包车	2017/5/18	运输设备	60000.00	1辆	2017/5/20	营销部	8	停用	5%	3000	593.75	43,343.75	16,656.25
A010	汽车	2018/7/10	运输设备	120000.00	1辆	2018/7/12	营销部	10	在用	5%	6000	950.00	56,050.00	63,950.00
A011	电脑	2017/9/20	电子设备	5688.00	2台	2017/9/26	行政部	5	停用	5%	284.4	90.06	5,403.60	284.40
A012	空调	2019/9/20	电子设备	4720.00	1台	2020/5/20	技术部	5	在用	5%	236	74.73	2,765.13	1,954.87
A013	电视	2022/12/3	电子设备	4080.00	1台	2022/12/4	采购部	5	在用	5%	204	64.60	387.60	3,692.40
A014	包装机	2018/3/2	机械设备	60000.00	1台	2018/3/20	生产部	10	更新	5%	3000	475.00	29,925.00	30,075.00
A015	产品机	2018/3/12	机械设备	54000.00	1台	2018/4/12	生产部	10	在用	5%	2700	427.50	26,505.00	27,495.00
A016	车间	2020/4/5	房屋建筑物	120000.00	1座	2020/5/1	采购部	30	在用	5%	6000	316.67	11,716.67	108,283.33
A017	商务车	2022/6/27	运输设备	90000.00	1辆	2022/6/30	营销部	10	维修	5%	4500	712.50	8,550.00	81,450.00
A018	拖车	2023/5/27	运输设备	100000	1辆	2023/5/30	生产部	10	在用	5%	5000	791.67	791.67	99,208.33
A019	电脑	2023/6/25	电子设备	8000	1台	2023/6/26	行政部	5	在用	5%	400	126.67	0.00	8,000.00
A020	手提电脑	2023/4/1	电子设备	10000	1台	2023/4/5	营销部	5	在用	5%	500	158.33	316.67	9,683.33

图 8-45　完成公式复制

注：公式解析

公式“=IF(TRUNC(($L$2−G4)÷365×12)<I4×12, TRUNC(($L$2−G4)÷365×12)×M4,I4×12×M4)”表示当固定资产开始进行累积折旧的时间减去开始使用的时间（L2−G4）以月为单位进行计算，当该月份小于资产的预计使用月份（I4×12）时，固定资产的累计折旧金额就等于使用的月份时间（（L2−G4）÷365×12）乘月折旧额（M4）。否则固定资产的累计折旧金额就为预计使用的月份（I4×12）乘月折旧额（M4）。

8.6　创建使用部门数据透视表

会计创建折旧值数据透视表主要是为了将固定资产管理中的数据进行分类，这样不但查看更加简单，而且相对一目了然，下面将根据使用部门创建数据透视表，用于查看部门的数据使用情况。其具体步骤如下。

8.6.1　设置工作表内容

1. 启动 Excel 2016，新建一个工作簿，将其命名为“部门数据透视表”。

2. 打开先前已经制作好的“固定资产折旧表”，选择全部单元格区域，按“Ctrl+C”快捷键进行复制，返回“部门数据透视表”，按“Ctrl+V”快捷键进行粘贴，如图 8-46 所示。

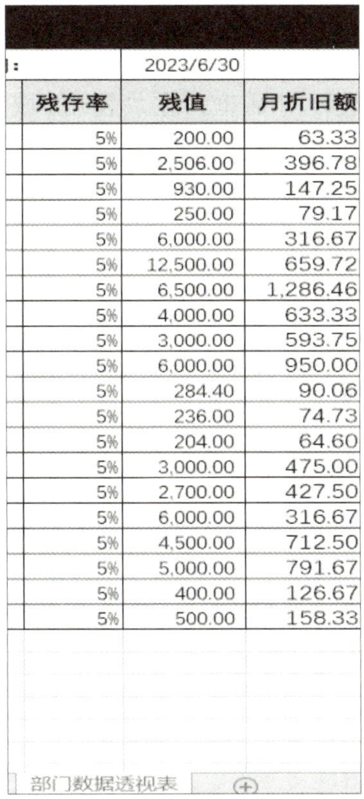

:	2023/6/30	
残存率	残值	月折旧额
5%	200.00	63.33
5%	2,506.00	396.78
5%	930.00	147.25
5%	250.00	79.17
5%	6,000.00	316.67
5%	12,500.00	659.72
5%	6,500.00	1,286.46
5%	4,000.00	633.33
5%	3,000.00	593.75
5%	6,000.00	950.00
5%	284.40	90.06
5%	236.00	74.73
5%	204.00	64.60
5%	3,000.00	475.00
5%	2,700.00	427.50
5%	6,000.00	316.67
5%	4,500.00	712.50
5%	5,000.00	791.67
5%	400.00	126.67
5%	500.00	158.33

部门数据透视表

图 8-46　命名“部门数据透视表”

8.6.2　创建数据透视表

1. 选择 H3 单元格。

2. 选择“插入”→“表格”，单击“数据透视表”按钮，如图 8-47 所示。

图 8-47　选择单元格

8.6.3 输入数据

1. 打开“创建数据透视表”对话框，在“表 / 区域”文本框中输入“数据透视表 !$A$3:$O$23”。

2. 选中“新工作表”单选按钮。

3. 单击“确定”按钮，如图 8-48 所示。

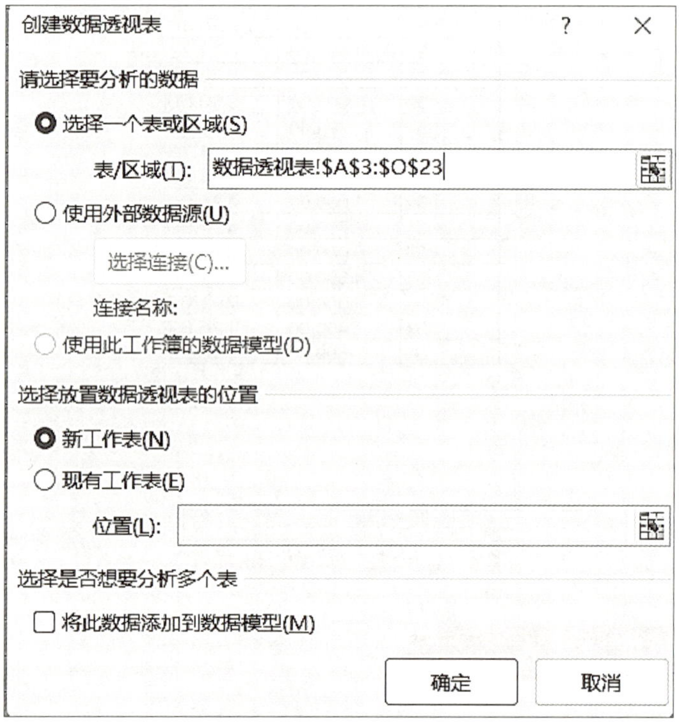

图 8-48　创建透视表

8.6.4 拖动“使用部门”

1. 系统自动创建一个空白的数据透视表，双击将其命名为“使用部门数据透视表”工作表。

2. 打开“数据透视表字段”任务窗格，在“选择要添加到报表的字段”列表框中将“使用部门”“固定资产名称”字段拖到“行标签”列表框中，如图 8-49 所示。

图 8-49　拖动字段

8.6.5　拖动其他类型

1. 拖动“资产类型”至“筛选器”列表框中。
2. 拖动“购置资金”、“累计折旧”和“残值”至“值”列表框中。
3. 单击“数据透视表字段”右侧“关闭”按钮查看效果，如图 8-50 所示。

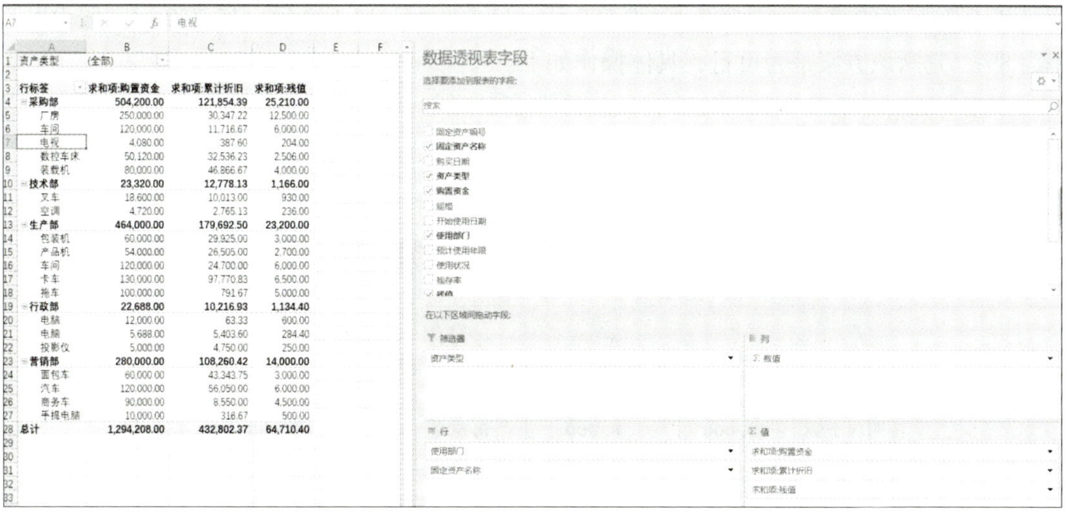

图 8-50　完成透视图

8.7 Excel 在固定资产更新中的应用

固定资产更新是对技术上和经济上不宜继续使用的旧资产，用新的资产更换或用先进的技术对原有设备进行技术改造。

8.7.1 固定资产投资决策

固定资产投资决策主要涉及的是对所投资的固定资产项目的经济可行性进行评价方面的问题。评价投资项目的基本方法包括净现值法、现值指数法、内含报酬率法。

8.7.1.1 净现值法

净现值法使用净现值（NPV）作为评价方案优劣的指标。所谓净现值就是指特定方案未来现金流入的现值与未来现金流出现值之间的差额。它反映了项目投资的新增价值额。用净现值法进行投资决策判断的基本原则是：净现值大于 0，则为可行项目。净现值法一般使用 NPV( ) 函数来完成。

注：NPV( ) 函数

“功能”在已知未来连续区间的现金流量以及贴现率的前提下，返回某项投资的净现值。

“函数语法”NPV（Rate，Value1，Value2，Value3，…）

下面我们假设某公司要投资一个固定资产项目，期初投资成本为 40 000 元，预计开业后最初 5 年带来的收益为 8 900 元、9 500 元、11 500 元、14 500 元、15 750 元。假设贴现率为 8%，判断该方案是否可行，具体操作如下。

1. 输入基本数据

（1）启动 Excel 2016，并新建一个工作簿，将其命名为“固定资产投资决策表 1”。

（2）输入基本数据，并调整格式和字号，如图 8-51 所示。

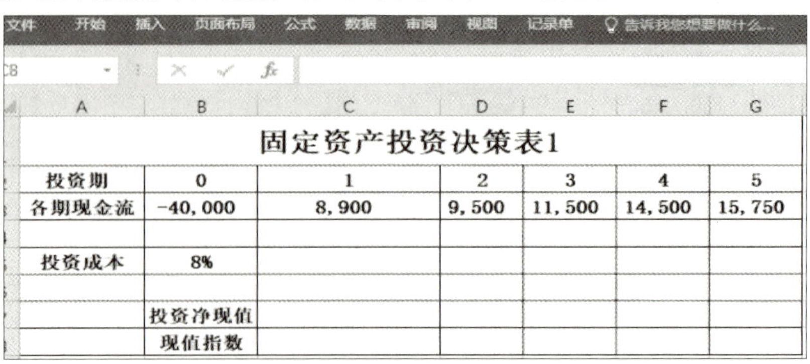

固定资产投资决策表1						
投资期	0	1	2	3	4	5
各期现金流	-40,000	8,900	9,500	11,500	14,500	15,750
投资成本	8%					
	投资净现值					
	现值指数					

图 8-51　固定资产投资决策表 1

2. 打开“插入函数”对话框

（1）选择 C7 单元格。

（2）执行“插入”→“函数”命令，打开“插入函数”对话框，如图 8-52 所示。

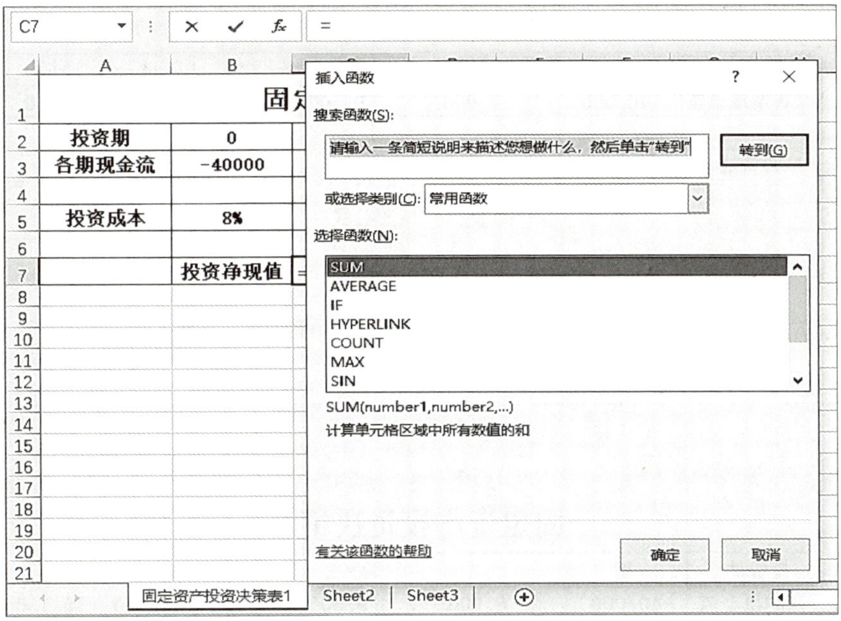

图 8-52　插入函数

3. 输入公式

（1）单击“或选择类别”右侧下拉列表框，选择“财务”选项。

（2）在“选择函数”列表中选择“NPV”，单击“确定”按钮。

（3）弹出“函数参数”对话框，在 Rate 文本框中输入“8%”，在 Value1（收益 1）文本框中输入“C3:G3”，完成后单击“确定”按钮，如图 8-53 所示。

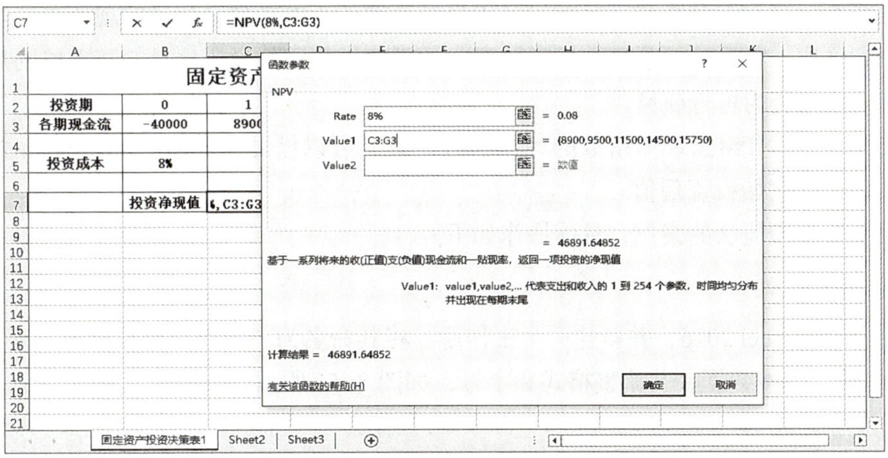

图 8-53　输入公式

（4）单击 C7 单元格，将公式修改为“=NPV（8%，C3:G3）+B3”，如图 8-54 所示。

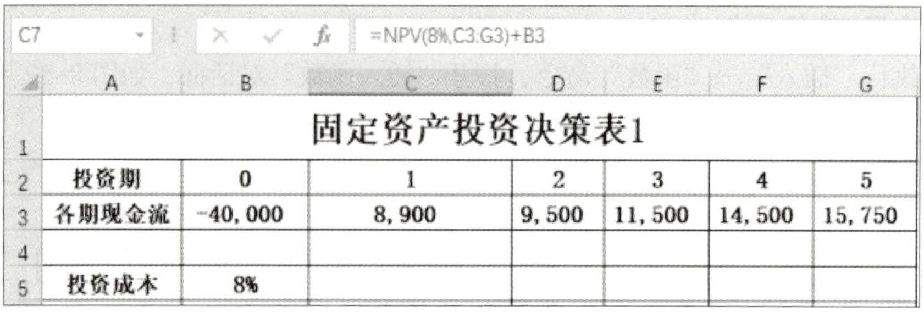
C7 =NPV(8%,C3:G3)+B3

	A	B	C	D	E	F	G
1	固定资产投资决策表1						
2	投资期	0	1	2	3	4	5
3	各期现金流	-40,000	8,900	9,500	11,500	14,500	15,750
4							
5	投资成本	8%					

图 8-54　修改公式

4. 查看结果

返回工作表窗口，显示结果为“6 891.65”，说明净现值大于 0，该方案可行，如图 8-55 所示。

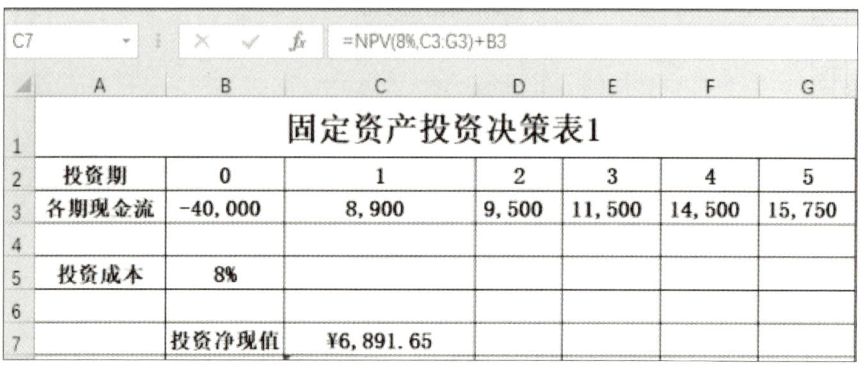
C7 =NPV(8%,C3:G3)+B3

	A	B	C	D	E	F	G
1	固定资产投资决策表1						
2	投资期	0	1	2	3	4	5
3	各期现金流	-40,000	8,900	9,500	11,500	14,500	15,750
4							
5	投资成本	8%					
6							
7		投资净现值	¥6,891.65				

图 8-55　显示结果

8.7.1.2 现值指数法

现值指数，又称获利指数，是指投资项目经营期各年的净现金流量的现值总和与初始投资现值总和之比，它反映了项目的投资效率。用现值指数评价投资项目的基本原则是：现值指数大于 1 的项目为可行项目。

在 Excel 中没有给出现值指数的计算函数，但是可以借助净现值函数 NPV( ) 来完成，即 PVI=NPV( ) / 初始投资现值。

沿用上文净现值法的案例，具体操作如下。

1. 复制基本信息

（1）启动 Excel 2016，并新建一个工作簿，将其命名为“固定资产投资决策表 2”。

（2）输入基本数据，并调整格式和字号，如图 8-56 所示。

	A	B	C	D	E	F	G
1	固定资产投资决策表2						
2	投资期	0	1	2	3	4	5
3	各期现金流	-40,000	8,900	9,500	11,500	14,500	15,750
4							
5	投资成本	8%					
6							
7		投资净现值	¥6,891.65				
8		现值指数					

图 8-56　固定资产投资决策表 2

2. 输入公式

（1）选中 C8 单元格。

（2）在单元格或者编辑栏中输入公式“=NPV（B5，C3:G3）/40000”，如图 8-57 所示。

	A	B	C	D	E	F	G
1	固定资产投资决策表2						
2	投资期	0	1	2	3	4	5
3	各期现金流	-40,000	8,900	9,500	11,500	14,500	15,750
4							
5	投资成本	8%					

图 8-57　输入公式

3. 查看结果

返回工作表窗口，显示结果为“1.172291213”，说明净现值大于 0，该方案可行，如图 8-58 所示。

	A	B	C	D	E	F	G
1	固定资产投资决策表2						
2	投资期	0	1	2	3	4	5
3	各期现金流	-40,000	8,900	9,500	11,500	14,500	15,750
4							
5	投资成本	8%					
6							
7		投资净现值	¥6,891.65				
8		现值指数	1.172291213				

图 8-58　显示结果

8.7.1.3 内含报酬率法

内含报酬率，又称内部收益率，是指一个投资方案在其寿命周期内的实际投资报酬率。根据这个报酬率对方案寿命周期内各年现金流量进行贴现，未来报酬的总现值正好等于该方案初始投资的现值。因此，内含报酬率是使投资方案的净现值为零的报酬率。利用内含报酬率评价投资项目的基本原则是：内含报酬率高于企业所要求的资金成本，该方案就可行。

注：IRR（ ）函数

“功能”返回连续期间的现金流量的内涵报酬率

“函数语法”IRR（Values，Guess）

Values 是各期现金流量序列，为数组或单元格的引用，包含用来计算返回的内含报酬率的现金流量。它必须含有至少一个正数或负数，否则内含报酬率可能会是无限解。IRR( ) 函数根据 Values 参数中数字顺序解释现金流的顺序，所以现金流入量与流出量必须按照先后顺序排列。

Guess 为对函数 IRR 计算结果的估计值，如果省略，则默认为 10%。

下面我们假设 X 公司投资 A 项目预计需要 700 000 元的初始投资，预期该项目在今后的 5 年内带来的收益分别为 120 000 元、150 000 元、180 000 元、210 000 元、260 000 元，要求计算该项目 5 年的内含报酬率，具体操作如下。

1. 输入基本数据

（1）启动 Excel 2016，并新建一个工作簿，将其命名为“固定资产投资决策表 3”。

（2）输入基本数据，并调整格式和字号，如图 8-59 所示。

固定资产投资决策表3

期数	0	1	2	3	4	5
现金流	-700,000.00	120,000.00	150,000.00	180,000.00	210,000.00	260,000.00
	5年内部报酬率					

图 8-59　固定资产投资决策表 3

2. 打开“插入函数”对话框

（1）选择 C6 单元格。

（2）执行“插入”→“函数”命令，打开“插入函数”对话框，如图 8-60 所示。

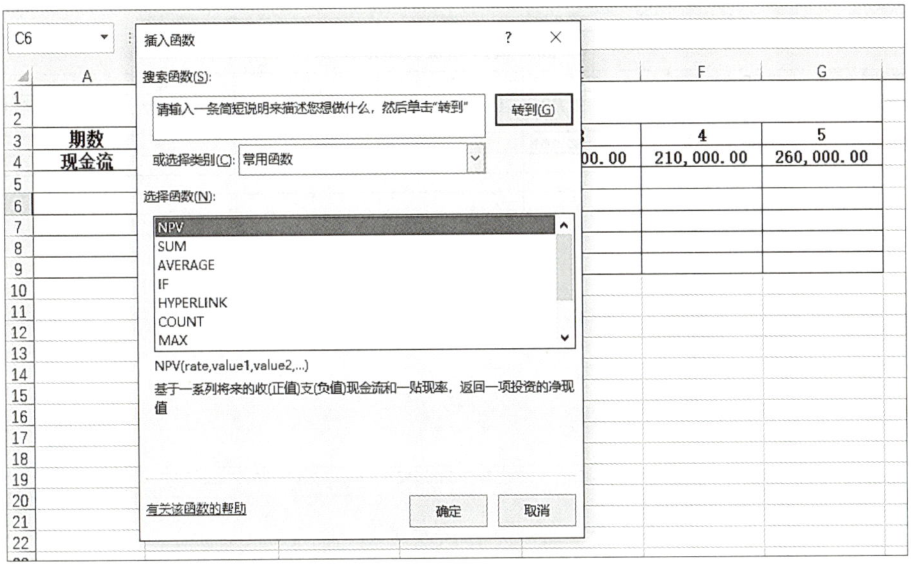

图 8-60　插入函数

3. 输入公式

（1）单击“或选择类别”右侧下拉列表框，选择“财务”选项。

（2）在“选择函数”列表中选择“IRR”选项，单击“确定”按钮。

（3）弹出“函数参数”对话框，在 Values 文本框中输入“B4:G4”，Guess 采用默认值即可，如图 8-61 所示。

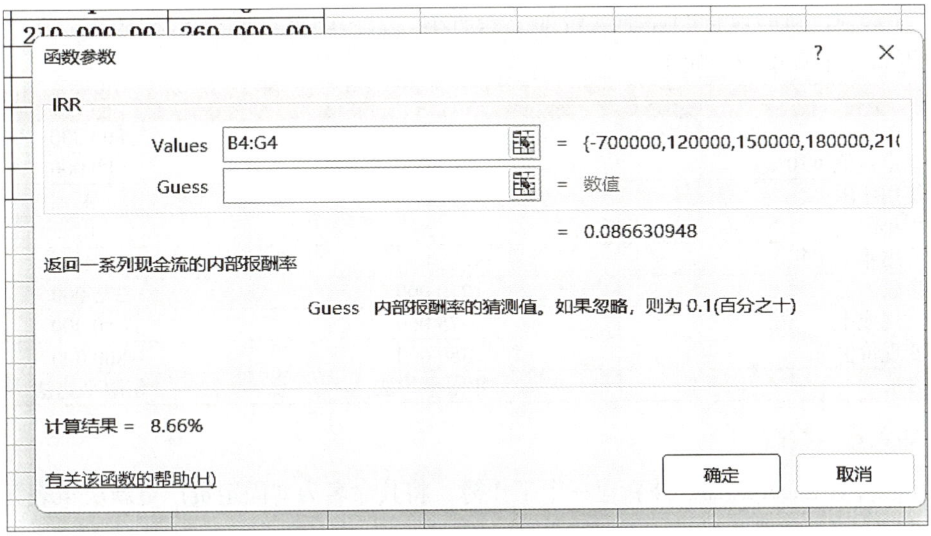

图 8-61　输入公式

4. 查看结果

返回工作表窗口，显示结果为“8.66%”，说明净现值大于0，该方案可行，如图 8–62 所示。

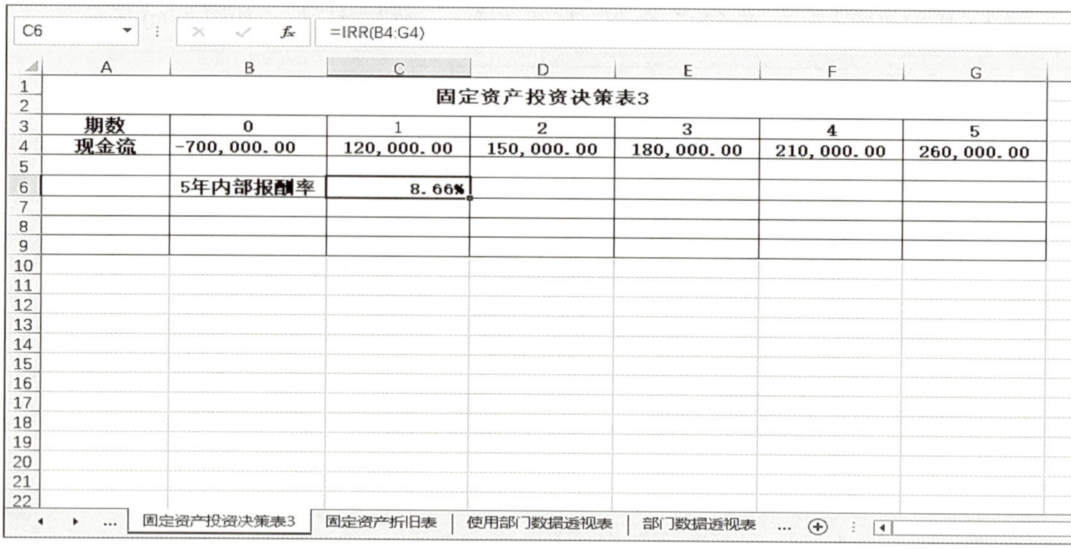

图 8–62　显示结果

8.7.2　固定资产更新决策

固定资产更新是指随着科学技术的发展，原有的固定资产无论是在技术上还是在收益上都有所下降，因此需要考虑是否使用新的固定资产来替代，固定资产更新决策主要考虑两个问题：一是是否需要进行固定资产更新；二是选择什么样的更新方式。

下面我们假设 Y 公司有一台设备购于 2 年前，现在考虑是否需要更新。该公司的所得税税率为 25%，新旧设备的详细资料如下表所示，公司的资本成本率为 10%，请分析该企业应否更新（金额单位：元）。

项　目	旧设备	新设备
原值	650 000	800 000
税法规定残值（10%）	65 000	80 000
预计使用年限	6	4
已使用年限	2	0
尚可使用年限（年）	4	4
年销售收入	210 000	275 000
每年付现成本	75 000	50 000
目前变现价值	350 000	800 000
折旧方法	年限平均法	年限平均法

1. 输入基本数据

（1）启动 Excel 2016，并新建一个工作簿，将其命名为“固定资产更新决策表”。

（2）输入上表基本数据，并调整格式和字号。

（3）如图 8-63 所示，输入表格中其他信息。

资金成本率	10%	所得税率	25%
项目	旧设备	新设备	
原值	650,000	800,000	
税法规定残值（10%）	65,000	80,000	
预计使用年限	6	4	
已使用年限	2	0	
尚可使用年限（年）	4	4	
年销售收入	210,000	275,000	
每年付现成本	75,000	50,000	
目前变现价值	350,000	800,000	
折旧方法	年限平均法	年限平均法	

新旧设备现金流对比

旧设备	1	2	3	4
销售收入	210,000	210,000	210,000	210,000
付现成本	75,000	75,000	75,000	75,000
年折旧额				
税前利润				
所得税				
净利润				
年营业净现金流量				
残值收入				
年现金流量总额				
总现金流量现值				

新设备	1	2	3	4
销售收入	275,000	275,000	275,000	275,000
付现成本	50,000	50,000	50,000	50,000
年折旧额				
税前利润				
所得税				
净利润				
年营业净现金流量				
残值收入				
年现金流量总额				
总现金流量现值				

图 8-63　固定资产更新决策表

2. 输入公式，计算数值

（1）计算年折旧额：在 B18 单元格中输入公式“=SLN(650000, 65000, 6)”，单击“确定”按钮后，将 B18 单元格的公式复制到 C18，D18，E18 单元格（年折旧额相等）；用同样的方法计算新设备的年折旧额。

（2）计算税前利润：在 B19 单元格中输入公式“=B16−B17−B18”，同样设置 C19，D19，E19，H19，I19，J19，K19 单元格公式。

（3）计算所得税：在 B20 单元格中输入公式“=B19*0.25”，同样设置 C20，D20，E20，H20，I20，J20，K20 单元格公式。

（4）计算净利润：在 B21 单元格中输入公式“=B19−B20”，同样设置 C21，D21，E21，H21，I21，J21，K21 单元格公式。

（5）计算年营业净现金流量：在 B22 单元格中输入公式“=B21+B18”，同样设置 C22，D22，E22，H22，I22，J22，K22 单元格公式。

（6）输入残值收入：在 E23 单元格中输入旧设备残值收入 65 000 元，在 K23 单元格中输入新设备残值收入 80 000 元。

（7）计算年现金流量总额：在 B24 单元格中输入公式“=B22+B23”。同样设置 C24，D24，E24，H24，I24，J24，K24 单元格公式。

（8）计算总现金流量现值。在 B25 单元格中输入公式“=NPV（10%，B24:E24）”，同样将公式复制到 H25 单元格。

（9）查看结果，如图 8-64 所示。

资金成本率	10%	所得税率	25%
项目	旧设备	新设备	
原值	650,000	800,000	
税法规定残值（10%）	65,000	80,000	
预计使用年限	6	4	
已使用年限	2	0	
尚可使用年限（年）	4	4	
年销售收入	210,000	275,000	
每年付现成本	75,000	50,000	
目前变现价值	350,000	800,000	
折旧方法	年限平均法	年限平均法	

新旧设备现金流对比

旧设备	1	2	3	4
销售收入	210,000	210,000	210,000	210,000
付现成本	75,000	75,000	75,000	75,000
年折旧额	97,500	97,500	97,500	97,500
税前利润	37,500	37,500	37,500	37,500
所得税	9,375	9,375	9,375	9,375
净利润	28,125	28,125	28,125	28,125
年营业净现金流量	125,625	125,62E	125,625	125,625
残值收入				65,000
年现金流量总额	125,626	125,625	125,626	190,625
总现金流量现值				442,610

新设备	1	2	3	4
销售收入	275,000	275,000	275,000	275,000
付现成本	50,000	50,000	50,000	50,000
年折旧额	180,000	180,000	180,000	180,000
税前利润	45,000	45,000	45,000	45,000
所得税	11,250	11,250	11,250	11,250
净利润	33,750	33,750	33,750	33,750
年营业净现金流量	213.750	213,750	213,750	213,750
残值收入				80,000
年现金流量总额	213,750	213,750	213,750	293,750
总现金流量现值				732,200

图 8-64 输入公式

3. 对比结果

对新旧设备总现金流量现值进行对比，选择较大值。因此，对于 Y 公司来说，应该选择进行固定资产更新。这样，未来可以为企业带来更多的现金流量。

8.8 能力训练

假设 B 公司要投资一个固定资产项目，期初投资成本为 60 000 元，预计开业后最初 6 年带来的收益为 7 000 元、8 800 元、12 000 元、13 500 元、14 000 元、15 500 元。假设贴现率为 10%，请利用 Excel 制作一张固定资产更新决策表，并判断该方案是否可行。

第9章 Excel在工资管理中的应用

案例导读

新兴股份有限公司是一家小型工业企业，主要包括管理部、生产部、销售部3个部门。另外，该公司主要有公司管理、生产管理、生产人员、销售管理和销售人员5种职务类别。每位员工的工资项目有基本工资、岗位工资、住房补贴、奖金、事假扣款、病假扣款、养老保险扣款、医疗保险扣款、失业保险扣款、公积金、代扣税等。除基本工资因人而异外（要求必须一一输入），其他工资项目将根据员工职务类别和部门决定，而且随时间的变化而变化（为便于介绍，假设有16名员工）。

20×6年1月新兴股份有限公司员工基本工资情况与出勤情况如表9-1所示。

表9-1 20×6年1月公司员工基本工资情况与出勤情况

员工编号	姓　名	部　门	性　别	员工类别	基本工资	事假天数	病假天数
1001	李奇峰	公司管理	男	管理部	4 500	2	
1002	杨永盛	公司管理	男	管理部	4 000		6
1003	杜丹	公司管理	女	管理部	3 800		
1004	程利	公司管理	男	管理部	3 800		
2001	付明	生产管理	男	生产部	4 000		2
2002	李伟	生产人员	男	生产部	3 300		
2003	杨宇	生产人员	男	生产部	3 000	16	
2004	肖萌	生产人员	女	生产部	3 000		
2005	李玉凤	生产人员	女	生产部	3 000		
3001	陈小辉	销售管理	男	销售部	4 000		
3002	商祺	销售人员	男	销售部	3 500		8
3003	林华	销售人员	男	销售部	3 000		
3004	周庆	销售人员	男	销售部	3 000		
3005	葛莎莎	销售人员	女	销售部	3 200		
3006	谢圆	销售人员	女	销售部	3 000		
3007	赖建华	销售人员	男	销售部	3 200		

其他工资的发放情况及有关规定如下。

岗位工资：依据员工类别不同进行发放，管理人员（公司管理，生产管理、销售管理）为1 000元，生产人员为500元，销售人员为800元。

住房补贴：根据员工类别不同进行发放，生产人员为200元，销售人员为280元，管理人员为350元。

奖金：奖金根据部门的效益决定，本月管理部的奖金为500元，生产部的奖金为600元，销售部的奖金与个人销售有关，完成基本销售额 30 万元的奖金为 1 000 元，超额完成的按超出金额的 2% 提成，未完成基本销售额的没有奖金。

事假扣款规定：如果事假少于 14 天，将应发工资平均到每天（每月按照 22 天计算），按天扣钱；如果事假多于 14 天，扣除应发工资的 80%。

病假扣款规定：如果病假少于 6 天，工人扣款 300 元，非工人扣款 500 元；如果病假多于 6 天，工人扣款 500 元，非工人扣款 800 元。

养老保险扣款：按基本工资 + 岗位工资的 8% 扣除。

医疗保险扣款：按基本工资 + 岗位工资的 2% 扣除。

失业保险扣款：按照每人每月 10 元扣除。

公积金扣款：按照基本工资 + 岗位工资的 10% 扣除。

个人所得税：依据个人所得税税率表，如表 9–2 所示。

表 9–2　个人所得税税率表

级　数	全月应纳所得税额	税　率	速算扣除数（元）
1	不超过 3000 元部分	3%	0
2	超过 3000 至 12000 元部分	10%	210
3	超过 12000 至 25000 元部分	20%	1410
4	超过 25000 至 35000 元部分	25%	2660
5	超过 35000 至 55000 元部分	30%	4410
6	超过 55000 至 80000 元部分	35%	7160
7	超过 80000 部分	45%	15160

如何利用 Excel 进行工资管理呢？

9.1　创建员工工资表

9.1.1　基础工资表项目和数据的输入

1. 建立如下工资项目

员工编号、姓名、部门、性别、员工类别、基本工资、岗位工资、住房补贴、奖金、应发合计、事假天数、事假扣款、病假天数、病假扣款、其他扣款、扣款合计、养老保险、医疗保险、失业保险、公积金、应发工资、应扣个税以及实发合计，如图 9–1—图 9–3 所示。

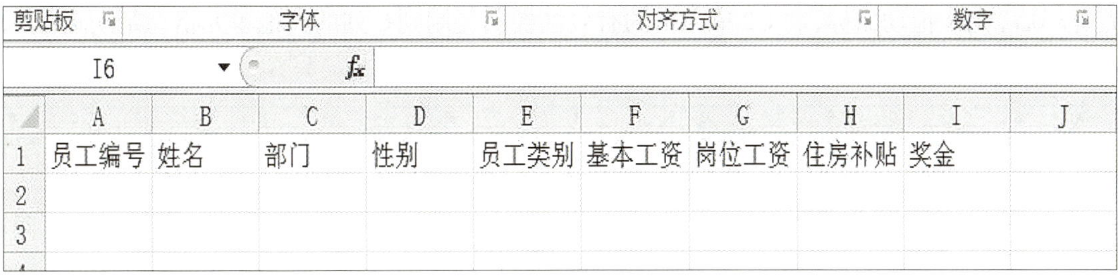

图 9–1　输入基本工资项目 1

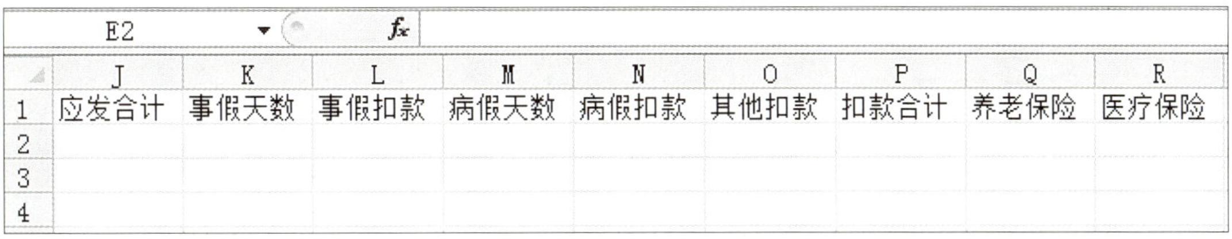

图 9–2　输入基本工资项目 2

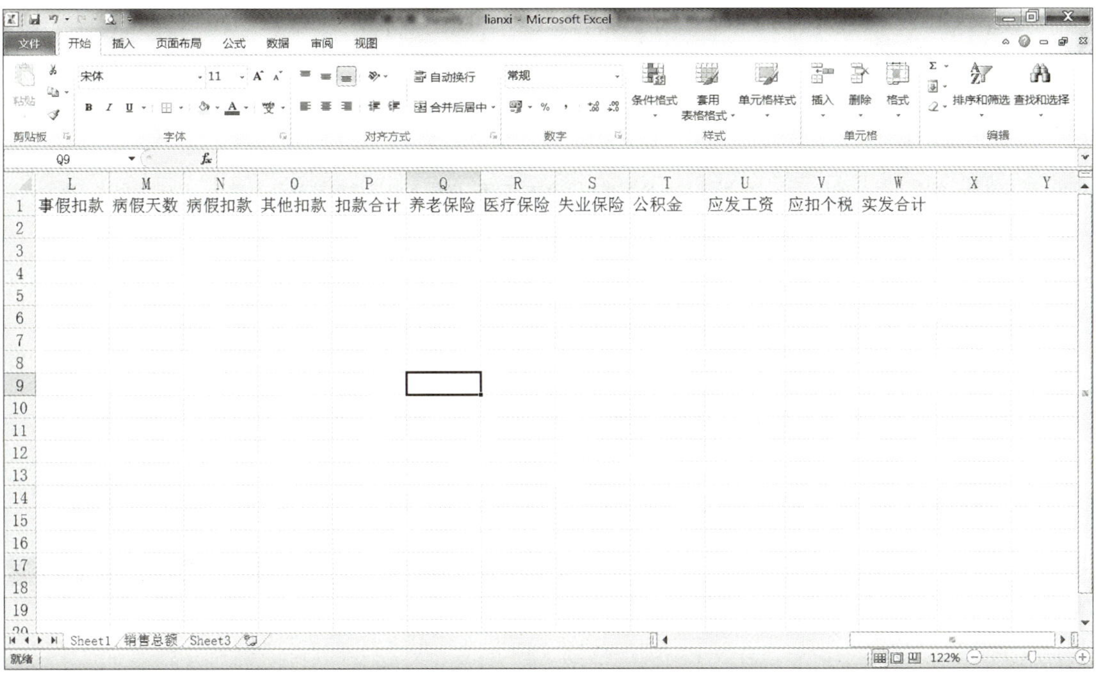

图 9–3　输入基本工资项目 3

2. 进行有效性控制

为方便输入并防止出错，可对“部门”、“性别”和“员工类别”列设置进行有效性控制。以“部门”列为例，将鼠标光标移至 C2 单元，选择“数据”→“有效性”命令，打开如图 9–4 所示的“数据验证”对话框，在“验证条件”中选中“序列”选项，在“来源”文本框中输入本企业的所有部门——“管理，生产，销售”，注意输入标点时要在英文格式下输入，设置完毕后，向下拖动鼠标，将C2单元格的有效性控制复制到C列的其他单元格，结果如图9–5所示。

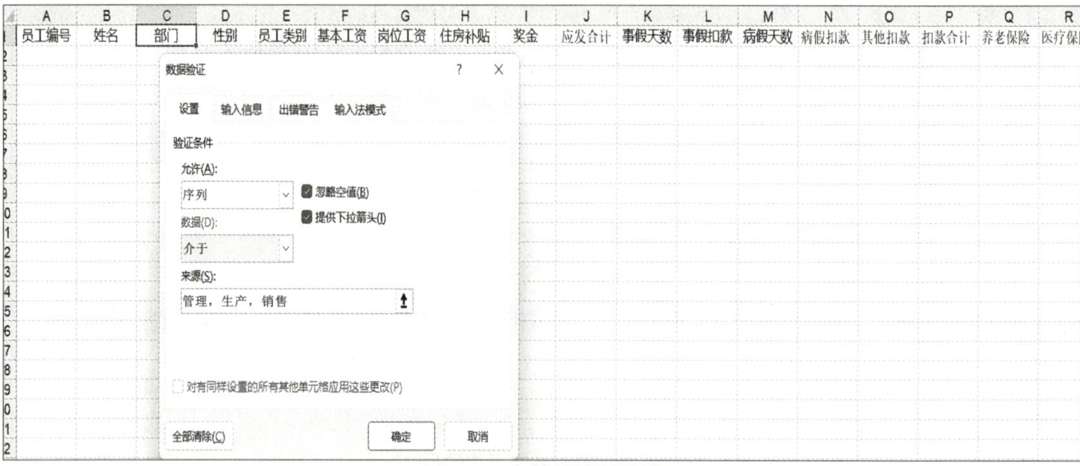

图 9–4　有效性控制设置

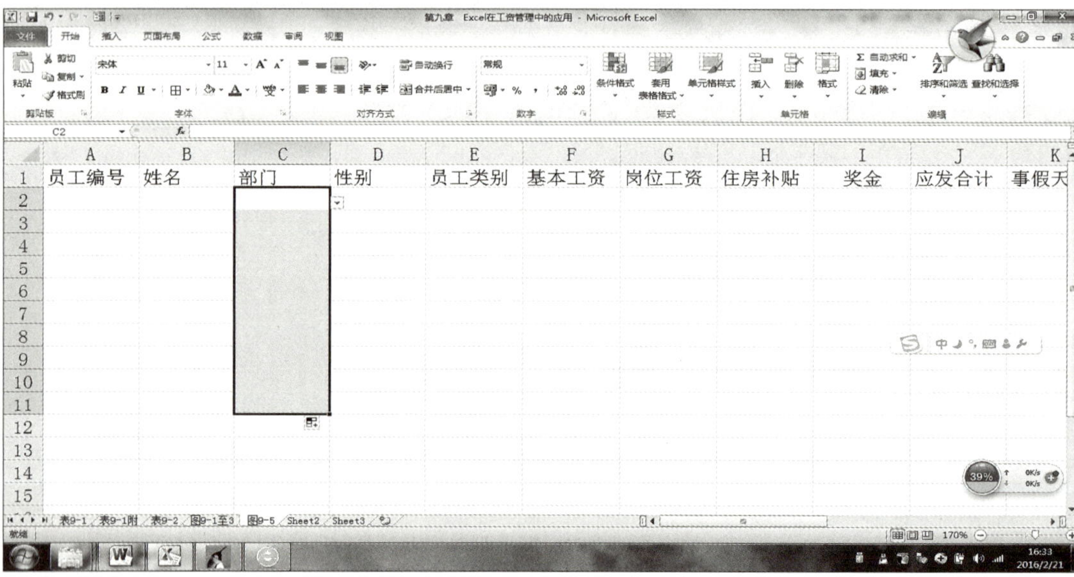

图 9–5　有效性控制复制

3. 输入员工编号

首先在 A2 单元格输入第一个员工编号 1001，然后向下拖动鼠标，系统将自动产生其他管理部门的员工编号，结果如图 9–6 所示。

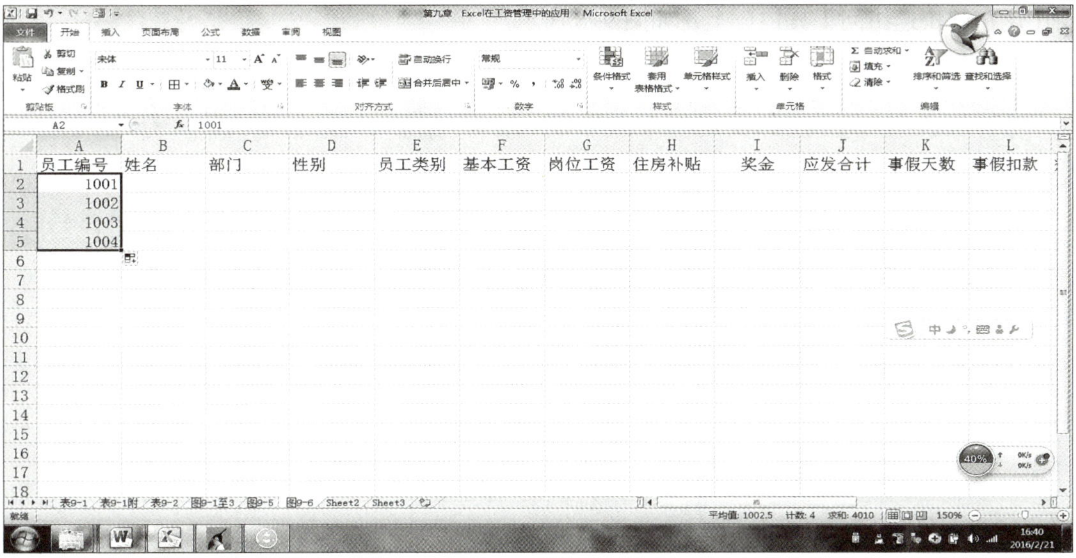

图 9-6　输入员工编号

4. 输入其他项目

依次输入“姓名”“部门”“性别”“员工类别”“基本工资”“事假天数”“病假天数”等各项信息。对于设置了有效控制的列也可以进行选择性输入，其他项目的信息不必输入，结果如图 9-7 所示。

新兴公司工资表

员工编号	姓名	部门	性别	员工类别	基本工资	岗位工资	住房补贴	奖金	应发合计	事假天数	事假扣款	病假天数
1001	李奇峰		男	公司管理	4500							
1002	杨永盛	管理部	男	公司管理	4000							
1003	杜丹	生产部	女	公司管理	3800							
1004	程利	销售部	男	公司管理	3800							
2001	付明		男	生产管理	4000							
2002	李伟		男	生产人员	3300							
2003	杨宇		男	生产人员	3000							
2004	肖萌		女	生产人员	3000							
2005	李玉凤		女	生产人员	3000							
3001	陈小辉		男	销售管理	4000							
3002	商祺		男	销售人员	3500							
3003	林华		男	销售人员	3000							
3004	周庆		男	销售人员	3000							
3005	葛莎莎		女	销售人员	3200							
3006	谢圆		女	销售人员	3000							
3007	赖建华		男	销售人员	3200							

图 9-7　有关项目的信息输入

5. 用记录单输入信息

输入时，也可以采用另外一种输入方式，即选择“记录单”命令，选择“开始”→“选项”→“Excel 选项”→“快速访问工具栏”选项将弹出“自定义快速访问工具栏”面板，选择“自定义”选项下的“从下列位置选择命令”下的“所有命令”选项，其中按拼音列出了所有命令，找到“记录单…”，单击“添加 > >”按钮，并单击“确定”按钮；“记录单”

将出现在“快速访问工具栏”上，如图 9–8 所示。

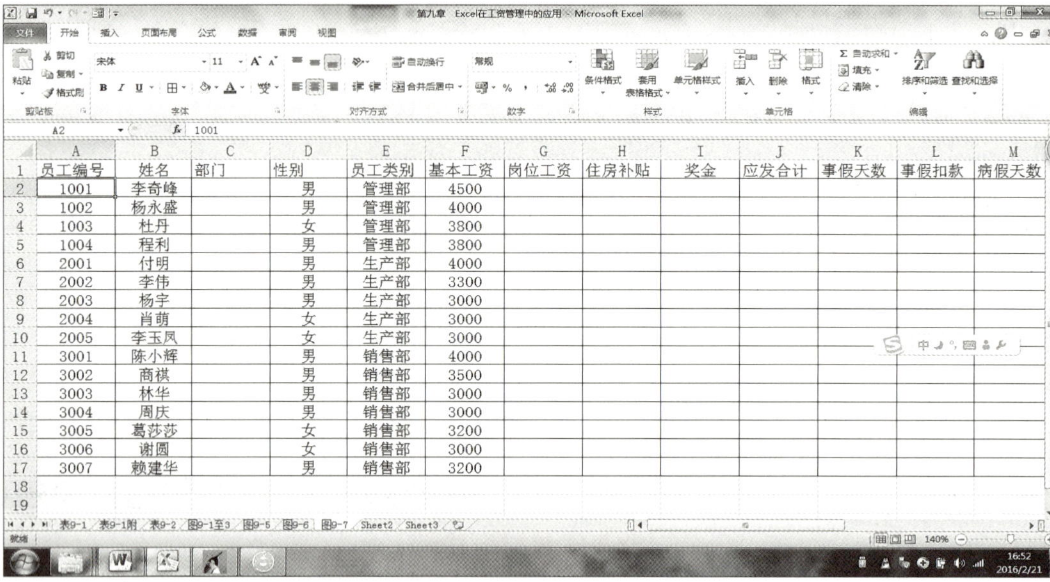

图 9–8 设置记录单

单击“记录单”按钮，可以输入一条新记录；单击“下一条”按钮，可以查询下一条记录；单击“上一条”按钮，可以查询上一条记录；如图 9–9 和图 9–10 所示。如图 9–11 所示的是新兴公司工资与请假情况。

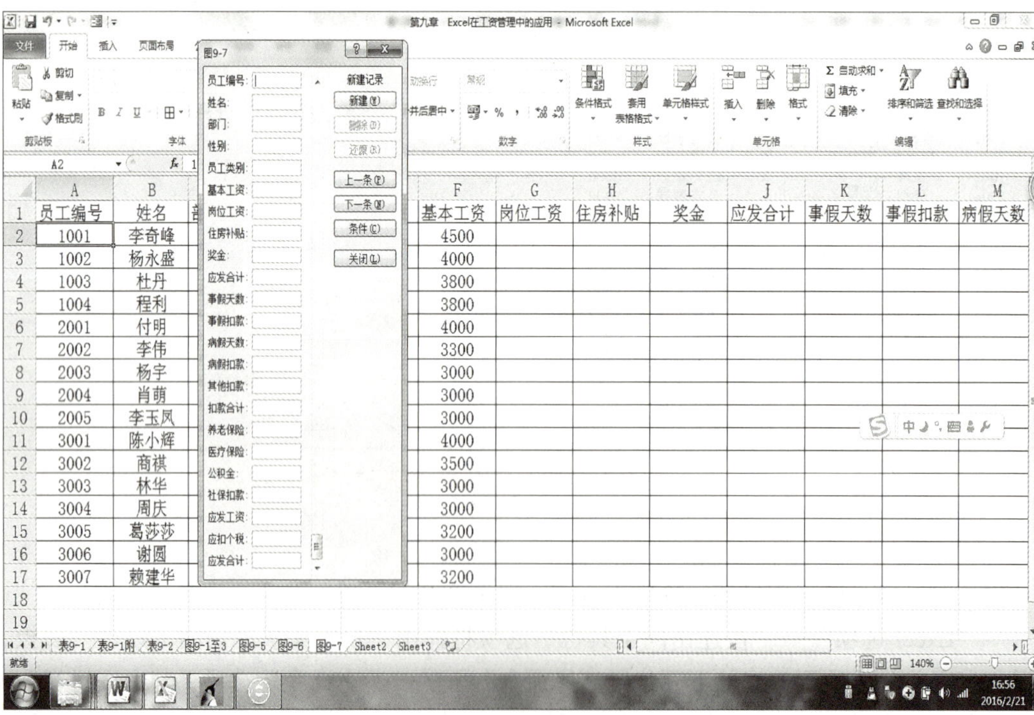

图 9–9 查询记录

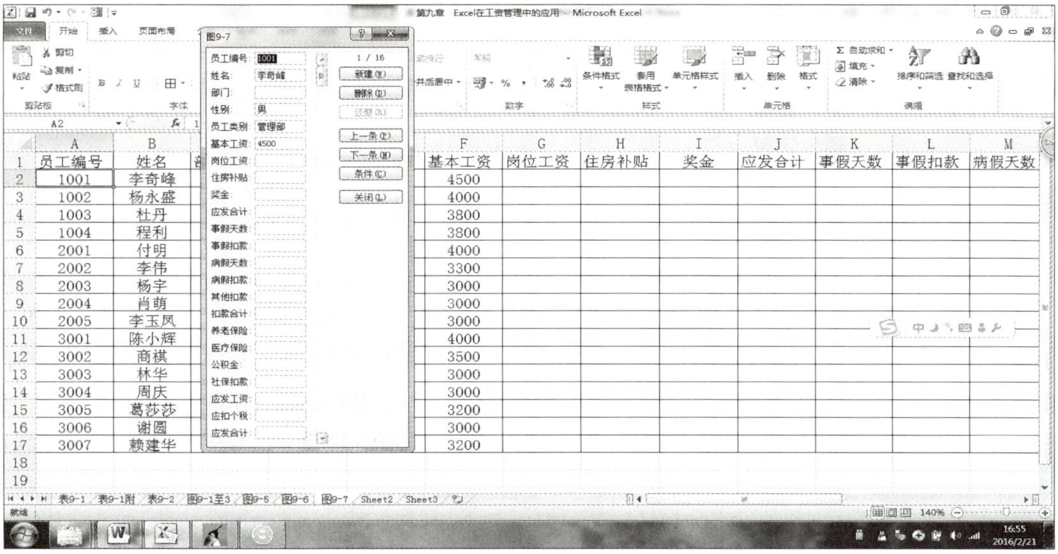

图 9-10　新建记录

	A	B	C	D	E	F	G	H	I	J	K	L
1												新兴公司工资
2	员工编号	姓名	部门	性别	员工类别	基本工资	岗位工资	住房补贴	奖金	应发合计	事假天数	事假扣款
3	1001	李奇峰		男	公司管理	4500	1000	350	500	6350	2	577.27
4	1002	杨永盛		男	公司管理	4000	1000	350	500	5850		
5	1003	杜丹		女	公司管理	3800	1000	350	500	5650		
6	1004	程利		男	公司管理	3800	1000	350	500	5650		
7	2001	付明		男	生产管理	4000	1000	350	600	5950		
8	2002	李伟		男	生产人员	3300	500	200	600	4600		
9	2003	杨宇		男	生产人员	3000	500	200	600	4300	16	3440.00
10	2004	肖萌		女	生产人员	3000	500	200	600	4300		
11	2005	李玉凤		女	生产人员	3000	500	200	600	4300		
12	3001	陈小辉		男	销售管理	4000	1000	350	2000	7350		
13	3002	商祺		男	销售人员	3500	800	280	3400	7980		
14	3003	林华		男	销售人员	3000	800	280	0	4080		
15	3004	周庆		男	销售人员	3000	800	280	2200	6280		
16	3005	葛莎莎		女	销售人员	3200	800	280	1800	6080		
17	3006	谢圆		女	销售人员	3000	800	280	6200	10280		
18	3007	赖建华		男	销售人员	3200	800	280	1000	5280		

图 9-11　新兴公司工资与请假情况

9.2　设置工资项目

9.2.1　设置应发工资项目

1. 设置“岗位工资”

根据新兴公司的规定，“岗位工资”根据“员工类别”的不同而不同，具体要求如表 9-3 所示。

表 9-3　岗位工资情况

员工类别	基本工资
公司管理	1 000
生产管理	1 000
销售管理	1 000
生产人员	500
销售人员	800

“岗位工资”项目的设置具体操作步骤如下。

第一步，将光标移至 G2 单元，输入嵌套的 IF( ) 函数。如图 9-12 所示，如果 G2 单元的值为“生产人员”，IF( ) 函数的值为 500；如果为“销售人员”，IF( ) 函数的值为 800；如果为“管理人员（公司管理、生产管理、销售管理）”，IF( ) 函数的值为 1 000。

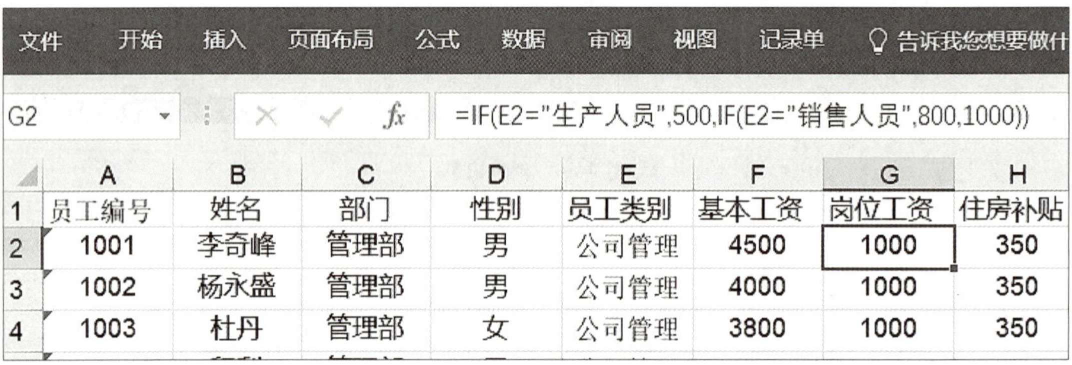

图 9-12　岗位工资的函数设置

第二步，将 G2 单元格的公式复制到 G 列的其他单元格，结果如图 9-13 所示。

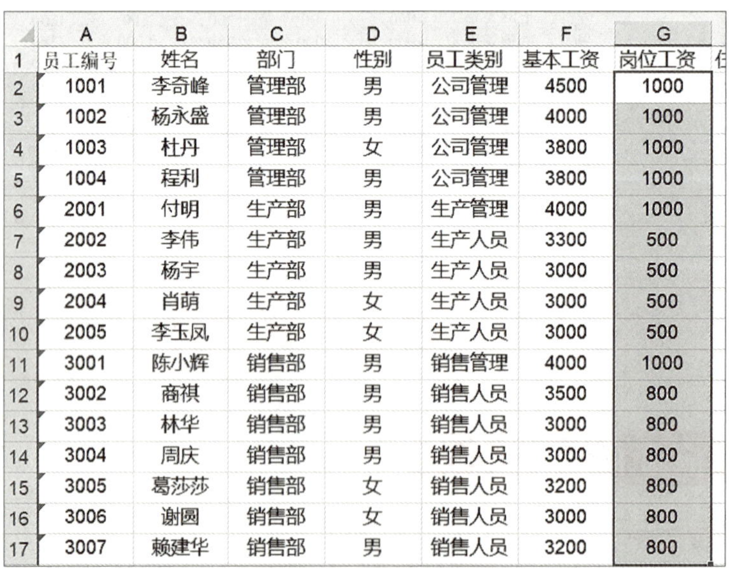

	A	B	C	D	E	F	G
1	员工编号	姓名	部门	性别	员工类别	基本工资	岗位工资
2	1001	李奇峰	管理部	男	公司管理	4500	1000
3	1002	杨永盛	管理部	男	公司管理	4000	1000
4	1003	杜丹	管理部	女	公司管理	3800	1000
5	1004	程利	管理部	男	公司管理	3800	1000
6	2001	付明	生产部	男	生产管理	4000	1000
7	2002	李伟	生产部	男	生产人员	3300	500
8	2003	杨宇	生产部	男	生产人员	3000	500
9	2004	肖萌	生产部	女	生产人员	3000	500
10	2005	李玉凤	生产部	女	生产人员	3000	500
11	3001	陈小辉	销售部	男	销售管理	4000	1000
12	3002	商祺	销售部	男	销售人员	3500	800
13	3003	林华	销售部	男	销售人员	3000	800
14	3004	周庆	销售部	男	销售人员	3000	800
15	3005	葛莎莎	销售部	女	销售人员	3200	800
16	3006	谢圆	销售部	女	销售人员	3000	800
17	3007	赖建华	销售部	男	销售人员	3200	800

图 9-13　岗位工资设置结果

2. 设置“住房补贴”

在新兴公司，“住房补贴”是根据“员工类别”来决定，具体要求如表 9-4 所示。

表 9-4　新兴公司住房补贴统计表

员工类别	住房补贴（元）
公司管理	350
销售管理	350
生产管理	350
生产人员	200
销售人员	280

“住房补贴”项目的设置具体操作步骤如下。

第一步，将光标移至 H2 单元，输入嵌套的 IF 函数。如图 9-14 所示，如果 H2 单元格的值为“生产人员”，IF( ) 函数的值为 200；如果为“销售人员”，IF( ) 函数的值为 280；如果为“管理人员（公司管理、生产管理、销售管理）”，IF( ) 函数的值为 350。

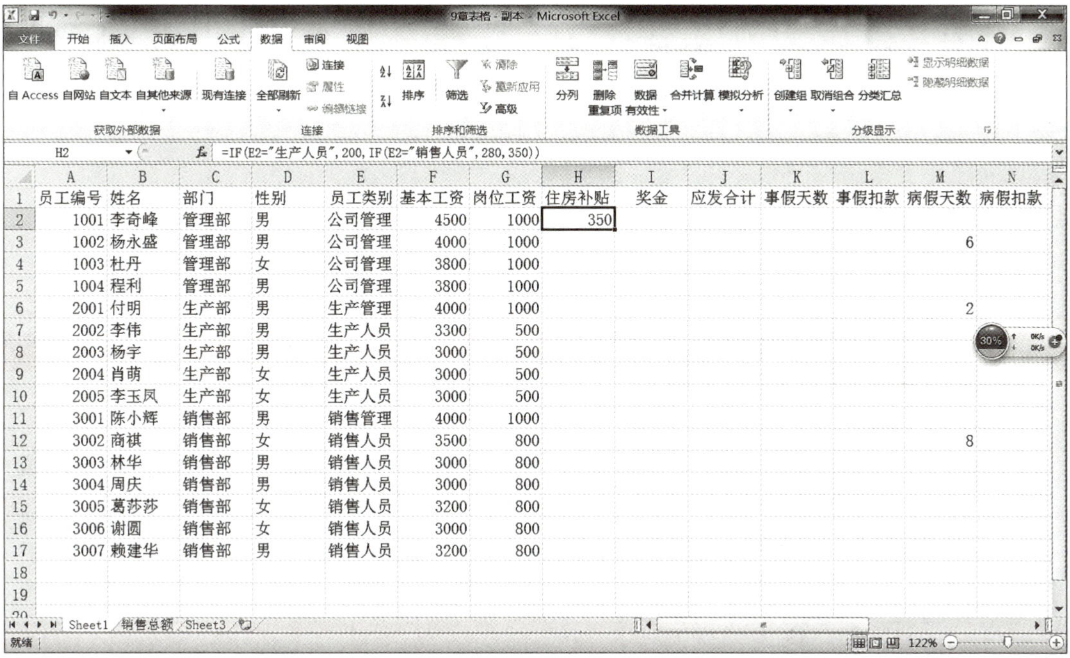

图 9-14　住房补贴函数设置

第二步，将 H2 单元格的公式复制到 H 列的其他单元格，结果如图 9-15 所示。

H2 =IF(E2="生产人员",200,IF(E2="销售人员",280,350))

	A	B	C	D	E	F	G	H
1	员工编号	姓名	部门	性别	员工类别	基本工资	岗位工资	住房补贴
2	1001	李奇峰	管理部	男	公司管理	4500	1000	350
3	1002	杨永盛	管理部	男	公司管理	4000	1000	350
4	1003	杜丹	管理部	女	公司管理	3800	1000	350
5	1004	程利	管理部	男	公司管理	3800	1000	350
6	2001	付明	生产部	男	生产管理	4000	1000	350
7	2002	李伟	生产部	男	生产人员	3300	500	200
8	2003	杨宇	生产部	男	生产人员	3000	500	200
9	2004	肖萌	生产部	女	生产人员	3000	500	200
10	2005	李玉凤	生产部	女	生产人员	3000	500	200
11	3001	陈小辉	销售部	男	销售管理	4000	1000	350
12	3002	商祺	销售部	男	销售人员	3500	800	280
13	3003	林华	销售部	男	销售人员	3000	800	280
14	3004	周庆	销售部	男	销售人员	3000	800	280
15	3005	葛莎莎	销售部	女	销售人员	3200	800	280
16	3006	谢圆	销售部	女	销售人员	3000	800	280
17	3007	赖建华	销售部	男	销售人员	3200	800	280

图 9-15　住房补贴设置结果

3. 设置“奖金”

根据新兴公司的规定，“奖金”根据部门的效益决定，具体要求如表 9-5 所示。

表 9-5　新兴公司奖金情况表

部　门	奖金（元）
管理部	500
生产部	600
销售部	完成基本销售额 30 万元的奖金为 1000 元；超额完成的按超出金额的 2% 提成；未完成基本销售额的没有奖金

假设销售部门本月销售情况如表 9-6 所示。

表 9-6　销售部门本月销售情况表

姓　名	销售额（万元）
陈小辉	35
商祺	42
林华	15
周庆	36
葛莎莎	34
谢圆	56
赖建华	30

具体操作步骤如下。

第一步，将 I2 单元格公式设置为“=IF(C2=″管理部″,500,IF(C2=″生产部″,600,1000))”，结果如图 9-16 所示。

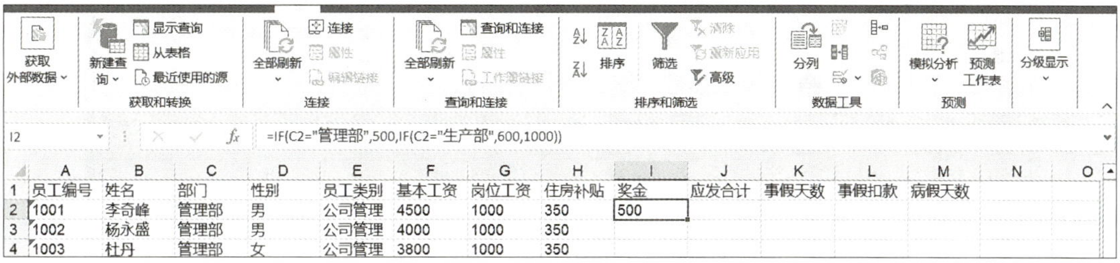

	A	B	C	D	E	F	G	H	I	J	K	L	M	N	O
1	员工编号	姓名	部门	性别	员工类别	基本工资	岗位工资	住房补贴	奖金	应发合计	事假天数	事假扣款	病假天数		
2	1001	李奇峰	管理部	男	公司管理	4500	1000	350	500						
3	1002	杨永盛	管理部	男	公司管理	4000	1000	350							
4	1003	杜丹	管理部	女	公司管理	3800	1000	350							

图 9-16　管理部、生产部奖金的函数设置

第二步，将 I2 单元格的公式复制到 I 列的对应管理部和生产部的单元格，结果如图 9-17 所示。

	A	B	C	D	E	F	G	H	I
1	员工编号	姓名	部门	性别	员工类别	基本工资	岗位工资	住房补贴	奖金
2	1001	李奇峰	管理部	男	公司管理	4500	1000	350	500
3	1002	杨永盛	管理部	男	公司管理	4000	1000	350	500
4	1003	杜丹	管理部	女	公司管理	3800	1000	350	500
5	1004	程利	管理部	男	公司管理	3800	1000	350	500
6	2001	付明	生产部	男	生产管理	4000	1000	350	600
7	2002	李伟	生产部	男	生产人员	3300	500	200	600
8	2003	杨宇	生产部	男	生产人员	3000	500	200	600
9	2004	肖萌	生产部	女	生产人员	3000	500	200	600
10	2005	李玉凤	生产部	女	生产人员	3000	500	200	600

9-17　管理部、生产部奖金的设置结果

第三步，从第一个显示“销售部”的 I9 单元格，将该单元格的公式设置为“=IF(AND(C11=″销售部″,销售总额!F3 > =30),1000+2000*(销售总额!F3-30),0)”，结果如图 9-18 所示（该步骤需要用到销售部图 9-19 所示的销售总额统计表）。

	A	B	C	D	E	F	G	H	I	J
1	员工编号	姓名	部门	性别	员工类别	基本工资	岗位工资	住房补贴	奖金	应发合计
2	1001	李奇峰	管理部	男	公司管理	4500	1000	350	500	
3	1002	杨永盛	管理部	男	公司管理	4000	1000	350	500	
4	1003	杜丹	管理部	女	公司管理	3800	1000	350	500	
5	1004	程利	管理部	男	公司管理	3800	1000	350	500	
6	2001	付明	生产部	男	生产管理	4000	1000	350	600	
7	2002	李伟	生产部	男	生产人员	3300	500	200	600	
8	2003	杨宇	生产部	男	生产人员	3000	500	200	600	
9	2004	肖萌	生产部	女	生产人员	3000	500	200	600	
10	2005	李玉凤	生产部	女	生产人员	3000	500	200	600	
11	3001	陈小辉	销售部	男	销售管理	4000	1000	350	2000	

图 9-18　销售部奖金的函数设置

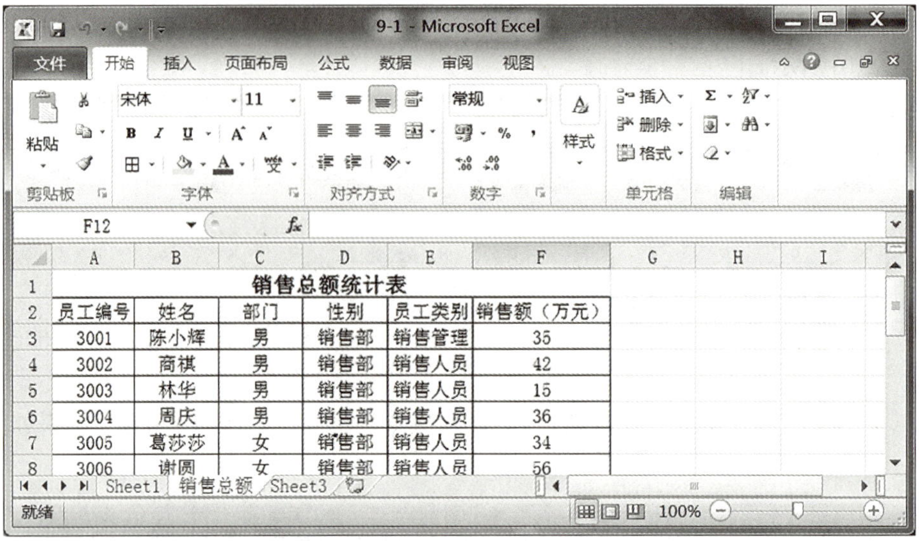

	A	B	C	D	E	F
1	销售总额统计表					
2	员工编号	姓名	部门	性别	员工类别	销售额（万元）
3	3001	陈小辉	男	销售部	销售管理	35
4	3002	商祺	男	销售部	销售人员	42
5	3003	林华	男	销售部	销售人员	15
6	3004	周庆	男	销售部	销售人员	36
7	3005	葛莎莎	女	销售部	销售人员	34
8	3006	谢圆	女	销售部	销售人员	56

图 9–19　销售总额统计表

第四步，将 I9 单元格的公式复制到 I 列中其他显示“销售部”的单元格，结果如图 9–20 所示。

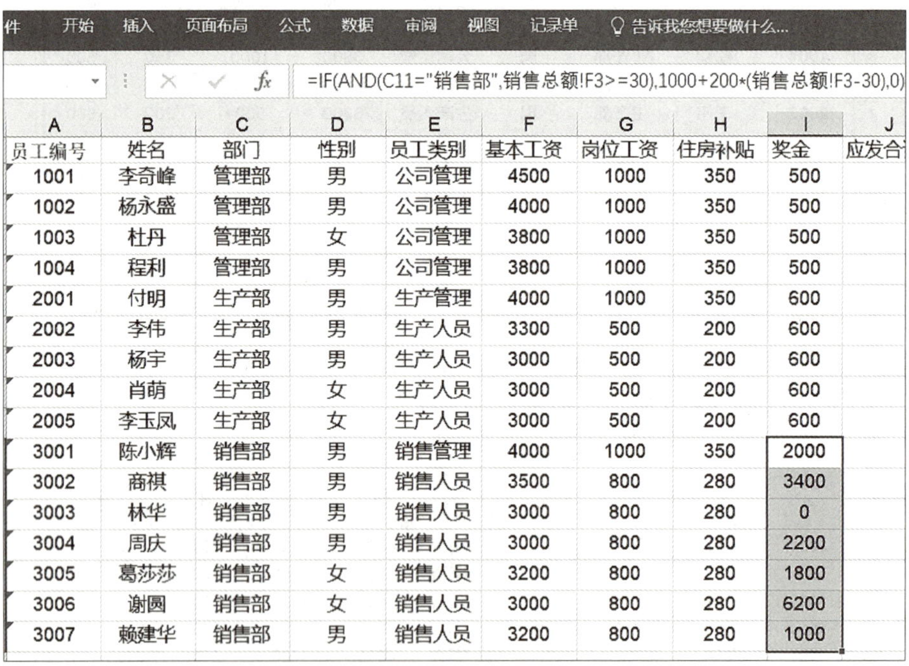

=IF(AND(C11="销售部",销售总额!F3>=30),1000+200*(销售总额!F3-30),0)

员工编号	姓名	部门	性别	员工类别	基本工资	岗位工资	住房补贴	奖金	应发合计
1001	李奇峰	管理部	男	公司管理	4500	1000	350	500	
1002	杨永盛	管理部	男	公司管理	4000	1000	350	500	
1003	杜丹	管理部	女	公司管理	3800	1000	350	500	
1004	程利	管理部	男	公司管理	3800	1000	350	500	
2001	付明	生产部	男	生产管理	4000	1000	350	600	
2002	李伟	生产部	男	生产人员	3300	500	200	600	
2003	杨宇	生产部	男	生产人员	3000	500	200	600	
2004	肖萌	生产部	女	生产人员	3000	500	200	600	
2005	李玉凤	生产部	女	生产人员	3000	500	200	600	
3001	陈小辉	销售部	男	销售管理	4000	1000	350	2000	
3002	商祺	销售部	男	销售人员	3500	800	280	3400	
3003	林华	销售部	男	销售人员	3000	800	280	0	
3004	周庆	销售部	男	销售人员	3000	800	280	2200	
3005	葛莎莎	销售部	女	销售人员	3200	800	280	1800	
3006	谢圆	销售部	女	销售人员	3000	800	280	6200	
3007	赖建华	销售部	男	销售人员	3200	800	280	1000	

图 9–20　销售部奖金的设置结果

4. 设置“应发合计”

“应发合计”项目为基本工资、岗位工资、奖金的合计数，该项目的设置具体操作步骤如下。

选中 J2 单元格，单击“总动求和 | 按钮“∑”，或直接在 J2 单元格进行公式设置“=SUM（F2:I2）”，如图 9–21 和图 9–22 所示。

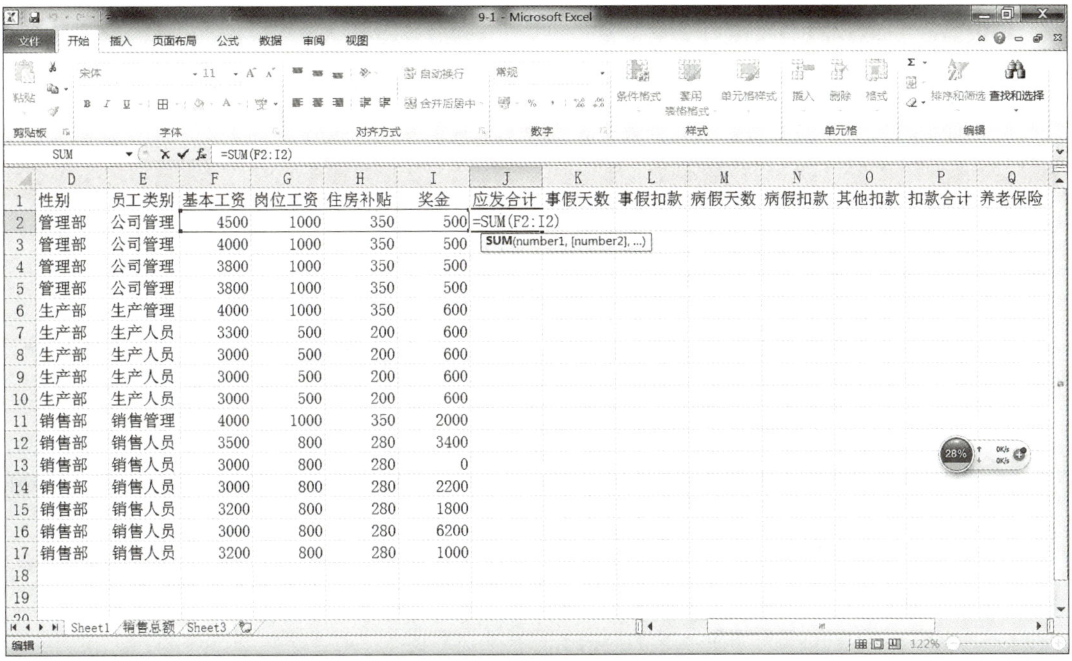

图 9–21　应发合计自动求和

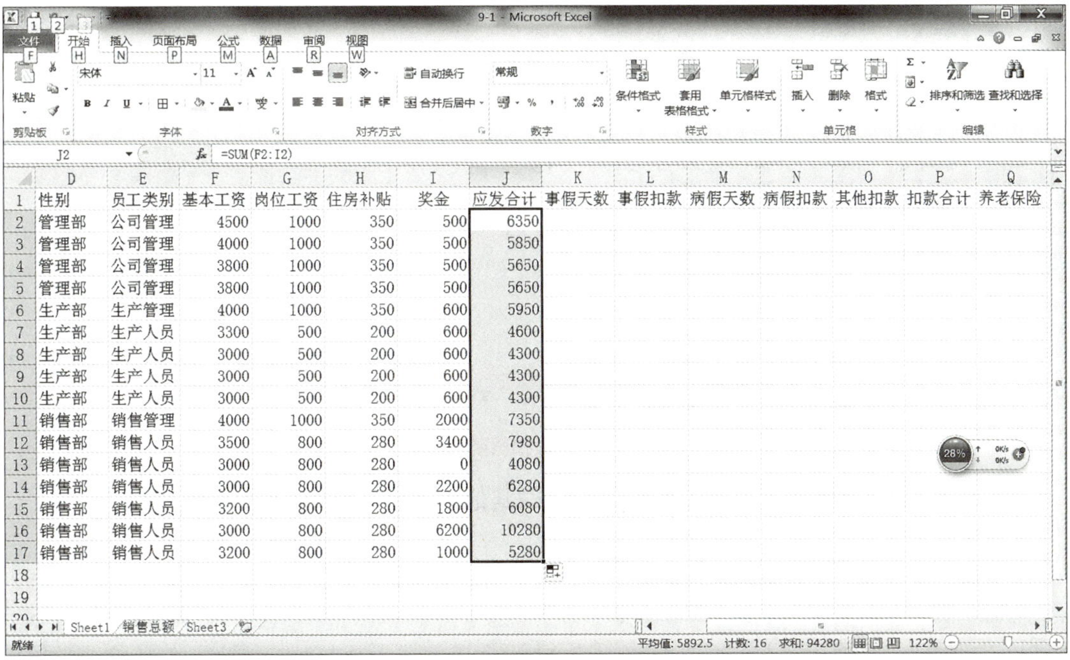

图 9–22　应发合计结果

9.2.2 设置扣发工资项目

1. 设置“事假扣款”

在新兴公司，“事假扣款”与事假天数有关，具体要求如表 9-7 所示。

表 9-7　事假扣款规定

事假天数	事假扣款
>14 天	应发工资的 80%
<=14 天	（应发工资 / 22）* 事假天数

“事假扣款”项目的设置具体操作步骤如下。

第一步，将 L2 单元格的公式设置为“=IF（K2 ＞ 14，J2*0.8，J2/22*K2）”，结果如图 9-23 所示。

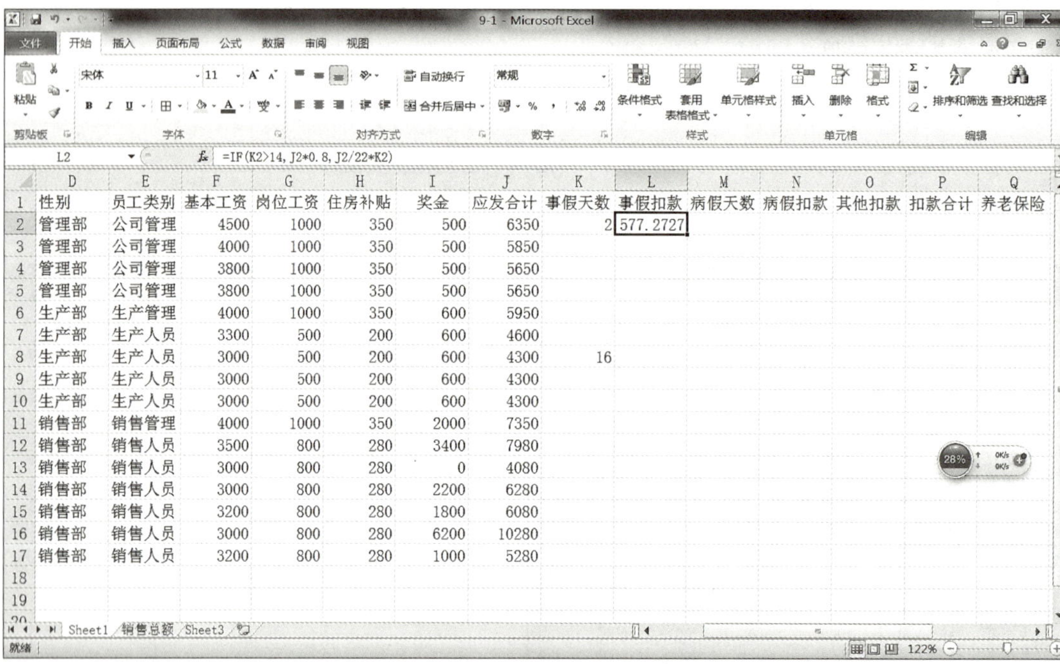

L2　=IF(K2>14, J2*0.8, J2/22*K2)

	D	E	F	G	H	I	J	K	L	M	N	O	P	Q
1	性别	员工类别	基本工资	岗位工资	住房补贴	奖金	应发合计	事假天数	事假扣款	病假天数	病假扣款	其他扣款	扣款合计	养老保险
2	管理部	公司管理	4500	1000	350	500	6350	2	577.2727					
3	管理部	公司管理	4000	1000	350	500	5850							
4	管理部	公司管理	3800	1000	350	500	5650							
5	管理部	公司管理	3800	1000	350	500	5650							
6	生产部	生产管理	4000	1000	350	600	5950							
7	生产部	生产人员	3300	500	200	600	4600							
8	生产部	生产人员	3000	500	200	600	4300	16						
9	生产部	生产人员	3000	500	200	600	4300							
10	生产部	生产人员	3000	500	200	600	4300							
11	销售部	销售管理	4000	1000	350	2000	7350							
12	销售部	销售人员	3500	800	280	3400	7980							
13	销售部	销售人员	3000	800	280	0	4080							
14	销售部	销售人员	3000	800	280	2200	6280							
15	销售部	销售人员	3200	800	280	1800	6080							
16	销售部	销售人员	3000	800	280	6200	10280							
17	销售部	销售人员	3200	800	280	1000	5280							

图 9-23　事假扣款函数设置

第二步，将 L2 单元格的公式复制到 L 列的其他单元格，结果如图 9-24 所示。

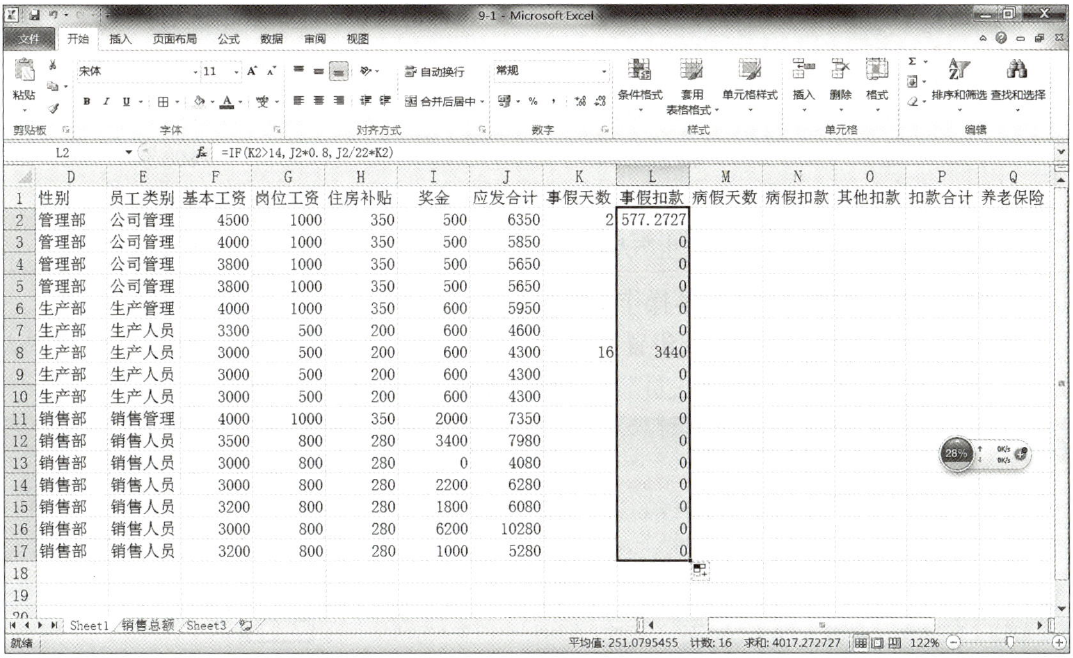

图 9-24　事假扣款设置结果

第三步，设置 L2 单元格的数值格式，保留两位小数，如图 9-25 所示。设置结束后 L2 单元格显示 577.27。

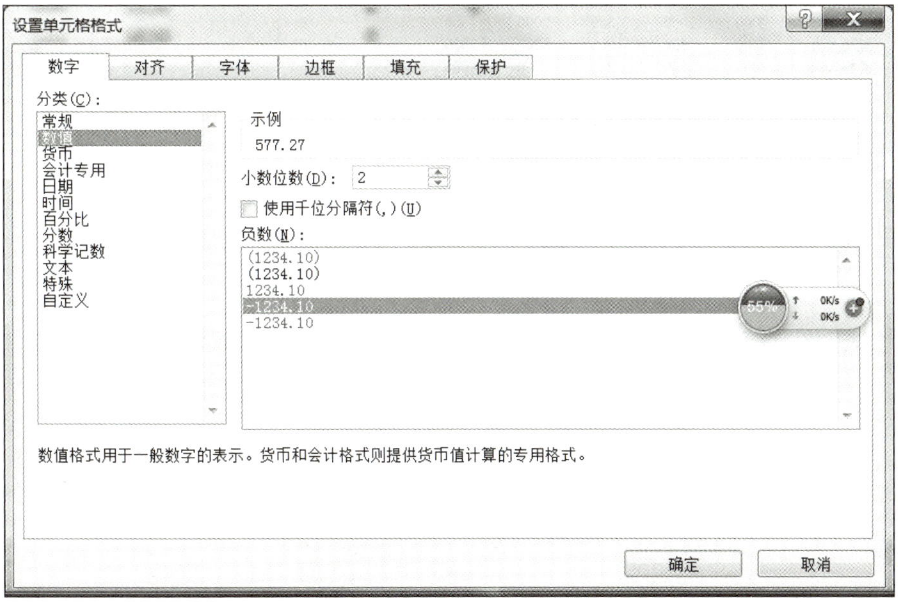

图 9-25　设置 L2 数值格式

2. 设置“病假扣款”

在新兴公司，“病假扣款”与病假天数有关，具体要求如表 9-8 所示。

表 9-8　新兴公司关于病假扣款的规定

病假天数（天）	员工类别	病假扣款
>6	生产人员	500
>6	非生产人员	800
<=6	生产人员	300
<=6	非生产人员	500

“病假扣款”项目的设置具体操作步骤如下。

第一步，将 N2 单元格的公式设置为“=IF(M2=0，0，IF（M2 < =6，IF（E2=“生产人员”，300，500)，IF(E2=“生产人员”，500，800)))”，如图 9-26 所示。

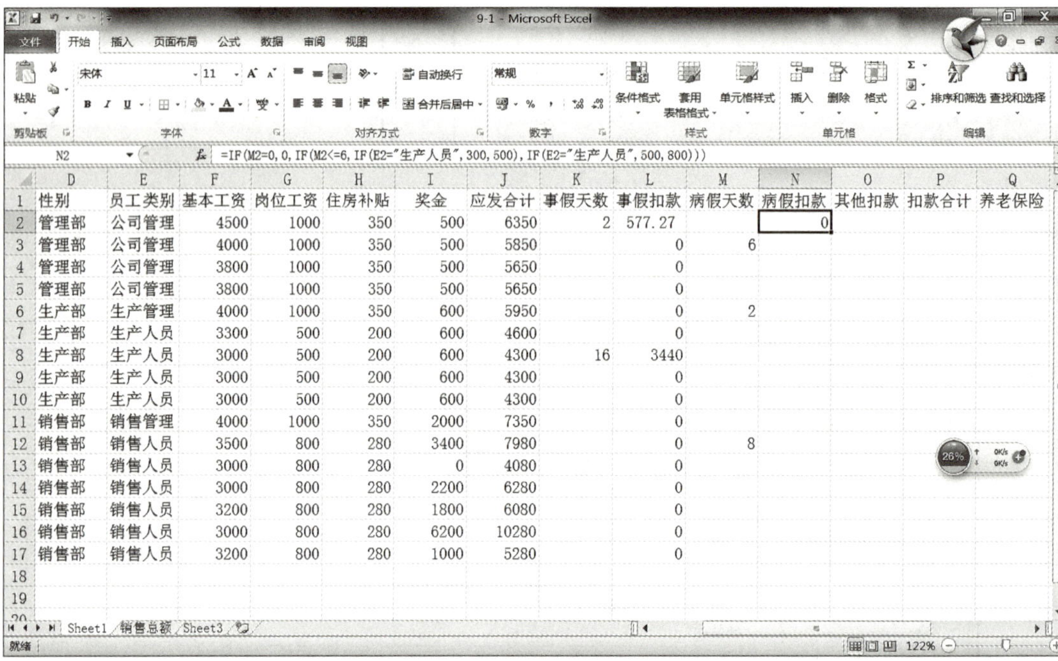

N2　=IF(M2=0,0,IF(M2<=6,IF(E2="生产人员",300,500),IF(E2="生产人员",500,800)))

	D	E	F	G	H	I	J	K	L	M	N	O	P	Q
1	性别	员工类别	基本工资	岗位工资	住房补贴	奖金	应发合计	事假天数	事假扣款	病假天数	病假扣款	其他扣款	扣款合计	养老保险
2	管理部	公司管理	4500	1000	350	500	6350	2	577.27		0			
3	管理部	公司管理	4000	1000	350	500	5850		0	6				
4	管理部	公司管理	3800	1000	350	500	5650		0					
5	管理部	公司管理	3800	1000	350	500	5650		0					
6	生产部	生产管理	4000	1000	350	600	5950		0	2				
7	生产部	生产人员	3300	500	200	600	4600		0					
8	生产部	生产人员	3000	500	200	600	4300	16	3440					
9	生产部	生产人员	3000	500	200	600	4300		0					
10	生产部	生产人员	3000	500	200	600	4300		0					
11	销售部	销售管理	4000	1000	350	2000	7350		0					
12	销售部	销售人员	3500	800	280	3400	7980		0	8				
13	销售部	销售人员	3000	800	280	0	4080		0					
14	销售部	销售人员	3000	800	280	2200	6280		0					
15	销售部	销售人员	3200	800	280	1800	6080		0					
16	销售部	销售人员	3000	800	280	6200	10280		0					
17	销售部	销售人员	3200	800	280	1000	5280		0					

图 9-26　事假扣款函数设置

第二步，将 N2 单元格的公式复制到 N 列的其他单元格，结果如图 9-27 所示。

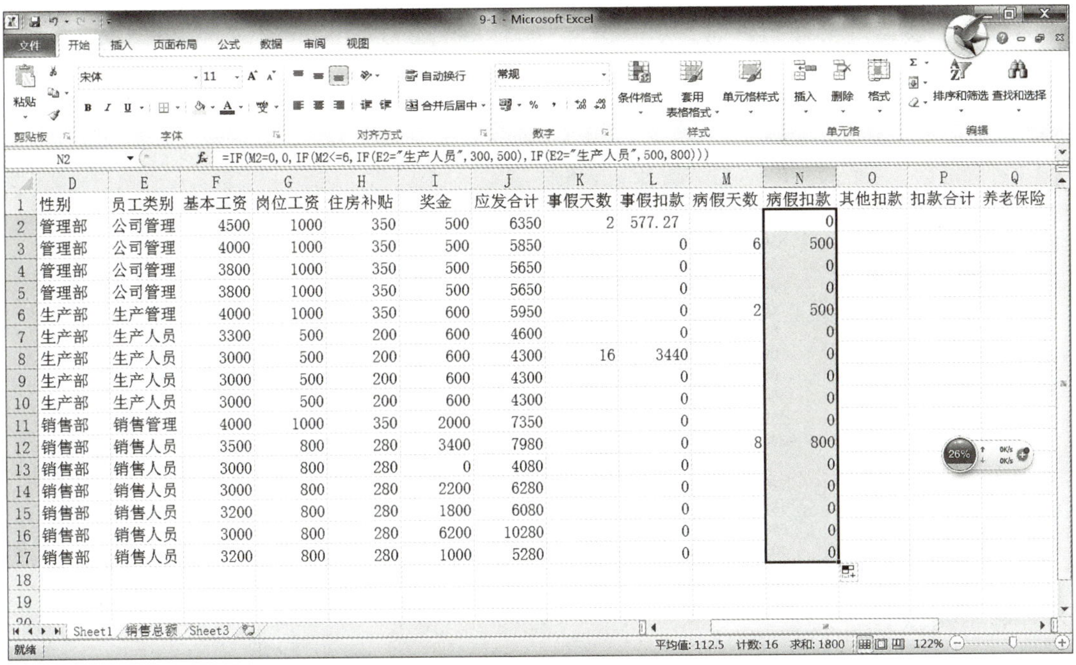

N2　=IF(M2=0,0,IF(M2<=6,IF(E2="生产人员",300,500),IF(E2="生产人员",500,800)))

	D 性别	E 员工类别	F 基本工资	G 岗位工资	H 住房补贴	I 奖金	J 应发合计	K 事假天数	L 事假扣款	M 病假天数	N 病假扣款	O 其他扣款	P 扣款合计	Q 养老保险
2	管理部	公司管理	4500	1000	350	500	6350	2	577.27		0			
3	管理部	公司管理	4000	1000	350	500	5850		0	6	500			
4	管理部	公司管理	3800	1000	350	500	5650		0		0			
5	管理部	公司管理	3800	1000	350	500	5650		0		0			
6	生产部	生产管理	4000	1000	350	600	5950		0	2	500			
7	生产部	生产人员	3300	500	200	600	4600		0		0			
8	生产部	生产人员	3000	500	200	600	4300	16	3440		0			
9	生产部	生产人员	3000	500	200	600	4300		0		0			
10	生产部	生产人员	3000	500	200	600	4300		0		0			
11	销售部	销售管理	4000	1000	350	2000	7350		0		0			
12	销售部	销售人员	3500	800	280	3400	7980		0	8	800			
13	销售部	销售人员	3000	800	280	0	4080		0		0			
14	销售部	销售人员	3000	800	280	2200	6280		0		0			
15	销售部	销售人员	3200	800	280	1800	6080		0		0			
16	销售部	销售人员	3000	800	280	6200	10280		0		0			
17	销售部	销售人员	3200	800	280	1000	5280		0		0			

图 9-27　病假扣款设置结果

3. 设置“其他扣款”

其他扣款主要指迟到早退违纪等原因引起的扣款。本月中杨永盛因故扣款 50 元，李玉凤因故扣款 100 元，剩余的人此项无扣款。

4. 设置“扣款合计”

扣款合计为“事假扣款”、“病假扣款”和“其他扣款”的合计。具体操作步骤如下。

第一步，将 P2 单元格公式设置为“=L2+N2+O2”，如图 9-28 所示。

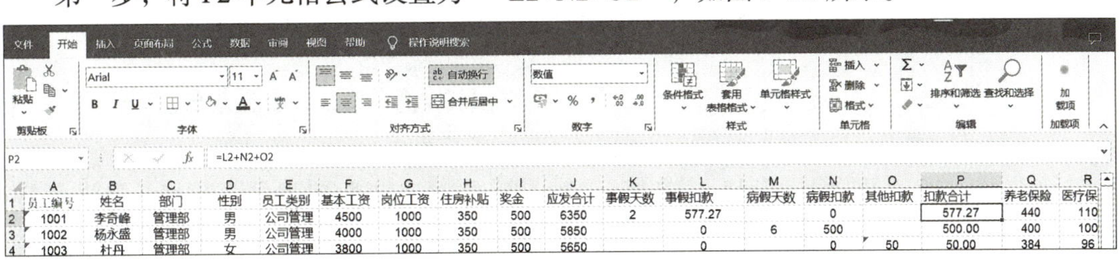

P2　=L2+N2+O2

	A 员工编号	B 姓名	C 部门	D 性别	E 员工类别	F 基本工资	G 岗位工资	H 住房补贴	I 奖金	J 应发合计	K 事假天数	L 事假扣款	M 病假天数	N 病假扣款	O 其他扣款	P 扣款合计	Q 养老保险	R 医疗保
2	1001	李奇峰	管理部	男	公司管理	4500	1000	350	500	6350	2	577.27		0		577.27	440	110
3	1002	杨永盛	管理部	男	公司管理	4000	1000	350	500	5850		0	6	500		500.00	400	100
4	1003	杜丹	管理部	女	公司管理	3800	1000	350	500	5650		0		0	50	50.00	384	96

图 9-28　扣款合计公式设置

第二步，将 P2 单元格的公式复制到 P 列的其他单元格，结果如图 9-29 所示。

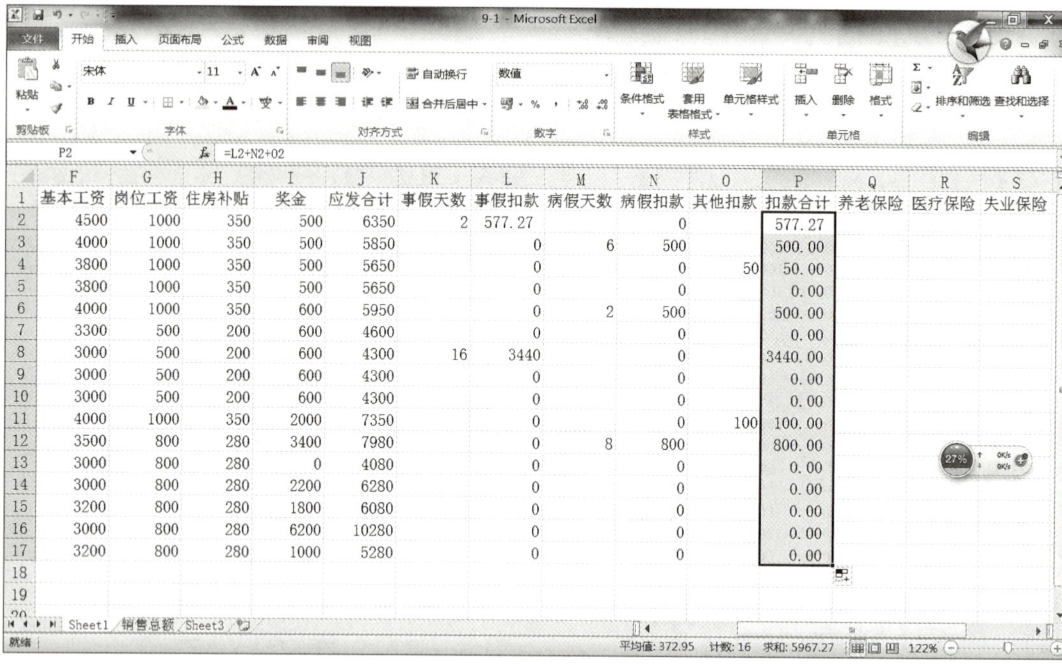

P2 =L2+N2+O2

	F	G	H	I	J	K	L	M	N	O	P	Q	R	S
1	基本工资	岗位工资	住房补贴	奖金	应发合计	事假天数	事假扣款	病假天数	病假扣款	其他扣款	扣款合计	养老保险	医疗保险	失业保险
2	4500	1000	350	500	6350	2	577.27		0		577.27			
3	4000	1000	350	500	5850		0	6	500		500.00			
4	3800	1000	350	500	5650		0		0	50	50.00			
5	3800	1000	350	500	5650		0		0		0.00			
6	4000	1000	350	600	5950		0	2	500		500.00			
7	3300	500	200	600	4600		0		0		0.00			
8	3000	500	200	600	4300	16	3440		0		3440.00			
9	3000	500	200	600	4300		0		0		0.00			
10	3000	500	200	600	4300		0		0		0.00			
11	4000	1000	350	2000	7350		0		0	100	100.00			
12	3500	800	280	3400	7980		0	8	800		800.00			
13	3000	800	280	0	4080		0		0		0.00			
14	3000	800	280	2200	6280		0		0		0.00			
15	3200	800	280	1800	6080		0		0		0.00			
16	3000	800	280	6200	10280		0		0		0.00			
17	3200	800	280	1000	5280		0		0		0.00			

平均值: 372.95 计数: 16 求和: 5967.27

图 9-29　扣款合计的设置结果

9.2.3　设置社会保险、“公积金”、“应发合计”

社会保险包括养老保险，医疗保险，失业保险，生育保险，工伤保险。在新兴公司，生育保险和工伤保险全部由单位上缴，个人不缴纳，所以工资表中只体现养老保险，医疗保险和失业保险。“养老保险”按照基本工资与岗位工资之和的 8% 扣除。“医疗保险”按基本工资与岗位工资之和的 2% 扣除，“失业保险”每人每月 10 元。具体操作步骤如下。

1. 设置“养老保险”

第一步，将 Q2 单元公式设置为“=（F2+G2）*8%”，如图 9–30 所示。

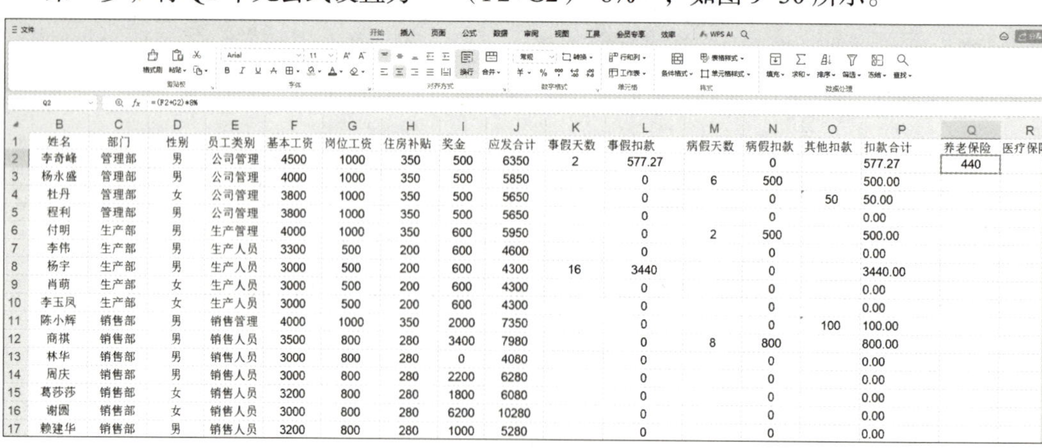

Q2 =(F2+G2)*8%

	B	C	D	E	F	G	H	I	J	K	L	M	N	O	P	Q
1	姓名	部门	性别	员工类别	基本工资	岗位工资	住房补贴	奖金	应发合计	事假天数	事假扣款	病假天数	病假扣款	其他扣款	扣款合计	养老保险
2	李奇峰	管理部	男	公司管理	4500	1000	350	500	6350	2	577.27		0		577.27	440
3	杨永盛	管理部	男	公司管理	4000	1000	350	500	5850		0	6	500		500.00	
4	杜丹	管理部	女	公司管理	3800	1000	350	500	5650		0		0	50	50.00	
5	程利	管理部	男	公司管理	3800	1000	350	500	5650		0		0		0.00	
6	付明	生产部	男	生产管理	4000	1000	350	600	5950		0	2	500		500.00	
7	李伟	生产部	男	生产人员	3300	500	200	600	4600		0		0		0.00	
8	杨宇	生产部	男	生产人员	3000	500	200	600	4300	16	3440		0		3440.00	
9	肖萌	生产部	女	生产人员	3000	500	200	600	4300		0		0		0.00	
10	李玉凤	生产部	女	生产人员	3000	500	200	600	4300		0		0		0.00	
11	陈小辉	销售部	男	销售管理	4000	1000	350	2000	7350		0		0	100	100.00	
12	商祺	销售部	男	销售人员	3500	800	280	3400	7980		0	8	800		800.00	
13	林华	销售部	男	销售人员	3000	800	280	0	4080		0		0		0.00	
14	周庆	销售部	男	销售人员	3000	800	280	2200	6280		0		0		0.00	
15	葛莎莎	销售部	女	销售人员	3200	800	280	1800	6080		0		0		0.00	
16	谢圆	销售部	女	销售人员	3000	800	280	6200	10280		0		0		0.00	
17	赖建华	销售部	男	销售人员	3200	800	280	1000	5280		0		0		0.00	

图 9–30　养老保险的公式设置

第二步，将 Q2 单元格的公式复制到 Q 列的其他单元格，结果如图 9–31 所示。

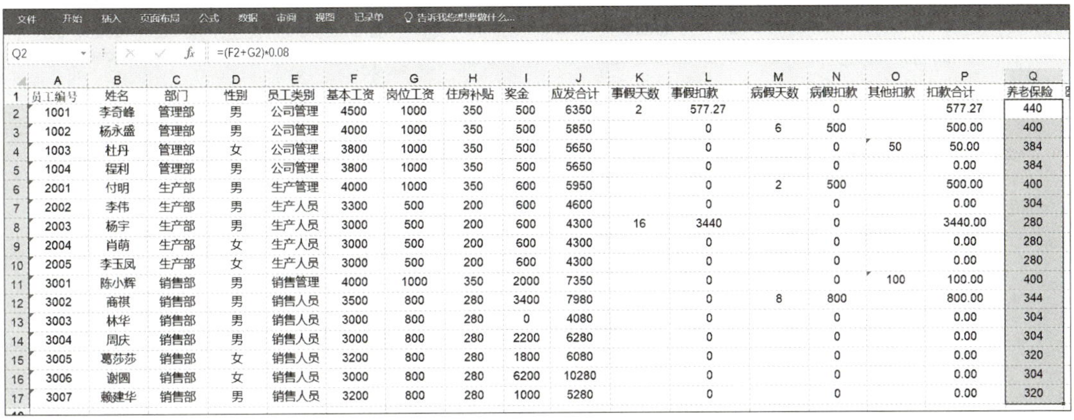

Q2　=(F2+G2)*0.08

	A	B	C	D	E	F	G	H	I	J	K	L	M	N	O	P	Q
1	员工编号	姓名	部门	性别	员工类别	基本工资	岗位工资	住房补贴	奖金	应发合计	事假天数	事假扣款	病假天数	病假扣款	其他扣款	扣款合计	养老保险
2	1001	李奇峰	管理部	男	公司管理	4500	1000	350	500	6350	2	577.27		0		577.27	440
3	1002	杨永盛	管理部	男	公司管理	4000	1000	350	500	5850		0	6	500		500.00	400
4	1003	杜丹	管理部	女	公司管理	3800	1000	350	500	5650		0		0	50	50.00	384
5	1004	程利	管理部	男	公司管理	3800	1000	350	500	5650		0		0		0.00	384
6	2001	付明	生产部	男	生产管理	4000	1000	350	600	5950		0	2	500		500.00	400
7	2002	李伟	生产部	男	生产人员	3300	500	200	600	4600		0		0		0.00	304
8	2003	杨宇	生产部	男	生产人员	3000	500	200	600	4300	16	3440		0		3440.00	280
9	2004	肖萌	生产部	女	生产人员	3000	500	200	600	4300		0		0		0.00	280
10	2005	李玉凤	生产部	女	生产人员	3000	500	200	600	4300		0		0		0.00	280
11	3001	陈小辉	销售部	男	销售管理	4000	1000	350	2000	7350		0		0	100	100.00	400
12	3002	商祺	销售部	男	销售人员	3500	800	280	3400	7980		0	8	800		800.00	344
13	3003	林华	销售部	男	销售人员	3000	800	280	0	4080		0		0		0.00	304
14	3004	周庆	销售部	男	销售人员	3000	800	280	2200	6280		0		0		0.00	304
15	3005	葛莎莎	销售部	女	销售人员	3200	800	280	1800	6080		0		0		0.00	320
16	3006	谢圆	销售部	女	销售人员	3000	800	280	6200	10280		0		0		0.00	304
17	3007	赖建华	销售部	男	销售人员	3200	800	280	1000	5280		0		0		0.00	320

图 9–31　养老保险的设置结果

2. 设置“医疗保险”

第一步，将 R2 单元格公式设置为“=（F2+G2）*2%”，如图 9–32 所示。

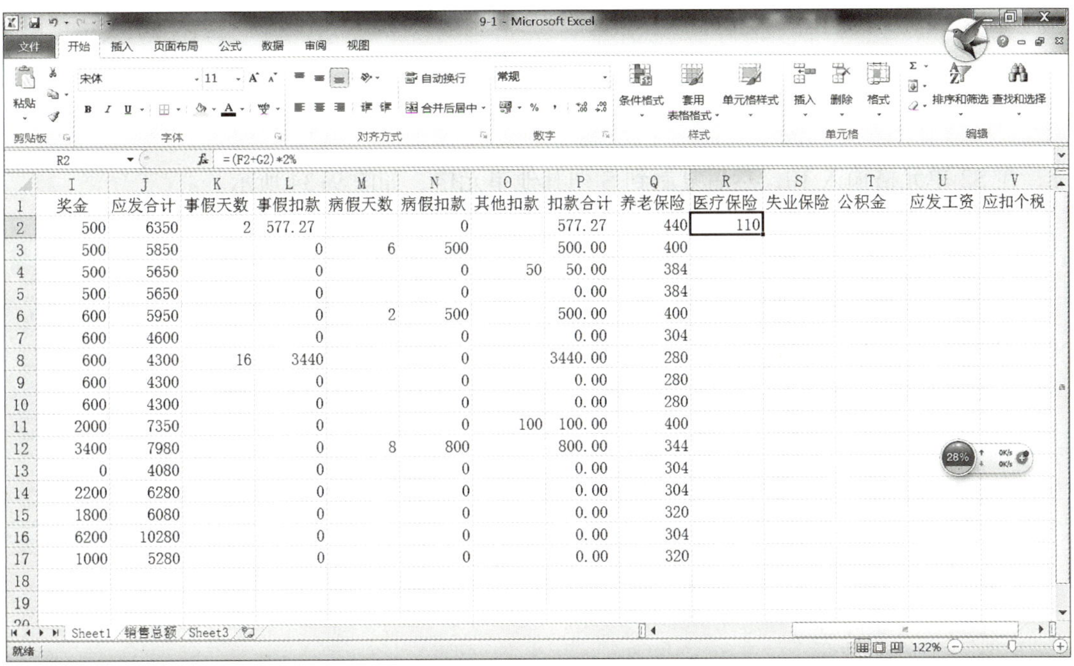

R2　=(F2+G2)*2%

	I	J	K	L	M	N	O	P	Q	R	S	T	U	V
1	奖金	应发合计	事假天数	事假扣款	病假天数	病假扣款	其他扣款	扣款合计	养老保险	医疗保险	失业保险	公积金	应发工资	应扣个税
2	500	6350	2	577.27		0		577.27	440	110				
3	500	5850		0	6	500		500.00	400					
4	500	5650		0		0	50	50.00	384					
5	500	5650		0		0		0.00	384					
6	600	5950		0	2	500		500.00	400					
7	600	4600		0		0		0.00	304					
8	600	4300	16	3440		0		3440.00	280					
9	600	4300		0		0		0.00	280					
10	600	4300		0		0		0.00	280					
11	2000	7350		0		0	100	100.00	400					
12	3400	7980		0	8	800		800.00	344					
13	0	4080		0		0		0.00	304					
14	2200	6280		0		0		0.00	304					
15	1800	6080		0		0		0.00	320					
16	6200	10280		0		0		0.00	304					
17	1000	5280		0		0		0.00	320					

图 9–32　医疗保险的公式设置

第二步，将 R2 单元格的公式复制到 R 列的其他单元格，结果如图 9–33 所示。

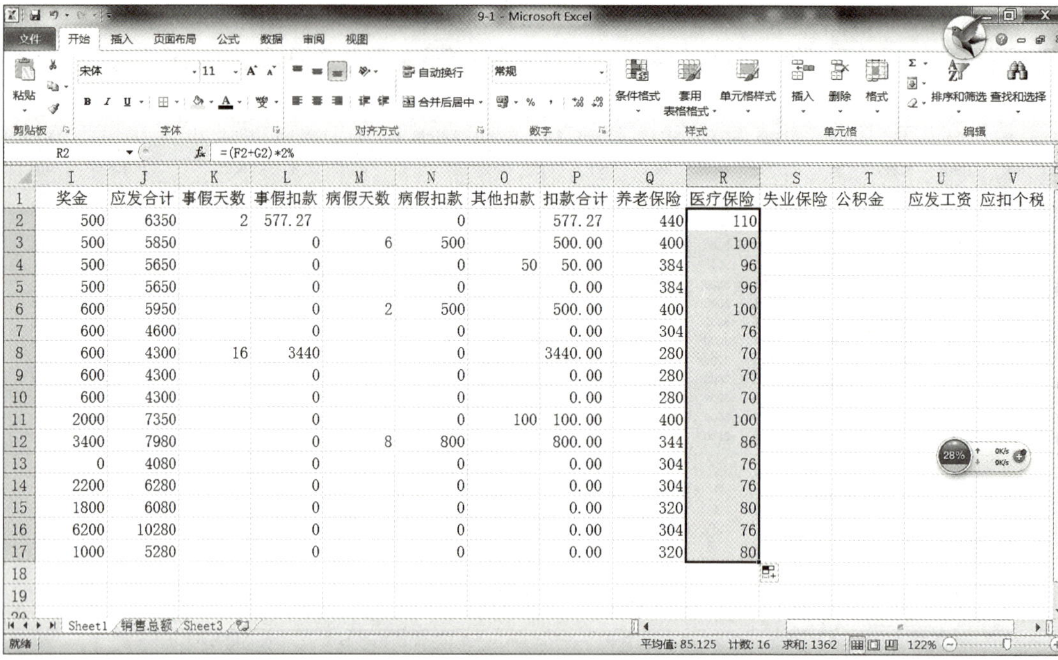

R2 =(F2+G2)*2%

	I	J	K	L	M	N	O	P	Q	R	S	T	U	V
1	奖金	应发合计	事假天数	事假扣款	病假天数	病假扣款	其他扣款	扣款合计	养老保险	医疗保险	失业保险	公积金	应发工资	应扣个税
2	500	6350	2	577.27		0		577.27	440	110				
3	500	5850		0	6	500		500.00	400	100				
4	500	5650		0		0	50	50.00	384	96				
5	500	5650		0		0		0.00	384	96				
6	600	5950		0	2	500		500.00	400	100				
7	600	4600		0		0		0.00	304	76				
8	600	4300	16	3440		0		3440.00	280	70				
9	600	4300		0		0		0.00	280	70				
10	600	4300		0		0		0.00	280	70				
11	2000	7350		0		0	100	100.00	400	100				
12	3400	7980		0	8	800		800.00	344	86				
13	0	4080		0		0		0.00	304	76				
14	2200	6280		0		0		0.00	304	76				
15	1800	6080		0		0		0.00	320	80				
16	6200	10280		0		0		0.00	304	76				
17	1000	5280		0		0		0.00	320	80				

图 9-33　医疗保险的设置结果

3. 设置“失业保险”

在 S2 单元格输入 10，然后复制到 S 列其他单元格，如图 9-34 所示。

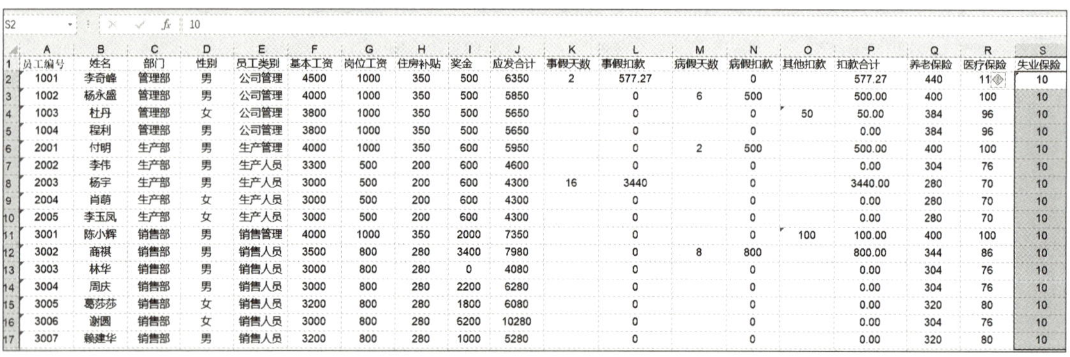

S2 10

	A	B	C	D	E	F	G	H	I	J	K	L	M	N	O	P	Q	R	S
1	员工编号	姓名	部门	性别	员工类别	基本工资	岗位工资	住房补贴	奖金	应发合计	事假天数	事假扣款	病假天数	病假扣款	其他扣款	扣款合计	养老保险	医疗保险	失业保险
2	1001	李奇峰	管理部	男	公司管理	4500	1000	350	500	6350	2	577.27		0		577.27	440	11	10
3	1002	杨永盛	管理部	男	公司管理	4000	1000	350	500	5850		0	6	500		500.00	400	100	10
4	1003	杜丹	管理部	女	公司管理	3800	1000	350	500	5650		0		0	50	50.00	384	96	10
5	1004	程利	管理部	男	公司管理	3800	1000	350	500	5650		0		0		0.00	384	96	10
6	2001	付明	生产部	男	生产管理	4000	1000	350	600	5950		0	2	500		500.00	400	100	10
7	2002	李伟	生产部	男	生产人员	3300	500	200	600	4600		0		0		0.00	304	76	10
8	2003	杨宇	生产部	男	生产人员	3000	500	200	600	4300	16	3440		0		3440.00	280	70	10
9	2004	肖萌	生产部	女	生产人员	3000	500	200	600	4300		0		0		0.00	280	70	10
10	2005	李玉凤	生产部	女	生产人员	3000	500	200	600	4300		0		0		0.00	280	70	10
11	3001	陈小辉	销售部	男	销售管理	4000	1000	350	2000	7350		0		0	100	100.00	400	100	10
12	3002	商祺	销售部	男	销售人员	3500	800	280	3400	7980		0	8	800		800.00	344	86	10
13	3003	林华	销售部	男	销售人员	3000	800	280	0	4080		0		0		0.00	304	76	10
14	3004	周庆	销售部	男	销售人员	3000	800	280	2200	6280		0		0		0.00	304	76	10
15	3005	葛莎莎	销售部	女	销售人员	3200	800	280	1800	6080		0		0		0.00	320	80	10
16	3006	谢圆	销售部	女	销售人员	3000	800	280	6200	10280		0		0		0.00	304	76	10
17	3007	赖建华	销售部	男	销售人员	3200	800	280	1000	5280		0		0		0.00	320	80	10

图 9-34　失业保险设置结果

4. 设置“公积金”

第一步，将 T2 单元格的公式设置为“=（F2+G2）*10%”，如图 9-35 所示。

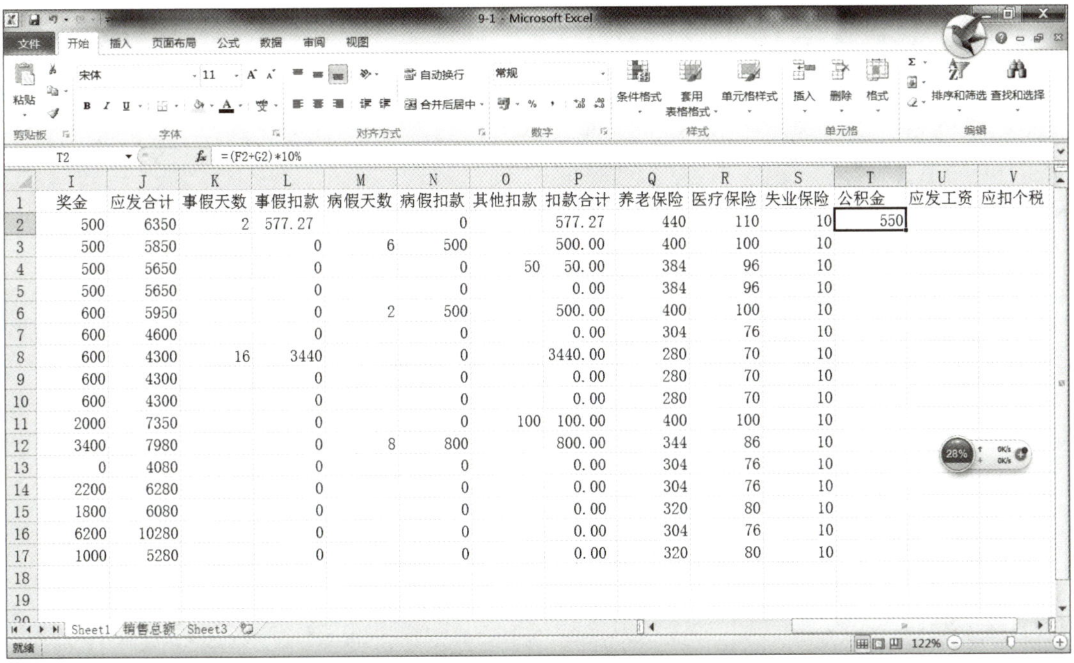

图 9–35　公积金的公式设置

第二步，将 T2 单元格的公式复制到 T 列其他单元格，如图 9–36 所示。

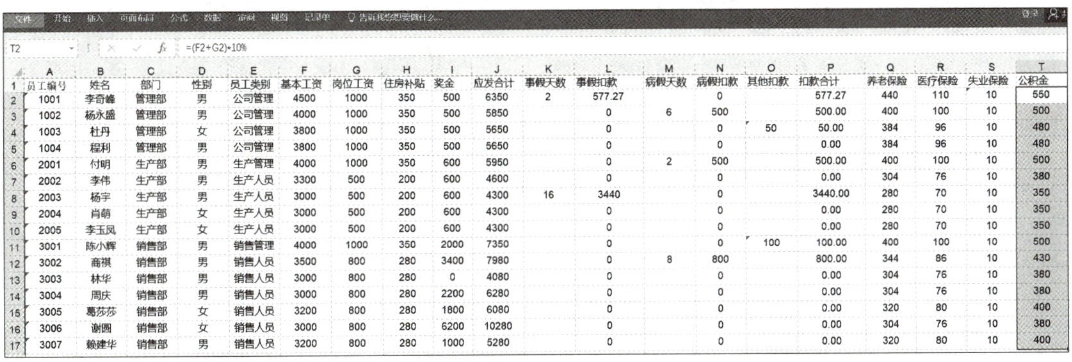

图 9–36　公积金的设置结果

5. 设置“应发工资”

“应发工资”是“应发合计”和“扣款合计”“养老保险”“医疗保险”“失业保险”“公积金”的差额。具体操作步骤如下。

第一步，将 U2 单元格公式设置为“=J2-P2-Q2-R2-S2-T2”，如图 9–37 所示。

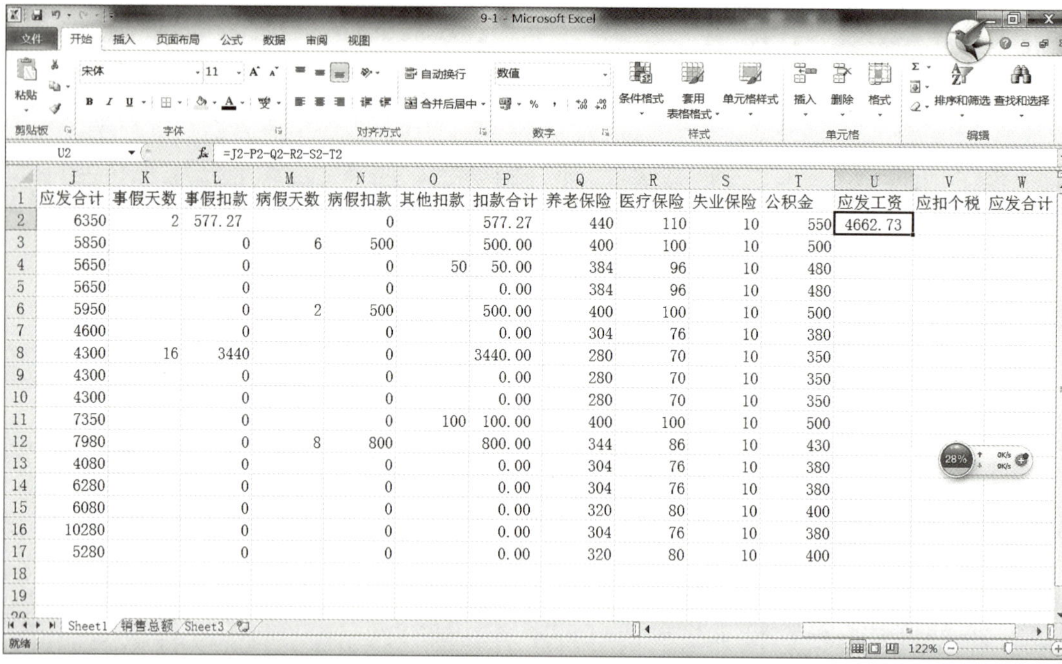

	J	K	L	M	N	O	P	Q	R	S	T	U	V	W
1	应发合计	事假天数	事假扣款	病假天数	病假扣款	其他扣款	扣款合计	养老保险	医疗保险	失业保险	公积金	应发工资	应扣个税	应发合计
2	6350	2	577.27		0		577.27	440	110	10	550	4662.73		
3	5850		0	6	500		500.00	400	100	10	500			
4	5650		0		0	50	50.00	384	96	10	480			
5	5650		0		0		0.00	384	96	10	480			
6	5950		0	2	500		500.00	400	100	10	500			
7	4600		0		0		0.00	304	76	10	380			
8	4300	16	3440		0		3440.00	280	70	10	350			
9	4300		0		0		0.00	280	70	10	350			
10	4300		0		0		0.00	280	70	10	350			
11	7350		0		0	100	100.00	400	100	10	500			
12	7980		0	8	800		800.00	344	86	10	430			
13	4080		0		0		0.00	304	76	10	380			
14	6280		0		0		0.00	304	76	10	380			
15	6080		0		0		0.00	320	80	10	400			
16	10280		0		0		0.00	304	76	10	380			
17	5280		0		0		0.00	320	80	10	400			

图 9-37　应发工资的公式设置

第二步，将 U2 单元格的公式复制到 U 列的其他单元格，结果如图 9-38 所示。

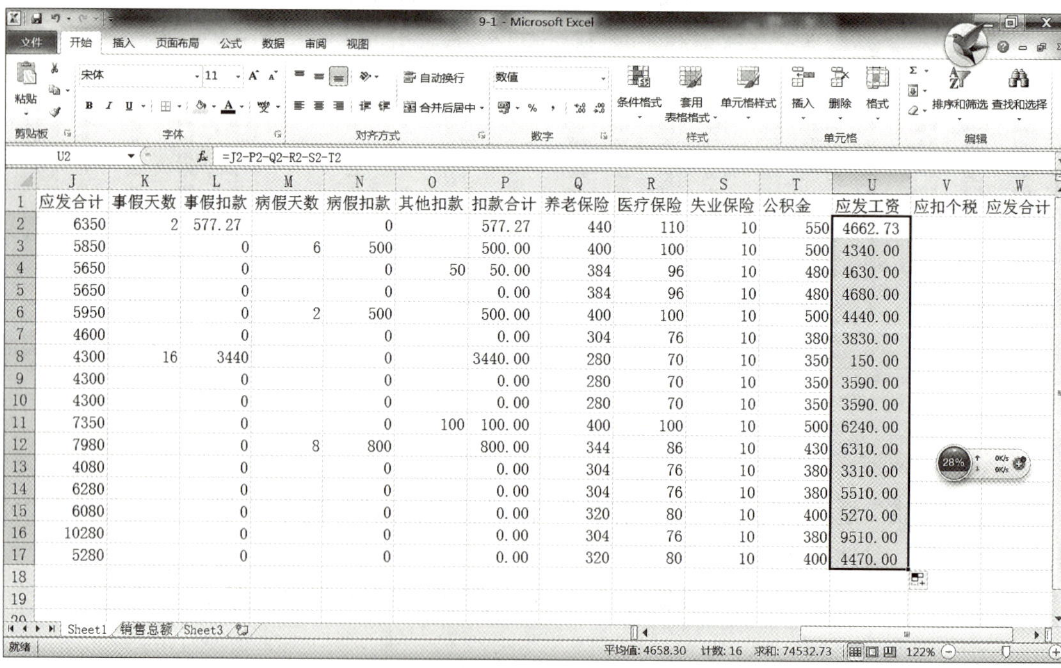

	J	K	L	M	N	O	P	Q	R	S	T	U	V	W
1	应发合计	事假天数	事假扣款	病假天数	病假扣款	其他扣款	扣款合计	养老保险	医疗保险	失业保险	公积金	应发工资	应扣个税	应发合计
2	6350	2	577.27		0		577.27	440	110	10	550	4662.73		
3	5850		0	6	500		500.00	400	100	10	500	4340.00		
4	5650		0		0	50	50.00	384	96	10	480	4630.00		
5	5650		0		0		0.00	384	96	10	480	4680.00		
6	5950		0	2	500		500.00	400	100	10	500	4440.00		
7	4600		0		0		0.00	304	76	10	380	3830.00		
8	4300	16	3440		0		3440.00	280	70	10	350	150.00		
9	4300		0		0		0.00	280	70	10	350	3590.00		
10	4300		0		0		0.00	280	70	10	350	3590.00		
11	7350		0		0	100	100.00	400	100	10	500	6240.00		
12	7980		0	8	800		800.00	344	86	10	430	6310.00		
13	4080		0		0		0.00	304	76	10	380	3310.00		
14	6280		0		0		0.00	304	76	10	380	5510.00		
15	6080		0		0		0.00	320	80	10	400	5270.00		
16	10280		0		0		0.00	304	76	10	380	9510.00		
17	5280		0		0		0.00	320	80	10	400	4470.00		

图 9-38　应发工资的设置结果

9.2.4　设置“实发合计”

实发合计即实发工资，为“应发工资”与“代扣个税”的差。所得税的计算放在本章第三节讲解，假设已经算出所得税。具体操作步骤如下。

第一步，将 W2 单元格公式设置为“=U2−V2”，如图 9−39 所示。

O	P	Q	R	S	T	U	V	W
其他扣款	扣款合计	养老保险	医疗保险	失业保险	公积金	应发工资	**代扣个税**	实发合计
	577.27	440	110	10	550	4662.73	0	4662.73

图 9−39　实发合计的公式设置

第二步，将 W2 单元格的公式复制到 W 列的其他单元格，结果如图 9−40 所示。

S	T	U	V	W
业保险	公积金	应发工资	**应扣个税**	实发合计
10	550	4662.73	0	4662.73
10	500	4340.00	0	4340.00
10	480	4630.00	0	4630.00
10	480	4680.00	0	4680.00
10	500	4440.00	0	4440.00
10	380	3830.00	0	3830.00
10	350	150.00	0	150.00
10	350	3590.00	0	3590.00
10	350	3590.00	0	3590.00
10	500	6240.00	37.2	6202.80
10	430	6310.00	39.3	6270.70
10	380	3310.00	0	3310.00
10	380	5510.00	15.3	5494.70
10	400	5270.00	8.1	5261.90
10	380	9510.00	241	9269.00
10	400	4470.00	0	4470.00

图 9−40　实发合计的设置结果

9.3　计算所得税

9.3.1　创建所得税计算表

所得税根据应发工资的数额而定，根据国家规定和新兴公司的具体情况以及表 9−2 的陈述，所得税的具体计算如表 9−9 所示。

表 9-9 新兴公司个人所得税情况计算表

应发工资 -5000	代扣税
应发工资 -5000<=0	0
应发工资 -5000<=3000	（应发工资 -5000）*0.03
应发工资 -5000<=12000	（应发工资 -5000）*0.1-210
应发工资 -5000<=25000	（应发工资 -5000）*0.2-1410
应发工资 -5000<=35000	（应发工资 -5000）*0.25-2660
应发工资 -5000<=55000	（应发工资 -5000）*0.3-4410
应发工资 -5000<=80000	（应发工资 -5000）*0.35-7160
应发工资 -5000>80000	（应发工资 -5000）*0.45-15160

9.3.2 “代扣税”项目设置

“代扣税”项目的设置具体操作步骤如下。

第一步，将 V2 单元格的公式设置为 IF(U2-5000<=0，0，IF(U2-5000<=3000，(U2-5000)*0.03，IF(U2-5000<=12000，(U2-5000)*0.1-210，IF(U2-5000<=25000，(U2-5000)*0.2-1410，IF(U2-5000<=35000，(U2-5000)*0.25-2660，IF(U2-5000<=55000，(U2-5000)*0.3-4410，IF(U2-5000<=80000，(U2-5000)*0.35-7160，IF(U2-5000 > 80000,(U2-5000)*0.45-15160))))))))，如图 9-41 所示。

fx =IF(U2-5000<=0, 0, IF(U2-5000<=3000, (U2-5000)*0. 03, IF(U2-5000<=12000, (U2-5000)*0. 1-210, IF(U2-5000<=25000, (U2-5000)*0. 2-1410, IF(U2-5000<=35000, (U2-5000)*0. 25-2660, IF(U2-5000<=55000, (U2-5000)*0. 3-4410, IF(U2-5000<=80000, (U2-5000)*0. 35-7160, IF(U2-5000>80000, (U2-5000)*0. 45-15160))))))))

I	J	K	L	M	N	O	P	Q	R	S	T	U	V	W
奖金	应发合计	事假天数	事假扣款	病假天数	病假扣款	其他扣款	扣款合计	养老保险	医疗保险	失业保险	公积金	应发工资	应扣个税	实发合计
500	6350	2	577.27		0		577.27	440	110	10	550	4662.73	5000)*0.1	4662.73
500	5850		0	6	500		500.00	400	100	10	500	4340.00	-210,IF(	4340.00
500	5650		0		0	50	50.00	384	96	10	480	4630.00	U2-	4630.00
500	5650		0		0		0.00	384	96	10	480	4680.00	5000<=25	4680.00
600	5950		0	2	500		500.00	400	100	10	500	4440.00	000,(U2-	4440.00
600	4600		0		0		0.00	304	76	10	380	3830.00	5000)*0.2	3830.00
600	4300	16	3440		0		3440.00	280	70	10	350	150.00	-1410,IF(	150.00
600	4300		0		0		0.00	280	70	10	350	3590.00	U2-	3590.00

图 9-41 代扣税的公式设置

第二步，将 V2 单元格的公式复制到 V 列其他单元格，如图 9-42 所示。

Q	R	S	T	U	V	W
养老保险	医疗保险	失业保险	公积金	应发工资	代扣个税	实发合计
440	110	10	550	4662.73	0	4662.73
400	100	10	500	4340.00	0	4340.00
384	96	10	480	4630.00	0	4630.00
384	96	10	480	4680.00	0	4680.00
400	100	10	500	4440.00	0	4440.00
304	76	10	380	3830.00	0	3830.00
280	70	10	350	150.00	0	150.00
280	70	10	350	3590.00	0	3590.00
280	70	10	350	3590.00	0	3590.00
400	100	10	500	6240.00	37.2	6202.80
344	86	10	430	6310.00	39.3	6270.70
304	76	10	380	3310.00	0	3310.00
304	76	10	380	5510.00	15.3	5494.70
320	80	10	400	5270.00	8.1	5261.90
304	76	10	380	9510.00	241	9269.00
320	80	10	400	4470.00	0	4470.00

图 9-42 代扣税的设置结果

9.4　查询与汇总分析工资数据

9.4.1　查询员工工资数据

利用筛选功能进行工资数据的查询，首先选择“数据”→“筛选”命令，进入筛选状态，如图 9–43 所示。

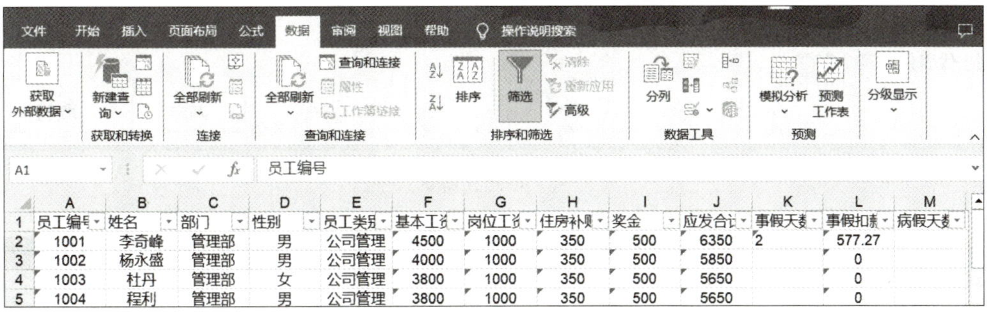

图 9–43　筛选状态

1. 以员工姓名为依据进行查询

例如，查询姓名为“肖萌”的员工工资情况。

第一步，单击“姓名”列的下拉按钮，在弹出的下拉列表中选择“文本筛选”→“等于”选项，如图 9–44 所示。

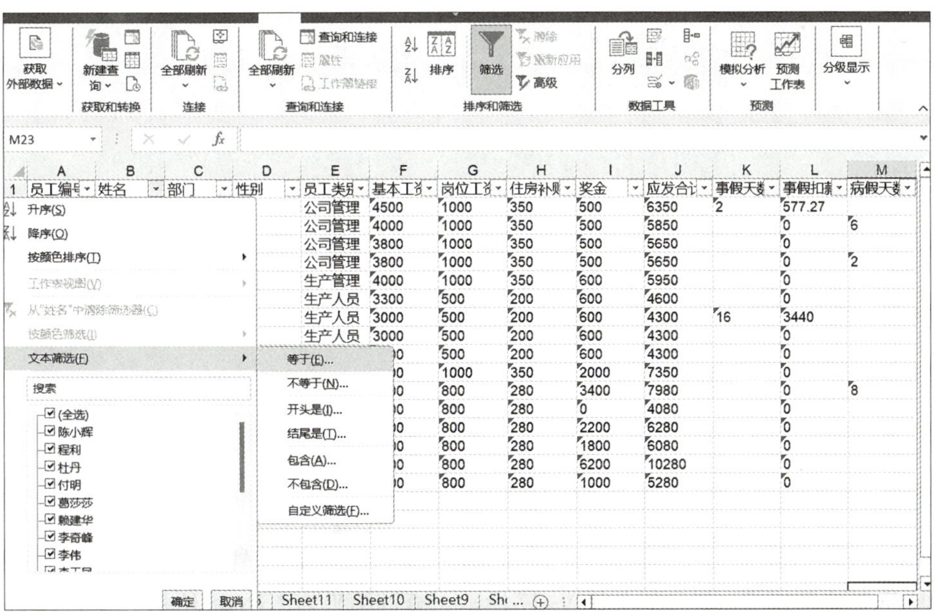

图 9–44　筛选的“等于”选项

第二步，在打开的对话框中，输入要查询的员工姓名，如图 9–45 所示，单击“确定”按钮，查询结果如图 9–46 所示。

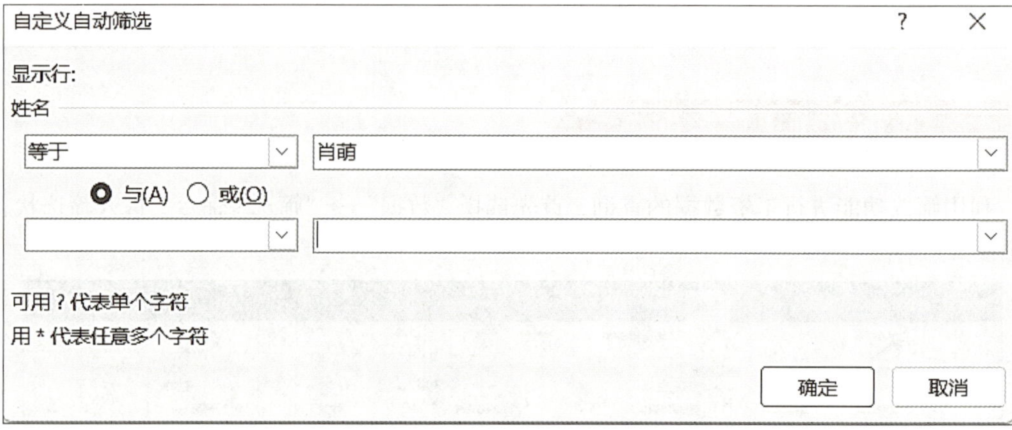

图 9–45　自定义筛选条件

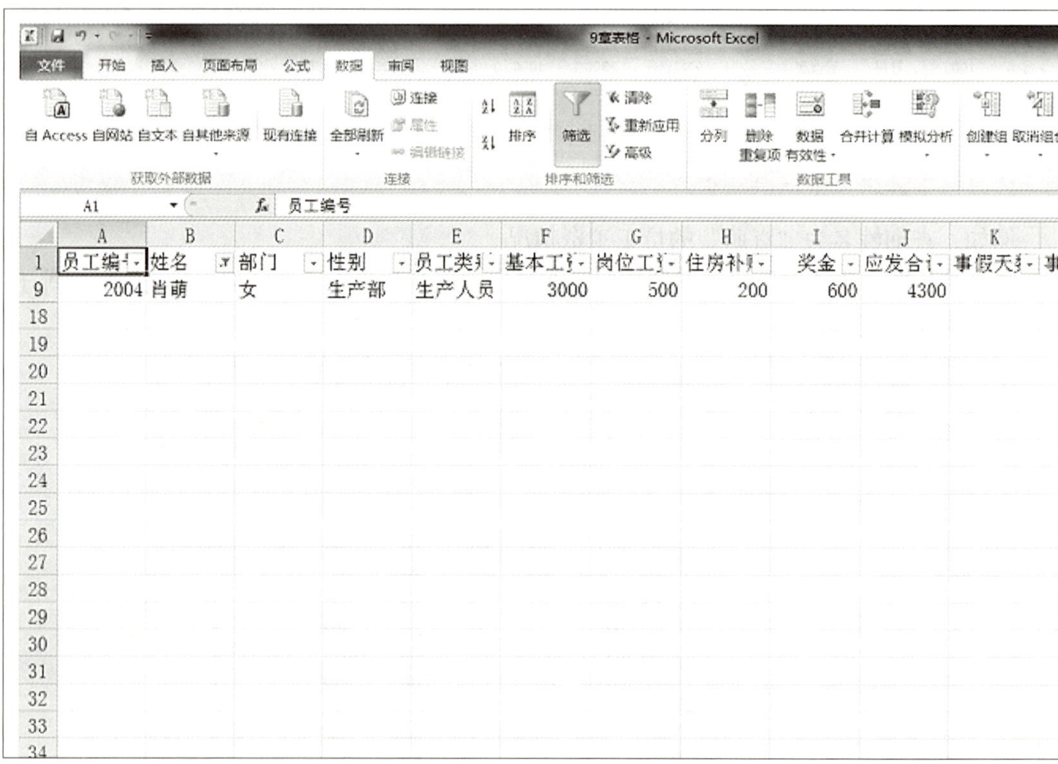

图 9–46　“肖萌”筛选结果

2. 以部门为依据进行查询

例如，查询销售部门的所有员工的工资情况。单击“部门”列的下拉按钮，在弹出的下拉列表中选择“销售部”选项，如图 9–47 所示。查询结果如图 9–48 所示。

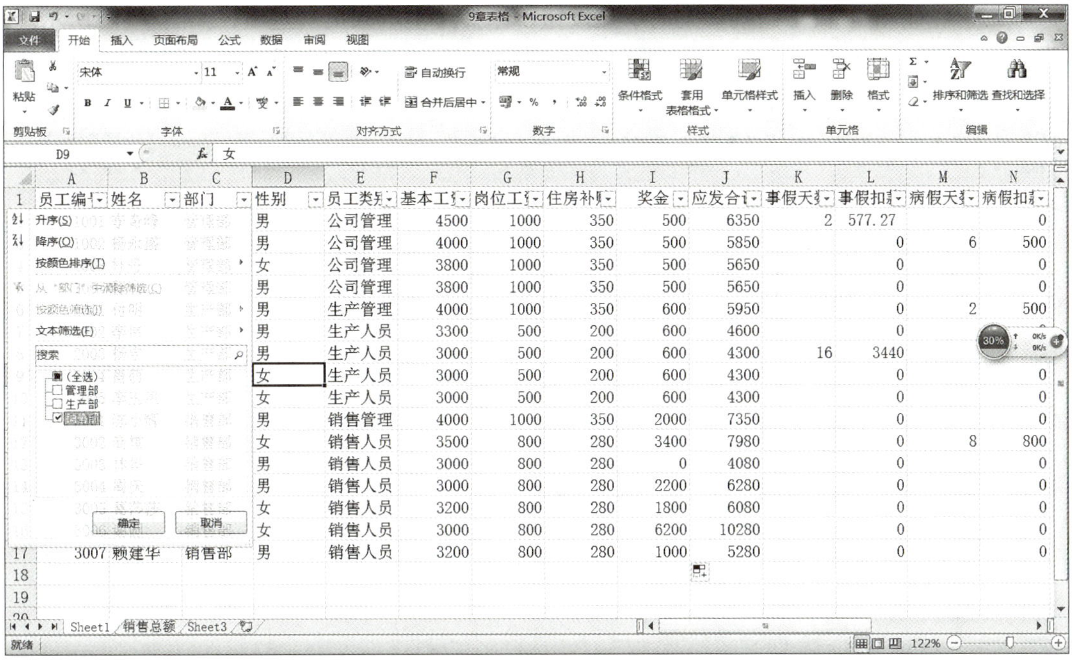

图 9–47　以“部门”筛选设置

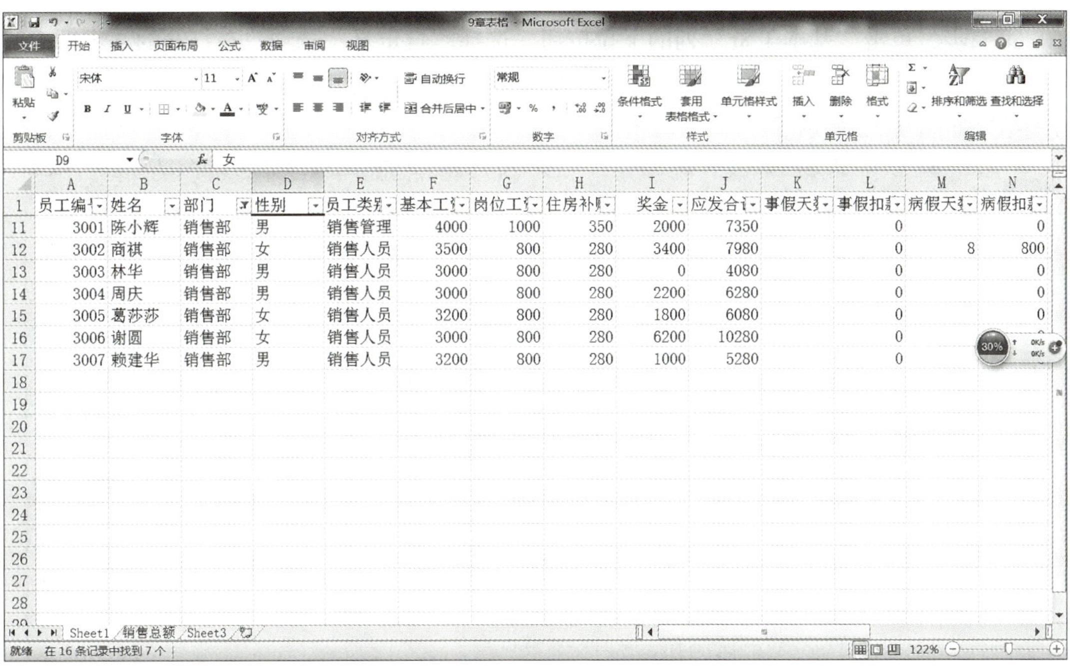

图 9–48　以“部门”筛选结果

3. 以员工类别和基本工资为依据进行查询

例如，查询生产人员中基本工资低于或等于 3000 元的员工工资情况。

第一步，单击“员工类别”列的下拉按钮，选择“生产人员”选项，如图 9-49 所示。

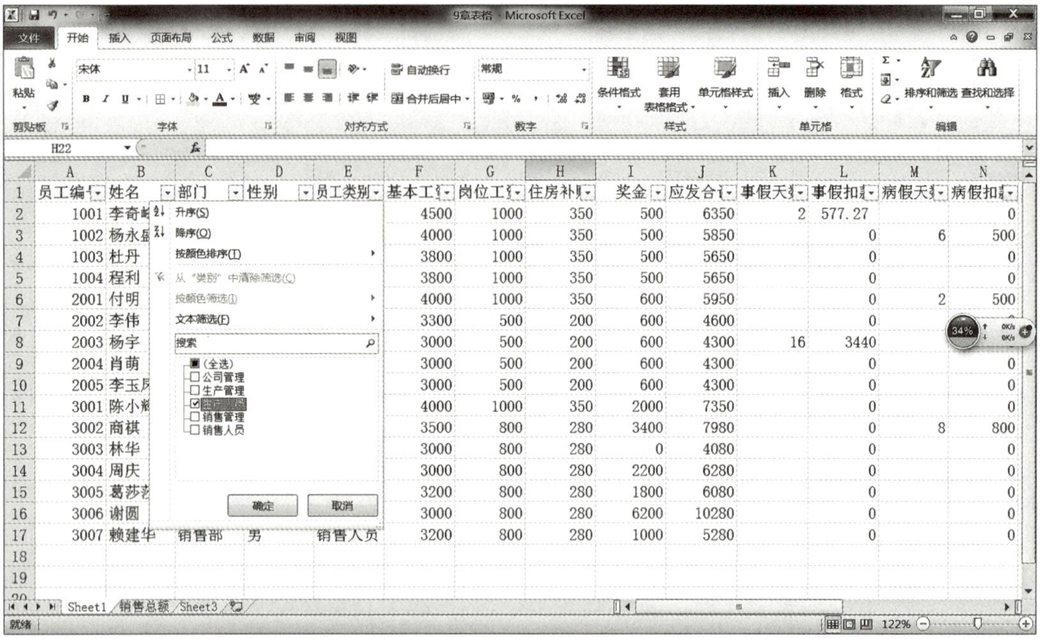

图 9-49　选择筛选

第二步，单击“基本工资”列的下拉按钮，选择“自定义”选项，在打开的文本框中输入基本工资小于或等于 3000 的筛选条件，如图 9-50 和图 9-51 所示。单击“确定”按钮，查询结果如图 9-52 所示。

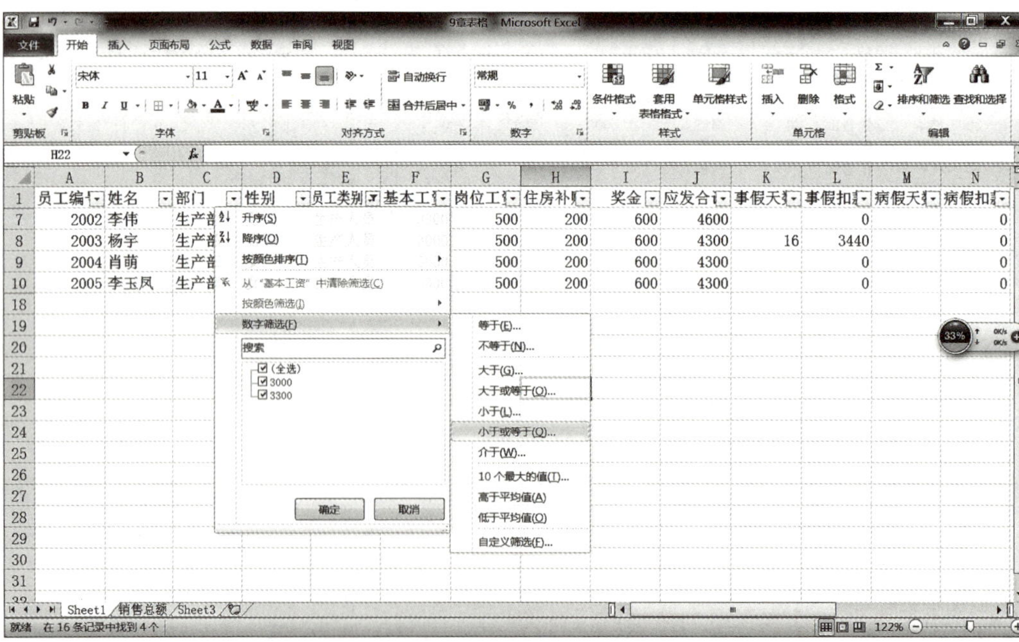

图 9-50　自定义筛选

图 9-51　自定义筛选条件

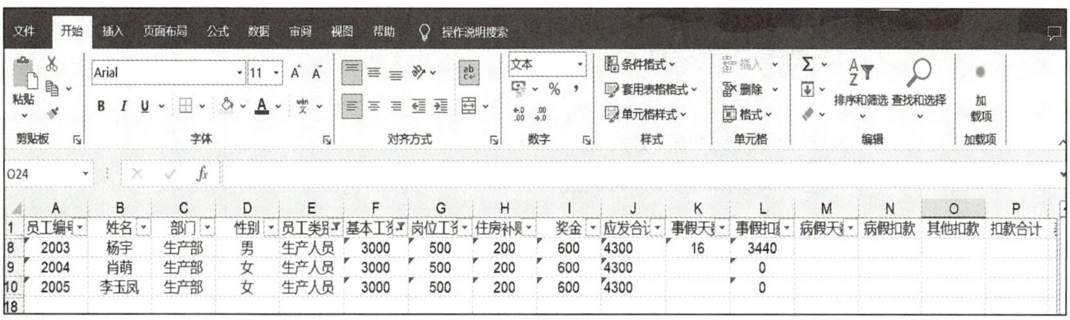

图 9-52　自定义筛选结果

如果要退出筛选状态，选择“数据”→“筛选”→“自动筛选”命令即可。

9.4.2　依据部门和员工类别的统计分析

计算每一部门每一员工类别“应发工资”汇总数和“实发工资”的汇总数。具体操作步骤如下。

第一步，选择“插入”→“数据透视图”→“数据透视图”命令，如图 9-53 所示。

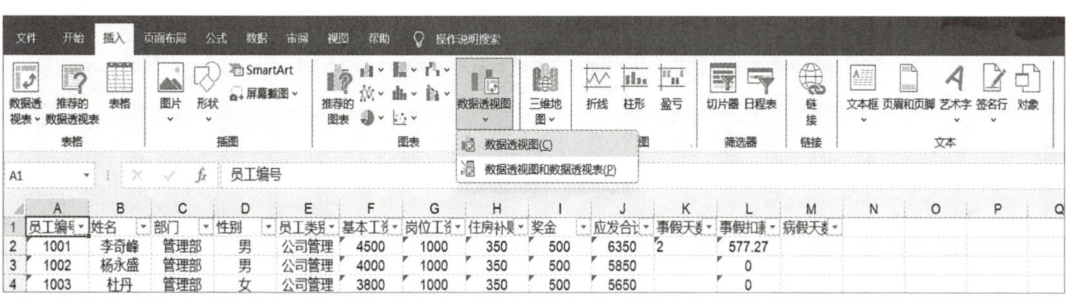

图 9-53　选择“数据透视图”命令

第二步，单击“下一步”选择需要汇总的工资数据区域，如图 9–54 所示。进入下一步，选择数据透视表产生的位置，选择产生在新建的工作表上，单击“确定”按钮。

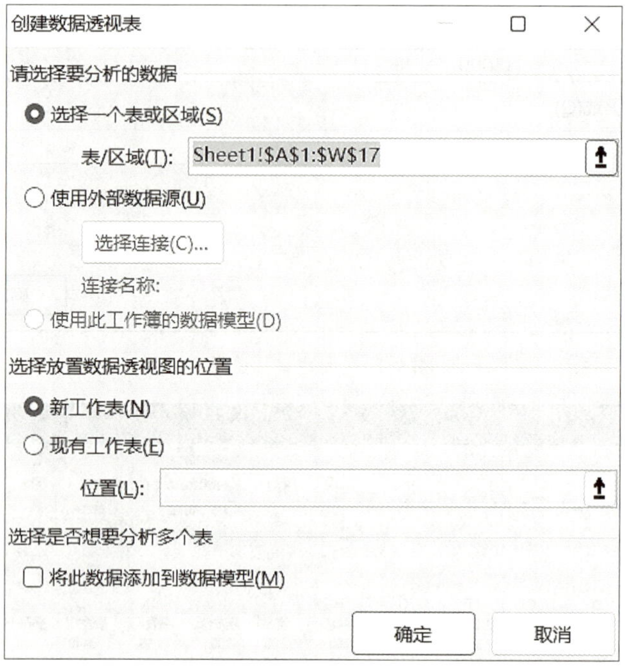

图 9–54　选择要汇总的区域

第三步，选择要添加到报表的字段，分别选择“部门”、“员工类别”和“应发工资”，产生“应发工资”按部门与员工类别的数据透视图和数据透视汇总表，如图 9–55 所示。

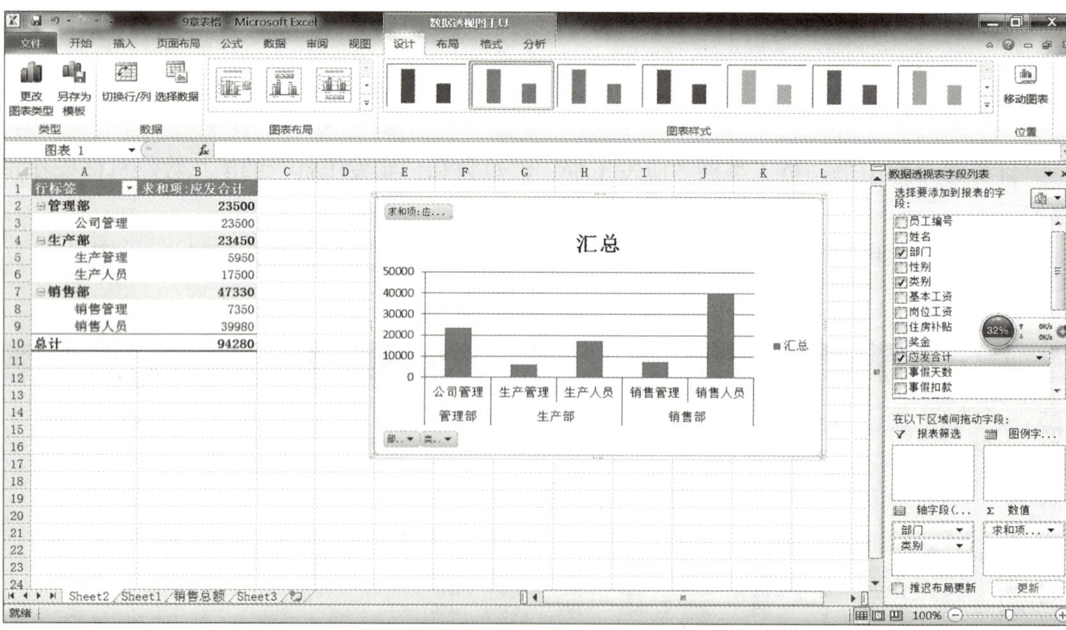

图 9–55　数据透视图和数据透视汇总表

第四步，单击数据透视图，选择“布局”→“数据标签”→“居中”命令，即可在数据透视表上显示数字，如图 9–56 所示。

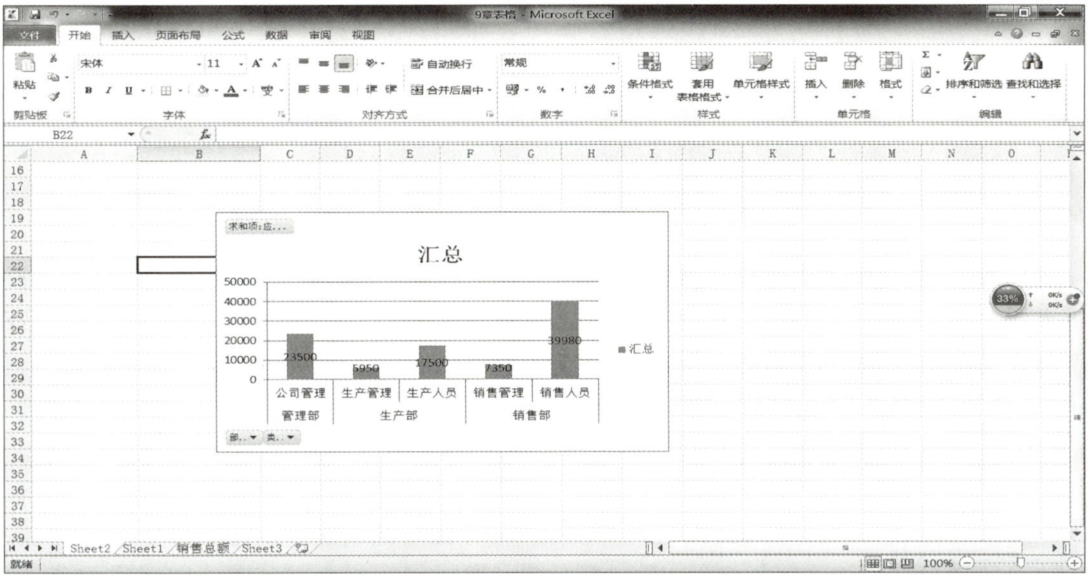

图 9–56　显示数据汇总的透视图

第五步，在“选择要添加到报表”对话框中选中“实发合计”选项，并取消选中“应发工资”选项，即可变成“实发合计”的透视表和透视图，结果如 9–57 所示。

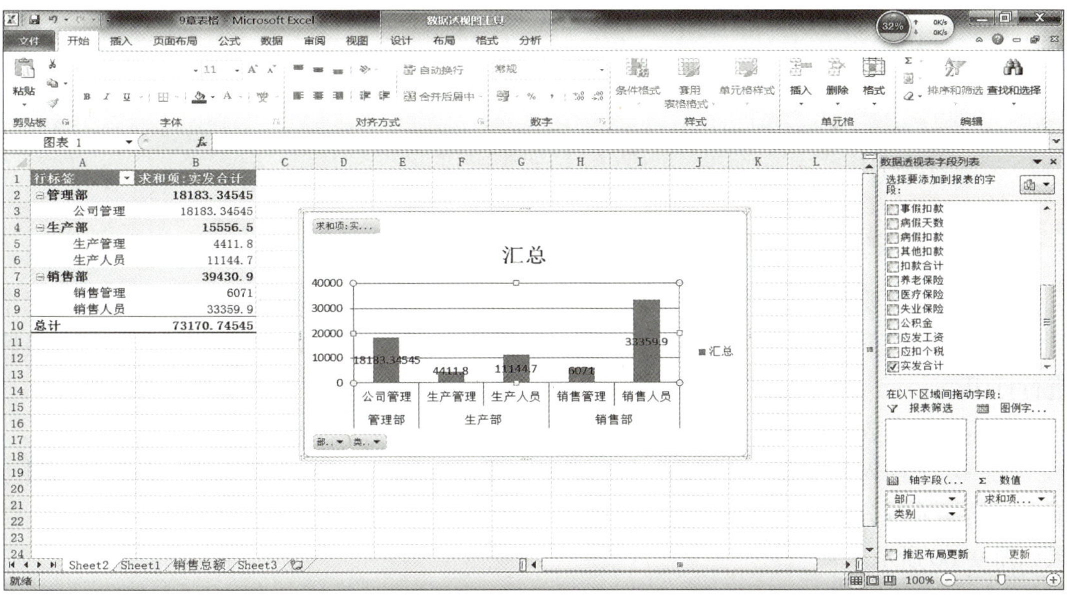

图 9–57　实发合计的数据透视表、实发合计数据透视图

9.5 制作工资发放条

9.5.1 生成工资发放条

工资发放条需要每月生成打印出来发放给员工，并且每月都需要打印。每个员工的工资条都需要打印标题，因此可以利用 Excel 中的复制和选择性粘贴功能由工资表数据生成工资发放条，保存在新的工作表中，并将其命名为工资发放条，如图 9-58 所示。

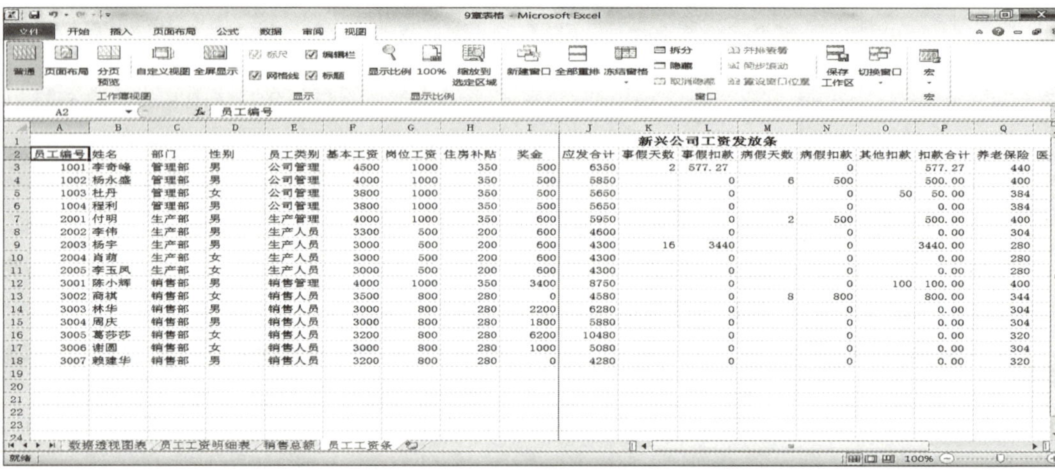

新兴公司工资发放条

员工编号	姓名	部门	性别	员工类别	基本工资	岗位工资	住房补贴	奖金	应发合计	事假天数	事假扣款	病假天数	病假扣款	其他扣款	扣款合计	养老保险	医
1001	李奇峰	管理部	男	公司管理	4500	1000	350	500	6350	2	577.27		0		577.27	440	
1002	杨永盛	管理部	男	公司管理	4000	1000	350	500	5850		0	6	500		500.00	400	
1003	杜丹	管理部	女	公司管理	3800	1000	350	500	5650		0		0	50	50.00	384	
1004	程利	管理部	男	公司管理	3800	1000	350	500	5650		0		0		0.00	384	
2001	付明	生产部	男	生产管理	4000	1000	350	600	5950		0	2	500		500.00	400	
2002	李伟	生产部	男	生产人员	3300	500	200	600	4600		0		0		0.00	304	
2003	杨宇	生产部	男	生产人员	3000	500	200	600	4300	16	3440		0		3440.00	280	
2004	肖萌	生产部	女	生产人员	3000	500	200	600	4300		0		0		0.00	280	
2005	李玉凤	生产部	女	生产人员	3000	500	200	600	4300		0		0		0.00	280	
3001	陈小辉	销售部	男	销售管理	4000	1000	350	3400	8750		0		0	100	100.00	400	
3002	商祺	销售部	女	销售人员	3500	800	280	0	4580		0	8	800		800.00	344	
3003	林华	销售部	男	销售人员	3000	800	280	2200	6280		0		0		0.00	304	
3004	周庆	销售部	男	销售人员	3000	800	280	1800	5880		0		0		0.00	304	
3005	葛莎莎	销售部	女	销售人员	3200	800	280	6200	10480		0		0		0.00	320	
3006	谢圆	销售部	女	销售人员	3000	800	280	1000	5080		0		0		0.00	304	
3007	赖建华	销售部	男	销售人员	3200	800	280	0	4280		0		0		0.00	320	

图 9-58　工资发放条

9.5.2 打印工资发放条

会计人员需要对工资发放条中的每一位员工所在的行进行分页，并且工资发放条的每个员工的工资所在页都需要打印出标题和工资项目，因此需要进行设置跨页列、行标题，最后进行打印。

打印工资发放条的具体操作步骤如下。

第一步，插入分页符。选择第 3 行，选择“视图”→“分页预览”命令，从第一个员工下方开始插入行分页符，进行强制分页如图 9-59 所示，并依次进行直至最后一位员工。结果如图 9-60 所示。

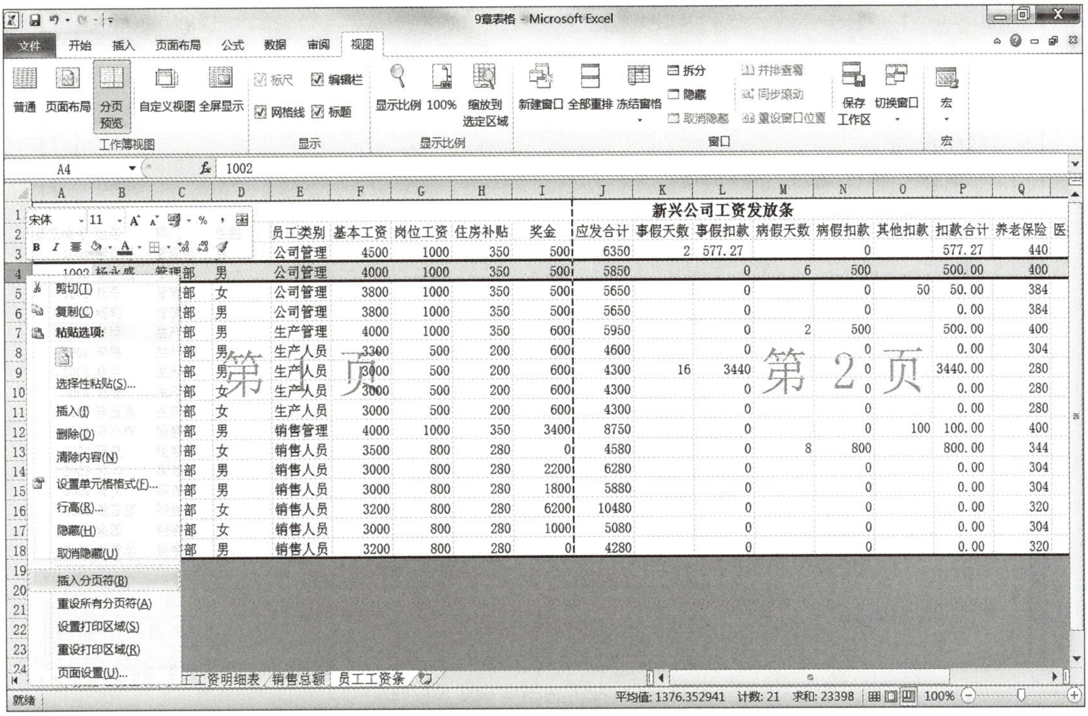

图 9-59　插入分页符

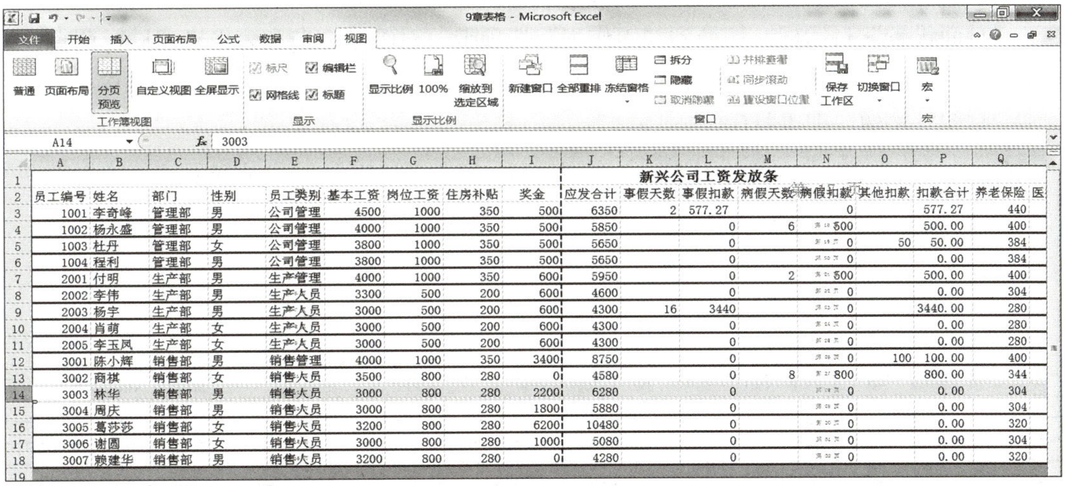

图 9-60　每位员工所在行都插入分页符

第二步，单击"页面布局"→"打印标题"命令，打开"页面设置"对话框，切换到"工作表"选项卡，进行"顶端标题行"设置，如图 9-61 所示。这样设置的结果将会保证打印出来的每一个员工的工资条上出现第一行为标题"新兴公司工资发放条"，第二行标题为工资项目行。

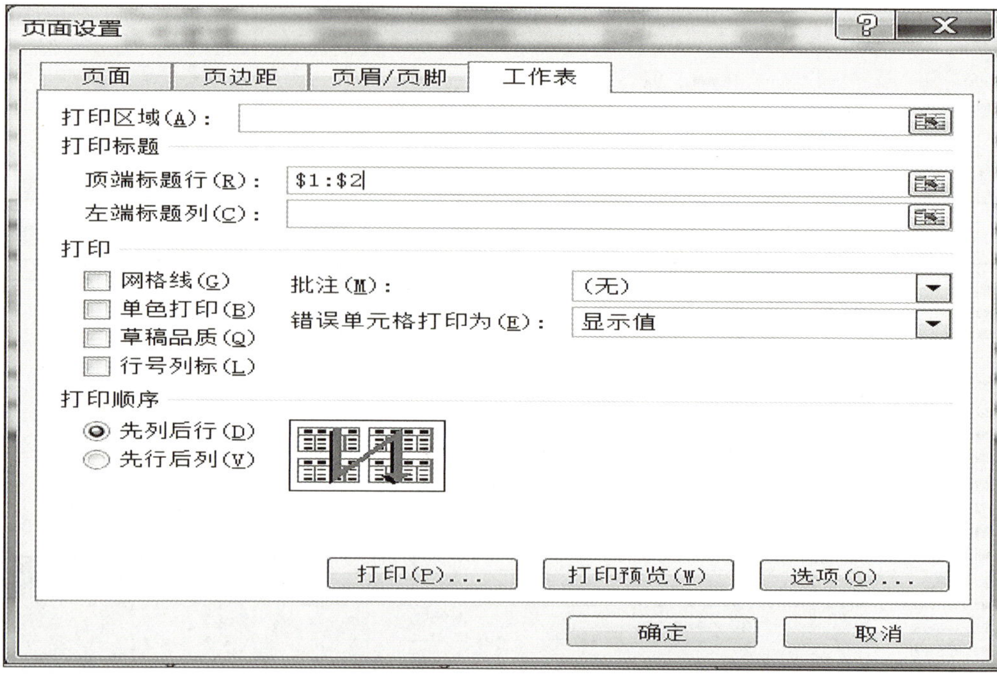

图 9-61　选定打印的顶端标题行

第三步，指定工资发放条的打印区域，进行打印。单击“文件”→“页面设置”命令，打开“页面设置”对话框，切换到“工作表”选项卡，对纸张方向和表格格式进行调整，以便于打印，如图 9-62 和图 9-63 所示，选择“打印区域”输入要打印的范围，如图 9-64 所示。单击“打印”按钮，即可打印。

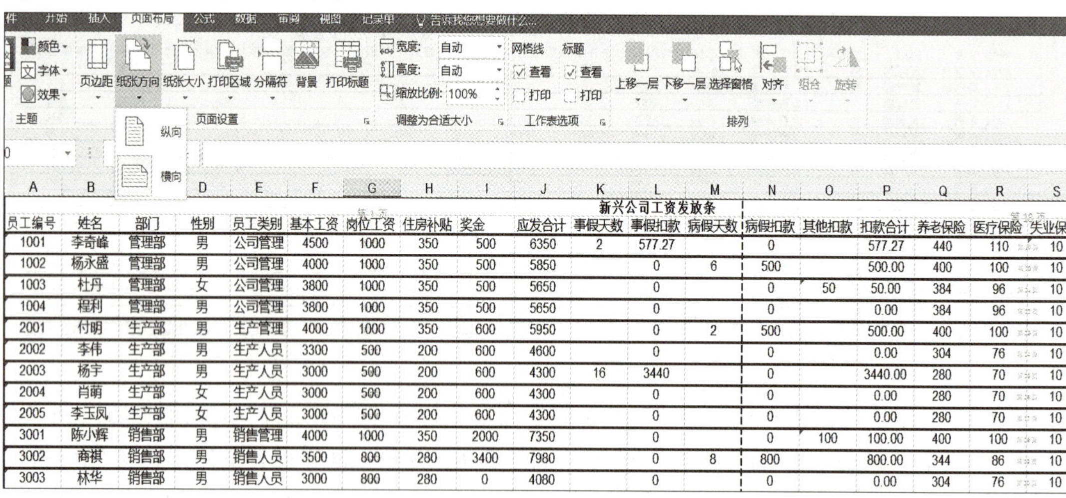

新兴公司工资发放条

员工编号	姓名	部门	性别	员工类别	基本工资	岗位工资	住房补贴	奖金	应发合计	事假天数	事假扣款	病假天数	病假扣款	其他扣款	扣款合计	养老保险	医疗保险	失业保险
1001	李奇峰	管理部	男	公司管理	4500	1000	350	500	6350	2	577.27		0		577.27	440	110	10
1002	杨永盛	管理部	男	公司管理	4000	1000	350	500	5850		0	6	500		500.00	400	100	10
1003	杜丹	管理部	女	公司管理	3800	1000	350	500	5650		0		0	50	50.00	384	96	10
1004	程利	管理部	男	公司管理	3800	1000	350	500	5650		0		0		0.00	384	96	10
2001	付明	生产部	男	生产管理	4000	1000	350	600	5950		0	2	500		500.00	400	100	10
2002	李伟	生产部	男	生产人员	3300	500	200	600	4600		0		0		0.00	304	76	10
2003	杨宇	生产部	男	生产人员	3000	500	200	600	4300	16	3440		0		3440.00	280	70	10
2004	肖萌	生产部	女	生产人员	3000	500	200	600	4300		0		0		0.00	280	70	10
2005	李玉凤	生产部	女	生产人员	3000	500	200	600	4300		0		0		0.00	280	70	10
3001	陈小辉	销售部	男	销售管理	4000	1000	350	2000	7350		0		0	100	100.00	400	100	10
3002	商祺	销售部	男	销售人员	3500	800	280	3400	7980		0	8	800		800.00	344	86	10
3003	林华	销售部	男	销售人员	3000	800	280	0	4080		0		0		0.00	304	76	10

图 9-62　调整纸张方向

A	B	C	D	E	F	G	H	I	J	K	L	M	N	O	P	Q	R	S	T	U	V	W
										新兴公司工资发放条												
员工编号	姓名	部门	性别	员工类别	基本工资	岗位工资	住房补贴	奖金	应发合计	事假天数	事假扣款	病假天数	病假扣款	其他扣款	扣款合计	养老保险	医疗保险	失业保险	公积金	应发工资	应扣个税	实发合计
1001	李奇峰	管理部	男	公司管理	4500	1000	350	500	6350	2	577.27		0		577.27	440	110	10	550	4662.73	0	4662.73
1002	杨永盛	管理部	男	公司管理	4000	1000	350	500	5850		0	6	500		500.00	400	100	10	500	4340.00	0	4340.00
1003	杜丹	管理部	女	公司管理	3800	1000	350	500	5650		0		0	50	50.00	384	96	10	480	4630.00	0	4630.00
1004	程利	管理部	男	公司管理	3800	1000	350	500	5650		0		0		0.00	384	96	10	480	4680.00	0	4680.00
2001	付明	生产部	男	生产管理	4000	1000	350	600	5950		0	2	500		500.00	400	100	10	500	4440.00	0	4440.00
2002	李伟	生产部	男	生产人员	3300	500	200	600	4600		0		0		0.00	304	76	10	380	3830.00	0	3830.00
2003	杨宇	生产部	男	生产人员	3000	500	200	600	4300	16	3440		0		3440.00	280	70	10	350	150.00	0	150.00
2004	肖萌	生产部	女	生产人员	3000	500	200	600	4300		0		0		0.00	280	70	10	350	3590.00	0	3590.00
2005	李玉凤	生产部	女	生产人员	3000	500	200	600	4300		0		0		0.00	280	70	10	350	3590.00	0	3590.00
3001	陈小辉	销售部	男	销售管理	4000	1000	350	2000	7350		0		0	100	100.00	400	100	10	500	6240.00	37.2	6202.80
3002	商祺	销售部	男	销售人员	3500	800	280	3400	7980		0	8	800		800.00	344	86	10	430	6310.00	39.3	6270.70
3003	林华	销售部	男	销售人员	3000	800	280	0	4080		0		0		0.00	304	76	10	380	3310.00	0	3310.00
3004	周庆	销售部	男	销售人员	3000	800	280	2200	6280		0		0		0.00	304	76	10	380	5510.00	15.3	5494.70
3005	葛莎莎	销售部	女	销售人员	3200	800	280	1800	6080		0		0		0.00	320	80	10	400	5270.00	8.1	5261.90
3006	谢圆	销售部	女	销售人员	3000	800	280	6200	10280		0		0		0.00	304	76	10	380	9510.00	241	9269.00
3007	赖建华	销售部	男	销售人员	3200	800	280	1000	5280		0		0		0.00	320	80	10	400	4470.00	0	4470.00

图 9-63　调整工资发放条的格式

新兴公司工资发放条

员工编号	姓名	部门	性别	员工类别	基本工资	岗位工资	住房补贴	奖金	应发合计	事假天数	事假扣款	病假天数	病假扣款	其他扣款	扣款合计	养老保险	医疗保险	失业保险	公积金	实发工资	实发合计
1001	李奇峰	管理部	男	公司管理	4500	1000	350	500	6350	2	577.27		0		577.27	440	110	10	550	1662.73	1662.73

图 9-64　工资发放条

9.6　能力训练

训练上机操作技能。

1. 完成员工工资表的制作

a. 新建 Excel 工作簿，将表 Sheet 命名为“员工工资明细表”。

b. 工资表项目内容如图 9-65 所示。

c. 修饰表格。

编　号	姓　名	职　称	基本工资	超课时费	扣课时费	应发工资	代扣个税	实发工资

图 9-65　工资表项目

2. 利用 Excel 函数功能，结合图 9-66，图 9-67，图 9-68 的数据，完成工资表的设置。

a. 把所有资料放在同一个表格。

b. 利用给出的资料建立并完成超课时费表，如图 9-69 所示。

编　号	姓　名	职　称
1001	王琦	讲师
1002	李德利	教授
1003	王刚	讲师
1004	黎亮	副教授
1005	宫琦静	副教授
2001	郭子宁	实习教师
2002	刘浩	教授

图 9-66　编号职称姓名对照表

职　称	基本工资	课时费
实习教师	4000	40
讲师	4500	55
副教授	5000	65
教授	6000	75

图 9-67　职称基本工资对照表

职　称	课时费
实习教师	16
讲师	12
副教授	8
教授	6

图 9-68　职称课时要求对照表

姓　名	实际课时	基本课时	超课时数	超课时费
王琦	20			
李德利	15			
王刚	10			
黎亮	8			
宫琦静	16			
郭子宁	22			
刘浩	10			

图 9-69　超课时费表

3. 完成工资表的查询与汇总，如图 9-70 所示，查询“郭子宁”的工资情况。

职　称	基本工资	应交所得税	超课时费	应发工资
实习教师				
讲师				
副教授				
教授				

图 9-70　每月按职称汇总统计表

参考文献

[1] 王春棉．大数据技术在财务决策中的应用研究 [D]. 北京：对外经济贸易大学，2022.

[2] 王贺敏，刘明玮．大数据在财务风险识别与管控中的应用探析 [J]. 中国注册会计师，2022(10): 107-112.

[3] 周颖．基于项目的高职《EXCEL 在财务中的应用》的教学研究——以薪酬管理项目实施为例 [J]. 山东社会科学，2015(S1): 146-147.

[4] 尤春明，李月秋．风险在财务决策中的应用研究——以 TCL 公司为例 [J]. 财会通讯，2015(08): 97-100.

[5] 杨晨．财务分析那些事儿 [M]. 北京：电子工业出版社，2021.

[6] 陈祥禧，张杰．Excel 在财务管理中的应用 [M]. 南京：南京大学出版社，2017.

[7] 林煜恩．SAS 在财务研究中的应用 [M]. 北京：电子工业出版社，2017.